**마음과 철학**
서양편 상

마음의 본성을
탐구하는
철학의 모험

# 마음과 철학
## 서양편 상

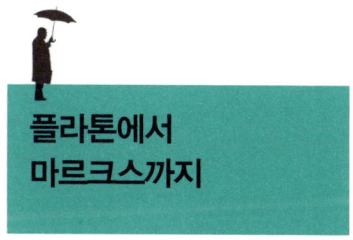

플라톤에서
마르크스까지

서울대학교 철학사상연구소 엮음

서울대학교출판문화원

발간사

# 〈마음과 철학〉 총서를 열며

　서울대학교 철학사상연구소는 동양과 서양의 철학사상을 현대적으로 종합하고, 각 분과 학문의 방법론과 토대에 관해 학제적 연구를 수행하려는 목적으로 1989년 6월 14일에 설립되었습니다. 이후 여러 주제의 콜로키엄, 집담회, 포럼, 학술회의, 심포지엄, 국제행사, 교육과 연구 관련 과제, 그리고 출판 저술 활동들을 주관하며 이제 국내 철학계의 연구 활동을 대표하는 학술 연구소로 자리 잡게 되었습니다.

　연구소의 나이가 스무 살이 넘어감에 따라, 한국의 지식인뿐만 아니라 일반 지식 공동체도 관심을 둘 기획과제를 수행해 보자는 의욕이 연구소의 구성원들 간에 자발적으로 발생하게 되었습니다. 그후 2년여의 준비를 거친 끝에 이제 〈마음과 철학〉 총서를 완성하게 되었습니다. 기획 단계에서 주제를 '마음에 대한 철학적 성찰'로 정하고, 편집위원회가 구성되었으며, 동양과 서양의 대표적 철학자를 총 59명으로 압축하고, 해당 분야를 주요 전공으로 연구하시는 강호의 제현들에게 원고 집필을 부탁드렸습니다. 또 한편으로는, 일 년간 〈철학 강좌: 마음에 대한 철학적 성찰〉 시리즈를 개최하였습니다. 일반 대중들과 전문가들 앞에서 원고 내용 일부를 발표하였으며, 청중들과 질의응답하고 토론하면서, 소통을 통해 저희들의 사유를 보다 날카롭게 하였습니다. 매번 그 자리에 만장하셔서 좋은 질문을 해주셨던 이름 없는 청중 여러분께 이 자리를 빌려 감사의 말씀을 전합니다.

본 총서의 주제로 '마음'을 선정하게 된 데에는 몇 가지 이유가 있습니다. 우선 현재 철학계뿐만 아니라 인문학계 또는 한국의 학계 전반에서 불고 있는 통합 학문적 연구에 대한 지식인들의 사명의식입니다. 인문학과 다른 학문 간의 소통을 진작하고 더 많은 대화를 통하여 미래에 새로운 빛과 진보를 가져올 수 있는 새로운 아이디어와 사유를 가져오기 위해, 저희들은 전통적으로 철학자들의 오래된 주제였으며 최근 자연과학자들에 의해서도 그 실체가 탐구되고 있는 '마음'이라는 것을 밝혀보기로 했습니다. 두 번째 이유로는 마음이라는 주제가 동양, 서양 모두에서 많은 철학자들이 오랜 시간을 두고 심대하게 다루어온 주제라는 것에 주목하였습니다.

철학사상연구소는 동서양을 꿰뚫어 소통할 수 있는 철학적 담론을 개발하는 것을 그 주요 설립 목적으로 하고 있습니다. 저희는 이러한 '마음' 연구를 통해, 동과 서를 넘어, 철학과 사상, 종교를 아우르는 인류 정신사의 오랜 자취를 다시 살펴보고자 하였습니다. 서양의 철학 전통이 인식의 주체, 사유의 주체로서의 마음에 천착해온 데 비해, 동양에서의 마음이란 인식과 사유를 넘어서는 종교적 완성의 주체이기도 합니다. 그래서 유학의 경우는 오랜 심성론의 전통이 있습니다. 한편 불교는 의식의 탐구를 수행의 중심에 놓으며, 특히 인도의 경우 오랜 불교 인식론의 이론적 전통이 존재했습니다. 동아시아 불교가 지닌 마음의 본성에 대한 이해는 인식론을 넘어 존재론, 나아가 윤리학과도 관련될 만큼 중요한 주제입니다. 또한, 20세기 역사에서 유물론이 등장하고 사회 발전 단계에서의 물질의 중요성이 부각되었던 것처럼, 21세기에 들어서는 마음이 중요한 화두로 등장하였습니다. 마음과 그의 본성이 무엇인지에 대한 학문적 연구가 활발해졌을 뿐만 아니라, 마음이 지닌 무한한 가능성과 창조적 힘이 문화와 종교에서 강조되면서 마음은 새롭고 신비스러운 모습으로 대중에게 새로이 인식되고 있다고 할 수 있습니다. 이러한 학문적, 그리고 대중적 관심에 대해 저희는 나름의 철학적 답변을 이 네 권의 〈마음과 철학〉 총서로 여기에 제시하고자 합니다.

'마음'이라는 단출한 말 속에 담긴 이런 폭넓고 깊은 전통을 네 권의 책 속에 모두 담아내는 것은 쉬운 일은 아니었으나, 많은 선생님들의 헌신적인 수고로 이 일을 잘 마칠 수 있었습니다. 박찬국, 김상환, 강상진, 이석재, 강진호, 정원재, 안성두 교수님 등 편집위원들께서는 기획 단계에서부터 마무리에 이르기까지 많은 귀중한 조언을 주셨습니다. 특히 강진호 교수님은 공개강좌를 기획 진행하고, 서양편 두 권의 원고를 편집하는 등 이 기획의 전 단계에서 헌신적인 노력을 아끼지 않았습니다. 불교편은 안성두 교수님께서, 그리고 유학편은 정원재 교수님께서 공개강좌를 진행하고 원고를 편집하는 데 노고를 아끼지 않으셨습니다. 서울대학교 철학과 박사과정의 이정규 씨와 이우람 씨는 서양편 원고 수집 과정을 도와주었으며, 특히 이우람 씨는 용어 해설 작성을 맡아주었습니다. 유학편과 불교편은 서울대학교 철학과 석사과정의 양성철 씨(보일 스님)와 이상엽 씨가 원고 수합과 용어 해설을 맡아주었습니다. 그리고 이 책의 기획의도를 누구보다도 더 잘 이해하고 편집 방향에 많은 조언을 준 서울대학교 출판문화원의 형난옥 전 운영본부장과 그동안의 여러 가지 어려움에도 불구하고 철학에 대한 애정으로 헌신적으로 이 일을 끝까지 마무리해준 김현호 편집장에게도 감사를 표합니다.

　이런 대규모의 기획 프로젝트가 실현될 수 있었던 데에는 커다란 재정적 후원이 있었기 때문에 가능했습니다. 우선 서울대학교 연구처의 특별 지원금이 있었기에 이 프로젝트를 시작할 수 있었고, 특히 유학편과 불교편은 안국선원 회주이신 수불 스님의 너그러운 기금 지원으로 이루어졌다는 것을 밝힙니다. 이 자리를 빌려 깊은 감사를 드립니다.

　이번 총서는 철학 전공자들뿐 아니라 마음의 본성에 대해 관심이 있는 타 학문 전공자들과 대학생, 일반인도 읽을 수 있는 고급 학술교양서를 지향하였습니다. 부디 독자 제현들께서 열람해주시고 질정해주시길 바라며 이 사회에서 철학의 가치를 높이고자 노력하는 저희 연구소의 활동에 애정 어린 관심 부탁드리겠습니다.

2012년 5월 매화꽃 향기가 가득한 교정에서

서울대학교 철학사상연구소 소장
조은수 배상

# 차례

발간사　iv

서문　xi

플라톤　　　　　영혼의 세 부분　1
　　　　　　　　강성훈

아리스토텔레스　형상으로서의 영혼　29
　　　　　　　　이태수

플로티누스　　　신성한 마음　61
　　　　　　　　송유레

아우구스티누스　불투명한 마음　89
　　　　　　　　강상진

아퀴나스　　　　영혼론의 새로운 체계화　115
　　　　　　　　박승찬

데카르트　　　　이원론과 정념론　151
　　　　　　　　김상환

스피노자　　　　정신적 자동장치　189
　　　　　　　　진태원

| | | |
|---|---|---|
| 라이프니츠 | 모나드로서의 영혼 217 | |
| | 윤선구 | |
| 로크 | 의식으로 구성된 마음 247 | |
| | 이재영 | |
| 버클리 | 정신과 관념의 이원론 275 | |
| | 이석재 | |
| 흄 | 지각다발로서의 마음과 역사적 자아 301 | |
| | 양선이 | |
| 칸트 | 진선미의 원천으로서의 마음 337 | |
| | 백종현 | |
| 헤겔 | 의식을 넘어선 정신 363 | |
| | 강순전 | |
| 마르크스 | 천상에서 지상으로 내려온 마음 397 | |
| | 정호근 | |
| | 찾아보기 430 | |

## 하권 차례

| | | |
|---|---|---|
| 니체 | '생리학'으로 해명한 '나'와 '의식' | 백승영 |
| 프로이트 | 무의식 혁명 | 김석 |
| 후설 | 현상학에서의 의식 | 이남인 |
| 하이데거 | 개시성으로서의 마음 | 박찬국 |
| 베르그손 | 의식의 층위들 | 황수영 |
| 메를로-퐁티 | 육화된 의식 | 주성호 |
| 라캉 | '프로이트로의 복귀' | 김서영 |
| 들뢰즈 | 반시대적 전쟁기계 | 박정태 |
| 비트겐슈타인 | 유배된 마음의 귀향 | 강진호 |
| 데이비슨 | 무법칙적 일원론 | 백도형 |
| 김재권 | 환원적 물리주의 | 김기현 |
| 설 | 중국어 방과 의식 | 최훈 |
| 데넷 | 지향적 마음의 진화 | 장대익 |
| 차머스 | 의식의 신비 | 한우진 |

서문

# 마음을 이해하는 서양철학의 세 가지 전통

강진호 서울대학교 철학과 교수

총서 『마음과 철학』 서양편은 고대의 플라톤에서 현대의 차머스에 이르는 스물여덟 명의 서양철학자들이 마음의 본성에 대해 어떻게 성찰하였고 어떠한 견해를 발전시켰는지 논의한 글들을 담고 있다. 필자 중에는 한국 철학계에서 해당 전공 분야를 대표하는 학자들이 여럿 포함되어 있다. 해방 이후 오늘날까지 그야말로 격동의 시간을 보낸 한국 현대사의 소용돌이 속에서, 한국 철학계는 학계 내외의 어려운 상황을 극복해나가며 꾸준히 성장해왔다. 이러한 성장에 따라 이제 한국 철학계는 세계 학계의 기존 연구를 답습하는 데 그치지 않고 조금씩 독자적인 연구 성과를 산출해내고 있다. 이 책에 실린 글들은, 비록 마음이라는 단일한 영역에 한정된 것이긴 하지만, 지금까지 서양철학 분야에서 축적된 한국 철학계의 연구 역량을 엿볼 수 있는 내용을 담고 있다. 그러므로 이 책은 서양철학의 전통에서 이루어진 마음에 대한 성찰을 종합적이고 심층적으로 이해하기 위한 길잡이 역할을 할 수 있을 뿐 아니라, 오늘날 한국 철학계의 서양철학 연구 수준을 가늠해보는 시금석 역할을 할 수 있을 것이다.

이 책에 실린 글들은 다양한 주제를 다루고 있다. 본 서문에서 이들을 모두 소개하는 것은 불가능하다. 여기서는 단지 전반적인 길잡이를 제공하기 위해, 먼저 마음이라는 주제가 철학에서 왜 중요한 위치를 차지하고 있는지 설명한 후, 서양철학에서 특히 마음의 본성에 대한 논의의 중심이 된 이른바 '심신 문제mind-body problem'가 무엇인지 살펴보겠다. 이어서 심신 문제에 대한 서양철학에서의 세 가지 기본적 입장인 이원론dualism, 관념론idealism, 유물론materialism(물질론)이 어떠한 식으로 전개되어왔는지 간략히 고찰하겠다. 마지막으로 마음에 대한 철학적 성찰이 마음에 대한 오늘날의 과학적 탐구와 관련하여 어떤 의의를 가질 수 있는지 논의하도록 하겠다.

## 왜 마음이 철학에서 문제되는가

서양의 지적 전통에서 '철학philosophy'이란 말은 세계 전체에 대한 근본적이고 총체적인 이해를 추구하는 학문을 가리킨다. 근대 이전까지 이 말은 순수학문 일반을 총칭하는 의미로 사용되었다. 이러한 전통은 가령 오늘날에도 순수학문 분야의 박사학위를 '철학박사Doctor of Philosophy, Ph.D.'라고 부르는 것에서 찾아볼 수 있다. 그러나 근대 이후 물리학을 필두로 분과 학문들이 차례로 독립해나가면서 철학은 더는 순수학문 일반과 동일시될 수 없게 되었다. 오늘날 철학은 일상생활과 각 분과 학문에서 우리가 받아들이고 있는 근본 전제들을 성찰하는 임무를 맡고 있으며, 이러한 의미에서 근본학根本學으로 이해될 수 있다.

예를 들어, 일상생활에서 우리는 우리를 둘러싼 세계가 실재한다는 것을 자명한 것으로 믿고 있다. 그러나 철학은 이러한 우리의 믿음이 과연 정당화될 수 있는지 성찰한다. 또한 일상생활에서 우리는 인간이 자유롭게 행위할 수 있다는 것을 자명한 것으로 받아들인다. 그러나 철학은 인간이 정말로 자유롭게 행위할 수 있는지, 그리고 자유롭다는 것이 정확히 무엇을 의미하는지 성찰한다. 분과 학문과 관련하여, 가령 수학에서는 수(數)가 존재한다고 전제하고 이러한 수와 관련된 법칙들을 찾아내고자 한다. 그러나 철학에서는 눈으로 볼 수도 없고 시공간 속에 있지도 않은 수라는 대상이 도대체 어떻게 존재할 수 있는지 성찰한다. 물리학과 화학, 생물학 등에서는 인과 관계라는 것이 존재한다고 전제하고 세계의 현상들이 맺고 있는 다양한 인과 관계들을 드러내는 법칙들을 밝히고자 한다. 그러나 철학에서는 인과 관계라는 것이 정말로 존재하는지, 그리고 만약 존재한다면 그 본성은 무엇인지 성찰한다. 더 나아가, 철학에서는 일반적으로 어떤 것이 존재한다는 것이 도대체 무엇을 의미하는지, 그리고 실제로 존재하는 것과 단지 가상적으로만 존재하는 것은 어떻게 구분될 수 있는지 성찰한다.

위에서 사례로 든 일상생활과 각 분과 학문의 근본 전제들은 우리가 세계를 파악하는 가장 기본적인 범주들을 나타내는 개념들을 포함하고 있다. '실재', '자유', '행위', '수', '인과', '존재' 등이 바로 그러한 개념들로서, 이들을 '근본개념'이라고 부를 수 있다. 근본개념의 또 다른 사례들로는 '대상', '실체', '속성', '참', '필연성', '지식', '좋음(善)', '정의', '아름다움' 등이 있다. 철학은 이러한 근본개념들의 본성을 탐구함으로써 세계 전체를 가장 근본적인 측면에서 총체적으로 이해하고자 한다.

철학이 마음의 본성을 성찰 대상으로 삼는 일차적 이유가 여기에 있다. 왜냐하면 '마음'이란 개념은 앞에서 열거한 근본개념들과 마찬가지로 우리가 세계를 파악하는 가장 기본적인 범주를 나타내고 있기 때문이다. 우리가 세계의 다양한 존재자들을 파악하는 가장 기본적 방식 중 하나는, 해당 존재자가 마음 또는 심성心性을 갖고 있는가 그렇지 않은가이다. 우리는 마음 또는 심성을 부여할 수 있는 존재자와 그렇지 않은 존재자에 대해 근본적으로 다른 태도를 취한다. 그러므로 우리는 인간과 동물을 근본적으로 다르게 취급하고, 동물 중에서도 개나 고양이처럼 비교적 풍부한 심성을 부여할 수 있는 동물과 지렁이나 조개처럼 그렇지 않은 동물을 근본적으로 다르게 취급한다. 또한 우리는 아예 심성을 부여할 수 없는 책상이나 의자와 같은 무생물을 인간이나 동물과 근본적으로 다르게 취급한다.

더 나아가, 많은 철학자들에게 있어서 '마음이란 무엇인가?'라는 질문은 단지 여러 철학적 질문 중 하나가 아니라 핵심적인 철학적 질문이다. 세계 전체를 총체적으로 이해하고자 하는 철학은 세계 속에서의 인간이 세계와 맺고 있는 관계를 해명하는 것을 자신의 중심 과제로 삼는다. 이론철학과 실천철학에서 이러한 과제는 각각 세계를 파악하는 인간 인식 및 세계를 변화시키는 인간 행위의 본성이 무엇인지에 대한 탐구로 나타난다. 많은 철학자들은 인간의 세계 인식과 행위가 모두 마음을 통해 비로소 가능하다고 믿었으며, 따라서 마음의 본성에 대한 성찰은 이들의 철학에서 핵심적인 위치를 차지하고 있다. 실제로 이 책에 실린 여러 글에서 드러나듯이, 많은 경우 마음의 본성에 대한 어떤 철학자의 성찰을 이해하는 것은 그의 철학 전반을 이해하는 데에도 커다란 빛을 던져준다.

## 심신 문제
### – 몸과 마음의 관계는 무엇인가

　마음의 본성과 관련된 여러 문제 중, 서양철학에서는 특히 몸과 마음이 어떤 관계를 맺고 있는지 해명하고자 하는 심신 문제가 논의의 중심을 이루어왔다. 서양철학에서 심신 문제가 이렇게 쟁점으로 떠오르게 된 것은, 고대의 플라톤과 아리스토텔레스, 중세의 아우구스티누스와 아퀴나스, 그리고 근대의 데카르트로 대표되는 서양철학의 고전적 전통이 몸과 마음의 관계에 대해 양립되기 어려워 보이는 두 가지 견해를 모두 받아들이고 있었기 때문이다.

　우선 서양철학의 고전적 전통은 몸과 마음이 구분될 뿐 아니라 더 나아가 서로 대립되는 범주의 존재라는 견해를 받아들였다. 우리가 어떤 두 범주를 구분할 때 해당 범주들이 반드시 서로 대립될 필요는 없다. 가령 정치인과 예술가는 서로 구분되는 범주이지만, 그렇다고 해서 정치인이 동시에 예술가일 수 없거나 예술가가 동시에 정치인일 수 없는 것은 아니다. 반면, 예를 들어 존재와 무無는 서로 구분될 뿐 아니라 대립되는 범주이기도 하다. 존재하는 것은 결코 없을 수 없으며 없는 것은 결코 존재할 수 없기 때문이다. 존재와 무 이외에도, 실재와 가상, 우연과 필연, 참과 거짓, 지식과 무지, 선과 악, 정의와 불의, 아름다움과 추함의 경우에서 볼 수 있는 것처럼, 앞에서 열거한 많은 근본개념들이 나타내는 범주들은 자신과 대립되는 범주들을 갖고 있다. 서양철학의 고전적 전통에서 '몸'과 '마음'이란 개념은 이러한 범주들과 마찬가지로 서로 대립되는 범주를 나타내는 개념으로 이해되었다. 즉 몸은 결코 마음일 수 없으며 마음은 결코 몸일 수 없다는 것이다. 서양철학의 고전적 전통이 이렇게 몸과 마음을 서로 대립되는 범주의 존재자로 이해한 데에는 서양문명 전반에서 결정적인 영향을 끼친 기독교의 역할을 빼놓을 수 없다. 죽음 이후 소멸하는 육체와 달리 불멸하는 영혼이 존재한다는 생각은 기독교의 교리에서 없어서는 안 될 요소이기 때문이다. 육체와 영혼이 각각 갖고 있는 소멸성과 불멸성이라는 대립적 특성은, 몸과 마음이 서로 대립되는 범주의 존재자일 수밖에 없음을 단적으로 보여주고 있다.

다른 한편으로, 서양철학의 고전적 전통은 또한 몸과 마음이 밀접한 관계를 맺고 있다는 견해를 받아들였다. 이러한 견해는 우리 인간을 몸과 마음이 결합된 통일체로 파악하고자 할 때 받아들일 수밖에 없는 결론인 것처럼 보인다. 몸과 마음이 밀접한 관계를 맺고 있지 않다면, 그러한 통일체로서의 인간 또한 성립할 수 없을 것이기 때문이다.

그러나 이처럼 몸과 마음을 서로 대립되는 범주의 존재자로 생각하면서도 동시에 양자가 어떤 밀접한 관계를 맺으며 결합되어 인간이라는 통일체를 이룬다고 생각함으로써, 서양철학의 고전적 전통은 이제 풀기 어려운 문제에 부딪치게 되었다. 몸과 마음이 정말로 대립되는 존재자라면, 이 두 대립되는 존재자가 서로 밀접한 관계를 맺고 있다는 것이 어떻게 가능한가? 이것이 바로 심신 문제이다. 즉 서양철학에서의 심신 문제는 서로 충돌하는 것처럼 보이는 다음의 두 논제를 어떻게 조화시킬 것인가 하는 문제로 이해될 수 있다.

(1) 몸과 마음은 서로 대립되는 범주의 존재자이다.
(2) 몸과 마음은 서로 밀접한 관계를 맺고 있다.

서양철학에서 심신 문제에 대한 세 가지 기본적 입장인 이원론,

관념론, 유물론은 (1)과 (2) 사이의 충돌을 각각 다른 방식으로 해결하고자 하는 시도로 볼 수 있다. 이제 이 세 가지 입장에 대해 좀 더 자세히 살펴보자.

## 이원론
### – 몸과 마음은 대립되는 존재자다

이원론은 몸과 마음이 서로 대립되는 범주의 존재자임을 받아들이는 입장이다. 이원론은 다시 몸과 마음의 밀접한 관계를 받아들이는 입장과 이를 거부하는 입장으로 구분된다. 앞의 입장을 '상호관계 이원론', 뒤의 입장을 '비상호관계 이원론'이라고 부를 수 있을 것이다. 반면 관념론과 유물론은 몸과 마음이 서로 대립되는 범주의 존재자임을 거부하는 입장이다. 관념론이 몸을 마음과 동일하거나 비슷한 범주로 취급하는 반면, 유물론은 마음을 몸과 동일하거나 비슷한 범주로 취급한다. 이를 통해 관념론과 유물론은 몸과 마음이 서로 밀접한 관계를 맺을 수 있는 이유를 설명하고자 한다. 그러므로 앞에서 말한 심신 문제의 구도에서 각 입장을 살펴본다면, 상호관계 이원론은 (1)과 (2)를 모두 받아들이는 입장이고, 비상호관계 이원론은 (1)을 받아들이면서 (2)를 거부하는 입장이며, 관념론과 유물론은 (1)을 각각 다른 방식으로 거부함으로써 (2)를 받아들이는 입장이라고 정리할 수 있다. 이 책에서 논의되는 대부분의 서양철학자들은 심신 문제에 대해 이러한 네 가지 입장 중 어느 하나를 취하고 있는 것으로 분류될 수 있다. 그러나 이는 어디까지나 이해의 편의를 돕기 위한 도식적인 분류이며, 해당 철학자들의 성찰이 갖고 있는 내용의 섬세함과 풍부함을 반영할 수는 없다는 점도 감안해야 할 것이다.

특히 앞에서 언급한 것처럼 서양철학의 고전적 전통을 대표하는 고대의 플라톤과 아리스토텔레스, 중세의 아우구스티누스와 아퀴나스, 그리고 근대의 데카르트는 상호관계 이원론을 옹호하였다. 그러므로 이들은 서로 대립되는 범주의 존재자인 몸과 마음이 그러한 대립성에도 불구하고 어떻게 밀접한 관계를 맺을 수 있는지 해명해야 할 과제를 안게 되었다. 이러한 과제를 그 논리적인 정합성의 측면에 있어서 가장 만족스럽게 해결한 이론은 아리스토텔레스가 발전시켰고 아퀴나스가 독창적으로 계승해 나간 질료-형상 이원론이라고 볼 수 있다. 흔히 '질료형상론$_{hylomorphism}$'이라고 불리는 이 이론에 따르면, 세계는 질료$_{hyle}$와 형상$_{eidos}$의 두 존재자가 결합된 실체들로 이루어져 있으며 몸과 마음의 관계 또한 이러한 질료와 형상의 관계로 이해될 수 있다. 단순화해 설명하자면 여기서 실체의 '형상'이란 그 실체가 갖고 있는 고유한 기능을, 그리고 실체의 '질료'란 그러한 기능을 실현할 수 있는 매질$_{媒質}$ 또는 매개체를 가리킨다. 어떤 기능 자체와 그 기능을 실현하는 매개체는 결코 동일한 것으로 간주될 수 없으므로, 질료는 형상일 수 없고 형상은 질료일 수 없다. 그러므로 질료-형상 이원론은 몸과 마음이 서로 대립되는 범주의 존재자인 이유를 잘 설명해준다. 다른 한편으로, 아리스토텔레스의 질료-형상 이원론에 따르면 질료는 형상의 실현을 위한 필요조건이고 형상은 질료가 실현해야 하는 목적이므로 질료와 형상은 결코 떨어져 있을 수 없고 반드시 내적으로 결합되어 있어야 한다. 그러므로 아리스토텔레스의 질료-형상 이원론은 몸과 마음이 왜 밀접한 관계를 맺을 수밖에 없는지 잘 설명해준다.

특히 아리스토텔레스는 형상으로서의 마음 또는 영혼의 유무가 바로 생물과 무생물을 구분짓는 기준이라고 생각하였다. 즉 그가 말하는 '영혼psyche'은 자연계의 생물 일반에 있어 그 생물이 살아가는 것을 가능하게 해주는 존재자였다. 이에 따라 아리스토텔레스는 인간뿐 아니라 식물과 동물에게도 영혼을 부여하였다. 식물의 영혼은 영양 섭취 기능과 번식 기능을, 동물의 영혼은 이에 더해 감각 기능과 운동 기능을, 그리고 인간의 영혼은 이에 더해 지성적인 사고의 기능을 가능하게 한다는 것이다. 이러한 아리스토텔레스의 생각은 영혼을 생명 일반의 원리로 본 근대 이전의 세계관을 대변하고 있다.

그러나 아리스토텔레스의 질료-형상 이원론은 코페르니쿠스로부터 시작하여 뉴턴에 이르러 완성된 근대의 과학혁명에 의해 결정적인 타격을 입게 된다. 질료-형상 이원론의 기반을 이루고 있는 목적론적 세계관이 과학혁명으로 말미암아 기계론적 세계관으로 대체되었기 때문이나. 세계를 설명함에 있어 일체의 목적을 부정하는 기계론적 세계관에서 이른바 '질료가 실현해야 하는 목적'인 형상과 같은 존재자가 설 자리는 없었으므로, 질료-형상 이원론은 몰락을 맞이하게 되었다. 이제 상호관계 이원론의 입장에서 심신문제를 해명하기 위해서는 질료-형상 이원론을 대체할 새로운 존재론이 등장해야만 했다.

그러한 존재론을 제공한 것이 바로 데카르트의 이원론이다. 아리스토텔레스의 이원론이 질료와 형상의 이원론인 반면, 데카르트의 이원론은 물질과 정신의 이원론이다. 여기서 데카르트가 말하는 물질이란 수학적으로 양화量化될 수 있는 속성인 연장성延長性, extension, 즉 '공간을 점유하고 있음'이란 속성을 본질로 갖는 존재자이며, 반면 정신이란 '생각함'이란 속성을 본질로 갖는 존재자이다.

이때 데카르트가 말하는 '생각함'이란, 의식consciousness, 그중에서도 특히 정신이 자기자신을 의식하는 자기의식self-consciousness을 뜻한다. 그 자신도 과학혁명의 주역 중 한 사람이었던 데카르트는 기계론적 세계관을 가능한 끝까지 밀고 나가보고자 하였다. 이에 따라 데카르트는 무생물이나 식물은 말할 것도 없고 인간을 제외한 모든 동물이 물질로만 이루어져 있으며 따라서 수학적인 자연법칙에 전적으로 지배되는 기계적 존재자라고 주장하였다. 그러나 데카르트는 언어 사용 행위에서 전형적으로 드러나는 인간의 자유롭고 합리적인 행위의 경우 결코 수학적인 자연법칙의 지배를 받는 물질의 운동만으로 설명될 수 없다고 생각하였다. 그는 인간이 이렇게 자유롭고 합리적인 행위를 할 수 있는 이유가 바로 자유롭고 합리적인 사고를 할 수 있기 때문이라고 보았고, 사고 활동의 본질이 수동적인 물질의 연장성과 근본적으로 대립되는 능동적인 의식 활동에 있다고 보았다. 데카르트가 말하는 '정신'이란 바로 이러한 의식 활동의 주체를 가리키는 것이었다.

데카르트는 인간의 몸과 마음을 지금까지 설명한 의미에서의 물질과 정신으로 보았다. 그러므로 비록 데카르트가 '정신mens'과 더불어 '영혼anima'이란 용어를 같이 사용하고 있기는 하지만, 그가 말하는 '영혼'은 아리스토텔레스에서처럼 자연계의 생물 일반에게서 발견될 수 있는 생명의 원리가 아니라 모든 생물 중 오직 인간만이 고유하게 갖고 있다고 상정된 의식 활동의 주체를 가리킨다. 이렇게 마음을 의식의 주체로 이해한 데카르트의 생각은 근대 철학자들에게 널리 공유되었다. 단순화를 무릅쓰고 고대에서 근대에 이르는 마음 개념의 변화를 한마디로 요약하자면, '생명의 원리인 영혼에서 의식의 주체인 정신으로'라고 할 수 있을 것이다. 특히 영국 경험론을 대표하는 철학자 흄은 한 걸음 더 나아가서 의식의 주체가 마음이 아니라 의식 그 자체가 마음이라는 급진적인 주장을 제시하였다. 즉 마음은 '영혼'이나 '정신'이란 말이 함의하는 것과 달리 어떤 실체가 아니라는 것이다. 이 책의 하권에 실린 여러 글에서 알 수 있듯이, 의식을 마음의 본질로 간주한 데카르트 이래 근대철학의 전통은 마음에 대한 오늘날의 철학적 논의에도 여전히 커다란 영향력을 발휘하고 있다.

## 관념론과 유물론
### – 몸과 마음은 대립되는 존재자가 아니다

그러나 데카르트의 물질–정신 이원론은 그것이 지닌 논리적 정합성의 측면에서만 본다면 오히려 아리스토텔레스의 질료–형상 이원론보다 만족스럽지 못한 이론이라고 평가할 수 있다. 앞에서 언급한 것처럼 질료–형상 이원론에서 질료와 형상은 한편으로는 서로 대립되면서도 다른 한편으로는 분리될 수 없는 내적 관계를 맺고 있었다. 즉 질료는 형상과 독립적으로 존재할 수 없고 형상은 질료와 독립적으로 존재할 수 없었다. 그러나 데카르트는 물질과 정신을 연장성과 의식이라는 서로 대립되는 속성을 가진 대립적 존재자로 보았을 뿐 아니라, 더 나아가 물질과 정신이 각각 독립적으로 존재할 수 있는 실체라고 보았다. 즉 물질은 정신에 의존하지 않고도 존재할 수 있고 정신 또한 물질에 의존하지 않고도 존재할 수 있다는 것이다. 그러나 물질과 정신이 이렇게 서로 독립적인 실체라면, 물질로서의 몸과 정신으로서의 마음이 어떻게 상호 결합하여 인간이라는 하나의 통일체를 이룰 수 있는가? 데카르트의 답변은 몸과 마음이 상호 간에 인과적인 작용을 함으로써 그럴 수 있다는 것이었다. 그러나 이러한 데카르트의 답변은 커다란 난점을 갖고 있었다. 몸과 마음이 인과적 상호작용을 한다는 것은 양자가 곧 인과적인 상호 의존 관계를 맺고 있다는 것인데, 몸과 마음이 각각 독립적 실체임을 주장하면서 동시에 양자가 서로 의존 관계를 맺고 있음을 인정하는 것은 명백히 불합리하게 보였기 때문이다.

그러므로 데카르트 이후 스피노자에서 헤겔에 이르는 서양 근대의 모든 대표적 철학자들은 데카르트의 실체이원론에 대해 비판적인 태도를 취했다. 그러나 물질의 본질이 연장성에 있고 정신의 본질이 의식에 있다는 데카르트의 견해는 널리 받아들여졌다. 이에 따라 데카르트 이후 많은 근대 철학자들은 몸과 마음 모두 데카르트적 의미에서의 물질이나 정신 중 어느 한 범주에 속하는 존재자로 이해함으로써 양자 간의 상호 의존 관계를 해명하고자 시도하였다.

이러한 시도의 결과로 나타난 철학적 입장이 관념론과 유물론이다. 두 입장 중 서양 근대철학의 주류를 형성한 것은 관념론이었다. 관념론은 데카르트가 말하는 물질과 같은 것의 존재를 인정하지 않는다. 관념론에 따르면 우리의 의식에 직접적으로 인식될 수 없는 것은 존재한다고 볼 수도 없는데, 물질은 바로 그 정의상 우리의 의식과 독립적이며 의식에 직접적으로 인식될 수 없는 존재자이기 때문이다. 그러므로 관념론은 의식에 직접적으로 인식될 수 있는 관념$_{idea}$ 및 의식의 주체인 정신만이 세계에 존재하며, 우리의 몸은 관념들로 이루어진 것이라고 주장하였다. 이러한 관념론을 옹호한 근대 철학자로 라이프니츠와 버클리를 들 수 있고, 근대 철학을 대표하는 두 철학자 흄과 칸트, 그리고 독일 관념론$_{German\ Idealism}$

(독일 이상주의)을 대표하는 헤겔도 대체로 관념론을 옹호하였다고 볼 수 있다. 주지하다시피 서양 근대의 시대정신을 이루고 있었던 것은 신으로 상징되는 일체의 전통적 권위를 배격하고 오직 주체 스스로 의심할 수 없이 확실하다고 여기는 것만을 진리로 받아들이고자 하는 비판정신이었다. 의식의 주체인 정신과 의식의 직접적 인식 대상인 관념만을 세계의 존재자로 인정하는 관념론은, 세계 인식에 있어서 주체의 주관적 확실성을 정당화의 최종 근거로 삼은 서양 근대의 비판정신을 철학적으로 대변하고 있다고 볼 수 있다.

그러나 19세기 중반부터 서양철학에서는 유물론의 영향력이 점차 커지기 시작하였다. 특히 오늘날의 서양철학에서 심신 문제에 대한 주류 입장은 유물론이다. 유물론에 따르면 데카르트가 말한 정신 같은 것은 존재하지 않는다. 세계를 이루고 있는 것은 물질뿐이며, 의식 활동을 비롯하여 우리가 마음의 작용이라고 생각하는 모든 심리 현상은 물질적 속성들에 의해 설명할 수 있다. 서양철학의 전통에서 이러한 유물론은 이미 고대의 데모크리토스와 에피쿠로스, 그리고 근대의 홉스와 라메트리$_{\text{La Mettrie}}$에 의해 주장된 바 있다. 그럼에도 이원론이나 관념론에 비해 유물론이 19세기 전반까지 서양철학에서 주도적인 영향력을 행사하지 못한 큰 이유는, 앞에서도 언급한 바와 같이 인간의 자유롭고 합리적인 사고와 행위를 물질의 운동만으로 설명하는 것이 불가능한 것처럼 보였기 때문이다.

그러나 19세기 중반부터 서서히 이러한 상황에 변화가 생기게 되었다. 변화는 두 방향에서 이루어졌다. 첫째, 인간의 사고와 행위가 서양철학의 고전적 전통에서 생각된 것처럼 그렇게 자유롭지도 합리적이지도 않다는 주장이 점차 힘을 얻게 되었다. 특히 마르크스와 니체, 프로이트는 각각 사회의 경제적 구조에 의한 의식의 규정과 제약, 자아와 의식의 생리학적 기반, 그리고 인간 행위의 이해에 있어서 무의식의 중요성을 역설함으로써, 자신의 자유의지에 따라 의식적이고 합리적으로 행위하는 주체로서의 인간이라는 서양 근대철학의 인간관에 근본적인 도전을 제기하였다.

둘째, 근대의 과학혁명 이후 자연과학이 눈부시게 발전하면서 점점 더 많은 현상을 자연과학적으로 설명할 수 있게 됨에 따라, 인간의 자유롭고 합리적인 사고와 행위 또한 수학적 자연법칙의 지배를 받는 물질의 운동만으로 설명할 수 있다는 주장이 점차 힘을 얻게 되었다. 특히 19세기 중반에 제시되어 당시 서구 지성계에 커다란 영향을 끼친 다윈의 진화론은, 자연계의 생물들이 마치 어떤 목적을 달성하기 위해 갖고 있는 것처럼 보이는 생물학적 기능들이 사실은 어떠한 목적도 가정할 필요 없는 자연선택natural selection의 산물인 물리적 기제mechanism들에 의해 구현되는 것임을 설득력 있게 보여주었다. 이러한 다윈의 생각은, 목적지향적으로 보이는 인간의 합리적 사고와 행위를 가능하게 하는 마음의 기능들 또한 자연선택의 산물인 두뇌의 기제들에 의해 구현되는 것이라는 오늘날의 진화심리학evolutionary psychology을 낳게 하였다. 또한 20세기에 들어와 영국의 논리학자이자 수학자인 튜링A. Turing은 형식논리학과 수학에서 효율적으로 계산가능한 모든 증명을 기계적으로 수행할 수 있는 이른바 '튜링 기계Turing machine'의 개념을 제시하였다. 이로써 서양철학에서 플라톤 이래 합리적 사고의 전범으로 여겨졌던 논리적, 수학적 추론을 순전히 물리적인 기계에 의해 구현할 수 있는 이론적 토대가 마련되었다. 튜링의 아이디어를 공학적으로 구현한 것이 바로 오늘날의 컴퓨터이다. 튜링의 이론적 업적과 더불어 20세기 중반 이후 컴퓨터의 성능이 비약적으로 발전함으로써, 단지 형식논리학과 수학에서의 추론뿐 아니라 인간의 모든 사고 활동을 컴퓨터로 구현해보고자 하는 이른바 '인공지능artificial intelligence' 연구가 탄생하게 되었다.

 19세기 중반 이래 벌어진 이러한 지적 혁명에 영향을 받아, 현대의 많은 철학자들은 심신 문제에 대한 해결책으로 유물론을 옹호하게 되었다. 오늘날 데카르트 식의 실체이원론이나 관념론을 옹호하는 철학자들은 소수에 불과하다. 유물론에 반대하는 철학자들은 대개 실체이원론 대신 속성 이원론과 같은 대안적 형태의 이원론을 옹호하거나, 아니면 의식(그리고 관념)과 물질의 대립을 극복할 수 있는 새로운 존재론적 범주에 바탕을 둔 대안적 존재론을 발전시키고자 시도하고 있다. 특히 속성 이원론을 옹호하는 철학자들 중 많은 이들은 자신들의 입장을 이른바 '비환원적 물리주의 nonreductive physicalism'로 규정함으로써, 약화된 의미에서의 유물론은 거부하지 않는다는 점을 분명히 하고 있다.

## 마음, 과학, 철학

 앞 절에서 유물론이 심신 문제에 대한 오늘날 서양철학의 주류 입장임을 지적하였다. 그러나 '비환원적 물리주의'라는 용어에서 볼 수 있듯이 현대의 철학적 논의에서는 '유물론'보다 '물리주의 physicalism'라는 용어가 더 자주 사용되고 있다. 그 주된 이유는 물리학이 계속 발전함에 따라 유물론의 핵심 개념인 '물질matter'을 정확히 어떻게 이해해야 할지가 분명치 않게 되었기 때문이다. 가령 데카르트가 믿고 있었던 것처럼 연장성 또는 공간의 점유가 물질의 본질이라면, 현대 물리학에서 말하는 광자photon와 같은 것은 물질

XXV

로 보기 어렵다. 물리주의는 '세계의 모든 존재자들이 궁극적으로 물리학에서 가정하는 존재자들로만 이루어져 있거나 이들에 의존해 있다'라는 철학적 입장으로, 물질 개념에 호소하지 않고도 유물론의 기본 정신을 표현할 수 있는 장점을 갖고 있다.

심신 문제와 관련하여 유물론 또는 물리주의가 오늘날 서양철학에서 주류 입장을 형성하게 된 결정적 이유는, 앞에서 언급한 것처럼 근대의 과학혁명 이후 자연과학이 눈부시게 발전하면서 점점 더 많은 현상을 자연과학적으로 설명할 수 있게 되었기 때문이다. 자연과학적 탐구는 물리 현상과 화학 현상을 설명하는 데 있어서 지속적으로 탁월한 성과를 거두고 있으며, 20세기 후반에 와서는 분자생물학molecular biology을 성립시킴으로써 생명 현상을 설명하는 데 있어서도 커다란 성과를 거두고 있다. 그러므로 많은 이들이 다음 차례로 심리 현상 또한 자연과학적 탐구를 통해 설명될 수 있으리라 기대하는 것은 당연한 일이다. 실제로 오늘날 자연과학적 탐구를 통해 심리 현상을 설명하고자 하는 시도는 역사상 어느 때보다도 활발하게 이루어지고 있으며, 이러한 시도를 통해 드디어 마음의 본성에 대한 수수께끼가 풀릴 것이라는 기대감 또한 역사상 그 어느 때보다도 높아지고 있다. 일례로 인공지능 연구의 선구자이며 노벨 경제학상 수상자인 허버트 사이먼H. Simon은 1965년 출간된 저서에서 "인간이 할 수 있는 어떠한 일도 앞으로 20년 내에 기계가 할 수 있을 것이다"라고 예측한 바 있다.[1] 1970년대에 들어와서는 심리학, 신경과학, 컴퓨터과학, 언어학, 철학 등 여러 학문이

---

1　H. Simon, *The Shape of Automation for Men and Management*, Harper and Row, 1965, p.96에서 번역 인용.

모여 마음의 본성을 자연과학적으로 밝혀보고자 하는 학제적 학문인 인지과학cognitive science이 탄생하였다. 특히 1990년대 이후 신경과학 분야의 많은 연구자들은 두뇌에 대한 연구가 마음의 본성을 해명하는 열쇠를 쥐고 있다는 확신을 갖고 연구를 진행하고 있다. 가령 제임스 왓슨J. Watson과 더불어 DNA 분자의 이중 나선 구조를 최초로 밝혀냄으로써 노벨 생리의학상을 수상한 프랜시스 크릭F. Crick은 1994년 출간된 『놀라운 가설The Astonishing Hypothesis』에서, "기쁨과 슬픔, 기억과 야망, 정체감正體感과 자유의지" 등 모든 심리 현상은 결국 "신경세포들의 연합체 및 관련된 분자들의 행동에 지나지 않는다"고 주장한 바 있다.[2] 이렇게 두뇌에 대한 자연과학적 탐구를 통해 마음의 본성을 해명할 수 있다는 생각은 오늘날 학계뿐 아니라 일반인들에게도 널리 퍼져 있다. 실제로 언론 매체들에서 쏟아내는 대중적인 과학 관련 기사나 칼럼들을 살펴보면, 가령 기능성 자기공명영상장치fMRI를 통해 사람의 두뇌를 스캔함으로써 그 사람의 생각을 읽어낼 수 있는 기계가 조만간 개발되리라는 식의 장밋빛 전망을 쉽게 발견할 수 있다.

그러나 냉정하게 평가해본다면, 물리 현상이나 화학 현상, 생명 현상에 대한 자연과학적 탐구의 성과에 견주어볼 때 심리 현상에 대한 자연과학적 탐구가 아직은 비교할 수 없을 만큼 빈약한 성과를 내고 있는 것도 사실이다. 사이먼의 예측과 달리 인간이 할 수 있는 모든 일을 하는 기계를 만들어내는 것은 아직까지도 이루어지지 않고 있다. 사실, 현재의 과학기술로는 인간은 고사하고 모기

---

[2] F. Crick, *The Astonishing Hypothesis: The Scientific Search for the Soul*, Touchstone Press, 1994, p.3에서 번역 인용.

가 할 수 있는 모든 일을 하는 기계도 만들어내지 못한다. 위에서 언급한 크릭 또한 2003년 논문에서 "빨강이 빨갛다는 경험이 도대체 어떻게 뇌의 작용들로부터 일어날 수 있는지 아직까지 누구도 그럴듯한 설명을 내놓은 바가 없다"[3]고 고백하면서, 시각 경험과 같은 의식의 신경적 토대에 대해 여전히 우리가 아는 것이 거의 없음을 인정하고 있다.

더 나아가, 그동안 마음의 본성에 대해 다양한 자연과학적 이론이 제안되었지만 아직은 대략적으로 합의된 이론 틀마저도 존재하지 않고 있는 실정이다. 일례로 저명한 심리학자이자 인지과학자인 스티븐 핑커S. Pinker가 1997년 『마음은 어떻게 작동하는가 How the Mind Works』라는 야심찬 제목의 책에서 마음의 본성에 대한 진화심리학적 접근법을 옹호하자, 역시 저명한 인지과학자이며 철학자인 제리 포더J. Fodor는 2000년 『마음은 그런 식으로 작동하지 않는다 The Mind Doesn't Work That Way』라는 제목의 책을 펴내 핑커의 진화심리학적 접근법을 신랄하게 비판한 바 있다. 심리 현상에 대한 자연과학적 탐구는 아직 토마스 쿤이 말하는 '정상과학normal science'의 단계에 진입하지 못하고 있다.

더구나 심리 현상에 대한 자연과학적 탐구의 이러한 빈약한 성과가 단지 시간적 문제 때문이 아니라 어떤 근본적인 한계 때문이라는 주장도 강력하게 제기되고 있다. 가령 현대 언어학과 인지과학을 대표하는 학자 노엄 촘스키는 비록 자신이 언어와 마음의 본성에 대한 연구에 자연과학적 접근법을 채택하고 있기는 하지만,

---

3  F. Crick, "A Framework for Consciousness", *Nature Neuroscience* 6, 2003, 119~126에서 p.119 번역 인용.

그럼에도 여전히 "자연주의 심리학 전체로부터보다도 소설을 읽거나 역사 또는 일상생활 활동을 공부함으로써 사람들이 어떻게 생각하고 느끼고 행동하는지에 대해 인간적으로 흥미있는 것을 훨씬 더 많이 배운다고, 그리고 아마도 언제까지나 그럴 것"이라고 믿고 있다.[4] 앞에서 언급한 포더 또한 인간이 수행하는 높은 차원의 인지가 어떻게 자연과학적으로 해명될 수 있을지 우리는 아무런 단서도 갖고 있지 못하다고 주장한 바 있다.[5] 사실 여기서 포더가 말하는 '높은' 차원의 인지란, 가령 우리가 철수라는 한 개인에 대해 '철수는 시보다 소설을 더 좋아한다'고 믿는다든지 '철수는 영호와 비슷한 성격을 갖고 있다'고 믿는다든지 하는 것처럼 일상생활에서 우리가 늘 수행하는 인지 활동을 포함한다. 그러므로 만약 포더의 주장이 옳다면, 우리가 관심을 갖고 있는 대부분의 심리 현상은 자연과학적인 관점에서 볼 때 완전한 신비 속에 놓여 있는 셈이다.

마음의 본성에 대한 자연과학적 탐구의 올바른 이론 틀 및 그 범위와 한계에 대해 이렇게 엇갈린 의견들이 난무하고 있는 혼란스러운 상황에서, 이번 책을 통해 마음의 본성에 대한 과거와 현대 서양철학자들의 성찰을 심층적으로 살펴보는 것은 마음에 대한 오늘날의 철학적 성찰과 관련해서뿐 아니라 자연과학적 탐구와 관련해서도 의의를 지닐 수 있다고 생각한다. 우선 이 책에 실린 여러 글들은 마음에 대한 현재의 자연과학적 탐구가 가질 수 있는 한계를 반성하는 것과 관련하여 도움을 줄 수 있을 것이다. 비록 오늘날 서양철학에서 심신 문제에 대해 유물론 또는 물리주의가 주류

---

4 N. Chomsky, *New Horizons in the Study of Language and Mind*, Cambridge University Press, 2000, p.77에서 번역 인용.
5 F. Fodor, *The Modularity of Mind*, MIT Press, 1983, pp.101~129 참조.

적 입장을 형성하고 있기는 하지만, 다른 한편으로 물리주의에 반대하는 입장도 만만치 않다. 또한 물리주의 내부에서도 비환원적 물리주의자들 중 상당수는 마음의 핵심적 특성인 의식, 지향성intentionality, 자유의지 등이 결코 자연과학적으로 해명될 수 없을 것이라고 주장한다. 이들의 주장을 살펴봄으로써 우리는 마음에 대한 자연과학적 탐구가 가질 수 있는 한계에 대해 좀 더 균형 잡힌 시각을 얻게 될 것이다.

더 나아가, 이 책에서 논의하고 있는 고대에서 현대에 이르는 서양철학자들의 성찰로부터 마음에 대한 자연과학적 탐구의 새로운 방향을 모색해볼 수도 있을 것이다. 심리 현상에 대한 현재의 자연과학적 탐구가 갖고 있는 난점들을 해결하기 위해 필요한 것은 어쩌면 더 정교한 수학적 모형이나 더 정교한 실험이 아니라 마음의 본성을 바라보는 근본적으로 새로운 개념틀일지도 모르며, 이 책에서 논의되는 과거와 현재의 철학적 성찰들이 그러한 개념틀의 실마리를 제공할 수 있을지도 모르기 때문이다. 이는 단순한 사변적 가능성이 아니다. 일례로 1970년대에 인지과학이 성립하게 된 중요한 계기 중 하나는 1950년대 말까지 심리학계를 지배해왔던 행동주의 심리학에 대해 촘스키가 날카로운 비판을 제기했기 때문이었는데, 촘스키의 이러한 행동주의 심리학 비판은 그 자신이 밝히고 있는 것처럼 데카르트의 철학에서 커다란 영향을 받았다. 또한 최근 인지과학계에서 활발하게 논의되고 있는 이른바 '체화된embodied 인지' 또는 '체화된 마음' 이론은 하이데거와 비트겐슈타인, 메를로-퐁티의 철학에서 상당한 영향을 받고 있다.

본 서문의 첫머리에서 언급한 것처럼, 오늘날 철학은 일상생활과 각 분과 학문의 근본 전제들을 성찰하는 임무를 맡고 있다. 비

---

**행동주의 심리학**
Behavioristic Psychology
심리상태가 아니라 행동을 심리학의 연구대상으로 보는 심리학 이론. 행동주의 심리학에 따르면 유기체의 모든 행동은 내적인 심리상태에 호소하지 않고도 완전히 설명될 수 있으며 따라서 심리상태를 나타내는 모든 용어들은 심리학적 설명에서 제거되거나 행동에 관한 용어들로 환원될 수 있다. 행동주의 심리학은 1960년대 초반까지 심리학계의 주류를 형성하였으나, 이후 촘스키를 필두로 여러 학자들이 심리학적 설명에서 심리상태의 존재를 가정하는 것이 필수불가결함을 지적하고 이에 따라 인지 심리학cognitive psychology이 발전하면서 몰락하게 되었다.

록 심리학이 심리 현상을 자신의 고유한 연구 대상으로 삼는 분과 학문으로 존재하고 있지만, 심리학은 아직 합의된 이론 틀과 연구 방법론을 갖고 있지 못하다. 심리학이 과연 그러한 이론 틀과 연구 방법론을 가질 수 있을지, 그리고 이를 위해 요구되는 것이 무엇인지를 논의하기 위해서는 마음의 본성에 대한 철학적 성찰이 필요할 것이다. 이 책에 실린 글들은 그러한 성찰을 위한 풍부한 내용을 담고 있다. 그러므로 이 책이 철학 전공자뿐 아니라 인지심리학, 진화심리학, 컴퓨터과학, 언어학, 뇌과학 등 심리 현상에 대한 과학적 탐구와 관련 있는 분야의 연구자, 그리고 더 나아가 마음의 본성에 대해 관심이 있는 모든 이에게 마음을 이해하는 새로운 생각의 실마리를 제공해줄 수 있길 바란다.

일러두기

1 본문에 수록된 용어 설명은 서울대학교 철학사상연구소에서 작성한 것이다.

2 인용문에서 컬러로 강조된 부분 중 '강조는 필자'라고 별도 표기한 것 외에는 모두 원저자가 강조한 것이다.

3 각 철학 용어의 번역은 필자들의 협의를 거쳐 통일하려 노력하였다.
하지만 '지성'과 '오성', '물질주의'와 '유물론', '관념론'과 '이상주의' 등 번역어 선택 과정에서 필자의 철학적 해석이 개입하는 경우는 각 필자의 번역을 존중하였다.

4 외래어표기는 국립국어원의 표준외래어표기법을 따르는 것을 원칙으로 하였다. 단, '베르그손', '메를로-퐁티' 등 이미 해당 학계에서 굳어진 표기의 경우는 이를 존중하였다.

5 각 글에서 다루는 해당 철학자의 인용은 본문주로, 그렇지 않은 경우는 각주로 표기하였다. 독자의 이해를 돕기 위해 본문주의 문헌명은 학계에서 통용되는 약어가 아닌 한국어 문헌명으로 약칭하는 것을 원칙으로 하였다. 예를 들어 아퀴나스의 *Summa theologiae*는 'Sth'가 아닌 『신학대전』으로 표기하였다. 단 플로티누스, 데카르트, 니체 등 해당 철학자의 글을 모은 전집을 인용의 저본으로 삼는 경우 중 일부는 학계에서 통용되는 약어로 표기하였다.

6 필자가 저본으로 삼은 원전의 서지정보는 〈더 읽을거리〉에 최대한 풀어서 표기하였고, 인용 페이지 표시 기준도 밝혀 두었다. 하지만 플라톤이나 아리스토텔레스 등 표준 준거문헌의 권·장·절이 이미 확정된 경우나, 글 전체에서 필자가 원전을 직접인용하지 않은 경우는 원전의 서지를 따로 표기하지 않았다.

# 플라톤

## 영혼의 세 부분

강성훈

서울대학교 철학과 학부와 석사과정을 졸업한 후, 미국 프린스턴 대학교에서 덕과 앎에 대한 플라톤의 초기 입장과 중기 입장을 비교하는 논문으로 박사학위를 받았다. 현재는 인제대학교 인간환경미래연구원에 연구교수로 있다. 또한 그리스·로마 원전을 연구하고 번역하는 모임인 정암학당의 연구원으로 플라톤 전집 번역 작업에 참여하고 있다. 플라톤 전집 번역의 일환으로『프로타고라스』를 번역하였다. 고대 그리스 철학자들의 도덕심리학 이론에 관심을 가지고 있으며, 또한 'be' 동사에 해당하는 고대 그리스어 'einai'의 의미 고찰을 통해서 서구 존재론의 역사적 기원을 밝히는 연구를 진행하고 있다.

# 마음과 영혼

서양 지성사에서 마음에 대한 철학적 성찰의 시초에 플라톤이 있다고 할 수 있다. 아니, 더 정확하게 이야기하면 서구에서 '영혼'에 대한 철학적 성찰의 시초에 플라톤이 있다고 해야 하겠다. '영혼에 대한 성찰'은 '마음에 대한 성찰'과 겹치는 부분이 있긴 하지만 같은 것은 아니다. 플라톤에게 영혼은 일차적으로 생명의 원리이고, 지각과 인식, 그리고 감정과 욕구의 주체이며, 도덕적 행위의 수행자이기도 하다. 또한 영혼은 사람이 살아있는 동안 자아의 정체성의 근간을 이루며, 죽은 후에는 신체를 벗어나서 저승(하데스)에 갔다가 윤회를 하기도 하면서 영속적으로 존재한다.

이에 비해서 우리가 일상에서 '마음'이라는 말을 사용할 때, 그것은 우리가 죽은 후에 신체를 떠나서 어디로 가는 것도 아니고, 살아있을 때 우리의 생명을 유지시켜주는 것도 아니다. 이런 것들에 대해서 우리는 '넋' 혹은 '혼(魄)'이라는 말과 '목숨'이라는 말을 가지고 있다. '영혼'이라는 말이 'soul'에 대한 번역어로 우리말에 편입되었다고 한다면, 우리는 원래 '영혼', 혹은 'soul'에 해당하는 말을 가지고 있지 않았던 것으로 보인다. 그런데 이것은 우리나라만 그런 것이 아니다. 스웨덴의 비교종교학자 에른스트 아르프만Ernst Arbman과 그의 제자들은 고대 문헌들에 대한 비교문화적 연구와 현대의 북아메리카, 유라시아, 북부 오세아니아 등의 원주민을 대상으로 한 인류학적 연구를 통해서, 각 종족이나 언어권에서 단일한 영혼 개념이 성립하기 전에 두세 종류의 서로 다른 영혼 개념이 있었다는 것을 밝혔다. 아르프만은 우선 '신체영혼body soul'과 '자유영혼free soul'을 구별한다. 자유영혼은 어떤 사람이 죽었을 때 신체와 분리되어 그 죽은 사람을 대변하게 된다. 살아있을 때에는 꿈을 꿀 때나 혼절 상태, 망연자실한 상태에서 일시적으로 신체에서 빠져나가기도 하며, 신체 안에 있다 하더라도 다양한 심리적 활동과는 직접적으로 연계되지 않는다. 살아있는 사람이 제정신을 갖추고 있을 때 작동하는 것은 신체영혼으로, 이것은 다시 종종 호흡과 동일시되는 '생명영혼life soul'과 심리적 활동의 주체가 되는 '자아영혼ego soul'으로 구별된다. 이 분류에 따르면, 우리말의 '넋'은 자유영혼에 해당되고 '목숨'은 생명영혼, '마음'은 자아영혼에 해당될 것으로 보인다.

고대 그리스에서도 단일한 영혼 개념이 확립되기 이전에 영혼 개념은 몇 개로 분화되어 있었다. 영혼에 해당하는 그리스어 '프쉬케psyche'는 어원적으로 호흡과 관련되어 있다는 점에서 원래는 생명영혼을 나타내는 말이었던 것으로 보이지만, 호메로스의 작품들이 만들어지던 시기에는 이미 생명영혼과 자유영혼이 통합된 상태의 개념이었다. (아르프만 등에 따르면 생명영혼이 먼저 자유영혼과 통합되고, 그 이후에 자아영혼 개념까지 포섭하게 되는 방식의 통합과정은 인도, 핀란드, 러시아 등에서도 진행되었다고 한다.) '프쉬케'라는 말이 현대의 '심리학psychology'의 어원이 되지만, 호메로스의 작품들에서 프쉬케는 심리적인 활동의 주체가 아닌, 단지 사람의 생명을 유지시켜주고 죽었을 때 하데스로 떠나는 그림자 같은 것이었다. 호메로스에서 인간의 심리적 활동의 주체를 표현하는 개념, 즉 자아영혼에 해당하는 개념은 하나가 아니라 여럿이 있었다. 이 중 가장 빈번하게 사용된 단어는 '튀모스thymos'이다. 어원적으로 '끓어오르다', '연기가 나다' 등의 의미와 연관이 있었던 것으로 보이는 튀모스는, 경우에 따라서는 지적인 활동을 수행하기도 하지만, 기본적으로 감정의 원천으로 묘사되었다. 보다 지적인 성격을 가지고 있었던 것은 '정신'이나 '정신의 활동' 등을 의미했던 '노오스$_{noos}$'로, 이것은 경우에 따라서는 감정의 주체로 묘사되기도 하지만 일반적으로는 생각이나 의도의 주체였다. 이 외에도 세찬 기운이나 기세 등의 의미를 가졌던 '메노스$_{menos}$', 횡격막이나 허파를 의미했던 '프레네스$_{phrenes}$', 심장을 의미했던 '케르$_{ker}$', '카르디아$_{kardia}$', '에토르$_{etor}$' 등이 모두 자아 영혼의 기능을 수행했었다.

호메로스 이후에 이러한 영혼 개념들은 점차 통합 과정을 거치게 되며, 여러 종류의 영혼 개념이 가지고 있던 기능들이 '프쉬케'라는 이름 하에 모두 통합된다. 또 '프레네스'나 '케르'처럼 몸의 기관이면서 동시에 심리적 활동의 주체 노릇을 하던 것들은 더는 심리적 활동의 주체로 간주되지 않게 되며, 역시 분화되어 있던 몸의 여러 기능의 주체도 신체에 해당하는 그리스어 '소마$_{soma}$'라는 이름 하에 하나로 통합된다. 바야흐로 영혼과 신체의 이원적 대립이 확립된 것이다. 이후 '영혼과 신체의 관계는 어떠한 것인가?', '영혼은 죽지 않는가?', '영혼은 부분을 갖는가?', '영혼의 존재론적 지위는 어떻게 되는가?', 그리고 '영혼이란 도대체 무엇인가?' 따위의 질문이 서양철학사에서 중심 문제 중 하나가 되는데, 그런 질문을 던지게 되는 문제의 틀이 플라톤에서 확립된다고 할 수 있다.

흔히 알려져 있듯이, 플라톤은 논문 형식이 아니라 대화 형식의 글들을 썼고 대화편 대부분에서 주인공으로 등장하는 인물은 스승인 소크라테스이다. 그리고 우리는 대화편의 주인공의 생각이 저자인 플라톤 자신의 생각을 가장 많이 반영하고 있다고 추정해 볼 수 있다. 플라톤의 초기 대화편들에서부터 (등장인물) 소크라테스는 '영혼을 돌보라'는 것을 지상 과제로 설정해놓고 있다. 몸은 영혼이 이러저러한 일을 수행하는 데 사용하는 도구에 불과하고(『알키비아데스』 129a~130c) 결국 영혼의 상태가 어떠한지에 따라서 내가 하는 모든 일이 잘될지 잘되지 않을지가 달려 있다는 것이다(『프로타고라스』 313a). 중기 대화편들에서는 그러한 영혼이 어떤 성격을 가지고 있는지가 본격적으로 고찰되기 시작한다. 『파이돈』에서는 (등장인물인) 소크라테스가 다양한 방식으로 영혼이 죽지 않는다는 것을 증명하려고 시도하며, 『국가』에서는 영혼이 세 부분을 가진다는 논증을 제시한다. (종종 소크라테스가 주인공으로 등장하지 않는) 후기 대화편들에서는 개인의 차원을 넘어서는 영혼에 대한 논의들이 등장한다. 『티마이오스』의 주 화자인 티마이오스는 우주 전체를 생명이 있는 것으로 이야기하고 그에 따라 세계영혼에 대한 논의를 한다. 『법률』 10권에서는 주 화자인 아테네인이 영혼을 범우주적 운동의 원리로 이야기하기도 한다.

이와 같이 플라톤에서는 영혼에 대한 다양한 차원의 논의가 여러 대화편에 걸쳐 다소 비체계적인 방식으로 흩어져 있다. (영혼에 대한 체계적인 논의는 아리스토텔레스에서부터 시작된다고 볼 수 있다.) 제한된 지면에서 이들을 모두 다루기는 어렵고, 또 이 책의 제목이 『마음과 철학』이기도 하니, 이 글에서는 영혼에 대한 플라톤의 생각 중에서 마음에 대한 성찰에 해당되는 것으로 보이는 부분을 논의하기로 하겠다. 마음이 일종의 자아영혼, 즉 심리적인 활동이나 성질의 주체라는 우리의 진단이 맞다면, 플라톤의 생각 중 이와 관련된 부분은 영혼 삼분설이 될 것으로 보인다. 플라톤은 영혼 삼분설을 통해서 인간의 심리 활동, 혹은 마음의 작용을 셋으로 구분하고 있다. 편의상 이후의 논의에서 우리는 '영혼'이 '마음'에 해당하는 자아영혼을 지칭하는 것이 명백한 맥락에서는 '영혼'과 '마음'을 서로 교환가능한 말로 다룰 것이다.

## 영혼을 세 부분으로 나누는 플라톤의 논증

　　영혼이 세 부분으로 되어 있다는 이야기가 명시적으로 등장하는 플라톤의 대화편들은 『국가』와 『파이드로스』, 그리고 『티마이오스』이다. 그리고 이 세 대화편에서 개진되는 영혼의 부분들에 대한 생각에는 미묘한 차이가 있어 보이기도 한다. 이 대화편들이 전제하고 있는 영혼 모델에 정말로 어떤 차이가 있는 것인지, 차이가 있다면 그 함축은 어떠한 것인지 등의 문제를 지금 이 자리에서 논의하기는 어렵고, 여기에서는 『국가』를 중심으로 영혼의 부분에 대한 플라톤의 생각을 살펴보기로 하자. 영혼이 세 부분을 가진다는 이야기가 대화편의 중심 주제와 밀접한 관련이 있고, 따라서 그에 대한 논의도 가장 자세한 것이 바로 『국가』이기 때문이다. 『국가』 역시 플라톤이 소크라테스를 주인공으로 내세워 다른 등장인물들과 이야기하도록 만든 대화편이지만, 일반 독자의 혼동을 피하기 위해서 여기에서는 『국가』에서 소크라테스가 하는 이야기들을 마치 플라톤의 이야기인 것처럼 논의하겠다. 엄밀성을 추구하는 독자에게는 미리 양해를 구한다.

　　잘 알려진 대로 『국가』에서 플라톤은 영혼을 '이성 부분', 혹은 계산능력을 가진 부분to logistikon과 '기개 부분', 혹은 화내는 부분to thymoeides, 그리고 '욕구 부분', 혹은 다양한 신체적 욕구를 가지는 부분to epithymetikon, 이렇게 세 부분으로 나눈다. 이 세 부분 중 적어도 두 부분, 즉 이성 부분과 기개 부분은 호메로스 시대의 자아영혼 개념들인 노오스와 튀모스와 각각 자연스럽게 연결시킬 수 있을 것으로 보인다. 우선 기개 부분과 튀모스가 연결될 수 있다는 것은 자명하다. '기개 부분'이라고 번역된 그리스어 '튀모에이데스thymoeides'는 '튀모스 성질의 것'이라는 정도의 의미인 것이다. 노오스의 경우, 호메로스 시대의 '노오스noos'는 플라톤 시대에는 '누스nous'라고 표기되었고 우리말로는 '지성' 정도로 번역될 의미로 사용되었다. 누스가 어원적으로 이성 부분과 직접 연관되는 것은 아니지만, 이것은 이성의 특정 기능이나 상태로 이해되었던 만큼 이성 부분과 관련이 있다고 하겠다. 이런 점에서 보면 플라톤이 영혼을 부분으로 나누는 것은 호메로스 시대의 전통을 그가 어떤 방식으로 계승하고 있는 것이라고 볼 수도 있을 듯하다. 즉, 호메로스 시대에 통합되지 않았던 자아영혼 개념들이 플라톤에 이르러서는 프쉬케, 혹은 영혼이라는 이름 하에 통합되었지만 여전히 각자 나름의 독립성을 인정받고 있었다고 볼 수 있는 것이다.

　이렇게 영혼의 세 부분이 독립성을 인정받았던 일차적인 이유는, 계산과 사유의 활동을 하는 것과 화와 같은 감정을 표출하는 것, 그리고 다양한 신체적 욕구를 가지는 것이 각기 서로 다른 마음의 기능이라는 데 있다. 하지만 여기에서 주목해야 할 것은, 영혼의 부분들을 나눌 때 플라톤이 관심을 가진 것은 단순히 마음의 여러 기능을 분류하는 것에 불과한 것이 아니라는 사실이다. 마음이 가지고 있는 기능들은 단순히 이 세 가지로 환원될 수 없어 보인다. 예컨대 지각의 기능은 분명 마음이 가지고 있는 기능이겠지만 위의 세 가지 기능 중 어느 하나와 동일시될 수 없는 것이다. 더구나 플라톤이 마음에 대해서 논의하고 있는 것이 아니라 영혼에 대해서 논의하고 있다는 사실을 기억하면, 생명을 유지시켜주는 기능도 영혼의 기능이라고 할 수 있을 것이다. (실제로 이후 아리스토텔레스는 『영혼론』에서 영양섭취의 기능을 영혼의 중요한 기능 중 하나로 다루고 있다.) 플라톤이 영혼의 부분을 나눌 때 왜 지각이나 영양섭취와 같은 '영혼의 기능'에 대해서 관심을 갖지 않고 있는지는 뒤에서 다시 이야기하기로 하자. 지금은 일단 그의 주된 관심사가 영혼의 기능들을 분류하는 것은 아니라는 사실에 주목해 보자.

『국가』 4권에서 플라톤은 영혼을 셋으로 구분하는 논증을 제시하는데, 그가 관심을 가지고 있는 것이 영혼의 기능을 분류하는 것이 아니기 때문에, 그의 논증은 영혼의 세 기능이 정말 서로 독립적이라는 것을 증명하려는 목적을 가진 것이 아니다. (현대 플라톤 연구자들 사이에서는 플라톤이 제시하는 세 가지 기능이 정말로 서로 독립적인지에 대한 논쟁이 존재한다. 다시 강조하지만, 어쨌거나 이것은 플라톤의 관심사가 아니다.) 그는 이 세 가지 기능이 독립적인 기능들이라는 것은 '그냥' 전제하고서, 영혼이 전체로서 이 기능들을 수행하는 것인지, 아니면 각각의 기능을 서로 다른 부분을 통해서 수행하는 것인지에 대한 질문을 제기한다(『국가』 435e~436b). 다시 말해서, 플라톤은 영혼이 서로 다른 독립적인 기능들을 수행한다는 사실 자체에 의해서 영혼의 부분을 나누는 것이 정당화된다고 생각하는 것이 아니라, 그 독립적 기능 각각을 고유하게 수행하는 서로 다른 영혼의 기관 같은 것이 있는 경우에만 영혼의 부분들을 나누는 것이 정당화된다고 생각하고 있는 것이다.

이러한 정당화 작업을 위해서 플라톤은 "동일한 것이 동일한 부분에서 그리고 동일한 것에 대해서 반대되는 것들을 동시에 행하거나 겪는 일은 없다"(『국가』 436b)는 원리, 플라톤 연구자들이 보통 '대립의 원리Principle of Opposition'라고 부르는 원리를 사용한다. 우선 그는 목이 마르지만 물을 마시지 않기를 원하는 사람의 예를 든다. 목이 마르다는 것은 물마시기를 원하는 것이니까 그런 사람은 물마시기를 원하는 동시에 물마시지 않기를 원하는 사람이고, 여기에 대립의 원리를 적용하면 그 사람에게는 물마시기를 원하는 부분이 있고 물마시지 않기를 원하는 부분이 따로 있다는 결론이 나온다. 이 경우 그 사람이 물을 마시기 원하는 것은 '목마름'이라는 신체적 욕구가 있기 때문이니, 그 사람의 영혼에서 그러한 작용을 수행하는 것은 욕구 부분이 될 것이다. 그리고 그 사람이 물을 마시지 않기를 원하는 것은 물이 오염되었다거나 그 상황에서 물을 마시는 것이 적절하지 않다거나 하는 등의 이유가 있어서일 테고, 그러한 판단을 내리는 것은 이성의 작용일 것이다. 따라서 목이 마름에도 불구하고 물을 마시지 않기를 원하는 것은 영혼의 이성 부분이 될 것이다.

이런 식으로 계산과 사유 활동을 하는 부분과 신체적 욕구들을 갖는 부분을 나누고 나서, 플라톤은 다시 대립의 원리를 사용하여 화와 같은 감정을 표출하는 기능을 수행하는 부분이 이 둘 모두와 다른 독립적 부분이라는 논변을 펼친다. 우선 그는 당시에 잘 알려진 이야기로 보이는 레온티오스의 예를 든다. 레온티오스는 시체를 보고 싶어하는 마음과 외면하고 싶은 마음을 동시에 가지고 있다. 그는 얼마동안 얼굴을 가리고서 마음의 갈등을 겪다가 결국 보고 싶어하는 마음에 굴복하고서는 자기 자신에게 화를 낸다. 레온티오스가 시체를 보고 싶어하는 욕구를 가지고 있는 이유는 그에게 시체애호증이 있어서라는 설명이 일반적인데, 그 설명이 맞든 그렇지 않든 이러한 욕구는 플라톤의 구분에 의하면 욕구 부분에 속하는 욕구일 것이다. 이러한 욕구에 굴복하고서 화를 내는 것은, 자신이 가진 저열한 욕구에 대한 거부의 감정을 표출하는 것이니 만큼 그러한 욕구에 대립되는 힘을 작동시키고 있는 것이라고 하겠다. 따라서 대립의 원리에 따르면 이렇게 화를 내는 부분과 그 저열한 욕구를 가지고 있는 부분은 동일한 부분이 아니라는 결론이 나온다.

물론 레온티오스의 예에서 이성은 저열한 욕구에 반대하는 힘을 발휘하고 있었을 것이다. 그러니까 이 경우에 분노는 이성과 욕구의 싸움에서 이성의 편을 들고 있었던 것이다. 플라톤은 이처럼 이성과 욕구가 싸울 때에는 일반적으로 분노가 이성의 편을 든다는 것을 지적한다. 하지만 경우에 따라서는 이성과 분노가 싸우기도 하기 때문에 화를 내는 부분, 즉 기개 부분과 이성 부분이 동일한 부분인 것도 아니라고 주장한다. 그는 오디세우스의 예를 통해서 이것을 보여주려고 한다. 오디세우스는 페넬로페를 찾아와 귀찮게 구는 구혼자들과 부적절한 관계를 맺은 하녀들에 대해 분노하고, 그 때문에 그들을 모두 당장 죽이고 싶지만 그렇게 하면 자신의 계획을 망치게 되기 때문에 분노를 참아낸다. 이 경우에도 하녀들을 죽이기를 원하는 마음과 죽이지 않기를 원하는 마음 사이의 대립이 있는 것이고, 대립의 원리에 따라 두 부분, 즉 화를 내는 부분과 이성적인 계산을 하는 부분이 같은 부분이 아니라는 결론이 나오는 것이다.

플라톤의 이러한 논증이 얼마나 성공적인지는 학자들 사이에서 평가가 엇갈린다. 이 자리에서 이 논증에 대해서 평가하는 작업을 할 수는 없으니 이에 대한 평가는 독자 스스로 해보기를 권한다. 하지만 그런 평가 자체에 앞서서 플라톤의 결론이 무엇인지 분명히 할 필요는 있겠다. 반복하지만, 플라톤이 영혼의 세 기능이 서로 독립적이라는 결론을 이끌어내는 논증을 제시하고 있는 것은 아니다. 앞에서 이야기했듯이, 플라톤은 논증을 시작하면서부터 세 기능을 우선 나누어놓고 무엇으로 그 기능을 각각 수행하는지 하는 질문을 던지고 있으며, 논증의 중간에서 화내는 부분과 욕구 부분을 나누고 나서 화내는 부분이 이성 부분의 일종인지 아니면 이것이 제3의 부분인지에 대한 질문을 던지기도 한다(『국가』 440e~441a). 플라톤의 결론은 영혼이 여러 기능을 수행한다는 당연한 이야기가 아니라 영혼의 세 기능을 각각 독립적으로 수행하는 서로 다른 부분들이 있다는 주장인 것이다.

## 독립적 행위자와 유사한 영혼의 부분들

플라톤에서 영혼의 부분들이 단순히 영혼의 기능에 불과한 것이 아니라는 것을 더 분명하게 보여주는 것은 이성 부분이나 기개 부분도 욕구를 갖는다는 것이다. 물론 영혼의 셋째 부분의 이름이 '욕구 부분'이고, 이 때문에 욕구 부분만 욕구를 갖는다고 오해할 소지가 있는 것도 사실이다. 하지만 욕구 부분에 '욕구 부분'이라는 이름이 붙은 이유는 한편으로 신체적 욕구들이 가장 대표적인 욕구들이기 때문이고, 다른 한편으로 다양한 신체적 욕구를 통합하는 특별한 다른 이름이 없기 때문일 따름이다. 플라톤이 이성 부분과 욕구 부분을 나눌 때 드는 예에서, 물을 마시기를 원하는 것이 욕구인 만큼 물을 마시지 않기를 원하는 것도 욕구이다. 이성적인 부분과 욕구적인 부분의 대립이란, 다른 말로 하자면, 이성적인 부분의 욕구와 욕구적인 부분의 욕구 사이의 대립인 것이다. 마찬가지로 오디세우스가 하녀들을 죽이기를 원하는 것과 죽이지 않기를 원하는 것 역시 각각 욕구이며, 이성적인 부분과 기개적인 부분의 대립 역시 이성적인 부분의 욕구와 기개적인 부분의 욕구 사이의 대립인 것이다.

우리는 앞에서 영혼의 부분들이 서로 다른 기능을 고유하게 수행하는 영혼의 기관 같은 것이라고 이야기했다. 이성적인 부분이 고유하게 수행하는 기능은 물론 계산과 사유 활동이다. 그리고 우리는 계산과 사유 활동 자체와 그러한 계산의 결과에 따라서 무언가를 욕구하는 것을 구별할 수 있을 것이다. 플라톤은 이 두 기능을 서로 독립적인 것이라고 생각하지는 않은 듯하지만, 그에 대해서는 다음 절에서 이야기하도록 하자. 어쨌거나 우리는 적어도 논리적으로 구분될 수 있는 두 가지 기능을 이성적 부분이 수행한다는 이야기를 할 수 있을 것이다. 영혼의 부분이 단지 하나의 기능만을 수행한다면, 혹시 해당 부분과 그 기능 자체를 동일시할 수 있는 여지가 있을지도 모른다. 즉 영혼의 부분에 대한 이야기들이 사실은 영혼의 기능에 대한 이야기들을 드라마틱하게 하는 것에 불과하다고 생각할 여지가 있을지도 모른다. 하지만 영혼의 부분 하나가 여러 기능을 수행한다면, 그 부분은 이 중 어떤 기능과도 동일시될 여지가 없는 것이다.

기개 부분이 화를 내는 것과 그에 따른 욕구를 갖는 기능을 수행하고 있지만, 어쩌면 이 두 기능이 원래 서로 분리될 수 없는 것이라고 생각할 수 있을지도 모르겠다. 화를 낸다는 것은 그냥 화만 내고 끝나는 것이 아니라 언제나 특정 행위에 대한 경향성을 포함하는 것으로 보인다. 그래서 이후 아리스토텔레스나 스토아 학자들은 화 자체를 욕구의 일종으로 정의내리기도 하는 것이다. 더구나 욕구 부분은 아예 욕구를 가지는 것 외에 특별한 다른 기능을 가지지 않는다고 생각할 수도 있다. 그렇다면 이성 부분은 몰라도 나머지 부분들은 각기 하나의 고유한 기능만을 갖는다고 할 수 있을까?

하지만 플라톤은 그렇게 생각하지 않은 것으로 보인다. 플라톤은 종종 기개 부분과 욕구 부분을 뭉뚱그려서, 이성 부분과 대비되는 것으로서 비이성적 부분이라고 부른다. 그리고 『국가』 10권에서 플라톤은 이성 부분과 비이성적 부분이 서로 대립되는 믿음을 가지는 경우에 대해서 논의한다. 예컨대 막대를 물속에 넣었을 때 구부러져 보이는 것과 같은 착시 현상이 일어나는 경우, 계산과 측정을 따르는 이성적인 부분은 그 막대가 여전히 곧다는 믿음을 가지는 데 비해, "우리 안의 변변치 않은 부분 중 하나"는 그와 반대되는 믿음을 갖는다는 것이다(『국가』 602e~603a). 플라톤은 막대가 구부러져 있다는 믿음을 가지는 영혼의 부분이 어디인지는 명시하지 않았지만, 어쨌거나 이성적인 부분 외의 다른 부분도 믿음을 가진다는 생각을 하고 있는 것은 분명하다. 또한 『국가』 4권에서 플라톤은 영혼의 이성적인 부분과 나머지 두 부분이 누가 지배해야 하는지에 대해 '같은 믿음을 가진 상태homodoxia'가 분별, 혹은 절제라고 이야기하는데, 이 이야기도 영혼의 나머지 두 부분이 믿음 같은 것을 가질 수 있다는 것을 전제하는 것으로 보인다.

정리해서 이야기하면 영혼의 모든 부분은 각기 그 나름의 욕구와 믿음을 가지고 있다는 것이다. 이에 더해서 영혼의 부분들은 각기 자신에게 고유한 목표를 가지고 있기도 하고 또 자신에게 고유한 즐거움을 갖기도 한다(『국가』 580e~581b, 586d~587a). 영혼의 각 부분의 고유한 목표와 즐거움이 어떤 것들인지는 뒤에서 다시 논의하기로 하자. 어쨌거나 영혼의 부분들이 각기 믿음과 욕구, 그리고 자기 나름의 고유한 목표와 즐거움을 갖는다는 점에서 이들은 각각 독립적인 행위자와 닮은 구석이 있다. 물론 이 이야기가 영혼의 부분들이 정말로 독립적인 행위자들이라는 이야기는 아니다. 어떤 행위자의 영혼의 부분들이 또 각각 행위자들이라면, 그 부분행위자들의 통일성이 어떻게 확보될 수 있는지, 또 그 부분행위자들은 다시 더 작은 부분행위자들로 나뉘지는 않는지 등과 같은 어려운 문제들이 발생하게 된다. 영혼의 부분들이 유사-행위자라는 주장은, 지금 이야기한 대로, 이들이 그 나름의 믿음과 욕구, 목표와 즐거움을 갖는다는 주장 이상의 내용을 가지는 것이 아니다. 하지만 그렇다고 해도, 영혼의 부분들은 유사-행위자들이기 때문에, 영혼 혹은 마음이 셋으로 나누어진다는 플라톤의 주장은 마음을 이성과 감정, 욕구로 나눌 수 있다고 상식적으로 생각할 수 있는 차원을 훨씬 넘어서는 것이다.

마음이 부분을 갖는다는 플라톤의 생각은 현대인들에게는 이상스럽게 여겨질 만하다. 하지만, 논의를 더 진행하기에 앞서, 마음에 대한 이러한 모델이 '심리적 강제'와 같은 현상을 설명하기에 매우 적합한 모델이라는 것 정도는 지적하고 싶다. 일반적인 의미에서 강제란 어떤 외부적인 요인에 의해서 내가 어떤 행동을 할 수밖에 없게 되는 것이다. 그래서 예컨대 나의 오른손에 의해서 나의 왼

손이 강제된다고 이야기하는 것은 곤란한 일이다. 그런데 심리적 강제의 경우에는 강제당하는 주체나 강제하는 주체가 모두 내 안에 있다. 따라서 내 안에 나 자신과 더 동일시될 수 있는 요소와 덜 동일시될 수 있는 요소가 따로 있지 않다면, 심리적 강제의 현상은 이해하기 어려운 것이 되고 만다. 플라톤은 영혼을 머리 여럿 달린 짐승과 사자, 그리고 사람이 모여 있는 것에 비유한다(『국가』 588c~e). 물론 이 중에서 사람에 비유되는 이성 부분은 한층 더 자신과 동일시될 수 있는 부분이고, 나머지 부분들은 자신과 덜 동일시될 수 있는 부분일 것이다. 플라톤은 이성 부분이 어떤 의미에서 진정한 자아라고 간주하는 것이다. 내 안에 진정한 자아가 있고 그러한 진정한 자아에 대해서 외적인 요인들이 또 내 안에 따로 있다는 생각은, 우리에게 다소 비상식적으로 여겨질지는 몰라도, 심리적 강제와 같은 현상은 오히려 더 잘 설명해줄 수 있는 것이다.

물론 그렇다고 해서 플라톤이 마음을 각기 유사-행위자인 세 부분으로 나눈 궁극적 이유가 심리적 강제를 잘 설명하는 모델을 제시하기 위해서였다고 할 수는 없다. 앞으로 이야기하겠지만, 플라톤이 마음의 부분을 나누면서 염두에 두고 있는 문제는 인간을 움직이는 궁극적인 동기의 원천이 어떤 것들인가 하는 것이다. 그리고 인간의 궁극적 동기 원천이 유사-행위자와 같은 마음의 부분들이라는 생각이, 정의로운 삶과 행복한 삶이 일치한다는 것을 보이려는 『국가』 전체의 기획에서 가장 핵심적인 전제 중 하나가 되는 것이다.

## 영혼을 움직이는 세 가지 동기원천

사실 플라톤의 초기 대화편들에는 영혼의 부분에 대한 논의가 등장하지 않는다. 초기 대화편들에 영혼의 부분이 등장하지 않는 이유는, 플라톤이 초기에는 영혼이 부분을 갖지 않는다고 생각했다가 중기에 와서 생각을 바꾸어서일 수도 있고, 아니면 초기 대화편들에서는 영혼의 내적 갈등이 중심 주제로 다루어지지 않기 때문에 영혼의 부분에 대해서 굳이 논의할 필요가 없어서일 수도 있다. 이 두 설명 중 어느 것이 옳은지는 플라톤 해석자들에게는 중요한 문제일 수 있지만, 지금 우리의 논의와는 큰 상관이 없다. 지금 우리의 논의와 관련이 있는 것은 『국가』보다는 일찍 쓰였다고 생각되지만 『국가』와 마찬가지로 흔히 중기 대화편 중 하나로 분류되는 『파이돈』에서 벌어지는 논의이다. 『파이돈』에서는 단순히 영혼의 부분에 대한 논의가 없는 것이 아니라, 영혼은 합성되지 않은 단순한 것이라는 생각, 즉 영혼이 부분을 가지지 않는다는 생각이 명시적으로 개진된다(『파이돈』 78b 이하). 그런데 흥미로운 것은 『파이돈』에서 플라톤이 『국가』에서 논의되는 것과 같은 종류의 심리적 갈등들에 대해서 언급하고 있다는 사실이다. 그는 목마른 상태에 있으면서 목마름이 이끄는 것과 반대 방향으로 영혼이 몸을 이끄는 경우를 이야기하기도 하고(『파이돈』 94b) 영혼이 욕구와 분노와 두려움 등에 대립하는 사례로 분노를 참는 오디세우스의 예를 거론하기도 한다(『파이돈』 94d~e). 다만 『국가』에서 이러한 갈등들을 영혼의 부분들 사이에서의 대립으로 파악하고 있는 것과 달리 『파이돈』에서는 이들을 영혼과 신체 사이의 대립으로 묘사하고 있다는 차이가 있을 뿐이다.

　심리적인 갈등을 『파이돈』에서 어떻게 영혼과 신체의 대립으로 파악할 수 있었는지에 대해서는 여러 가지 해석이 있을 수 있겠다. '신체의 욕구'라는 표현이 등장하기도 하고(『파이돈』 66c, cf. 94d) '영혼과 신체가 같은 믿음을 가진다'는 표현도 등장하는(『파이돈』 83d) 것으로 보아, 『파이돈』에서의 '신체'란 사실은 『국가』에서의 이성적이지 않은 영혼의 부분들을 지칭하는 것이라고 볼 수도 있고, 아니면 『파이돈』에서 영혼과 신체의 대립이란 사실은 영혼 내에서 지혜에 대한 사랑과 신체에 대한 사랑이 갈등하는 것이라고 볼 수도 있다. 어쩌면 그것도 아니라 『파이돈』에서 플라톤은 신체 자체가 욕구를 가질 수 있는 것으로 파악했다고 볼 수 있을지도 모르겠다. 이들 중 어떤 해석이 옳은지는 지금 우리의 관심사는 아니다. 우리의 관심사는 심리적 갈등의 모델이 『파이돈』 모델에서 『국가』 모델로 바뀐 것이 어떠한 함축을 가지는가이다.

　『파이돈』에서는 어쨌거나 신체가 인간을 움직이는 중요한 동기의 원천으로 묘사되고 있다. 문자 그대로 신체 자체가 욕구를 가지고 있는 것으로 해석하는 경우는 말할 것도 없고, 그런 해석을 취하지 않는 경우에도 신체가 (영혼의 부분이나 전체를 움직임으로써) 인간 행동의 궁극적인 이유를 제공하는 것 중 하나가 되는 것이다. 이에 비해서 『국가』에서는 인간의 모든 행동의 원천이 궁극적으로 영혼에 귀속되게 된다. 신체가 독자적으로 자발적인 움직임을 일으킬 수 없다는 생각이 확고부동하게 정립된 것은 플라톤의 『국가』에 이르러서라고 할 수 있다. 그리고 이러한 생각이 이후 서구의 정신사를 지배하게 된다. 신체를 비롯한 외적인 요인들이 물론 인간을 움직이는 데 이러저러한 영향을 끼치겠지만 이런 것들은 궁극적으로는 모두 영혼이 어떤 방식의 운동을 일으킬지를 결정하는 데 고려될 수 있는 사안들에 불과한 것이고, 결국 영혼이 인간의 모든 자발적 움직임을 결정짓는 유일한 요소로 정립되게 되는 것이다.

이런 측면에서 보면, 플라톤이 영혼을 세 부분으로 나눈 것은 인간을 움직이는 궁극적인 동기의 원천이 세 가지라는 주장을 하는 것이 된다. 영혼의 각 부분이 유사-행위자라는 것, 즉 각기 독자적인 믿음과 욕구, 목표와 즐거움을 가질 수 있다는 것은 이들 각각이 독립적으로 자발적 움직임의 원천이 될 수 있는 충분조건을 갖추고 있다는 이야기가 되는 것이다. 그리고 이것이 바로 지각이나 생명 유지와 같은 영혼의 기능과 관련해서 플라톤이 지각을 담당하는 부분이나 생명 유지를 담당하는 부분을 따로 설정하지 않고 있는 이유이기도 하다.

플라톤이 영혼의 부분들을 동기의 원천인 유사-행위자들로 이해하고 있다는 것이 한층 더 명시적으로 드러나는 것은 『국가』 9권이다. 『국가』 9권에서 플라톤은 영혼의 이성 부분, 기개 부분, 욕구 부분을 각각 지혜를 사랑하는 부분, 명예를 사랑하는 부분, 돈 혹은 이득을 사랑하는 부분이라고 부른다(『국가』 581a 이하). 그런데 우리가 살펴본 『국가』 4권에 등장하는 영혼의 부분을 나누는 논증 자체만으로는 영혼의 부분들을 이런 방식으로 규정하는 것이 정당화되지 않는다. 『국가』 4권의 논증이 영혼의 대립에 기초하고 있고 영혼의 대립은 영혼의 부분들의 욕구 사이의 대립이라는 점에서, 이 논증은 영혼의 부분들에 각기 다양한 종류의 욕구를 부여하는 것까지는 정당화할 수 있을 것이다.

하지만 그 욕구들이 각각 지혜와 명예와 이득을 얻는 데 도움이 되는 욕구들이라는 보장은 없다. 플라톤은 욕구를 필요한 욕구와 불필요한 욕구로 구분하는데(『국가』 558d~559c), 필요한 욕구는 이득을 얻는 데 도움이 되는 욕구겠지만 불필요한 욕구는 그와 반대되는 욕구일 것이다. 플라톤은 불필요한 욕구를 명시적으로 '낭비적인 것'이라 부르기도 한다(『국가』 558c). 이러한 불필요한 욕구의 대부분은 욕구 부분에 속하는 욕구이고, 따라서 욕구 부분의 욕구 중에는 이득을 만들어내는 것과 반대되는 욕구도 많이 있는 것이다. 또 기개 부분의 욕구는 화와 같은 격한 감정에서 발생하는 욕구인데, 화가 나서 수치스러운 행동을 하는 경우를 우리는 얼마든지 생각할 수 있다. 따라서 기개 부분의 욕구 중에 명예를 진작시키는 것과 반대되는 욕구도 얼마든지 있는 것이다. 이성 부분의 욕구도 항상 지혜를 얻는 데 도움이 되는 욕구라고 할 수 없다. 플라톤은 이성 부분이 욕구 부분의 노예 노릇을 하면서 어떻게 하면 적은 재물에서 더 많은 재물을 만들어낼까만 계산하고 생각하는 경우를 언급하기도 한다(『국가』 553d). 이런 경우에 이성 부분은 그러한 계산을 하고서 그 결과에 따르는 욕구를 가질 것이다. 하지만 이때의 욕구는 지혜에 대한 사랑과는 별 상관이 없어 보인다. 요컨대, 이성 부분을 지혜를 사랑하는 부분이라고 규정할 수 있는 것은 그 부분이 가질 수 있는 가능한 모든 욕구에 근거하고 있는 것이 아니라 그 부분이 정상적으로 작동할 때 가지게 되는 욕구에 근거한 것이다. 마찬가지로 기개 부분과 욕구 부분을 각각 명예를 사랑하는 부분과 이득을 사랑하는 부분이라고 규정할 수 있는 것은 그 부분들이 정상적으로, 혹은 상대적으로 훌륭하게 작동할 때 가지게 되는 욕구에 근거한 것이다.

그렇다면 왜 플라톤은 영혼의 부분들이 제대로 작동할 때 각각 지혜와 명예와 이득을 얻는 데 도움이 되는 욕구들을 가진다고 생각했을까? 이에 대답하기 위해서는, 플라톤이 당연하다고 생각해서 명시적으로 언급하지 않고 그냥 전제하고 있을 만한 것들에 대한 어느 정도의 추정이 필요하다. 가장 중요한 전제는 어떤 것을 욕구한다는 것과 그것이 좋다고 생각하는 것 사이에 불가분의 관계가 있다는 것이다. 플라톤이 (중기 대화편들에서도) 이러한 전제를 하는 것을 보여주는 근거로, "모든 영혼이 좋음을 추구하며 그것 때문에 모든 것을 행한다"라고 이야기하는 『국가』 6권의 구절(505e)이나, 좋음을 모든 행동의 궁극적 원인으로 설정하고 있는 것으로 보이는 『파이돈』의 구절(98c~99c) 등을 제시할 수 있겠지만, 이에 대해서 자세히 논의하는 것은 상당히 복잡한 일이라 이 자리에서는 생략하기로 한다. 다만 플라톤이 왜 그런 생각을 하는지 정도만 간단히 이야기하기로 하자. 영혼의 부분을 나누는 논증에서 볼 수 있듯이, 욕구란 몸을 어딘가로 끌어당기거나 어딘가로부터 밀어내는 것이다. 욕구가 자발적 행동의 근거이고, 자발적 행동이 몸에서 일어나는 단순히 물리적인 우발적 사건과는 다른 것이라면, 욕구는 물질세계에서의 우발적 사건으로서의 끌어당김과 밀어냄과는 다른 것이다. 그리고 욕구를 욕구대상이 좋다는 생각에 기초한 것으로 파악하는 것은 바로 이러한 차이에 대한 적절한 설명을 제시해 줄 수 있는 것이 되는 것이다. 다른 말로 하자면, '행동'을 단순한 몸짓이 아니라 자발적인 행동으로 만들어주는 것이 바로 '좋음'에 대한 생각인 것이다.

이제, 영혼의 부분들도 각기 자발적 행동을 유발할 수 있는 동기원천들이라면, 이들은 각기 자기가 좋다고 여기는 것을 향해서 신체를 끌어당기는 힘을 발휘할 것이다. 이성 부분은 주어진 상황에서 어떤 것이 좋은지를 계산해서 그에 대한 판단을 내리고, 그 판단에 따르는 욕구를 가질 것이다. 그런데 모든 계산은 참을 목표로 한다. 따라서 지혜가 참을 보장해주는 것이라면, 이성 부분은 정상적으로 작동할 때 자연스럽게 지혜를 추구하게 될 것이다. 기개 부분이나 욕구 부분은 이성의 능력, 즉 계산 능력을 가지고 있지 않기 때문에 그냥 각자에게 그 순간에 좋아 보이는 것에 대한 욕구를 가질 것이다. 욕구 부분은 단순히 가지면 좋을 것으로 보이는 것에 대한 욕구를 가질 것이다. 소유하게 되면 실제로 좋은 것을 가지는 것이 이득이라면, 욕구 부분이 제대로 작동하는 경우, 그것은 자연스럽게 이득을 추구하게 될 것이다. 기개 부분은 주어진 상황이 나빠 보이는 경우, 특히 자신에게 나쁜 일이 생긴 것으로 보이는 경우에 화를 내고, 그 나쁜 상황을 되돌린다거나 그에 대한 보상을 받을 수 있어 보이는 것에 욕구를 가질 것이다. 스스로 나쁜 상황을 바로잡는 것이 스스로 뿌듯해할 수 있는 성취이고, 뿌듯해할 만한 성취를 이루는 것이 명예로운 일이라고 한다면, 기개 부분이 제대로 작동하는 경우, 그것은 자연스럽게 명예를 추구하게 될 것이다.

플라톤이 영혼을 세 부분으로 나누면서 염두에 두었던 것은, 사람들의 마음을 움직이는 궁극적인 원천들이 지혜와 명예, 그리고 돈 혹은 이득이라는 것이다. 사실, 플라톤이 살던 시대보다 훨씬 더 복잡한 삶을 살고 있는 우리 시대에도 여전히 이득과 명예, 그리고 앎에 대한 욕구는 대부분의 사람들을 움직이는 궁극적인 동기라고 할 수 있을 것이다. 또한 아주 어린아이들조차도 앎과 명예와 이득에 대한 욕구의 원초적인 형태라고 할 수 있을 호기심과 경쟁심, 그리고 신체적 쾌락에 대한 욕구를 가진다는 점에서, 인간의 동기를 쾌락과 경제적 이득에 대한 욕구로 모두 환원시켜서 설명하려는 것보다 플라톤의 설명이 오늘날에도 더 설득력을 가지는 측면도 있는 것으로 보인다.

## 영혼의 부분과 행복한 삶의 조건

인간의 삶이 세 가지 서로 다른 동기의 원천과 목표를 가지고 있다면, 이 셋을 조화롭게 만드는 것이 좋은 삶을 사는 데 필수적인 것이라고 할 수 있을 것이다. 영혼 삼분설은 영혼을 돌보라는 플라톤의 지상명령의 실질적인 내용이 어떠한 것인지를 이야기해주는 것이기도 하다. 몸을 돌보는 것이 몸을 건강하게 만들고 그 몸의 건강을 유지시켜주는 것이라면, 영혼을 돌보는 것은 영혼을 건강하게 만들고 그 영혼의 건강을 유지시켜주는 것이다. 그리고 몸의 건강이 몸을 이루는 요소들이 조화를 이루는 데 있다면, 영혼의 건강은 영혼을 이루는 요소들이 조화를 이루는 데 있다고 할 수 있겠다. 플라톤은 영혼의 세 부분이 서로 조화를 이루고 있는 상태를 영혼의 건강에 비유하며(『국가』 444c~e) 이것이 행복한 삶의 조건이라고 주장한다.

영혼의 세 부분이 조화로운 상태에 있는 것을 위한 기초적인 조건은 이들이 적절한 방식으로 질서를 지니고 있는 것이다. 즉, 영혼의 부분 중 한 부분은 주도적인 지위를 차지하고, 나머지 부분들은 그 주도적인 부분이 자신의 목표를 달성하는 데 알맞은 지지와 지원을 보낼 수 있도록 조직화되는 것이다. 이런 방식의 조직화가 이루어지지 않은 상태의 영혼에서는 영혼의 부분들이 서로 주도권을 잡기 위해서 항상 다투는 상태가 되거나, 아니면 한 부분은 득세하고 나머지 부분들은 지리멸렬한 상태에 있거나 하게 될 것이기 때문이다. 플라톤은 이런 상태에 있는 사람을 '민주정적인 인간'과 '참주정적인 인간'이라고 부르며, 이들을 행복과 가장 거리가 먼 상태에 있는 사람들이라고 이야기한다.

하지만 이러한 기초적인 조건이 충족되었다고 해서 곧바로 영혼이 조화로운 상태에 있다고 할 수는 없다. 명예를 사랑하는 부분이 주도적인 지위를 차지하고 나머지 부분이 그 부분에 종사하고 있는 '명예정적인 인간'이나, 이득을 사랑하는 부분이 주도적인 지위를 차지하고 나머지 부분이 그 부분에 종사하고 있는 '과두정적인 인간'은 진정한 조화를 갖고 있다고 할 수 없다. 이처럼 주도적인 지위를 차지하기에 적절하지 않은 부분이 주도적인 지위를 차지하게 되면, 영혼의 나머지 부분들은 각각 자신에게 고유한 목표가 아니라 이질적인 목표에 종사하게 되는 것이다. 예컨대 '과두정적인 인간'의 영혼에서 지혜를 사랑하는 부분은 어떻게 하면 돈을 많이 벌 수 있는지를 알아내는 데에만 이성의 능력을 사용하게 된다. 또 그의 영혼에서 명예를 사랑하는 부분은 돈이 많은 것만을 명예로운 것으로 여겨서, 돈 많은 사람들에게만 존경을 보내고, 자신도 돈이 많으면 자랑스러워하고 돈이 없으면 수치스러움을 느끼게 된다(『국가』 553c~d). 이런 경우에 영혼의 나머지 부분들은 그 나름으로 자신들의 기능을 일관적으로 수행하기는 하지만, 진정한 지혜나 진정한 명예를 추구하는 것이 아닌 한에서, 자신들의 기능을 충분하게 발휘하지 못하며 자신들의 고유한 즐거움을 충분히 누리지도 못한다.

이에 비해서 지혜를 사랑하는 부분이 주도적인 지위를 차지하고 그에 맞추어 영혼의 구조가 질서를 가지게 되는 경우에는, 영혼의 나머지 부분들이 각각 자신에게 이질적인 목표에 종사하는 일이 발생하지 않는다. 지혜를 사랑하는 부분이 궁극적으로 추구하게 되는 것은 '좋음'에 대한 앎이므로, 이 부분이 주도적인 지위를 차지하게 될 때 명예를 사랑하는 부분은 좋음에 대한 앎을 얻는 것을 명예롭다고 여기게 되고, 이득을 사랑하는 부분은 좋음에 대한 앎을 얻기에 적절한 방식으로 신체적 욕구들을 조절하게 될 것이다. 그런데 진정한 명예는 사람들의 평판에 있는 것이 아니라 훌륭한 것, 혹은 진정으로 명예로운 것을 소유하는 데 있을 것이고, 진정한 이득은 돈을 많이 버는 데 있는 것이 아니라 진정으로 좋은 것, 혹은 진정으로 이로운 것을 소유하는 데 있을 것이다. 따라서 좋음에 대한 앎을 소유하는 것이 진정으로 명예롭고 이로운 것이라고 한다면, 명예를 사랑하는 부분과 이득을 사랑하는 부분은, 지혜를 사랑하는 부분이 주도적인 지위를 차지할 때, 오히려 자기들 각각에 가장 고유한 목표를 추구하게 되는 것이라고 볼 수 있다. 또한 이러한 상태에서 영혼의 모든 부분이 각자 자신에게 고유한 목표를 가장 탁월하게 달성할 수 있고, 따라서 "각각 자신의 즐거움을, 가능한 한 가장 좋고 가장 참된 즐거움을 누릴 수 있게"(『국가』 586e) 된다는 것이다. 플라톤은 이러한 상태가 바로 영혼의 조화가 이루어진 상태이며, 그러한 상태에 있는 사람이 진정으로 행복한 삶을 누리는 사람이라고 주장한다.

　플라톤이 영혼을 세 부분으로 나눈 것은, 인간에게 있어서 '좋은 삶'이란 어떠한 것이며 그것을 얻기 위해서는 어떻게 해야 하는지에 대한 관심에 근거하고 있다. 좋은 삶이 무엇인지에 대한 그의 결론은 바로 그것이 진정한 지혜와 진정한 명예와 진정한 이득을 추구하면서 사는 삶이라는 것이다. 그러한 삶이 가장 조화롭고 가장 행복한 삶이기 때문이다. 그리고 그러한 삶은 진정한 명예가 무엇이며 진정한 이득이 무엇인지, 그리고 진정한 좋음이 무엇인지에 대한 일상적인 이해를 근본적으로 전환하는 것을 통해서만 가능하다. 그러한 전환이 없이는 영혼의 각 부분이 제 할 일을 잘 수행하는 것이 불가능하다는 것이다. 앞에서 이야기했듯이 영혼을 돌보라는 것이 플라톤의 지상명령이라고 할 수 있는데, 영혼을 돌보는 것의 내용은 영혼의 각 부분이 제 할 일을 가장 잘 수행할 수 있도록 그들을 조직화하는 것이다.

지금까지 우리는 영혼이 세 부분으로 나누어진다는 플라톤의 주장과 그것이 어떠한 함축을 가지는지에 대해서 간단히 살펴보았다. 그의 주장의 세부적인 내용에 대해서는 우리가 동의할 수도 있고 동의하지 않을 수도 있겠다. 플라톤 이후의 철학자들도 플라톤의 주장에 대해서 부분적으로 동의하기도 하고 부분적으로 동의하지 않기도 하였다. 하지만 영혼을 돌보는 것에 눈을 돌려야 하며, 철학의 할 일은 바로 이를 통해서 좋은 삶을 영위하는 데 직접적인 도움을 주는 것이라는 생각은 플라톤 철학의 유산으로 이후 고대 그리스 철학 전체를 지배했다고 할 수 있겠다.

## 더 읽을거리

플라톤, 『국가』, 박종현 역주, 서광사, 2005
    플라톤의 대표적인 저작이며, 이 글이 기본적으로 여기에 기초하고 있다. 우리의 논의는 『국가』 4권과 9권을 중심으로 진행되었지만, 『국가』의 다른 부분에서도 영혼에 대한 플라톤의 생각을 많이 읽을 수 있다. 영혼에 대한 생각만이 아니라 플라톤 철학 전반을 이해하기 위해서는 반드시 읽어야 하는 저작이다.

플라톤, 『플라톤의 네 대화편: 에우티프론, 소크라테스의 변론, 크리톤, 파이돈』, 박종현 역주, 서광사, 2003
    이 책의 『파이돈』 편에서는 이 글에서 논의하지 못한 영혼 불사에 대한 생각이 개진된다. 네 가지 영혼 불사 증명이 제시되는데, 이 증명들을 통해서 영혼의 본성에 대한 생각도 어느 정도 읽을 수 있다.

플라톤, 『파이드로스』, 조대호 옮김, 문예출판사, 2008
    영혼을 마부가 두 마리 말을 끌고 있는 것에 비유하는 유명한 이야기가 등장한다. 또 영혼을 자기 운동의 원리로 간주하고, 그것에 기초한 영혼 불사 증명이 제시되기도 한다.

플라톤, 『티마이오스』, 박종현·김영균 역주, 서광사, 2000
    플라톤의 자연학을 담고 있는 작품이다. 중세 시대에는 플라톤의 대표 저서로 알려져 있었으며, 온전한 형태로 읽을 수 있는 플라톤의 유일한 저작이었다. 세계 영혼에 대한 생각이 제시되며, 개인 영혼의 세 부분이 각각 머리, 가슴, 배에 자리하고 있다는 이야기도 등장한다.

강성훈, 「국가 4권에서 영혼의 세 부분」, 『서양고전학 연구』 23, 2005
    이 글에서 간단히 논의한 영혼 삼분 논증에 대해서 더 자세히 다루고 있다. 보다 논란의 여지가 많은 주제들을 다루고 있고, 필자의 개인적 해석이 많이 들어가 있다는 점을 감안해서 읽어야 하겠다.

# 아리스토텔레스

## 형상으로서의 영혼

## 이태수

서울대학교 문리과대학 철학과에서 학사와 석사 과정을 마친 뒤, 독일 괴팅겐대학에서 서양 고대철학과 고전문헌학 과정에서 공부를 계속하여 박사학위를 취득했다. 그후 서울대학교 교수로 부임하여 철학과와 서양고전학 협동과정에서 30년간 강의를 하였다. 현재는 서울대학교에서 퇴임하고 인제대학교에서 인간환경미래연구원 원장으로 재직중이다. 주 연구 분야는 아리스토텔레스의 논리학, 자연학, 형이상학 등 이론 철학이지만, 아리스토텔레스 철학의 전승, 전수 역사에도 관심을 가지고 있다.

## 문제의 배경

몸과 마음의 구별은 우리에게 아주 친숙한 것이다. '몸을 마음대로 움직일 수 없다'거나 '몸은 그 자리에 있었지만 마음은 다른 데에 있었다' 등과 같은 표현을 늘 쓰면서 우리는 그 뜻을 이해하는 데 특별한 어려움을 느끼지 않는다. 몸과 마음이 하나의 사람을 구성하는 것이면서도 대립적인 관계에 있을 수 있을 만큼 서로 다른 것이라는 생각을 반영하고 있는 이런 어법은 우리말에만 있는 것은 아니다. 다른 여러 문화권에 속하는 언어에도 몸과 마음의 구별을 표현한 어법이 적잖이 발견되리라고 짐작되지만, 특히 서양 언어에서는 그와 같은 구별을 우리말보다 오히려 더 선명하게 강조하는 어법이 널리 통용되고 있다.

서양 언어가 이런 특징을 지니게 된 것은 서양철학사에 영혼과 신체 그리고 정신과 물질의 구분과 관련된 이론적 문제를 강도 높게 논의해온 오랜 전통이 있다는 사실과 무관하지 않다. 철학은 철학 이전의 언어생활에서 논의의 바탕 자료를 취해오기도 하고 또 거꾸로 철학적 논의의 성과에 바탕을 둔 새로운 어휘나 어법이 일상적으로 통용되게끔 만들어 언어생활의 내용을 좀 더 풍부하게 해주는 방향으로 영향력을 행사하기도 한다. 서양에서 이와 같은 상호작용이 시작된 것은 서양 문명의 모태라고 할 수 있는 고대 그리스 때부터다.

고대 그리스의 시인들은 철학적 사유가 본격적인 궤도에 오르기 훨씬 전부터 인간의 복잡한 심리현상을 노래하면서 몸과 마음의 구별을 철학적으로 문제 삼을 수 있는 바탕을 마련했다. 그들이 묘사하는 여러 심리현상이 일차적으로는 영혼의 작용이라는 생각이 일반적으로 통용되면서 영혼이 과연 어떤 것이기에 그와 같은 일을 할 수 있는지 설명해야 할 필요가 점차 뚜렷하게 의식되었다. 그런 필요에 따라 자연스럽게 영혼에 관한 철학적인 논의가 시작되었고 논의가 진행되어가면서 몸과 마음의 구별 또한 개념적으로 선명한 내용을 갖게 된다.

'영혼'에 해당하는 그리스어의 '프쉬케psyche'는 서양의 가장 오래된 문학작품인 호메로스의 서사시에서도 발견된다. 다만, 당시 그 말은 후대 사람들이 보통 이해하는 영혼과는 달리 일차적으로는 사람이 죽을 때 내뱉는 마지막 숨결을 가리켰다. 그러니까 생명 유지 기능을 하는 목숨과 비슷한 것이라 할 수 있는 것이었다. 그러나 그것이 기본적으로는 숨결과 같은 것이라고 해도 사람이 죽자마자 곧 공기 중에 흩어지지는 않고 영혼의 임자가 생전에 지녔던 모습을 희미하게나마 간직하고 지하세계로 스며들어가는 것으로 그려져 있다. 한번 지하세계에 들어가면 영원히 거기에 갇혀 있는 것이 영혼의 운명이지만 간혹 유령처럼 지상에 모습을 나타내는 수도 있다. 일부 비교종교학자나 인류학자들의 연구에 따르면 원시적인 수준의 영혼에 대한 관념도 여러 종류가 있다고 하는데, 그들의 연구 성과를 수용해 분석하자면 호메로스의 영혼관에는 그중 생명 기능과 관련된 관념이 핵심 내용으로 포함되어 있으면서 동시에 다른 종류의 관념도 어느 정도는 섞여 들어가 있다고 볼 수 있겠다.[1] 하지만 보통 '마음'이라는 말을 쓰면서 일차적으로 머리에 떠

---

1  이 부분에 관해서는 본서에 수록된 강성훈의 글 「영혼의 세 부분」을 참조하라.

올리는 정서나, 느낌, 쾌, 불쾌, 바람 등 여러 심리적 작용은 아직 호메로스가 이해하고 있는 영혼에 명확하게 소속되어 있지는 않았다. 생명 기능을 핵심으로 하는 영혼이 심리작용의 주체로서 마음이 하는 일까지 통괄하는 역할을 맡게 된 것은 호메로스 시대 이후 영혼에 관한 원시적인 수준의 여러 다른 관념이 하나로 통합되어가는 과정 중에 확실해진 일이었다. 물론 이런 과정을 겪으면서 호메로스가 이해했던 영혼도 그 존재론적 성격과 위상이 달라져갔을 것은 당연한 일이다.

## 영혼의 실체화와 탈육화

**실체**
서양 근대철학의 핵심 개념. 자신이 존재하기 위해 다른 어떤 것도 필요로 하지 않고 독립적으로 존재하는 것을 의미한다.

호메로스의 서사시에서 영혼은 인간의 정체성을 담지擔持할 수 있을 만큼 선고한 것은 아니었다. 『일리아스』의 유명한 첫 구절에서도 전사한 영웅들의 영혼은 지하세계로 가지만 "그들 자신은 개와 맹금의 먹이가 되었다"는 표현이 나온다. 인간의 정체성은 지하세계로 가는 영혼이 아니라 지상에 남아 있는 시체에 있는 것으로 여겨졌던 것이 분명하다. 영혼은 어쨌든 일종의 숨결이기 때문에 육신과 전혀 다른 성격을 지닌 독자적인 것이 아니라 물질적 요소를 지녔지만 육신에 못 미치는 존재였다. 그러나 호메로스 이후 마치 그림자처럼 부실한 존재였던 영혼이 차츰 인간 정체성의 근거가 될 수 있는 실체로서의 위상을 획득하기 시작한다. 그리고 그와 더불어 자신에게 붙어 있는 물리적 요소도 털어버림으로써 물체와는 전혀 다르지만 물체보다 더 견고한 성격을 갖게 된다.

영혼이 실체화, 탈육화의 변화를 해가는 과정 중에 가장 뚜렷한 이정표를 세우는 기여를 한 것은 피타고라스 학파였다. 종교집단이기도 했던 피타고라스 학파는 영혼윤회와 영혼정화를 기본적인 교의(敎義)로 신봉했는데, 그 교의는 바로 영혼의 실체성과 비물질성을 전제하고 성립하는 것이다. 영혼이 육신을 바꾸어가며 여러 생을 관통해서 존재할 수 있다는 것이 영혼윤회설의 기본 내용이다. 즉 내가 수시로 이 옷 또는 저 옷을 갈아입을 수 있듯이 영혼이 이생에서는 인간의 몸을, 또 다른 생에서는 인간이 아닌 어떤 다른 축생의 몸과 더불어 지낼 수 있다는 것인데, 그렇다면 영혼은 죽음에 의해 파괴되지 않고 죽음을 견뎌내는 정체성을 확보해 가지고 있는 것이라고 보아야 하는 것이다. 또 피타고라스 학파가 생각한 영혼 정화란 영혼이 육신과 함께 붙어 있기 때문에 그로부터 받게 되는 영향을 가능한 한 최소화하는 수행을 통해 달성되는 것이었다. 그들이 여러 까다로운 계율을 만들어 엄격히 지키고 음악이나 수학과 같은 학문에 정진한 것은 육신적인 요소를 억누르는 효과가 있는 수행방법이었다. 그런 수행을 통해 영혼이 깨끗해지면 깨끗해질수록 더 영혼다워진다고 믿었던 것이다. 이런 믿음은 명백히 영혼은 깨끗하고 육신은 더러운 것이라는 가치평가에 근거하고 있다. 호메로스에서는 육신의 그림자에 불과했던 영혼이 피타고라스 학파에 이르러 육신보다 훨씬 더 높은 위상을 지니게 된 것이다.

영혼의 이러한 실체화와 탈육화의 과정은 플라톤에서 정점에 도달한다. 피타고라스 학파의 영혼관에서 핵심에 해당하는 부분을 거의 그대로 수용한 플라톤은 영혼이 지닌 존재론적 위상을 이론적으로 더 명확하게 규정해주는 시도를 했다. 플라톤이 구축한

**피타고라스 학파**
그리스의 철학자·수학자인 피타고라스를 시조로 한 학파. "만물의 원리는 수(數)이며 만물은 수를 모방한다"고 주장하였으며, 윤회와 전생을 신봉하고 재산을 공유하여 공동생활을 하였다. 살생을 피하고 조화로운 생활의 필요성을 역설했다.

아리스토텔레스

형이상학의 큰 틀 내에서 영혼은 영원불변의 이데아 세계와 그와는 달리 끊임없이 움직이며 변화하는 물질세계의 사이에 중간적인 위치를 차지하고 있는 것으로 파악된다. 그는 영혼을 운동을 한다는 점에서는 이데아와 구별되지만, 운동의 원인을 자체 내에 가지고 있기 때문에 그 운동은 타자에 의해서만 움직여지는 물질의 타성적 운동과는 근본적으로 다른 것이라고 이해했다. 영혼의 이런 성격을 때문에 영혼을 지닌 인간을 비롯한 생명체는 모두 끊임없는 물질적인 운동 변화를 겪는 육신을 가지고 이 세상에 존재하면서 자신의 정체성을 지켜나갈 수 있는 것이다. 플라톤은 우주 속의 개체만이 아니라 우주 전체도 영혼을 가지고 있다는 주장을 한다. 우주가 물질적인 것의 총합이지만 동시에 이데아 세계에 근거를 둔 고정 불변의 법칙적 질서를 따르는 운동을 하면서 존재할 수 있는데, 그렇게 할 수 있는 까닭이 바로 우주영혼 덕택이라는 것이다. 플라톤에서 영혼은 드디어 우주 전체의 존재를 받쳐주는 힘까지 지닌 것이 된 것이다.

    플라톤의 영혼관은 후대의 서양 사상사에 오랫동안 지대한 영향력을 행사했다. 그의 영혼관이 고대 말에 기독교와 접목되어 서양 중세로 전승될 수 있었던 것이 그런 영향력을 가능하게 해준 가장 결정적인 원인이었다. 천 년을 넘는 기간 동안 서양인들의 정신세계를 지배했던 종교의 영혼 구제 메시지에 실린 플라톤의 영혼관은 그들의 일상적인 삶 깊숙한 속까지도 스며들게 된다. 앞서 서양의 일상어에는 몸과 마음의 대립적 구별이 두드러진 표현이 상대적으로 많이 쓰이는 편이라고 했는데, 그런 표현의 출처는 대체로 플라톤주의라고 보면 틀림없을 것이다. 특히 명백한 예인 '플라토닉 러브'와 같은 말처럼 몸을 낮추고 영혼을 높이는 윤리적 평가를 담고 있는 어법이라면 거의 예외 없이 그러할 것이다. 플라톤주의적 영혼관의 영향력은 상당부분 그것이 인간 삶에 대해 지닌 선명한 도덕적 함축에서 비롯하는 것이라 해도 틀린 말은 아닐 것이다.

하지만 그처럼 영향력이 대단했다고 해서 플라톤의 영혼에 대한 설명이 이론적인 완성도가 높은 것은 아니다. 무엇보다도 영혼이 육신과 어떻게 관계를 맺고 있는지에 관한 그의 설명은 부실한 정도를 지나 부재라고 해야 할 정도다. 물론 플라톤 자신은 틀림없이 영혼과 육신의 결합 가능성을 의식하고 영혼을 이데아 세계와 물질세계의 사이에 위치시켜놓았을 것이다. 유명한 영혼 삼분설도 그가 영혼 내에 육신과 결합할 수 있는 부분을 (또는 육신과의 결합을 통해 비로소 영혼에 생겨난 부분인지 아주 확실한 것은 아니지만) 마련하려는 생각으로 제시한 이론이라는 해석을 할 수 있다. 말하자면 플라톤은 영혼과 육신을 결합시키기 위한 이론적인 준비까지는 어느 정도 했다고 할 수 있다. 하지만 그는 영혼이 육신을 떠나서도 존재할 수 있고 또 육신을 떠나 있을 때 오히려 자신의 본래 모습을 제대로 지키는 것이라는 생각을 끝까지 고수함으로써 그런 준비를 쓸모없는 것으로 만들어버린다. 그렇듯 홀로 충분히 존재할 수 있는 영혼이 또 무슨 이유로 육신과 결합을 해야 하는가? 그에 대한 설명이 또 따로 주어지지 않는 한, 영혼과 육신과의 결합은 그저 신화적인 미스터리로 남아있을 수밖에 없다. 그것을 넘어서는 학문적인 설명은 플라톤이 피타고라스 학파로부터 그대로 수용한 탈육화된 실체로서의 영혼에 대한 생각을 포기해야만 비로소 가능해질 것으로 보인다.

플라톤의 영혼이론이 지닌 이와 같은 약점은 이미 고대에도 문제로 의식되었다. 그 때문에 그의 이론이 후대에 끼친 심대한 영향력에도 불구하고 고대의 논의 마당에서조차 판세를 완전히 장악할 수는 없었다. 플라톤의 영혼관과 대척점에 위치한 물질주의materialism 적 영혼관도 하나의 강력한 전통을 이루었으며 특히 헬레니즘 시대 수세기 동안은 그 세력이 플라톤주의를 뒷전으로 몰아낼 만큼 커지기도 했었다. 물질주의적 영혼관에 따라 영혼을 일종의 물질로 보면 영혼과 육신의 결합을 굳이 따로 설명해야 할 부담이 없다. 게다가 영혼의 모든 작용을 물질세계의 법칙에 근거하여 학문적으로 설명할 수 있는 길이 열린다는 점도 아주 매력적인 장점이다. 물질주의 입장은 오늘날 심신 문제를 다루는 철학자들 사이에서도 대세를 이루고 있는데, 그 까닭은 물질주의가 마음의 문제를 신경 생리학이나 뇌과학 등 현대 과학을 통해 접근하려는 시도를 철학적으로 가장 강력하게 지지해줄 수 있는 입장이라는 사실에서 찾을 수 있을 것이다.

그러나 그렇다고 해서 영혼에 관해서 플라톤주의 아니면 물질주의라는 두 선택지만 가능한 것은 아니다. 가령 근세 이후 서양의 심신 문제에 관한 논의를 새롭게 출발시킨 데카르트처럼 영혼과 물질 둘을 다 독립적인 실체로 설정하는 이원론적 입장도 있을 수 있다. 그러나 이 입장은 플라톤보다 더 확실하게 영혼과 육신을 서로 절연시키는 방향으로 나아간 것이다. 플라톤의 제자인 아리스토텔레스는 하나의 또 다른 선택지를 제시한다. 그는 스승의 이론에 중대한 보정補正을 가해서 영혼과 육신이 서로 뗄 수 없는 관계를 맺는 것으로 설정하는 길을 모색하였다. 그러면서 아리스토텔레스는 동시에 물질주의의 노선에 합류하지 않고 영혼의 작용에 관한 그 나름의 자연학적 설명의 가능성을 제시하였다. 그런 점에서 그의 이론은 심신 문제에 관한 논의에서 오늘날에도 여전히 유효한 하나의 선택지로 주목받을 만하다. 아마 아리스토텔레스의 이론이 지닌 강점을 다시 평가해보는 작업은 그의 형이상학 전반에 관한 재조명의 작업으로 이어질 계기도 될 수 있을 것이다.

## 형상으로서의 영혼

아리스토텔레스는 플라톤의 영혼관이 지닌 가장 큰 문제점 즉 영혼이 원칙적으로 육신과 아무 관계를 맺지 않고도 독자적으로 존재할 수 있다는 상정에서 비롯한 문제점을 형상$_{eidos}$과 질료$_{hyle}$의 구분을 기본 틀로 하고 있는 자신의 형이상학을 통해 극복할 수 있다고 생각한다. 그는 영혼을 몸의 형상으로 그리고 육신을 영혼의 질료로 보았다. 영혼과 육신을 형상과 질료처럼 서로 불가분의 관계를 맺는 것으로 묶어놓은 것이다. 형상과 질료의 개념틀의 적용 범위는 아리스토텔레스의 철학에서 존재하는 것 일반을 포괄하지만, 그중 영혼을 지닌 생물의 경우에 그 틀의 적용 의의가 가장 크다. 다만, 생물이 복잡한 성격의 존재자이기 때문에 그 틀이 적용되는 방식이 그리 단순하지 않다.

영혼의 문제를 주제로 다룬 저술 『영혼론』에서 아리스토텔레스 자신도 그 점을 의식해서인지 우선 이해가 비교적 쉬운 적용 예로 도끼나 집과 같은 인공물의 경우에서부터 이야기를 시작해서 본안으로 접근해가는 설명방식을 시도한다. 쇠로 만든 도끼를 보면 일단 쐐기 모양으로 그 끝이 날카롭게 벼려져 있어 장작 등을 쪼갤 수 있도록 되어 있다. 일차적으로 그와 같은 형태가 곧 그 도끼의 형상이고 쇠는 그 질료라는 생각을 할 수 있다. 그러나 이 경우 쇠가 질료인 것은 맞지만 형상에 관한 생각은 부정확하다. 도끼의 진정한 형상은 방금 기술한 외형morphe이 아니라 쪼갬이라는 기능에 있다. 가령 연극에 쓰이는 플라스틱이나 종이로 만든 도끼 모양의 소도구를 누가 잘못 알고 그것으로 정말 장작을 쪼개려 들었다가 "이것은 모양만 도끼지 진짜 도끼가 아니군"이라고 말하는 경우를 생각해보자. 이 말에서 우리는 도끼의 자격이 외형이 아닌 기능에 있음을 당연한 것으로 인정하고 있다는 것을 즉각 확인할 수 있다. 도끼를 도끼로 인정하게 해주는 것—즉 도끼의 정체성을 이루는 것이 형상이라면, 형상은 이 경우 도끼가 도끼로서 수행하는 기능을 내용으로 하는 것으로 보아야 하는 것이다.

인공물에 관한 한 형상에 대한 이 설명은 비교적 어렵지 않게 받아들일 수 있을 것이다. 문제는 그런 식의 설명을 생명체를 비롯한 자연물의 경우까지 확장할 수 있는지에 있다. 아리스토텔레스는 영혼에 관한 일반적인 정의를 시도하면서 생명체의 경우도 그 생명체의 고유한 기능이 곧 그 생명체의 정체성을 이루는 형상이라는 논증을 제시한다(『영혼론』 II.1.412b11~21). 그의 논증은 다소 엉뚱한 사고실험을 포함한다. 바로 도끼의 예를 빌려 그것이 영혼을 지닌 하나의 생물이라는 가정을 해보라는 것이다. 그렇게 가정을 하면 도끼의 형상인 쪼갬의 기능이 곧 그 독특한 생물의 정체성을 이루는 영혼이기도 하다는 것을 확인하게 된다. 만일 그것이 아닌 다른 것이라면 그것은 도끼가 아닌 또 다른 어떤 생물일 것이다. 그것은 그러나 가정한 바와 어긋난다. 그러나 이 논증은 결정적인 것은 못 된다. 비현실적 가정 하에 확보한 도끼의 영혼이 쪼갬의 기능이라는 입언立言은 실제로는 그럴듯한 비유를 확보한 정도에서 많이 벗어나는 것은 아니다. 사실 적절한 비유는 대체로 적절한 유비논증에 기반을 둔 것이다. 문제의 논증이 지닌 효력도 엄밀한 학문적 증명이 아닌 유비논증 정도의 것이다.[2]

그나마 그 유비논증의 제한적인 효력마저도 공격을 받을 수 있다. 그에 대한 공격논변은 대개 다음과 같다. 즉 인공물은 제작자인 인간이 머릿속에 담고 있는 기능, 즉 형상에 대한 생각을 적당한 재료를 택해 구현하면서 생겨난 것이기 때문에 본래 그 기능을 하도록 되어 있는 존재라 할 수 있다. 마찬가지로 생명체와 같은 자연물의 경우도 그것의 형상을 미리 머릿속에 담고 창조에 임한 조물주를 상정한다면 그것에게 본질적 기능을 내용으로 하는 형상이 있음을 인정할 수 있다. 그러나 세계를 창조하는 신을 상정하는 것은 학문적 설명을 벗어나는 일이고, 따라서 아리스토텔레스의 유비논증은 무효라는 것이다. 하지만, 이 공격논변도 결정력이 있는 것은 못 된다. 이 논변 역시 유비에 기반을 둔 것인데, 이 경우 유비의 포인트는 인공물에서는 형상을 부여해주는 존재가 해당 사물의 밖에 존재하듯이 자연물의 경우도 그것의 본래적 기능을 이야기하려면 자연물 외부의 존재가 요청된다는 것이다. 그런데 왜

2 유비논증analogy은 비유metaphor를 성립시키는 기반의 한 종류로서 『시학』에서 다루어진다(III. 21.57b6 이하). 형식논리학이나 학문적 증명을 논하고 있는 『분석론』에서 유비논증은 논의주제의 범위에 속하지 않는다. 문제의 예에서 유비가 겨냥하는 것은 도끼(a)와 형상(b)의 관계를 생명체로 가정된 도끼(c)와 그 영혼(d) 간의 관계로 옮겨서 어떤 결론을 확보할 수 있는지 보여주려는 것이다. 유비의 출발점인 a와 b의 관계는 후자의 내용인 쪼갬의 기능이 전자의 정체성을 이루어준다는 데 있는데, c와 d의 경우에도 후자가 전자의 정체성을 이루어준다면 영혼은 쪼갬의 기능을 내용으로 하는 형상과 같은 것으로 볼 수 있다는 결론이다. 이 경우 영혼의 존재, 그리고 그것의 성격 등이 상당부분 불분명하기 때문에 c와 d의 관계에 대하여 학문적인 언명이 성립하기 어렵다.

꼭 인공물과 자연물이 그 점에서 같아야 하는가? 현실 세계에서 한 사물의 형상은 꼭 그 사물의 밖에 위치한 존재인 인간이나 신이 부여해주어야 한다는 반反본질주의의 형이상학적 도그마를 처음부터 전제하지 않는 한, 생명체와 같은 자연물에는 그것에 고유한 기능을 수행하게 해줄 형상이 본래 내재해 있다고 상정하는 것이 이론적으로 불가능하다고 단언할 수도 없는 것이다.

아리스토텔레스는 자연물이 인공물과 구별되는 대목이 바로 형상이 밖에서 주어지지 않고 본래 내재해 있다는 점이라고 보았다. 그는 문제의 논증을 제시한 구절에서도 그 차이점을 잊지 않고 언급하고 지나간다. 그에 따르면 자연물은 원래부터 형상이 내재되어 있기 때문에 그 형상이 내용으로 하고 있는 기능을 수행하기 위한 움직임의(또는 정지의) 원인과 시발점 노릇을 할 수 있다. 반면 도끼와 같은 인공물은 그 움직임의 원인이 외부에서 주어진다. 즉 장작을 패는 것이 제 기능이기는 해도 타자인 일꾼이 움직여주어야 그 기능을 할 수 있다. 만일 가정한 대로 도끼가 영혼이 있는 생명체인 자연물이라면 그것은 스스로 자라서 제대로 된 도끼가 된 뒤에는 일꾼의 도움 없이도 혼자 장작을 팰 것이다. 아리스토텔레스가 보기에는 그 점이 인공물과 자연물의 가장 중요한 차이점이다. 형상이 없는 존재란 없으니 그것의 보유 여부는 사물의 구분 기준이 될 수 없다. 그에게서 사물의 종류를 구분하는 가장 큰 기준은, 형상이 본래 내재해서 움직임의 원인과 시발점을 제공해주는가 또는 그렇지 않은가에 따른 것이고 그 기준에 의해 자연물과 인공물이 나뉘는 것이다.

어쨌든 결정적인 논증을 통해서는 아니지만 이제 인공물의 세계에서 자연물의 세계로 형상에 관한 논의를 옮길 수 있게 된 이리스토텔레스는 자신의 논지를 보강할 또 다른 유비논증을 제시한다. 생명체 중에서는 신체의 기관이 고유한 기능을 가지고 있다는 사실이 비교적 쉽게 확인된다. 가령 눈을 예로 들면 누구라도 보는 것이 그것의 고유한 기능이라는 점을 수긍할 것이다. 아리스토텔레스는 이제 눈을 신체의 한 부분이 아니라 하나의 독립적인 생명체라는 가정을 해볼 것을 주문한다. 그렇게 가정된 특별한 생명체인 눈의 정체성을 담지하는 영혼은 다른 것이 아니라 도대체 그것의 고유한 기능인 시각을 내용으로 하고 있는 형상이라고 하는 것이 당연해 보인다. 만일 그것이 전체 생명체로 확대된 뒤 가정과 달리 보는 기능을 수행하지 못하면 우리는 그것을 더는 눈이라고 부르지 않을 것이기에 말이다. 그렇듯이 눈과 같은 신체기관을 부분으로 갖춘 유기체적 전체인 생명체에도 그 전체에 고유한 기능을 내용으로 하는 형상이 있을 것이고 그것이 유기체의 영혼 이외에 다른 것일 수 없다는 결론이 나온다. 이 결론도 물론 유비논증의 성격상 필연적으로 도출된 것은 아니지만, 아리스토텔레스로서는 부분과 전체 사이의 유비가 특별히 더 설득력이 있을 것이라고 생각했을 것이 틀림없다. 실제로 생명체의 부분인 신체기관들은 각각 특정한 기능을 가지고 있는데 그런 부분들이 유기적으로 결합된 전체는 아무 기능도 없다고 상정하는 것보다는 그 반대를 상정하는 것이 더 그럴듯해 보인다. 그 정도까지가 아마 유비논증을 통해 확보할 수 있는 최대한일 것이다. 이제 남은 일은 전체 생명체의 고유한 기능이 어떤 것인지를 전체가 눈인 것으로 가상해본 생명체의 경우처럼 명확하게 짚어내는 일이겠다. 생명체의 영혼이 그것의 고유한 기능을 내용으로 하는 형상이라는 점을 그럴듯한 주장으로 내세우는 것에서 머물지 않고 나아가 그 기능이 어떤 것인지도 아울러 밝혀낸다면 주장하는 바가 그만큼 더 확실한 내용을 가진 것으로 인정될 수 있고 또 그만큼 더 설득력이 있을 수 있다.

## 영혼의 존재론적 위상에 관한 속성주의 해석

그러나 영혼의 기능에 관한 이야기를 시작하기 전에 형상으로 이해된 영혼과 몸과의 관계를 좀 더 자세히 검토해보아야 한다. 영혼이 형상이라면 몸은 질료에 해당하니까 둘 사이의 관계는 어김없는 형상과 질료의 관계다. 질료는 형상의 실현을 위한 수단으로서 기능한다. 그렇기 때문에 영혼과 몸 사이의 관계를 일단 목적과 수단의 관계라고 할 수 있다. 사실은 그냥 목적과 수단이라고만 하면 충분하지 않을 만큼 그 관계는 아주 밀접한 것이다. 예컨대 도끼가 쪼갬의 기능을 제대로 수행하려면, 필히 쇠나 그 이상의 경도를 지닌 재료로 만들어져야 한다. 도끼의 기능과 재료 사이에는 일종의 필연성, 즉 아리스토텔레스의 용어법에 따르면 소위 가언적 필연성 anangke ex hypotheseos에 의해 묶여 있는 것이다.[3] 간단히 말해 질료가 형상 실현에 있어서 필요조건이 된다는 것이고 그것은 곧 몸을 떠나서는 영혼이 따로 존재할 수 없다는 것을 뜻하기도 한다. 그런 점에서 아리스토텔레스는 피타고라스 학파에서 플라톤으로 이

---

3  이 표현은 『자연학』과 『동물부분론』에서만 쓰이는 것으로(『자연학』 II,9; 『동물부분론』 I,1) 『영혼론』에서는 쓰이지 않는다.

어지는 전통 내에서 몸과 영혼의 관계에 대하여 생각한 것과는 비교할 수 없이 둘 사이의 관계를 밀접한 것으로 파악하고 있다고 할 수 있다.

그러나 아리스토텔레스는 거기서 더 나아가 몸과 영혼이 어떤 의미로는 아예 하나라고 할 수 있을 정도로까지 밀접하게 묶여 있다고 주장한다. '어떤 의미'라는 단서에 그 둘이 하나로 결합될 근거가 내용으로 담겨 있다. 따라서 그 내용을 명확히 하면 곧 몸과 영혼의 관계에 관한 아리스토텔레스의 생각의 핵심에 해당하는 것을 포착하는 셈이 된다. 이제 그 내용을 그가 영혼에 관한 공식적인 정의를 시도하면서 제시하고 있는 설명을 통해 알아보도록 하자. 그 정의를 그대로 옮기면 "영혼이란 생명을 지닌 자연적인 물체physikon soma의 일차 실현태"라는 것이다.[4] 여기서 일차 실현태라는 것은 가능성이 실현되는 단계의 구별이 있다는 점을 염두에 두고 이해해야 하는 개념이다. 생명체는 자신이 수행할 수 있는 본질적인 기능을 우선 가능태로, 즉 잠재적 소질로 가지고 태어난다. 그 뒤 그 소질은 해당 기능을 제대로 발휘할 수 있는 능력으로 개발된다. 그러나 그 능력을 갖추었다고 해서 그것이 항시 발휘되는 것은 아니다. 능력을 갖추는 것이 곧 가능성의 실현이 도달할 완성점은 아직 아닌 것이다. 완성점은 필요한 때 그 능력을 발휘해서 수행하는 활동energeia이며, 그것이 곧 이차 실현태. 아리스토텔레스 자신은

---

[4] 『영혼론』 II.1,412b9. 'entelecheia'는 아리스토텔레스가 만들어낸 전문어로, 우리말로는 '완성태'로도 옮길 수 있다. 이 번역은 완성을 뜻하는 'telos'가 포함되어 있는 조어造語의 구조를 더 잘 반영하는 장점이 있다. 그러나 여기서는 그것의 반대이로 '미완성태'보다는 '가능태' 또는 '잠재태'가 더 많이 통용된다는 사정을 고려하여 '실현태'라는 번역을 택하기로 한다. 영어에서도 'actuality'라는 번역이 관례화되어 있다.

'일차 실현태'라는 표현만 쓰고 있지만, 그의 어휘를 약간 확장하면 실현태와 가능태의 관계가 다음과 같은 예를 통해 명확하게 정리될 수 있겠다. 예컨대 태어나면서 수학을 할 수 있는 뇌를 가진 것이 일차 가능태이겠고, 그 뒤 연마를 거듭해 수학 문제를 풀 수 있는 지식 역량을 갖추게 되면 그것이 곧 일차 실현태가 될 것이다. 그리고 그 역량을 발휘해서 당장 수학 문제를 푸는 활동을 하는 것이 이차 실현태로서 최종적 단계가 될 것이다. 이 앞 단계에서 보면 일차 실현태는 이차 가능태와 같은 것이겠다. 그렇다고 마지막 단계인 활동이 삼차 가능태가 되는 것은 아니다. 이 단계는 최종의 완성점으로서 더 이상 가능적인 요소가 남아 있지 않기 때문이다.

이렇게 정리해놓고 보면 영혼은 사실상 몸의 속성과 같은 위상을 가진다 할 수 있다. 단, 그것이 능력으로서 가능태로서의 측면도 가지고 있다는 점을 감안해 조금 더 조심스럽게 단적으로 속성이라고 하기보다 소위 성향적 속성 disposition과 같은 것이라고 해도 근본적으로 그 위상이 달라지는 것은 아니다. 어쨌든 몸이 일차 실현태로 이해된 능력의 보유 주체이기 때문이다. 영혼과 몸이 하나를 이루는 것은 속성과 속성의 담지자인 실체가 하나를 이루는 것의 한 사례일 뿐이다. 가령 빨강과 모자가 합쳐 빨간 모자 하나를 이루는 것처럼 그 둘의 관계는 더없이 밀접한 것이고 또한 자연스럽게 이해될 수 있는 사항이기도 한 것이다. 우리는 아무도 빨간 모자를 놓고 빨강과 모자가 서로 원칙적으로 합칠 수 없는 별개의 원리와 같은 것이라고 여기지 않는다. 도대체 빨강과 모자가 빨간 모자라는 하나의 사물을 이루는 것이 철학적 난제가 될 수 있다고 전혀 생각하지 않는다. 세상에 사물이 있고 그 사물이 이러저러한 성격을 갖는 것은 당연한 일로 여기는 것이다. 몸이 영혼과 하나가 된

> **성향적 속성**
> 일정한 조건이 만족될 경우 대상이 표출하는 속성. 속성이 표출되지 않은 상태에서도 대상이 이 속성을 갖고 있다고 여겨진다. 예컨대, 소금은 물에 넣기 전까지는 녹지 않지만 평소에도 여전히 '물에 녹음'이라는 속성을 갖고 있다.

다는 것은 몸이 이러저러한 성격을 갖는 중에 영혼이란 성격도 가질 수 있다는 사실에 근거하여 설명될 수 있는 것이다.

이처럼 영혼을 속성과 같은 위상을 가진 것으로 해석하여 영혼과 몸의 결합의 문제를 비교적 쉽게 풀어내려는 입장을 속성주의attributivism라고 한다. 속성주의 노선을 취하면 자연스럽게 물질적인 존재인 몸을 실체의 위치에 두는 물질주의materialism의 입장도 아울러 취하게 된다. 오늘날 아리스토텔레스 연구가들 중 상당수는 속성주의를 지지하고 있는데, 그 지지의 배경에는 속성주의와 짝을 이루는 물질주의의 매력이 큰 몫을 하고 있다. 물질주의는 오늘날 심신 문제에 관한 철학적 논의의 장에서 과학과 가장 친연성이 두드러진 입장이다. 물질주의 자체는 과학이 아닌 형이상학적 세계관이지만 심적인 것에 관한 학문적으로 의미 있는 설명은 신체에 관한 과학적 설명으로 충분하다는 일원론의 간명함을 강점으로 가지고 있다. ('물질주의'보다는 '물리주의physicalism'라는 명칭을 더 선호하는 사람들은 이 점을 특별히 중시할 것이다.)

서양에서 심신 문제에 관한 논쟁은 데카르트 이후 크게 세 갈래로 나뉘어 전개된다. 물질주의와 정신주의 그리고 심신이원주의가 그것인데, 그중 정신주의나 심신이원주의는 신체적 현상에 관한 학문적 설명이 알려주는 정보는 원칙적으로 오직 물질세계에 국한된 내용으로서 실체인 정신 또는 영혼의 정체를 밝히는 데에는 아무 결정적인 역할을 할 수 없다고 보는 입장이다. 신체에 관한 학문적 설명이 심적인 것에 관한 정보도 담고 있다는 입장을 취하는 것은 오직 물질주의뿐이다. 아리스토텔레스는 『영혼론』의 초반부에서부터 신체적인 현상에 대한 탐구의 과정을 거치지 않고 영혼의 탐구는 불가능하다는 점을 명확히 해놓고 나간다. 그가 드는 예는 오늘날 심신 문제의 논의에서 전형적인 심적 현상으로 취급되는 정서나 감각과 같은 것들인데, 그것들이 육체와 아무 연결도 없이 오직 영혼에만 고유한idion 것은 아니라는 점을 명확히 주장한다(『영혼론』 I.1. 403a5~28; 403b17~19, 『감각론』 436a7~10). 따라서 오늘날 심신 문제에 관한 논의의 장 내에서 아리스토텔레스의 자리를 찾자면 일단 물질주의 이외에 다른 선택지는 고려 범위에 들어갈 수 없어 보인다.

단, 물질주의가 심적인 것의 존재론적 위상에 관하여 제거론eliminativism이나 환원론reductionism의 강경한 태도를 고집하는 한은 아리스토텔레스의 입장을 물질주의로 볼 길은 없다. 그에게는 영혼이 곧 형상인데, 영혼이 근본적으로 물질적인 것일 뿐이라는 것을 인정하는 것은 형상이 곧 질료적인 것까지를 인정한 셈이 되는 일이다. 그것은 형상과 질료의 구분을 기본으로 삼은 취지를 스스로 무색하게 하는 일이 아닐 수 없다.

하지만 물질주의의 진영 내에서도 심적인 것이 다 물질적인 것으로 환원되지 않을 수 있다는 것을 인정하는 비환원 물질주의non-reductive materialism의 입지가 있다면 이야기는 달라질 수 있다. 비환원 물질주의는 속성주의의 입장을 취하는 연구가들이 보기에 아리스토텔레스의 영혼론을 해석하는 틀로 문제 없이 기능할 수 있다는 생각을 할 수 있다. 그들의 판단으로는 영혼이 속성의 의존적 위치에 있다고 해도 그것의 독자적인 존재론적 성격이 완전히 부정되지 않는다면 아리스토텔레스 철학의 기본이 훼손되지는 않을 것이기 때문이다.

---

**제거론**
어떤 이론을 논박함으로써 그 이론에서 언급되는 존재자나 과정process이 존재하지 않는다는 것을 보일 수 있다는 철학적 입장.

**환원론**
심리학·생물학과 같은 더 높은 차원의 이론 및 그 이론에서 언급되는 존재자들이, 물리학과 같은 더 낮은 차원의 이론 및 그 이론에서 언급되는 존재자들을 통해 설명될 수 있다는 철학적 입장.

## 영혼의 존재론적 위상에 관한
## 실체주의 해석

 그렇다면 아리스토텔레스의 영혼론을 일종의 물질주의로 보는 것이 최종적 결론이 될 수 있을까? 거기에 대해서 답은 여전히 부정적일 수밖에 없다. 비환원 물질주의처럼 아무리 완화된 버전의 물질주의라도 그것이 기반을 두고 있는 속성주의 해석에 사실은 결정적인 허점이 있기 때문이다. 영혼이 몸의 속성이라 해도 아주 특별한 속성이다. 아니 속성이라고 부르는 것 자체가 부정확하다. 속성주의는 바로 그 점을 충분히 고려하지 않고 있다. 그 점은 무엇보다도 영혼이 가능적으로 생명을 지닌 자연적 물체의 형상이라는 아리스토텔레스의 규정을 자세히 검토해보면 확인될 수 있다. 생명이 있다는 것이 바로 영혼이 깃들어 있다는 것을 뜻한다. 그러니까 속성주의자들이 실체로 보고 있는 것을 지시한 표현인 '몸'에 이미 영혼이 언급되어 있는 셈이다. 여기서 문제가 되는 사정은 가령 "그 모자는 빨갛다"와 "그 모자는 머리에 쓰는 것이다"라는 두 문장을 비교하면 곧 명확해진다. 빨강이란 정보를 전달해주는 술어는 주어가 지시하는 실체의 정체성을 이루는 필수적인 부분은 아니다. 그 모자가 누렇게 변색이 되어도 그 모자는 모자로서의 정체성을 잃지 않는다. 반면 머리에 쓴다는 것은 그 모자의 정체성 자체를 결정해주는 요소다. 머리에 쓸 수 없는 모자는 이미 모자일 수 없다. 문법적으로 술어의 위치에 있기 때문에 속성을 표현하는 것 같아 보이지만, 술어 위치에 있다고 그 위상이 다 똑같은 것은 아니다. 어떤 속성은 그것을 보유한 실체의 정체성 자체를 성립시켜주는 역할을 한다. 영혼의 경우가 바로 그러하다. 영혼이 없는 몸은 이미 몸이 아닌 그저 물질덩어리일 뿐이다.[5] 속성주의자들이 몸을 실체라고 했을 때 그 실체의 정체성은 속성의 위치에 있는 영혼이 없으면 성립할 수 없는 정체성인 것이다. 아리스토텔레스의 영혼에 대한 정의는 영혼을 실체가 아닌 몸이 보유한 속성의 자리로 일단 그 위상을 격하시킨 것처럼 보이겠지만, 사실은 그렇지 않다. 오히려 그는 영혼을 여전히 실체의 핵심부에 남겨놓고 있다고 해야 할 것이다.

물론 아리스토텔레스는 실체란 말이 여러 가지 방식으로 쓰일 수 있다고 한다. 즉 그것은 1) 질료에 대해서도 쓰일 수 있고 2) 질료와 형상이 합성된 사물synolon 그리고 또 3) 형상을 의미할 수도 있다고 한다(영혼론 II, 1, 412a6~8). 이 중 영혼에 대한 정의를 시도하면서 1)은 논외로 제쳐놓아야 한다. 질료는 그 자체로는 '어떠한 이것tode ti'이란 표현으로 지시할 수 없는 무규정적인 것으로서 1)의 실체 이해에는 부족한 점이 있기 때문이다. 질료는 형상이 부여되어 어떠한 이것으로 지시할 수 있는 정체성을 지닌 사물이 될 가능태의 이름이다. 가능태는 결코 실체에 어울리는 양상樣相이 아니다. 가능태는

---

[5] 우리말은 '몸'과 '물체'를 엄격하게 구분해 쓰는 편이다. 약간 애매한 것은 시체의 경우로 시체는 몸이라고 부르면서도 곧 물체와 다를 바가 없다고도 한다. 그러나 어쨌든 표준적으로는 '몸'은 생물에 국한해 쓰고 생명이 없으면 '물체'로 부른다. 그렇기 때문에 아리스토텔레스의 영혼에 대한 정의를 '가능적으로 생명을 가진 자연적 물체'라고 번역했다. '가능적으로 생명을 가진 몸'이라는 번역은 불필요한 중복이 들어간 표현인 것이다. 그리스어 soma는 그 둘을 다 뜻할 수 있다. 그 둘의 구별이 불분명한 것은 현대 서구어의 경우도 마찬가지다. (독일어의 'Leib'는 우리말의 '몸'에 일치하는 뜻을 가지고 있는데, 그것은 아마 드문 경우일 것이다.)

현실태에 대한 조회를 통해서만 가능태로서 이해될 수 있다. 가능성은 무엇이 될 가능성인 한에서 이해의 범위 안에 들어설 수 있는 것이고 그 자체로서는 이해할 수 없는 것이다. 진정한 실체의 개념이 한 사물의 정체성과 전혀 무관한 것이 아니라면, 아직 정체성을 갖추지 못해 무어라 규정할 수 없는 질료는 실체의 자격에 미달이라 할 수밖에 없다.

　2)와 3)의 실체 이해 중에는 2)가 실체에 대한 일상적인 이해에 더 가까운 것이다. 사람들이 자연적인 물체를 그리고 그중의 하나인 몸을 실체로 여기는 것은 2)의 이해에 입각한 것이다(『영혼론』 II.1.412a11). 우리는 일차적으로 주변의 구체적인 개별적 사물을 '어떠한 이것'이란 형태의 표현을 사용해 지시하고 그 정체성을 확인한다. 그렇기 때문에 2)는 1)과 같은 부족함의 흠결이 없다. 아리스토텔레스도 2)의 의미로 몸을 실체라고 할 수 있다는 사실은 절대 부인하지 않는다. 그러나 이때 몸은 질료와 형상의 합성이므로 이미 형상인 영혼을 가지고 있는 것이다. 이런 사정 때문에 방금 앞에서 확인한 것처럼 속성주의를 따라 영혼을 몸이란 실체가 보유한 속성으로 이해하려 들 경우 이미 그 이해에는 영혼에 대한 이해가 들어가 있을 수밖에 없는 것이다. 그리고 이런 사정은 영혼에 대한 정의에서 정의항에 이미 피정의항이 사실상 언급되어 있다는 형식요건 상의 하자로 반영되어 있다. 그 대목에 대해 연구가들 사이에 시비가 있을 것은 당연하다. 그 시비는 문제의 정의에 양상 개념이 도입되어 있는 한 피하기 어려운 것이다. 하지만 정의의 형식적 요건을 충족시키기 위해 억지로 정의항에서 피정의항에 해당하는 영혼에 대한 언급을 일체 하지 않으려 들면 정의항이 제 구실을 할 수 없을 것이다. 가능태인 질료만을 언급한 요령부득의 정의항으

로는 제대로 된 정의가 확보될 수 없다.

3)은 한 사물이 도대체 정체성을 가질 수 있는 근거가 형상에 있다는 사실에 근거하여 형상을 더 근원적인 의미의 실체로 보는 관점의 이해다. 아리스토텔레스는 그런 의미의 실체를 본질$^{to\ ti\ en\ einai}$이라고 하거나 또는 로고스를 기준으로 한$^{kata\ ton\ logon}$ 실체라고 부르기도 한다(『영혼론』, II.1.412b10~11). 로고스는 이 경우 어떤 사물에 대하여 그것이 무엇이냐고 물을 때 답으로 내놓아야 하는 말이라는 뜻으로 이해하면 된다. 다시 말해 정체성을 내용으로 담고 있다는 뜻의 실체라는 말이겠다. 형상인 영혼을 이런 의미의 실체로 보면 2)의 경우와 달리 몸에서 질료적인 것은 차라리 영혼이 보유한 속성의 위치에 있는 것으로 볼 수 있다. 그리고 그렇게 보면 영혼의 정의와 관련되어 제기된 시비의 심각성도 아주 약화되어버리고 만다. 실제로 아리스토텔레스는 『형이상학』에서 한 사물의 질료적 요소는 명사가 아니라 형용사에 의해 표현된다는 점에 주목하여 질료를 형상인 실체가 보유한 속성으로 보아야 한다는 생각을 개진한다(『형이상학』 IX.7.1049a18~24). 우리말에서는 얼른 드러나지 않지만 예컨대 영어로는 어떤 금반지를 놓고 "That ring is gold."라고 하는 것보다 "That ring is golden."이라고 하는 것이 더 정확한 것으로 인정된다. 그 까닭은 대체로 한 사물의 어떤 것임에 관한 정보, 즉 실체에 관한 정보는 명사형의 술어로 표현되고 반면 어떠함에 관한 정보, 즉 그 사물의 성질에 관한 정보는 형용사형으로 표현되기 때문이다. 이런 점을 고려하면 속성주의 해석을 뒤집은 실체주의$^{substantialism}$적 해석 즉 영혼이 실체고 몸을 구성하는 질료가 속성에 해당하는 것이라는 해석이 아리스토텔레스의 진의에 더 충실한 것이라는 주장이 설득력을 얻을 수 있다.

실체주의적 해석이 속성주의적 해석을 대치하면 물질주의적 해석을 고수할 기반도 없어진다. 사실 아리스토텔레스를 물질주의자로 해석하려는 시도는 애당초부터 시대착오의 잘못을 범하고 있다는 혐의를 받아야 했을지 모른다. 현대 영어의 'matter'나 독일어의 'Materie' 등은 우리가 '질료'라는 말로 번역하는 아리스토텔레스의 'hyle'라는 말의 번역어였던 것은 사실이지만, 그 둘은 뜻이 서로 상당히 달라졌다. 데카르트 이후 물질 또는 물체는 하나의 실체로 취급된다. 그것은 가능태가 아니라 그것이 지닌 본질적인 성격인 연장성을 완전히 실현해 가지고 있는 것이다. 아니 처음부터 가능태와 실현태의 양상 구별을 생각하지 않고 이해된 개념이라고 하는 편이 더 정확할 것이다. 그러한 물질주의는 아리스토텔레스 철학의 지평에는 등장하지 않는다. 물질주의와 비슷한 것을 굳이 찾아내라면 당연히 질료주의 같은 것을 생각해볼 수 있겠지만 가능태에 불과한 질료를 궁극적 설명원리로 삼으려는 질료주의는 처음부터 성립하기 어려운 입장임이 명백하다. 또 영혼에게 실체의 위상을 부여했다고 해서 아리스토텔레스를 서양 근세의 기준에 따라 정신주의자로 분류하는 것도 옳지 않다. 그에게서 영혼은 정신보다 넓은 개념이고 또 물질적인 요소를 속성으로 가질 수 있는 실체인 것이다. 사실은 그의 자리를 서양 근세의 분류기준에 따라 규정하려 들 필요가 없다. 존재자에 대한 그의 형이상학적 분석은 정신과 물질이라는 틀보다 어떤 점에서는 훨씬 더 정교한 틀, 즉 형상과 질료라는 틀에 의해 이루어지고 있는 것이다.

## 영혼의 여러 기능

속성주의와 그에 기반을 둔 물질주의에 관련된 오해를 풀었으니 이제 영혼의 기능에 관해 좀 더 구체적인 이야기를 할 때가 되었다. 아리스토텔레스는 영혼에 관한 정의를 제시한 뒤 스스로 그 정의가 너무 일반적인 내용이기 때문에 정보가치가 별로 없다는 점을 스스로 지적한다(『영혼론』 II, 2, 413a11 이하). 그 일반적인 내용은 몸과의 관계에 있어서 영혼이 어떤 존재론적 위상을 지니는지에 관한 것이지 영혼이 구체적으로 어떤 기능을 하는지에 관해서는 아무 정보도 담고 있지 않다. 눈의 고유한 기능이 보는 것에 있듯이 영혼의 고유한 기능은 사는 것, 즉 생명을 영위하는 것에 있다고 한 것이 주어진 정보의 전부다. 생명을 영위하기 위해 어떤 일을 하는지를 이야기해야 정보라 할 만한 것이 제공될 것이다. 정의가 담고 있는 정보를 좀 더 구체적인 수준에서 보완하기 위해 아리스토텔레스는 생명의 특징적 기능을 몇 가지로 분류하여 하나씩 설명해나가기 시작한다. 첫번째 그가 꼽는 것은 영양섭취 기능이다. 음식물을 몸속에 받아들여 소화하고 자신의 몸을 유지하고 불리는 일이 생명체로서는 가장 기본적으로 해야 할 기능인 것이다. 아리스토텔레스는 이 기능을 식물적인 기능이라고 명명하고 그것과 번식 기능을 연결시켜 설명하고 있다. 이것이 생명체의 가장 기본적인 기능이다. 후대의 철학자들은 이 기능을 마음보다는 몸에 속하는 것으로 보고 이 기능을 논하는 것은 차라리 생물학의 영역에 속하는 것으로 취급한다. 그러나 아리스토텔레스는 몸과 마음의 구분선과는 다른 곳에서 몸과 영혼의 구분선을 긋고 있기 때문에 식물적 기능을 논의하는 것도 당연히 영혼론의 영역에 속하는 일로 본다.

식물적 기능 다음으로 동물의 특징적인 기능으로 감각기능이 따른다. 감각기능은 외부세계에 관한 정보를 획득하는 일을 담당한다. 그것은 앎의 가장 기본적이고 초보적인 형태의 것으로서 외부세계의 사물이 가지고 있는 색이나 소리와 같은 감각적 형상을 받아들이는 일을 한다. 외부에서 받아들인 감각적 형상은 쾌 또는 고통을 불러일으킬 수 있기 때문에 그것은 다시 운동기능과 연결된다. 즐거운 것을 추구하고 괴로운 것을 피하려는 충동이 운동을 요청하기 때문이다. 그 다음 단계로는 자연계에서는 오직 인간만이 가지고 있는 지성적인 사유의 기능이 따른다. 그것은 앎의 최종적 단계로서 사유를 통해 인간은 세계에 대한 진리인식을 도모할 수 있다.

이 세 단계의 기능은 다음과 같이 서로 연결되어 있다. 식물적 기능은 모든 종류의 생명체에게 공통적인 기본 기능이다. 식물은 그 기본적인 기능만 장착하고 있지만 동물은 그 기능에 더해 감각기능을 가지고 있다. 인간은 식물적인 것과 동물적인 것 위에 지성적인 사유의 기능을 아울러 가진다. 중요한 것은 상위에 속하는 기능을 가지려면 필수적으로 하위에 있는 기능을 같이 가지고 있어야 한다는 점이다. 상위의 기능, 가령 사유 능력만 가지고 있는 것은 자연계의 존재가 아니라 초자연적인 신에게만 가능한 일일 것이다. 여기서 또 한 가지 생명체의 정의와 관련해서 짚고 넘어가야 할 흥미로운 대목이 있다. 생명체가 무엇인지를 묻는다면 생명체의 정의를 답으로 주어야 한다는 것은 상식인데, 우리의 경우에는 모든 생명체에 공통된 것이 영양 섭취 기능이므로 그것만 답의 내용으

**인식론**
인간의 인식은 어떻게 가능한지를 물으면서, 인식의 기원, 인식의 대상과 내용, 참된 인식의 의미, 인간 인식 능력의 한계 등을 해명하는 철학의 한 분야.

**실재론**realism
어떤 존재자가 인간의 인식 또는 관찰과 독립적으로, 나아가 객관적으로 존재한다는 철학적 입장. 반실재론 또는 관념론idealism과 대비된다.

로 하면 일단 생명체가 무엇인지 알려줄 수 있다는 생각을 할 수 있다. 그러나 과연 그것이 생명체에 대한 충분한 지식을 준 것일까 생각해볼 필요가 있다. 모든 생명체에 공통된 것은 아니지만 생명이 해낼 수 있는 일이 어디까지인지를 알아야 생명체의 참모습을 아는 것이라고 할 수 있다. 아리스토텔레스의 세계관에 따르면 한 존재의 의미는 그것이 보유할 수 있는 최상의 기능을 발휘하면서 제대로 드러나는 것이다. 따라서 지성적인 사유 기능을 수행할 수 있다는 것은 인간에게만 특별히 존재하는 것이지만, 그것이야말로 생명이 어느 정도의 일까지 해낼 수 있는지를 드러내주는 것이다. 그렇기 때문에 생명에 관한 논의에서 모든 생명체에게 공통적인 식물적 기능보다 지성적 사유의 기능을 다루는 것이 더 핵심적인 과제가 된다. 지성적 사유 기능을 발휘해서 획득하는 것이 앎이기 때문에 결국 앎의 의미가 어떤 것인지를 캐는 과제의 제시가 영혼에 관한 탐구의 결론부를 이루게 된다.

영혼이 앎의 단계에서 그 최상의 모습을 보여주고 있다는 생각 때문이겠지만, 아리스토텔레스는 그의 『영혼론』에서 식물적 기능보다는 앎의 기초라고 할 수 있는 '감각'에 관한 논의에 훨씬 많은 분량의 지면을 할애하고 있다. 그는 감각기능의 생리적·물리적 측면을 좀 더 자세히 다루기 위해 『영혼론』과는 별도로 『감각론』이란 제목의 저술을 하기도 했다. 이 저술에 비하면 『영혼론』은 인식론적 측면에 좀 더 집중하고 있다. 인식론적으로 그의 감각이론은 소박하다고 할 수 있을 정도로 철저한 실재론의 특징을 지니고 있는 점이 독특하다. 데모크리토스가 대표하는 고대 원자론은 이미 형태나 운동 등의 소위 일차 성질과 색과 같은 이차 성질의 구별을 하면서 후자는 주관적인 것으로 실재 세계의 정보를 그대로 전해주지 못하는 것으로 취급했다. 그에 반해 아리스토텔레스는 후에 이차 성질로 분류되는 것들이 실재에 그대로 존재하는 것이라고 보았다. 가령 빨간 모자는 당장 보는 사람이 없어도 빨강이란 감각적 형상을 가지고 존재한다는 것이다. 실재론은 간단히 말하면 실재와 인식내용의 일치를 신봉하는 입장인데, 이때의 일치를 그는 감각이 감각 대상인 외부의 사물이 가지고 있는 고유한 감각적 형상만을 그대로 받아들이는 것으로 설명한다. 또한 그는 그때 그 사물을 이루고 있는 질료는 받아들이지 않는다는 것은 확실히 한다(『영혼론』 II.12.424a17~24). 일치라 해도 가령 내가 붉은색 벽돌을 볼 때 내 눈이나 내가 붉은색의 벽돌이 되는 것도 아니고 또 하나의 붉은색 벽돌이 그대로 내 머릿속에 들어와 자리하는 것도 아니라는 사실은 명백하기 때문이다. 일치하는 것은 눈에 보이는 붉은색뿐이라는 사실은 감각적 형상만 받아들인다고 한 것이다.

『감각론』에서는 시각, 청각, 촉각 등 차례로 각 개별 감각에 대한 각론에 이어 공통 감각koine aisthesis이 논의된다. 소위 일차 성질로 알려진 형태를 비롯한 감각적 형상들은 하나의 감각기능이 아니라 시각과 촉각처럼 서로 다른 종류의 감각이 같이 받아들일 수 있는 것이기 때문에 공통 감각의 대상으로 분류된다. 그런데 공통감각은 그와 같은 감각적 형상을 받아들이는 일만 하는 것이 아니고 여러 감각 인식 내용을 통합하여 하나의 단위로 묶는 통각統覺의 기능도 하며 나아가 감각을 하면서 동시에 감각을 하고 있다는 사실에 대한 의식意識을 하는 일까지 관장하는 다기능적인 것이다. 그러나 이 여러 기능에 관한 아리스토텔레스의 설명은 유감스럽게도 착상 이상의 내용을 담고 있지 않은 매우 소략한 것이다. 공통 감각에 이어 표상phantasia에 관한 논의가 이루어진다. 감각기관을 통해 받아들인 감각적 형상이, 감각 대상이 눈앞을 떠난다고 해서 곧 사라지는 것은 아니다. 그것은 소위 영상phantasma으로 계속 우리의 머리에 남아서 기억을 할 때 또는 꿈을 꿀 때 떠오를 수 있다. 그런 영상을 만들어내고 보존하는 일을 담당하는 표상 기능은 사람은 물론 일부 동물도 보유하고 있지만, 사람의 경우에는 지성적 사유를 가능하게 하는 한 조건으로서 마치 지성적 사유로 이어지는 중간 교량과 같은 중요한 역할을 한다.

그 다음은 최종 단계의 기능인 지성적 사유nous가 논의된다. 인간은 이 기능을 발휘하여 세계에 대한 인식을 성취한다. 아리스토텔레스는 이 인식에 대한 설명도 일관되게 실재론적인 기조를 지키고 있다. 그는 감각의 경우와 마찬가지로 지성적 인식에 있어서도 인식주체인 영혼은 인식 대상과 형상의 측면에서 완전히 일치한다고 본다. 이때 형상은 인식 대상인 존재자의 정체성을 이루는 실체, 즉 본질이라는 점에서 색이나 냄새와 같은 감각적 형상을 대상으로 하는 감각과는 확연히 구별된다. 그뿐만 아니라 지성적 인식은 대상범위를 한껏 확장하여 세계의 전모까지 포착하려 든다. 지성적 인식은 바로 그 대목에서 감각과는 전혀 차원을 달리하는 독특한 성격을 드러낸다. 세계 안에 그 한 부분으로 존재하는 인간이 지성을 통해 부분을 포괄하는 전체를 포착하려는 시도를 하는 것은 마치 인간이 자신이 속한 세계의 밖으로 나아가 자신을 전체 세계를 관조하는 신의 위치에 세우는 것과 같은 일이다. 인간이 형상적인 측면에서나마 정말 자신을 신과 일치시키는 그 독특한 일을 지성의 힘으로 해낼 수 있다면, 그 힘은 실로 신神적인 힘이라 해도 과언이 아닐 것이다. 그런 점에서 지성적인 사유는 영혼에 대한 자연학적 접근이 도달할 수 있는 한계선에 위치한 것이라 할 수 있다.

아리스토텔레스는 『영혼론』에서 지성을 능동지성과 수동지성 두 가지로 구분하는데(『영혼론』, III.5,430a10 이하) 그 구분의 까닭도 거기에 있다. 수동지성이 수행하는 사유는 신체적인 것과 연결되어 있다. 그것은 감각에서 자료를 제공받는 표상의 도움이 없이 수행될 수 없는 것이다. 그렇기 때문에 그것은 순수한 사유는 아니며 세계 전체의 참모습을 온전하게 포착하지 못한다. 현실적으로 인간의 사유는 그런 불완전한 것일 수밖에 없다. 자연학적 접근이 가능한 선은 바로 거기까지다. 하지만 불완전하다는 것은 완전함의 기준에 따라 평가된 것이다. 가능태가 현실태를 전제하듯이 불완전함도 아직 도달 못한 완전함의 흔적을 자신 안에 가지고 있는 한에서만 불완전한 것으로 존재할 수 있다. 불완전한 지성적 사유도 완전한 지성적 사유의 상정을 요청한다. 그런 이유로 요청된 완전한 지성적 사유가 곧 능동지성이다.

아리스토텔레스 철학의 능동지성은 완전한 사유로서 전체 세계의 형상을 자신 안에 담을 수 있다. 즉 사유 내용과 세계의 객관적인 모습이 완전히 합치한다는 것으로서 그 경우 형상적인 측면에서 인식의 주체와 객체는 서로 구분될 필요가 없다. 그렇다면 능동지성은 몸을 가지고 세계의 한 부분으로 존재하는 인간의 영혼에 속하는 것은 아닐 것이다. 아리스토텔레스는 영혼의 다른 기능과 달리 지성적 사유를 전담하는 신체기관이 있다고 생각하지 않지만, 우리가 만일 이 대목에서는 그를 따르지 않고 오늘날의 과학상식에 맞추어 그런 신체기관이 존재한다고 상정해보면 어떨까? 우리가 상정한 그 신체기관은 능동지성이 전체 세계에 대한 진리인식에 도달할 때에는 어떤 특정한 생리적·물리적 작동을 한다고 해야 할 것이다. 그렇다면 그 작동은 분명히 자연세계 내에서 일어나는 인과적 사건 계열의 한 부분일 것이다. 그 부분이 작동하는 것과 전체 세계를 포착해서 형상적 측면에서 그것과 완전히 일치하는 것은 서로 어떻게 연결될까? 그에 대한 설명은 자칫 인과계열 안에 그 인과계열 전체의 모습을 다 담은 마디를 특별한 부분으로 상정하는 일로 이어질 수 있다. 전체가 부분에 담기는 역리逆理를 연상시키는 그런 귀결을 인정하지 않으려면 능동지성을 자연세계의 일부인 인간의 영혼에 속한 것으로 생각하지 말아야 한다. 다시 말해 진정한 세계인식은 인간을 넘어선 신의 지성에게나 가능한 것이고, 인간은 그것을 향해 노력하는 것뿐이라는 것은 인정해야 한다는 것이다. 그렇다면 신의 지성에 담긴 전체 세계의 형상은 모든 진리의 총합일 터이니까 그것을 다루는 것은 영혼에 관한 자연학적 설명의 범위를 넘어서는 일이 아닐 수 없다. 『영혼론』이 능동지성을 언급하면서 더 이상 아무런 자세한 설명이 없이 마무리된 것은 당연한 일이다.

 이제 주마간산 격으로나마 영혼의 제반 기능에 관한 조감이 이루어졌으니, 이 글도 아울러 마무리하자. 영혼의 기능의 각론 부분에서 여러 흥미있는 철학적 주제에 관한 좀 더 자세한 논의가 이어질 수 있겠지만, 이 글의 제한된 범위 내에서는 그럴 여유가 없었다. 그보다는 몸과 마음의 관계에 좀 더 집중하기 위해 영혼의 존재론적 위상을 해설하는 데 상대적으로 더 많은 공간을 할애했다. 또 서양 학계에서 몸과 마음의 관계가 여전히 활발하게 논의되고 있다는 사정을 고려한 해설 비중의 배분이기도 하다. 그럼에도 해설은 소략한 수준에 머무를 수밖에 없었다. 그런 해설에서나마 독자들이 현재 심신 문제의 논의에 참여하고 있는 서양의 여러 철학적 입장을 그 근본부터 재검토할 계기를 읽어낼 수 있기를 기대한다.

## 더 읽을거리

아리스토텔레스, 『영혼에 관하여』, 유원기 옮김, 궁리, 2001
    현재까지 출판된 유일한 『영혼론』 번역이다.

거스리, 『희랍철학 입문: 탈레스에서 아리스토텔레스까지』, 박종현 옮김,
    서광사, 2000
프리도 릭켄, 『고대 그리스 철학』, 김성진 옮김, 서광사, 2000
    고대 철학 일반에 관한 안내서로 읽어볼 만한 좋은 책들이다.

H. Granger, *Aristotle's Idea of the Soul*, Kluwer Academic Publishers, 1996
    이 책은 영혼에 관한 속성주의 해석과 실체주의 해석이 서로 어떻게
    대립하고 있는지에 관하여 조감하고 있다.

# 플로티누스

## 신성한 마음

# 송유레

서울대학교에서 불어교육을 전공하고 철학을 부전공한 후, 같은 학교 대학원 철학과에서 석사학위를 받았다. 독일 함부르크대학교에서 플로티누스의 윤리학 연구로 박사학위를 받았다. 함부르크대학교의 도로테아 프레데 교수와 스위스 프리부르대학교의 도미니크 오마라 교수의 조수Wissenschaftliche Mitarbeiterin로 근무했으며, 서울대학교 인문학연구원 HK교수를 거쳐 현재 경희대학교 철학과 교수로 재직중이다. 서양 고대의 형이상학과 윤리학을 연구하고 있고, 특히 플라톤주의 전통에 중점을 두고 있다. 아울러 고대 후기의 철학과 종교의 관계에 관심을 기울여왔다. 지은 책으로 *Aufstieg und Abstieg der Seele: Diesseitigkeit und Jenseitigkeit in Plotins Ethik der Sorge*(『영혼의 상승과 하강: 플로티누스의 돌봄의 윤리학에 나타난 차안성과 피안성』), 옮긴 책으로 아리스토텔레스의 『에우데모스 윤리학』이 있고, 주요 논문으로 「플라톤의 『에우튀프론』에 나타난 인간애와 경건」, 「역사 속의 철인왕: 율리아누스 황제의 인간애」, 「플로티누스의 세계제작자: 플라톤의 『티마이오스』의 탈신화적 해석」 등이 있다.

# 플로티누스와 '신성한' 마음

**신플라톤주의**
3세기 이후 플로티누스 『엔네아데스』를 기초로 전개된 사상체계. '하나' 또는 '좋음'이라는 초월적 원리로부터 만물이 유출되었다는 주장을 했다.

플로티누스(204/5~270)는 서양 고대 후기의 대표적 철학사조인 '신新플라톤주의'의 주창자로 알려진 인물이다. '신플라톤주의'라는 용어는 18세기 독일의 철학사가 야콥 브룩커J. Brucker가 고대 후기의 플라톤주의를 '진정한' 플라톤주의와 구분하기 위해 도입했고, 플로티누스는 자신을 물론 '신플라톤주의자'라 여기지 않았다. 헬레네즘 시대 이래로 플라톤의 아카데미는 회의주의를 전면으로 내세우며 당대 철학계를 주도했던 스토아와 에피쿠로스의 교조주의dogmatism에 도전했으나 로마 제정기에 들어와 쇠퇴에 이르렀다. 이와 함께 플라톤의 철학을 '진리'를 담지한 하나의 이론적 체계로 재구성하려는 움직임이 일군의 철학자들을 중심으로 일어났다. 이들은 자신들을 아카데미주의자들Academici과 차별하여 '플라톤주의자들Platonici'이라 칭했고, 플로티누스도 그러한 '플라톤주의자들' 가운데 한 사람이었다. 실제로 아우구스티누스(354~430)는 플로티누스에서 '부활한 플라톤'을 보았고, 종래의 어법에 따라 그와 그의 '고귀한' 후예들을 '플라톤주의자들'이라 칭하며 존경했다.[1]

하지만 플로티누스에 와서 '플라톤주의'가 하나의 새로운 국면을 맞이하게 되었음을 시사하는 단서가 이미 고대 후기 문서에서 발견된다. 기독교 교회사가인 소크라테스 스콜라스티코스(380~439 이후)는 415년 기독교 폭도들에게 무참하게 살해된 알렉산드리아의

---

1 아우구스티누스, 『아카데미주의자들에 반대하여』 III 8; 『신국』 VIII 12

여성 철학자 히파티아(350/70?~415)가 "플로티누스부터 시작한 플라톤주의 학파"를 이어받았다고 전하는가 하면,[2] 플로티누스의 후예이자 이후 재건된 아테네 아카데미의 수장인 프로클로스(410~485)는 "플로티누스 이래의 모든 새로운 플라톤주의자들"이라는 표현을 사용하기도 한다.[3] 6세기 유스티니아누스 대제의 아카데미 철폐령으로 페르시아 망명길에 올랐던 심플리키오스도 "새로운 플라톤주의 철학자들"을 언급한다.[4] 무엇이 플로티누스를 철학사에서 새로운 선을 그은 인물로 만들었을까?

프로클로스가 그의 『플라톤주의 신학』에서 플로티누스와 그의 후예들을 "신성神性에 대한 가장 거룩한 해석을 제공하는, 플라톤주의적 신비관epopteia의 해석가들"[5]로서 소개하는 것을 보면, 그는 플로티누스가 플라톤주의에 가져온 '새로움'의 내용을 그의 플라톤 해석이 지닌 신학적 면모에서 찾은 듯하다. 사실, 플로티누스 철학에서 예나 지금이나 가장 주목을 받아온 분야도 신학이라 할 수 있다. 하지만 그의 '신학神學'은 철학을 시녀로 삼아 계시된 종교적 진리를 깊게 연구하는 학문이 아니라, 아리스토텔레스의 어법에 충실하게 만물의 존재와 질서의 원리를 규명하는 제1철학, 즉 형이상학을 가리킨다. 따라서 플로티누스가 다루는 '신성'은 형이상학적 원리原理와 다름없다. 실제로 플로티누스가 만물의 최종 원리로 제시한 '하나→者'의 초월성에 대한 사변이 그의 형이상학의 중핵을 이루고, 바로 이 '초월적 일자론'이 결정적으로 그가 소위 '중기 플라

---

2  소크라테스 스콜라스티코스, 『교회사』 VII 15, 4~5.
3  프로클로스, 『티마이오스 주석』 II 88, 12~13.
4  심플리키오스, 『천체론 주석』 VII 564, 13.
5  프로클로스, 『플라톤주의 신학』 I 1, 6.

톤주의자들'과 구분되는 부분이다. 중기 플라톤주의자들에게 최종 원리는 일종의 신적 정신으로, 존재와 사유를 넘어서 있는 플로티누스의 '하나'와는 거리가 멀었다.

이 자리에서 한 가지 주목할 사항은 프로클로스가 플로티누스의 신학을 '플라톤주의적 신비관'에 대한 해석으로 제시한다는 사실이다. '신비관神秘觀'으로 궁색하게 옮긴 그리스어 '에폽테이아epopteia'는 그리스의 종교의식인 엘레우시스 신비의식mysteria에서 '신성'을 직접적으로 관상하는 최종단계를 지시하는데, 이미 플라톤 자신이 이 용어를 『향연』에서 아름다움의 비의秘儀의 최종 단계, 즉 아름다움 자체를 바라보는 단계를 표현하는 말로 사용했다.7 거기에서 플라톤은 철학을 종래의 종교적 신비의식에 비유하고 있지만, 신성을 진정으로 보여줄 수 있는 것은 그러한 신비의식이 아니라 철학적 탐구이며, 그런 의미에서 역설적이게도 철학이야말로 신성을 드러내는 진정한 신비의식이라는 점을 암시한다. 플로티누스는 이 점에서 플라톤을 따른다. 그러므로 인구에 회자되는 플로티누스의 '신비주의'는 내용상 신성한 형이상학적 원리에 대한 철학적 탐구로 이해되어야 할 것이다.

그런데 여기에서 형이상학과 신비주의를 이어주는 '신성'이란 과연 무엇인가? 도대체 어떤 의미에서 형이상학적 원리가 '신성하다'고 할 수 있을까? 그리스어에서는 개념상 '신성하다theios'는 형용

---

6   신비의식에 참가한 입문자는 상자에 들어 있는 신성한 물건을 바라보게 되는데, 그 물건의 정체가 무엇인지는 엄격히 비밀에 부쳐졌다. 로마의 기독교 이단 논쟁가인 히폴리투스는 그것이 '곡식 이삭'이라고 폭로했지만(『모든 이단에 대한 반박』 5, 5, 3), 황금 뱀, 성기 또는 곡식 종자라는 설도 있다.
7   플라톤, 『향연』 210a.

사가 '신$_{theos}$'이라는 명사에 앞선다. 즉, '신神'이란 '신성한 존재'이며, 전자의 의미는 사실상 후자의 의미에 의해 결정된다. 이는 '신적이다'라는 말이 '신'에서 파생되는 것과 반대이다. '신성하다'는 일반적으로 비일상적인 현상을 묘사하는데, 철학적 맥락에서는 무엇보다도 불멸, 불사 그리고 불변의 의미를 지닌다. 이에 따르면, 신은 사라지지 않고 죽지 않고 변하지 않는 존재라 할 수 있다.

플로티누스는 우리의 마음을, 적어도 우리 마음의 바탕을 그렇게 신성한 존재로 여긴 것 같다. 그에게 우리가 '마음'이라 부르는 것은 그 자체로 신성할 뿐만 아니라, 우리를 한층 더 신성한 존재들로 인도하는 문이다. 이 글에서 우리는 플로티누스가 말하고자 한 '신성한 마음'을 탐색하고자 한다. 이 탐색을 통해 우리에게 너무 가까운 '마음'에 대해서뿐만 아니라 너무 먼 것 같은 '신성함'에 대해서도 우리의 이해를 심화할 수 있기를 기대한다. 이제 플로티누스와 함께 '마음의 신비'로 입문하자.

## 보이지 않는 우리의 내면

플로티누스는 첫 작품인 『아름다움에 대하여』(Enn. I 6 [1])[8]에서

---

[8] 플로티누스의 저작은 『엔네아데스』("아홉들")로 불리며, 줄여서 Enn.으로 인용된다. 플로티누스의 제자 포르퓌리오스는 스승의 저작을 주제에 따라 여섯 묶음으로 나누었고, 각 묶음은 아홉 편의 작품을 포함한다. 그는 『플로티누스의 생애』에 저작들이 쓰여진 순서를 밝혀두었다. 각 작품의 장 구분은 르네상스 시대 마르실리오 피치노에서 유래한다. 통용되는 『엔네아데스』의 인용 방식은 다음과 같다: (예) Enn. I 6 [1] 1, 1 (제1군, 제6편 [연대순으로 첫번째]

아름다움의 경험을 통해 신성에 접근하는 길을 그려준다. 플라톤의 『향연』에서 묘사된 아름다움의 층계처럼, 플로티누스가 가리키는 아름다움의 길 역시 감각적 아름다움에서 시작하여 비감각적 아름다움으로 우리를 이끈다. 즉 그 길은 우리를 육체의 아름다움에서 태도의 아름다움으로, 다시 우리 마음이 지닌 덕의 아름다움으로 인도한다. 마침내 마음의 문이 열어 보이는 성역聖域의 가장 깊숙한 곳에서 우리를 기다리고 있는 것이 아름다움 자체와 그것의 원리인 좋음 자체(또는 '하나')이다. 바로 이 아름다움 자체와 좋음 자체가 플로티누스 철학에서 최고의 신성이다.

여기서 우리는 아름다움 자체와 좋음 자체가 우리 머릿속에 있는(마음이 머리에 있다면) 추상적 개념이 아닐까라는 물음을 던질 수 있다. 플로티누스에 따르면, 바깥에 있는 아름다운 여러 개체를 보고, 그를 바탕으로 '아름다움'이라는 공통된 요소를 가려내어 하나의 개념에 이르는 추상적 사고가 우리 안에 있는 아름다움 자체를 이해하는 데 도움을 주는 것은 사실이지만, 그렇게 추상된 개념이 아름다움 자체는 아니다. 아름다움 자체는 아름다운 개체들을 아름답게 만들어주는 원리이며, 그것이 없이는 아무것도 아름다울 수 없고, 따라서 아름다움이라는 추상적 개념도 있을 수 없다. 아름다움 자체는 내재적 개념도 아니고, 심지어 아예 개념이 아니다. 그것은 개념처럼 우리 마음에 의존하는 것이 아니기 때문이다.

그런데 플로티누스는 아름다움과 좋음을 보라고 한다. 여기에서 '본다'는 것은 감각적 인식이 아니라 정신적 인식을 가리킨다. 다시 말해 아름다움 자체와 좋음 자체는 앎의 대상이다. 이러한 신적

제1장, 제1행).

대상들을 보기 위해서는 육신의 눈이 아니라, 누구나 가지고 있으나 가끔 사용하는 '내적 눈'을 사용해야 한다고 한다. 우리의 '내적 눈'이 인식하는 신적 대상은 우리 바깥에 있지 않고, 안에 있다. 플로티누스에게 신적 대상과 그것이 존재하는 정신세계는 우리 바깥에 있는 천국이 아니라, 우리 안에 있는 정신적 우주이다. 이런 식으로 플로티누스에게 신성과 정신세계는 내면화된다.

이 자리에서 솔직하게 플로티누스에게 우리가 '마음'이라 부르는 것과 정확히 일치하는 대상이 없다는 사실을 짚고 넘어가야 할 것이다. 사실, 우리 또한 '마음'이라는 용어를 수시로 쓰면서도 그것이 가리키는 대상이 정확히 무엇인지 모른다. 더 심각하게는 과연 '마음'이라 불리는 대상이 있는지조차 모르고, 그러면서도 거리낌없이 마음에 대해 말한다. 가령 누구는 마음이 곱지만, 누구는 마음이 거칠고, 때로는 마음이 아프다고, 때로는 마음이 즐겁다고 하고, 또 때로는 마음을 연다고도 하고 닫는다고도 한다. 이러한 예들은 마음을 성품이나 감정, 의사소통 등이 있거나 생기는 '자리'로 드러낸다. 하지만 그렇게 다양한 상태나 작용이 반드시 마음이라는 하나의 '자리'에 모여 있어야만 하는가? 마음은 단지 우리에게 속한 복잡한 상태와 작용을 뭉뚱그려 다루기 위해 편의상 상정한 사고의 도구는 아닌가?

우리는 우리에게 속하지만, 우리 몸에 속하지 않는 것으로 여겨지는 상태나 작용이 마음에 속한다고 여기는 것 같다. 가령, 우리가 마음이 아프다고 말할 때에는 심장이 아프다는 걸 의미하지 않는다(비록, 심장이 뜨거워지는 것은 느낄 수 있지만). 하지만 그 말은 마음의 상태가 몸의 상태와 유비analogy를 이루고 있음을 전제하고 있다. 이러한 유비는 다시금 마음이 몸과 다른 것이라는 전제를 깔고 있다. 아마도 우선 눈에 띄는 차이는 몸은 보고 만질 수 있는 데 비해, 마음은 볼 수도 만질 수도 없다는 점일 것이다. 그러므로 우리는 감각되지 않는 우리의 일부를 '마음'이라 부르는 것 같다.

플로티누스도 우리를 이루는 부분 가운데 감각되지 않는 부분에 주목하였다. 그는 이 비감각적인 우리의 일부를 '내적' 부분으로 간주한다. 이에 따라, 감각되는 몸은 우리의 '외적' 부분이 된다. 다시 말해, 플로티누스는 우리를 내면과 외면으로 양분한다. 동시에 그는 우리의 내면을 감각되는 대상 일반, 즉 감각세계로부터 구분한다. 중요한 점은 우리의 일부로 간주된 몸 역시 감각세계의 일부라는 사실이다. 이에 상응하여, 몸은 외적인 대상으로 경험된다. 그러므로 우리는 감각적 외부세계와 비감각적 내면세계에 참여하는 이중적 존재라고 할 수 있다.

플로티누스는 우리의 비감각적 내면을 '영혼psyche'이라고 부른다. 그리스어 '프쉬케psyche'는 어원상 '숨을 쉬다'는 의미의 '프쉬케인 psychein'과 연결되어 있다. 그렇지만 호메로스가 헥토르가 죽는 장면을 "그의 프쉬케가 그의 사지에서 달아나 하데스로 갔다"[9]라고 묘사할 때, '프쉬케'는 죽는 자가 마지막으로 내쉬는 '숨'을 의미하는 것을 넘어서 저승살이를 할 수 있는 '귀신'이나 '혼'과 같은 존재를 가리킨다. 이러한 영혼의 개념은 플라톤의 신화에도 자주 등장하는 영혼의 '사후' 여행이라는 주제에 잘 맞아 보인다.

그러나 후대의 철학자들이 더 많은 관심을 보인 주제는 영혼과 목숨(생명)의 관계이다. 철학자들은 대체로 영혼이 생명의 원천이라는 점에 동의했다. 이에 따르면, 영혼은 살아있는 것과 죽은 것,

---

9　호메로스, 『일리아스』 XXII. 362.

또는 애초에 생명이 없는 무생물을 구분해주는 것이다. 산다는 것은, 아리스토텔레스가 『영혼론』에서 체계적으로 다루었듯이, 영양대사, 생장, 생식, 감각, 상상, 기억, 나아가 사고와 같은 기능들 가운데 하나 이상을 수행한다는 것을 뜻한다.

플로티누스도 영혼이 이러한 생명 기능을 주관하는 원리라고 생각했다. 이러한 영혼의 개념은 분명 우리가 생각하는 마음의 개념과는 상당한 거리가 있다. (우리는 적어도 생장이나 생식 등이 마음의 작용으로 소급된다고 생각하지 않는다.) 하지만 플로티누스는 영혼이 한 생명체를 살아있게 만들 뿐만 아니라, 자기 나름의 삶 또한 가진다는 플라톤의 주장에 동조함으로써 아리스토텔레스와는 견해를 달리했다. 사실, 플로티누스는 몸의 유지에 직결된 생리학적 생명 현상에는 그다지 관심을 두지 않았고, 영혼이 몸을 이용하거나 아예 그것에 독립하여 수행하는 내면 활동에 주의를 기울였다. 영혼 고유의 내적 활동에 대한 관심은 영혼의 독립적 존재 가능성에 대한 탐색으로 이어지고, 이는 결국 플로티누스를 플라톤주의자들의 오랜 염원인 '영혼 불멸'에 대한 사유의 모험으로 인도한다.

## 죽어도 죽지 않는 영혼

플로티누스의 두 번째 작품인 『영혼의 불사不死에 대하여』(Enn. IV 7 [2])는 그러한 불멸의 이상을 담고 있다. 이 글에서 플로티누스는 필사必死의 존재로 간주되는 인간의 불사 가능성을 탐색한다. 물론 플로티누스가 우리가 지금의 몸을 가지고 영원히 살리라고 생각하는 것은 아니다. 우리의 몸이 부단히 변화하고 해체되고 사멸해가고 있음을 이미 감각이 증언하기 때문이다. (플로티누스는 이 논의에서 감각에 대해 회의주의의 엄격한 잣대를 들이대지 않는다.) 그래서 그는 우리 안에 이 육신의 죽음을 넘어 영원히 존속할 수 있는 무언가를 찾는다.

우선, 플로티누스는 인간이 육체와 영혼으로 이루어져 있다는 통설적인 인간관에서 출발한다. 육체가 죽는다 해도 영혼은 살아남을 수 있지 않을까? 이러한 가정은 육체가 죽음을 면치 못하는 이유를 탐구한 이후에 그 이유에 비추어 영혼이 육체와는 다른 운명을 타고났음을 보여주어야 설득력을 얻을 수 있을 것이다. 그렇다면 육체는 왜 죽는가? 플로티누스는 우선 육체에게 죽음을 가져올 수 있는 '존재적 불안정성'을 여러 측면에서 진단한다. 첫째, 육체는 여러 부분으로 이루어진 복합체이기 때문에 부분들로 해체될 수 있다. 둘째, 육체는 크기를 가지고 있으므로 조각들로 쪼개질 수 있다. 셋째, 육체는 하나의 물체로서 부단히 생성·소멸하는 본성을 지닌다. 이를 바탕으로 플로티누스는 육체의 부분들을 결합시켜 주고 육체 전체를 유지시키는 어떤 존재가 떠나면 육체는 분산되고 해체될 것이라고 결론짓는다. 그런데 그 '어떤 존재'가 바로 생명의 원리인 영혼이다. 그리고 영혼과 육체의 분리가 통상 우리가 '죽음'이라고 부르는 것이다.

한편, 영혼에게도 '죽음'이 있다면, 그것은 통상적인 의미의 '죽음'은 아니고(영혼은 자신을 떠날 수 없으니까) 분리와 해체를 통한 파멸이나 소멸을 지시해야 할 것이다. 그러므로 영혼이 죽지 않기 위해서는 해체될 부분을 가지고 있지 않아야 하고, 쪼개질 크기도 없어야 하며, 물체의 불안정한 본성을 지녀서도 안 된다. 달리 말해,

단순성, 비연장성, 그리고 비물체성으로 무장된 영혼에게만 불사의 기회가 제공될 수 있다. 사실, '죽음'의 맥락에서 플로티누스는 복합체의 해체가능성과 연장체의 분할가능성을 물체의 속성과 밀접하게 관련시켜 생각한다. 가령, 사고 체계의 복잡성이라든지 선線 같은 수학적 대상의 연장성과 같은 것을 염두에 두고 있지 않다. 그러므로 결국 영혼의 불사와 관련해서 결정적인 요소는 비물체성이라고 할 수 있다.

## 영혼은 물체가 아니다

이제 플로티누스는 영혼이 생명의 원리인 이상 물체일 수 없다는 논변을 펼친다(『영혼의 불사에 대하여』 2~8장). 몇 가지 대표적인 논변에 주목해보자. 첫째, 만약 영혼이 물체라면, 적어도 그 물체의 한 부분은 생명을 지녀야 하는데, 어떤 물체도 스스로 생명을 지닐 수 없다. (당시의 자연학에 따라) 물체의 최소 단위로 간주되는 물, 불, 공기, 흙 4원소 가운데 어느 것도 자체적으로 생명을 소유하지 않는다. 영혼이 그것들 가운데 하나라면, 그것은 생명을 바깥에서 빌려온 것이라 할 수 있다. 이 논변에는 생명의 원리는 그 자체로 생명을 지녀야 한다는 전제와 생명이 없는 것들이 모여서 생명을 산출할 수 없다는 전제가 바탕에 깔려 있다. 첫번째 전제는 '무한 소급 논변'에 의해 옹호된다. 모든 생명체는 생명을 바깥에서 빌려올 수는 없는데, 왜냐하면 그 경우 무한 퇴행이 일어나기 때문이라는 것이다. 이러한 무한 퇴행에 반대하여 플로티누스는 생명을 자체적으로 지님과 동시에 생명을 다른 대상들에게 줄 수 있는 존재가 있어야 한다고 주장한다. 그러한 살아있는 생명의 원리가 '영혼'이라 불리는 것이다. 두 번째 전제와 관련해서, 생명이 없는 물체들이 모여 생명을 산출한다고 주장하는 이들조차 그 물체들이 아무렇게 섞여서 생명을 만드는 것이라고 생각하지 않는다는 사실이 지적된다. 생명을 산출하기 위해서는 특수한 혼합과 질서가 필요한데, 그러한 질서의 원리와 혼합의 원인은 물체일 수 없고, 영혼에 필적하는 존재이어야 한다는 주장이 따른다. 이때 자기조직력이 있는 물체의 존재 가능성은 고려되지 않는다. 이런 식으로 플로티누스의 비물체적인 영혼 개념은 그의 '타성적인' 물체 개념에 의존하고 있다.

다음으로 만약 영혼이 물체라면 그것이 생장, 신진대사, 감각, 기억 및 사고와 같은 생명 활동의 원리일 수 없다는 논변이 전개된다. 둘째 논변을 보자. 영혼이 생장의 원리라면, 그것이 자라게 만드는 몸과 보조를 맞추기 위해 함께 자라야 할 것이다. 그런데 몸이 자라는 방식에 따라 새로운 물체의 유입에 의해 영혼이 자란다면, 유입된 물체는 어떻게 영혼이 되고, 기존의 영혼과 어떻게 동화되는가? 낯선 영혼이 어떻게 옛날 영혼의 생각을 알게 되고 또 같은 생각을 가지게 되는가? 영혼이 몸의 신진대사를 관장하면서 몸과 동일한 방식으로 지속적으로 일부는 유출되고, 일부는 유입되어 결국 동일한 것으로 남아 있지 않는다면, 어떻게 우리가 기억을 가질 수 있고, 어떻게 친구와 친척을 서로 다시 알아볼 수 있을까? 여기서 우리는 플로티누스가 영혼의 자기동일성을 기억과 재인식의 조건으로 전제하고 있음을 알 수 있다.

셋째 논변은 감각에 관련된다. 플로티누스는 감각을 몸을 통한, 즉 감각기관들을 매개로 한 외부 대상의 파악으로 정의내린다. 이러한 정의를 바탕으로, 그는 우리가 여러 감각기관을 통해서 하나의 대상(가령, 향기롭고 달콤한 붉은 사과)을 파악하든, 하나의 감각기관을 통해서 복잡한 대상(예를 들어, 얼굴)을 파악하든 어떤 하나의 동일한 주체가 있어야 한다고 주장한다. 그의 견해에 따르면, 전자에서 눈을 통한 감각과 코를 통한 감각이 따로 있는 것도 아니고, 후자에서 코에 대한 감각과 눈에 대한 감각이 따로 있는 것이 아니다. 아무리 복잡한 감각 기제가 작동하더라도, 감각 대상을 하나의 통합된 대상으로 파악하게 해주는 장치가 필요한 것이다. 그것이 바로 영혼이다.

더불어, 플로티누스는 각기 다른 감각기관을 통한 정보를 수용하는 어떤 것이 있어야 한다는 점을 강조한다. 그렇지 않으면, 여러 종류의 감각이 서로 다르다는 것을 어떻게 알 수 있겠는가? 그는 소요학파의 비유를 차용하여, 그러한 단일한 감각 주체를 원주에서 직선들이 수렴하는 원의 중심점에 비유한다.[10] 여기에서 주목할 사항은 단일한 감각 주체가 연장되어 있어서는 안 된다는 주장이다. 감각 주체가 크기를 가진다면, 대상이 그것의 크기에 따라 나뉘지게 것이고, 주체의 각 부분은 대상의 일부만 파악하게 되고, 대상을 전체로서 파악할 수 없을 것이다. 각 부분이 대상 전체를 감각할 수 있다고 가정하더라도, 크기가 무한히 분할될 수 있기 때문에, 하나의 대상에 대한 무한한 감각이 발생하게 될 것인데, 이는 부조리하다. 플로티누스는 연장성을 물체의 일반적 특성으로 보는 한편, 영혼을 비연장적인 '실체'로 간주한다. (어떤 의미에서 영혼이 '실체'인지는 아래에서 살펴볼 것이다.) 이 점에서 플로티누스를 첫번째

**소요학파**
아리스토텔레스가 주창한 고대 그리스의 철학 학파. 아리스토텔레스가 학도들과 산책(페리파토스)하면서 철학적 담화를 나누었다는 사실에서 '페리파토스 학파(소요학파)'라는 명칭이 유래했다.

---

[10] 알렉산드로스 아프로디시아스, 『영혼론』 63, 8~13.

카르트주의자 또는 데카르트의 사상적 조상으로 볼 수도 있을 것이다.

넷째, 감각하는 영혼이 물체라면, 감각이 도장 찍는 방식과 유사하게 일어날 것으로 생각해볼 수 있다. 이 경우, 영혼이 물체의 유동성을 지니므로, 그것이 수용한 감각인상들이 마치 물 위에 찍힌 것인 양 흘러가버리게 되고, 그 결과 아무것도 기억에 남지 않을 것이다. 만약 영혼의 물체가 아주 특수하여, 거기에 감각적 인상이 고착될 수 있다고 가정해보자. 이 경우, 새로운 인상들이 찍히는 것이 불가능하거나, 새로운 인상들에 의해 이전 인상들이 파괴되어 기억이 불가능해질 것이다.

다섯째, 영혼이 물체라면, 정신적 인식to noein 또한 불가능하다. 이때 정신적 인식은 육체를 매개로 하지 않는 직접적인 파악으로 정의된다. 이런 의미에서 정신적 인식을 '직관直觀'이라 부를 수도 있을 것이다. 플로티누스는 정신적 대상을 일종의 비물질적인 형상으로 여기고, 인식 과정을 기본적으로 인식의 주체가 객체에 동화同化하는 과정으로 이해하기 때문에, 정신적 인식의 대상과 본질적으로 다른 본성을 지닌 물체는 정신적 인식의 주체가 될 수 없다고 생각한다.

## 영혼은 자립적 실체다

만약 영혼이 사멸하는 물체는 아니지만, 자신의 존속을 위해 육체에 의존하는 존재라면, 육체의 죽음과 동시에 존속의 기반을 잃어버리게 될 것이다. 따라서 영혼의 불사가능성을 사수하기 위해 플로티누스는 영혼을 육체의 상태나 속성으로 보는 견해를 반박한다(『영혼의 불사에 대하여』 8¹~8⁵장[11]). 그 요지는 다음과 같다. 첫째, 영혼은 피타고라스주의자들이 주장하듯이 몸을 구성하는 요소들의 혼합에서 발생하는 '조화$_{harmonia}$'와 같은 상태가 아니다. 둘째, 영혼은 아리스토텔레스주의자들이 생각하듯이 몸의 형상이 아니다.

이 자리에서는 그의 반박 논변들을 자세히 다루지 않고, 몇 가지 중요한 논지만 확인하는 것으로 만족하겠다. 우선, 플로티누스는 몸을 구성하는 요소들의 혼합으로부터(특히 이상적인 배합을 통해) 생성되는 것은 영혼이라기보다는 건강일 것이라고 한다. 그는 건강이 '실체$_{ousia}$'일 수 없다는 점을 지적하며, 영혼이 건강과는 달리 다른 것에 의존하지 않고 자립적으로 존재하는 실체라는 점을 암시한다. 다음으로, 플로티누스는 영혼이 결코 어떤 의미에서도 '형상'으로 이해될 수 없다고 생각하진 않는다. 그가 반대하는 것은 영혼이 몸과 분리불가능한 형상이라는 견해이다. 그 경우에 영혼은 몸과 생사를 같이해야 할 운명에 처하기 때문이다. 게다가 그러한 견해는 영혼이 독자적으로 그리고 심지어 몸의 욕망에 반대하여 무엇인가를 바라거나 행할 수 있는 가능성을 차단한다. 따라서 그 견해를 고집하는 한, 영혼의 자제력도 사고활동도 설명하기가 어렵다. 플로티누스는 소요학파 내부에서 이미 이러한 어려움이 감지되었기 때

---

11  이 논고의 8¹장부터 8⁵장까지는 카이세리아의 에우세비오스의 『복음의 준비』에 인용되어 전하며, 피치노의 라틴어 번역본(1492)에 포함되어 있지 않다. 현재 통용되는 플로티누스 저작의 장 구분은 피치노의 번역본에 의거하므로, 이 번역본에 포함되지 않은 내용들은 별도로 5개의 장으로 구분되어 8장과 9장 사이에 놓이게 되었다.

문에 '또 하나의 영혼' 또는 '정신nous'이 도입되었음을 지적한다.

　이상의 논의를 통해 플로티누스는 영혼이 물체도 아니고, 물체적인 육체에 의존하는 존재도 아니며, 비물체적인 실체라는 결론에 이른다. 이제 그는 이러한 영혼이 생명과 어떤 관계를 지니는지를 규명하려고 한다. 그는 영혼이 생명을 바깥에서 빌려온 것이 아니라, 스스로 자체적으로 가진다는 견해에서 출발하면서, 영혼과 생명의 관계가 불과 열의 관계와 같은지를 검토한다. 열은 불이 불인 이상 반드시 가지는 필연적인 속성이다. 이와 마찬가지로 영혼 또한 영혼인 이상 생명을 지닌다. 따라서 생명을 영혼의 필연적인 속성이라고 여길 수 있을 것이다.

　하지만 플로티누스는 영혼과 불 사이에 놓인 중요한 차이점을 지적한다. 불에게는 필연적인 속성인 열이 불의 바탕에 놓인 물질(질료hyle)에게는 필연적 속성이 아니다. 따라서 물질이 열을 잃으면 불은 소멸한다. 다시 말해, 불은 불이기를 그칠 수 있다. 그러나 영혼에게는 물질석 바탕이 없다. 따라서 불이 열을 잃는 방식으로 영혼은 생명을 잃어버릴 수 없다(『영혼의 불사에 대하여』 11장). 영혼은 물질과 형상으로 이루어진 물체가 아니고, 그것의 생명은 물질에 덧붙은 외래적인 속성이 아니다. 영혼은 스스로 살아있는 비물질적인, 단순한 실체이다. 물질을 바탕으로 이루어진 물체는, 플라톤의 표현을 빌리자면, '존재ousia'의 영역이 아니라, '생성genesis'의 영역에 속한다. "왜냐하면 물체의 본성은 머물지 않고 전부 흐르기 때문이다"(『영혼의 불사에 대하여』 8, 45). 그러므로 영원한 불은 없다. 하지만 영혼이 영원히 살기 위해서는 영혼이기를 그만 두어서는 안 된다. 즉 영혼으로서 '존재하기'를 그쳐서는 안 된다. 요컨대, 영혼의 불사는 그것의 불멸을 요구한다.

## 불멸의 자아

플로티누스는 스스로 '존재to einai'를 지니는 것만이 생성 소멸을 벗어나 진정으로 존재한다고 여긴다. 더욱이 그는 진정으로 존재하는 것은 시체나 돌 또는 목재처럼 생명이 없는 것이 아니라, 생명을 지닌 것이어야 한다고 생각한다. 이러한 생각에 따르면, 스스로 존재하는 것은 스스로 사는 것이다. 그는 그러한 불멸과 불사의 존재야말로 '신성하고 축복받은 존재'라고 여긴다(『영혼의 불사에 대하여』 9장). 이어서 그는 영혼이 그러한 신성하고 영원한 존재와 본성상 같은 종류에 속한다syngenes는 논변을 펼친다. 영혼은 신성한 존재와 마찬가지로 형태도 색깔도 없고 만져지지도 않는 비감각적 존재인 동시에 신성한 존재가 영위하는 '훌륭하고 현명한 삶'에 참여할 수 있다. (항상 그렇게 사는 것은 아니지만, 그럴 수 있는 능력을 가진다.) 물론, 비이성적인 욕망과 감정으로 꽉 찬 영혼을 보면, 아무도 그것이 신성하다는 생각을 할 수 없을 것이다. 하지만 깨끗이 씻긴 영혼을 떠올려 보라. 플로티누스는 영혼을 어둡고 흐리게 만드는 더러움이 제거되면 지혜와 덕이 회복될 수 있다고 믿는다. 그런데 그러한 지혜와 덕은 한갓 '사멸하는' 존재 안에 생길 수 없다고 생각한다. 이러한 생각을 바탕으로 그는 영혼이 모든 신성하고 영원한 존재와 동일한 실체to homoousion이거나 동류의 존재이기 때문에 신성에 참여할 수 있다고 결론내린다. 그는 여기에서 한 발 더 나아가, 영혼이 자신의 '정신nous'을 통해 영원한 신성, 즉 '정신적 세계'를 바라봄으로써 그것에 동화되어 마침내 스스로 하나의 신으로 승격될 수 있다고 주장하면서 엠페도클레스의 문장을 인용한다. "안녕, 나는 너희에게 불멸의 신이다."[12]

사실상, 플로티누스에게 영혼의 신격화는 영혼의 자기 회복을 의미한다. 영혼은 원래 신성한 존재에 속하기 때문이다. 그의 형이상학에 따르면, 신성神性은 내적인 위계질서를 가진 하나의 체계이다. 최고의 신인 '좋음' 또는 '하나' 아래에 신적 정신이 오고, 이어서 셋째 자리에 영혼이 온다. 이러한 신성의 영역이 넓은 의미에서 '정신 세계'라고 불린다. 이때 최고 원리인 '좋음'과 '하나'는 신적 정신이 위치한 '존재'마저 초월한다. 그것은 '존재'와 쌍을 이루는 참된 인식도 넘어서 있다. 그것은 존재와 인식 저 너머에서 그것들을 가능하게 하는 원리이다. '신적 정신'은 완전한 존재와 참된 인식의 자리이자 동시에 아름다움의 자리이기도 하다. 여기에서 아름다움은 완전성과 진실성의 이념과 연결되어 있다.

플로티누스에 따르면, 영혼은 이 세상의 '신성한' 원리 가운데 하나인 동시에 더 높은 신성에 참여할 수 있는 존재이다. 영혼은 정신세계의 일원이자 일종의 정신이지만, 관조에만 종사하는 신적 정신과는 달리 이론적 관조 외에 감각세계를 돌보는 실천적 업무를 맡는다. 영혼은 정신세계에서 바라본 질서와 아름다움을 감각 세계에 실현하고 싶은 욕망에 이끌려 '마치 산고를 겪는 임산부처럼' 서둘러 자기가 돌볼 세계의 부분으로 몰입한다. 이렇게 자신이 돌보는 작은 세계에 매몰된 대다수의 영혼은 자신의 신성을 잊고 산다. 플로티누스는 이러한 영혼에게 '자기 자신으로 상승할 것'을 촉

---

12 DK B 112. H. Diels & W. Kranz. *Die Fragmente der Vorsokratiker griechisch und deutsch*, Weidmannsche buchhandlung, 1903.

구한다. 그러기 위해서 바깥에 대한 지나친 걱정을 내려두고 안으로 눈길을 돌릴 것을 권고한다. 그것이 이 세상에서의 삶을 포기하라는 주문은 아니다. 이 세상에서 잘 살기 위해서 지혜와 덕이 필요한데, 이것들을 찾아 바깥에서 헤맬 필요가 없다는 말이다. 그것들은 탐욕, 편견과 어리석음을 씻어낸 영혼의 '자기인식' 안에 드러날 것이기 때문이다(『영혼의 불사에 대하여』 10장).

플로티누스는 인간의 영혼을 인간의 '자아autos'라고 부른다(1장). 영혼이란 인간이 인간이기 위해 가져야만 하는 본질적인 것이기 때문일 것이다. 부단히 변화하고 종국적으로는 소멸하는 인간의 몸과 달리 영혼은 우리 인간에게 존재의 동일성과 안정성을 보장해 준다. 그가 영혼에 부여한 동일성과 안정성, 나아가 단순성과 실체성, 비물체성과 비연장성, 나아가 정신성은 모두 신성神性의 표현이기도 하다. 그러므로 영혼은 인간의 신성한, 불멸의 자아라고 할 수 있겠다.

## 우리 안의 야수와 인간

플로티누스는 죽음을 눈앞에 두고 쓴 작품인 『동물은 무엇이고, 인간은 무엇인가』(Enn. I 1 [53])에서 "우리는 진정 무엇인가?"라는 물음으로 되돌아온다. 이 글에서 그는 인간을 영혼과 몸으로 양분하는 것으로 만족하지 않고, 영혼을 다시 몸에 내재된 것과 몸과 분리된 것으로 구분하고, 영혼이 내재하는 몸을 '살아있는 몸'이라고 칭한다. 그리고 살아있는 몸을 우리 안의 '야수野獸', 몸과 분리된 영혼을 '내적 인간'이라고 부른다. 그는 플라톤에 따라 인간 전체를 아래는 야수, 위는 인간으로 이루어진 동물로 묘사한다.[13] 그는 이 그림에서 우리 안의 인간을 진정한 의미의 '우리hemeis'라고 규정하고, 그 아래에 오는 짐승을 '우리 것hemetera'이라 부른다. 따라서 진정한 의미에서 '우리'는 살아있는 몸과 분리된 영혼이다. 이 영혼의 정체를 플로티누스는 이성적 영혼(7. 22~23)이라고 밝힌다. 그러므로 우리 안의 인간은 바로 이성적 영혼이고, 이 영혼이야말로 우리의 동물성을 초월한 인간성의 담지자이며, 인간의 참된 영혼이다. 아울러, 이성적 활동이 우리의 참된 자아의 활동이다.

그렇다면 우리는 "즐거움과 괴로움, 두려움과 대담함, 욕망과 혐오, 고통은 무엇에게 속하는가?"라는 질문을 던질 수 있다. 사실, 플로티누스는 바로 이 질문과 함께 이 글을 시작했다. 그는 즐거워하거나 괴로워하는 나와 그런 나를 바라보는 나를 구분한다. 즉, 즐거워하거나 괴로워하는 나는 야수이고 야수를 바라보는 나는 내 안의 인간이다. 감정과 욕망의 주체는 내적 인간이 아니라 내 안의 짐승이다. 그뿐만 아니라, 오관을 통한 감각 또한 짐승의 몫이다.

플로티누스는 우리 안의 '짐승' 또는 '야수'를 살아있는 몸과 동일시한다. 이때 살아있는 몸은 생리적 차원에서만 살아있는 것이 아니다. 살아있는 몸에는 이성적 영혼과는 다른 종류의 영혼이 깃들어 있는데, 이 영혼이 욕망과 감정 그리고 감각을 위한 능력을 가지고 있다. (몸에 내재하는 영혼은 종종 '하위 영혼'으로, 이성적 영혼은 '상위 영혼'으로 지칭된다.) 중요한 점은 플로티누스가 이러한 내재적 영

---

13   플라톤, 『국가』 9권 588c7, 590a9.

혼이 욕망하거나 괴로워하거나 감각한다고 말하길 꺼려한다는 것이다. 이 점과 관련해서, 그는 "영혼이 직조織造한다고 말하는 것은 어리석다"[14]고 주장한 아리스토텔레스에게 동의한다. 아리스토텔레스가 제시한 사고 모델에 따라, 플로티누스는 영혼이 욕망하는 것이 아니라, '짐승'이 영혼의 욕망 능력을 가지고서 욕망한다고 주장한다. 이와 같은 방식으로 감정과 감각의 주체는 영혼이 아니라, 감정 능력과 감각 능력을 사용하는 '짐승'이다(5장).

일반적으로, 플로티누스는 육체적 활동이나 육체가 없이는 있을 수 없는 활동을 '짐승', 즉 영혼과 몸의 결합체to synamphoteron에 귀속시키고, 육체가 필요없는 활동을 이성적 영혼의 고유한 활동으로 간주한다(9장). 이성적 영혼의 주된 활동은 사고와 지성적 인식 dianoia이다. 우리는 생각하기 위해서 어떤 육체적 기관이 필요하지 않기 때문이다. 그런데 우리의 이성적 영혼은 생각만 하는 것이 아니다. 그것이 '짐승'과 함께 사는 한, '짐승'이 감각하는 내용을 전해 받는다. 따라서 그것 또한 어떤 의미에서는 외부세계를 감각한다고 할 수 있다. 하지만 플로티누스는 이성적 영혼의 감각을 감관이 제공하는 형상에 대한 (넓은 의미에서) 정신적 인식이라고 규정하면서, 외부 물체에 대한 직접적인 감각인 '외적 감각'과 구별한다. 그에 따르면, 이성적 영혼은 자신의 감각을 토대로 외부에 대해 의견을 수립하고, 그러한 의견을 검토하기 위해 사고를 작동시킨다. 하지만 외부세계와 관련된 이러한 활동은 엄밀한 의미에서 이성적 영혼의 고유한 활동은 아니다. 그러한 활동은 육체가 없으면 없을 테니까.

이러한 사항을 고려해 볼 때, 우리는 플로티누스가 이성적 영혼

---

14  아리스토텔레스, 『영혼론』 B 1, 412a.

을 몸에서 '분리된chorizomene' 영혼이라 부르다가도 '분리가능한choriste' 영혼이라고 부르는 이유를 짐작할 수 있다(10, 8~10). 이성적 영혼은 내재적 영혼과 달리 몸에서 독립하여 존재한다는 점에서 이미 몸에서 떨어져 있지만, 몸의 삶에 관여하는 한, 몸에 붙어 있다고 할 수 있다. 그렇지만 플로티누스는 이성적 영혼이 육체의 일로부터 거리를 취할 수 있다고 믿으며, 그런 의미에서 육체와 분리가능하다고 말한다. 이런 의미에서 그는 영혼에게 육체와의 '분리'를 권고한다. 그는 육체와 거리두기를 통해 감정과 욕망의 지배에서 자유로우며 정신적 활동에서 '덕'을 발휘할 수 있는 영혼이 바로 '참된 인간'이라고 선언한다.

이에 비해, 인식이 아니라 습관과 훈련에 의해 습득되는 '덕'은 기본적으로 육체를 길들이는 것에 관련되므로 종국적으로 길들은 짐승의 덕으로 간주된다. 사실, 플로티누스는 '참된 인간'이 전혀 아무런 욕망이나 감정노 가지고 있지 않다고 생각하지 않았다. '참된 인산'은 '좋음'을 지향하는 지적인 욕망과 지적 활동을 수반하는 쾌락을 지닌다. 플로티누스의 이성은 단순히 생각만 하는 능력이 아니다. 그것은 좋음을 생각하고, 좋음을 원하고, 좋음을 즐기는 복합적 존재다.

## 영혼의 정화淨化

플로티누스가 촉구하는 영혼과 몸의 '분리'는 일종의 죽음을 의미한다. 그것은 물론 생리적 차원의 죽음을 가리키는 것이 아니다.

그것은 플라톤의 『파이돈』에서 처형을 기다리는 소크라테스가 철학은 '죽음의 연습'[15]이라는 역설적인 언명을 남겼을 때 의미한 죽음이다. 철학을 통해 연습하는 죽음은 육체적 영향으로부터의 해방을 의미한다. 그 죽음은 육체적 욕망의 지배와 감정의 굴레에서 벗어나고, 감각의 현혹을 물리치는 것이다. 이러한 '철학적 죽음'은 영혼을 감정과 욕망과 감각에 의해 생긴 병으로부터 치유한다.

영혼을 치유하는 철학을 소크라테스는 정화의식katharsis에 비유한다.[16] 이때 '카타르시스'는 우리의 씻김굿에 해당하는 종교적 의식을 가리킨다. 오직 신비의식에 입문하고 정화된 자만이 신들과 함께 살게 될 것이고, 그렇지 않은 자는 저승으로 내려가 진창에 눕게 될 것이라는 신비종교의 가르침을, 육체적 영향으로부터 정화되고 정신적 인식에 입문한 철학자만이 신적인 삶을 살게 될 것이라는 의미로 해석한다. 여기에서 소크라테스는 신비종교의 언어를 액면가대로 받아들이지 않고, 우의적으로 해석한다. 이러한 해석에 따르면, 정화의 최종적 목적은 앎, 즉 정신적 인식이고, 참된 입문자는 철학자이다.

이러한 전통에 따라 플로티누스도 철학을 '영혼의 정화'라고 간주한다. 그에 따르면, 철학은 이성적 영혼을 살아있는 몸의 욕망과 감정 그리고 감각의 영향에서 자유롭게 만든다. 철학을 통해 '인간적' 영혼은 자신의 순수성을 유지하고, 본연의 업무에 충실할 수 있다. 이런 측면에서 철학적 정화는 내적 인간이 잡념에 시달리지 않도록 홀로 내버려두는 데 있다고 할 수 있다(『비물체적인 것의 무감

---

15  플라톤, 『파이돈』 67d~e.
16  플라톤, 『파이돈』 64a~69c.

동 apatheia에 대하여』 Enn. III 6 [26] 5, 15~17). 정화된 영혼은 고요히 정신적 인식 또는 이론적 관조에 집중한다.

정화된 영혼이 바라보는 대상은 정신적 형상들, 이른바 이데아 들이다. 이데아들은 하나의 체계적인 '정신 세계'를 구축하는데, 이 것을 플로티누스는 '정신 자체'와 동일시한다. 여기에서 '정신 자체' 는 영혼의 일부가 아니라, 모든 영혼의 존재를 초월하는 신적 정신 이다. 플로티누스는 우리가 그러한 정신을 가지고 있다고 주장한 다. 나아가 그러한 정신마저 초월하는 신神, 즉 좋음 자체도 가지고 있다고 역설한다. 여기서도 초월적 신은 영혼의 일부가 아니다. 그 런데도 플로티누스는 우리가 정신 자체와 좋음 자체를 가진다고 말 한다. 그렇다면 그는 우리 안에 우리를 넘어선 존재들이 있다는 말 을 하고 있는 것일까? 이러한 생각은 앞서 언급했던 신성과 정신세 계의 내면화와 관련된 것으로 보인다. 그리하여 플로티누스는 정신 자체와 좋음 자체와 같은 '신성한' 존재들을 만나길 원하는 이에게 다음과 같이 말한다. "네 안으로 들어가라."(『아름다움에 대하여』 Enn. I 6 [1] 8, 4)

## 영혼의 존엄성

플로티누스에게 철학은 정신적 인식을 목적으로 하는 이론적 탐구에 그치는 것이 아니라, 철학자 자신을 더 나은 존재로 만들기 위한 삶의 방식이기도 했다. 그는 자신의 존재를 개선하기 위해 완 전한 존재인 신神을 모범으로 삼는다. 잘 알려져 있듯이, 플라톤주의자들은 플라톤이 『테아이테토스』에서 언급한 '신을 닮아가기'[17]를 철학의 목표로 삼았다. 플로티누스는 『덕들에 대하여』(Enn. I 2 [19])의 서두에서 플라톤의 말을 인용하며, 신을 닮기 위해 세상으로부터 도피할 것을 권고한다. 그런데 그의 권고는 세상을 등지고 은수자隱修者의 길을 가라는 말이 아니라, 악을 피해 덕으로 도피하라는 말이다. 그는 신을 닮기 위해서는 실천적 덕에서 출발하여 이론적 덕에 이르는 '덕의 사다리'를 타고 올라가야 한다고 주장한다. 최종적으로 이론적 덕을 통해 영혼은 신을 인식한다. 닮은 것이 닮은 것을 인식한다는 고래로부터 내려온 원리에 따라, 신을 닮은 영혼이야말로 비로소 신을 인식할 수 있다. 이 맥락에서 신神은 신적 정신을 가리킨다. 영혼은 신적 정신을 인식하기 위해서 그것을 닮아야 한다. 하지만 플로티누스는 이 신적 정신을 초월하는 신, 즉 좋음 자체의 관조와 그것과의 합일에 대해서도 이야기한다. 그것이 플로티누스 철학의 종착점이라 할 수 있다(『좋음에 대하여 또는 하나에 대하여』 Enn. VI 9 [9]).

플로티누스는 영혼이 자신의 힘으로 철학을 통해 신적인 관조와 합일에 이를 수 있다고 믿었다. 그는 철학하는 수고를 다른 누군가가 대신해 줄 수 있다고 생각하지 않았다. '보기를' 원하는 자가 직접 수고를 해야 하는 것이다. 플로티누스는 영혼이 자신을 '자신의 힘으로' 정화할 수 있다고 생각한 점에서 아우구스티누스가 말한 '오만한 철학자'임에 틀림없다.[18] 아우구스티누스는 비물질적인 신성을 그에게 가르쳐준 플라톤주의자들을 존경했지만, 결국

---

17  플라톤, 『테아이테토스』 176b.
18  아우구스티누스, 『삼위일체론』 4.15.20.

자신의 죄와 나약함을 고백하고 신의 '은총'을 기다리는 '겸허한 기독교'인의 길을 선택한다. 아우구스티누스와는 달리, 플로티누스는 영혼의 '원죄原罪'도 인정하지 않았고, 신의 '은총'도 요구하지 않았다. 그는 영혼의 정화는 궁극적으로 각 영혼이 스스로 책임질 일이라고 생각했으며, 또 영혼이 그럴 능력을 가지고 있다고 믿었다. 그에게 영혼은 존엄한 존재였다. 영혼의 존엄성에 대한 확고한 신념은 '신을 닮기'를 목표로 내걸었던 고대 플라톤주의 철학의 자긍심을 대변한다. 플로티누스의 영혼관은 여러 가지 입증되지 않은, 솔직히 많은 경우 입증될 수 없는 이론들을 전제한다. 그렇지만 그것은 '마음'으로 불리는 존재의 '가치'를 탐색하고자 하는 영원한 철학적 열망의 소산이라 할 수 있다. 플로티누스의 '신성한 영혼'은 고대의 종말을 넘어 오늘날까지 살아남은 고대철학의 자존심을 보여준다.

# 더 읽을거리

플로티누스 원전의 권위 있는 비판본은 P. Henry, H-R. Schwyzer, *Plotini Opera* (Editio maior: Brussels, 1951–73; Editio minor: Oxford 1964–82)이다. 국내에는 아직까지 신뢰할 만한 원전 번역이 나와 있지 않다. 영어 번역으로는 A. H. Armstrong, *Plotinus (I-VII)* (Harvard University Press, 1966–88)을 추천한다. 정확성은 다소 떨어지나 문학성이 뛰어난 번역으로 S. MacKenna, *Plotinus: The Enneads* (Penguin, 1991)가 있다.

도미니크 J. 오미라, 『플로티노스: 엔네아데스 입문』, 안수철 옮김, 탐구사, 2009
플로티누스 철학에 대한 뛰어난 입문서이다.

송유레, 「플로티누스의 세계제작자: 플라톤의 『티마이오스』의 탈신화적 해석」, 철학사상 42호, 2011
플로티누스의 영혼과 정신 개념을 우주론적 맥락에서 다룬 논문이다.

H. J. Blumenthal, *Plotinus' Psychology*, Nijhoff, 1971
플로티누스의 영혼론 일반을 다룬 책이다.

E. K. Emilsson, *Plotinus on Sense-Perception: A Philosophical Study*, Cambridge University Press, 1988
심신이원론 문제와 감각이론을 다룬 책으로, 플로티누스가 어떤 의미에서 데카르트의 '선조'일 수 있는지를 보여준다.

E. K. Emilsson, *Plotinus on Intellect*, Oxford University Press, 2007
플로티누스의 정신nous 개념을 중심으로 인식론과 형이상학을 다룬 책이다.

그 밖에 신플라톤주의에 관한 입문서로 R. T. 왈리스의 『신플라톤주의』(박규철·서영식·조규홍 옮김, 누멘, 2011)와 중기 플라톤주의에 관한 연구서로 J. Dillon, *The Middle Platonists, 80 B.C. to A.D. 220* (Cornell University Press, 1996), 그리고 고대 그리스의 신비 종교를 비롯하여 종교 일반에 대한 권위 있는 연구서로 W. Burkert, *Greek Religion* (Harvard University Press, 1985)을 참조하길 권한다.

# 아우구스티누스

## 불투명한 마음

# 강상진

서울대학교 철학과를 졸업하고 같은 학과 대학원 과정에서 「아리스토텔레스의 『형이상학』에 나타난 수학적 대상에 관한 연구」로 석사학위를 받았다. 이후 서양 중세 철학의 연구를 위해 독일로 유학, 프라이부르크대학 철학과에서 12세기 철학자 아벨라르두스에 관한 논문으로 박사학위를 취득했다. 2000년에 귀국한 후 가톨릭대학교 인간학연구소 전임연구원, 목포대학교 윤리교육과 교수를 역임한 후 현재 서울대학교 철학과에 재직하고 있다. 현재 국내 서양철학사 연구의 균형을 위해 가장 절실한 분야가 서양 중세 철학 분야라고 믿고 있다. 중세 철학을 서양 지성사의 암흑기로 보는 단절적 시각에서 벗어나 서양 지성사에 대한 균형 잡힌 이해를 위해서는, 고전 철학이 자신을 배태한 문명과는 다른 그리스도교적 지평 속에서 어떻게 수용되고 변형되는지를 원전에 입각해 평가할 수 있어야 할 뿐만 아니라, 근대 과학의 성장과 같은 외적인 원인보다 내적인 발전의 논리에서부터 근대와의 연속성을 볼 수 있어야 한다고 생각하기 때문이다. 지금 관심을 가지고 공부하는 분야는 아리스토텔레스 사상의 초기 스콜라적 수용이며, 향후 후기 스콜라 철학으로 연구 영역을 넓혀갈 작정이다.

## 열 길 물속은 알아도 한 길 사람 속은 모른다

　우리의 행위는 바깥에서 관찰할 수 있지만, 행위를 온전히 이해하기 위해서는 단순히 외적으로 관찰할 수 있는 것을 넘어서야 한다는 생각이 있다. 행위의 배후에 있는 목표나 의도, 동기까지 이해해야 하나의 행위를 온전히 이해할 수 있다는 것이다. 우리말 '마음'에는 이렇게 외적인 관찰을 넘어 행위를 이해하게 해주는 목표나 의도, 동기 등과 같은 내적인 요소들의 담지자처럼 쓰이는 예가 있다. 친구가 유학을 가기로 '마음먹고' 어학 공부에 열중하고 있다고 말하는 경우, 그 친구는 어학 공부에 매진하는 자신의 행위를 유학이라는 목표를 설정한 자신의 '마음'으로 설명하는 셈이다. 행위자가 스스로 자신의 목표나 의도, 동기를 말하는 경우이거나 다른 사람이 여러 상황을 해석해서 추측하는 경우이거나 간에 심심치 않게 관찰되는 현상 중의 하나는, 행위를 이해하는 데 도움이 되어야 할 '마음'이 타인에게 불투명하게, 심지어는 자기 자신에게 조차 불투명하게 드러난다는 것이다. 다른 사람이라면 이런 상황에서 이런 행동을 당연히 할 것 같은데 왜 저 사람은 계속 고집을 부리고 있는지 그 '속마음'을 알 수 없다고 말하거나, 나도 그때 거기서 왜 그런 행동을 했는지 알 수가 없다고 말하는 경우가 있기 때문이다. 이런 경우가 되면, 우리의 행위를 이해하는 데 도움을 주던 '마음'은 이제 오히려 행위를 이해하기 어렵게 만드는 장본인처럼 간주된다. 내가 잘 이해할 수 없는 저 사람의 고집스러운 행위는 내가 잘 파악할 수 없는 그의 '속마음' 때문이고, 나도 이해할

불투명한 마음
―
강상진

수 없는 나의 어떤 행동은 나도 잘 모르겠는 내 '마음' 때문이라고 말하고 있으니까. 타인의 행위는 내가 관찰할 수 있지만, 그런 행위를 하는 이유를 설명해줄 '마음'은 관찰되지 않으므로, 근본적으로 내게 '불투명한' 것이라고 해야 할 것 같다. 상대방이 의도나 동기를 얘기해주는 것에 의존할 수밖에 없지만, 종종 진실대로 얘기하지 않는다고 의심할 수도 있고, 실제로 그렇게 드러나는 경우도 있어서 거짓된 의도를 말할 때의 '속마음'은 추측할 수만 있을 뿐, 투명하게 알 수 있을 것 같지는 않다. 심지어는 자신이 왜 그런 행위를 했는지 설명할 수 없거나, 자신이 처음에 생각했던 이유, 혹은 다른 사람이 생각했던 이유와는 다른 이유가 한참이 지난 후에야 진정한 의도나 동기로 이해될 수도 있을 것이다. 타인의 마음이 나에게 불투명한 것처럼 나의 마음이 나에게도 똑같이 근본적으로 불투명한 것인지, 종종 나도 내 마음을 모르는 일이 발생하지만 일시적이고 예외적인 것에 가까운 것인지는 아직 판단하기 어렵다. 하지만 일단 타인의 마음뿐 아니라 나의 마음까지도 불투명할 수 있다는 가능성을 열어두고 시작하기로 하자. "열 길 물속은 알아도 한 길 사람 속은 모른다"는 속담처럼 타인의 마음은 물론이거니와 내 마음조차 나에게 불투명한 것 같다.[1]

그런데 조금 더 주의를 기울이자면 이렇게 종종 자신에게까지 불투명한 마음이 주로 어디에서 성립하는지 더 좁혀볼 수 있을 듯하다. 기원전 1세기 로마의 시인 카툴루스의 유명한 시 한 수를 들

---

[1] 이런 종류의 '불투명성'에 비견할 만한 것으로 『천수경』에 나오는 다음 구절을 보라. "사람의 마음처럼 불가사의한 것이 또 있을까. 너그러울 때는 온 세상을 받아들이다가도, 한번 옹졸해지면 바늘 하나 꽂을 자리가 없는 것이 우리 마음이다."

어보자. 단 두 줄로 구성된 시다.

> 나는 미워하며 사랑한다. 어떻게 그럴 수 있냐고 너는 아마 묻겠지.
> 나도 몰라. 하지만 그렇게 되는 걸 느끼고 괴로워할 뿐이야.[2]

**모순율**
'A는 B이다'와 'A는 B가 아니다'처럼 모순되는 두 명제들이 동시에 참일 수 없다는 논리학의 근본법칙.

모순율을 사유의 법칙으로 삼는 지성은 아마도 도저히 이해할 수 없을 것처럼 보이지만, 시인에게는 사랑과 미움을 동시에 '느끼는' 마음이 있는 것 같다. 어떻게 그럴 수 있는지 우리도 묻고 싶은데 시인은 이미 모른다고 대답하면서 그렇게 느낄 뿐이라고 하고 있다. 우리가 앞으로 다룰 '불투명한 마음'은 일차적으로 이런 마음을 출발점으로 한다. 분명히 금연하기로 했는데, 혹은 체중 감량을 하기로 했는데, 작심삼일이라 굳게 먹은 마음이 약해져서 어느덧 다시 담배를 피우고 있거나 체중 감량과는 반대방향으로 가는 식사를 하고 있다면, 아마도 이와 비슷한 불투명한 마음을 만나고 있는 것이라 짐작해도 좋을 것이다. 처음 먹었던 마음과 결심한 지 삼일이 지난 후에 슬그머니 자리를 차지한 마음 사이의 간격은 어떻게 설명할 수 있을까? 도대체 어떻게 사흘을 경계로 정반대의 행동을 하는 것이 가능한가? 사흘 전 결심에 반하는 행동을 주도한 것은 무엇인가? 어떤 논리를 통해 이런 현상을 설명하든, 나의 마음이 그렇게 단순하지도 않고, 마음 안에 적어도 둘 이상의 서로 구별되는 요소가 있는 것인지, 만약 그렇다면 그것들이 서로 어떤 관

---

2  Odi et amo, quare id faciam fortasse requiris
nescio, sed fieri sentio et excrucior.
c.85, *C. Valerii Catulli Carmina*, ed., R. A. B. Mynors, Clarendon 1991, p.94.

계를 맺는지에 대해서도 아주 분명하게 파악되지는 않는 것 같다. 아마 타인뿐 아니라 종종 본인도 이해할 수 없는 행위에 대한 설명 아닌 설명을 하자면, 행위자 자신에게도 불투명한 마음, 나도 잘 이해할 수 없는 내 마음 때문이라고 해야 할 것이다.

    서양 지성사에서 이런 종류의 불투명한 마음을 주제화하고 우리 마음 안에 지성 이외의 요소를 의지voluntas라는 개념으로 잡아주면서 우리 마음의 외연을 넓힌 사람으로 아우구스티누스(354~430)를 들어야 할 것이다. 아우구스티누스 이후의 서양 지성사는 이러한 아우구스티누스의 반성을 받아들여서 우리의 마음에 지성적 부분만이 아니라 의지적 요소도 있다는 것을 당연하게 생각하고 있고, 이런 생각은 지금 우리에게도 낯선 것이 아니다. 세상만사가 마음먹기 나름이라고 주장할 때의 '마음'은 지성보다는 의지에 가깝고, 선생님의 말씀이 백번 천번 맞는 말씀임을 이해는 하나 그런 가르침에 따르면 내가 감수해야 할 희생이 너무 커서 흔쾌히 가르침을 따르지 않고 내키지는 않은 상태에서 마지못해 행동한다고 말하지 않는가. 아마도 앞에서 논의했던 마음의 불투명성은 우리 마음 안에 있는 지성 이외의 요소에서 연유할 것 같은데, 이전 전통에서 우리 마음의 정체성을 구성하는 핵심 요소로 강조되었던 지성intellectus 혹은 이성ratio과는 구별되는 새로운 식구를 정식으로 받아들이게 되면, 어떤 일이 일어나게 될까?

    우리의 지성에 의해 온전히 파악되지 않는 불투명한 '마음'이 있다는 주장은 기존의 지성 중심의 마음 개념에 대한 단순한 확장을 의미하지는 않는다. 투명한 지성에 불투명한 무엇인가가 동반하게 되었으니 이제 마음은 투명한 부분과 불투명한 부분이 있게 된다는 식으로 단순히 확장되는 것은 아니기 때문이다. 지금까지 지성이 유일하게 투명한 것으로 이해되어왔고 '온 마음全心'의 정체성을 요구할 정도였다면, 이제는 이렇게 구성된 마음 전체 안에서 자신의 투명성 주장조차도 온전하게 수용되기 어려운 지경이 될 것으로 보이기 때문이다. 이런 종류의 변화가 갖는 함축이 무엇인지는 쉽게 드러나지 않으므로 차분히 반성해볼 일이다. 이것이 우리가 다룰 첫번째 논점이다.

우리의 마음이 지성 이외의 불투명한 요소를 가진다는 주장이, 우리 마음이 서로 다른 원리를 가진 두 부분으로 분할되어 결코 '온 마음'이 될 수 없으며 영원한 갈등 상태에 머물 수밖에 없음을 의미하지는 않는다. 아우구스티누스는 지금까지 논의해온 불투명한 마음을 지성이 파악할 수 없는 심연으로 이해하면서도 지성 역시 이 심연에서 유래한 것으로 이해할 가능성을 열어두기 때문이다. 분열을 함축하는 것처럼 보이는 불투명한 요소의 도입은 과연 어떤 계기를 통해 다시 온선하고 통합된 마음으로 돌아갈 수 있는 것일까? 우리는 이 문제를 아우구스티누스의 불투명한 마음에서 배울 만한 두 번째 논점으로 토론할 것이다.

## 습관
## ─
## 몸이 된 마음

이 글에 앞서 플라톤으로부터 플로티누스에 이르기까지 마음에 대한 철학적 논의를 통해 독자들은 이미 여러 종류의 '이원론'에 대해서 익숙해졌을 것 같다. 몸과 마음의 이원론도 이미 여러 차례 들었을 것이며, 마음 안에서 서로 구별되는 여러 부분을 크게 이성적 부분과 비이성적 부분으로 나누는 것도 들었을 것이다. 무엇을 보거나 듣는 등의 감각 행위는 몸의 일인지 마음의 일인지, 혹은 무서움을 느끼거나 화를 내는 주체, 혹은 배고픔을 느껴서 식욕의 충동을 갖는 주체가 몸인지 마음인지, 어디가 경계인지 분명하지 않아도 지금 논의와 관련해서는 아무 문제가 되지 않는다. 그 경계가 어디인지 몰라도 적어도 순수한 지성에 이를수록 더욱 더 마음다운 마음이 된다는 것, 마음의 작용처럼 보이지만 육체의 개입이 많으면 많을수록 소위 '순수한 마음'인 지성에서 멀어진다는 것만 일단 확인하도록 하자.

이제 우리 마음[3]을 이성적인 부분과 비이성적인 부분으로 나눈 아리스토텔레스의 이해에 따르면 이성적인 마음이 비이성적인 마음과 관계를 맺는 방식은 '습관'으로 드러난다. 이성은 자신이 궁극적 목표로 파악한 최고선이 어떤 것인지 이해할 뿐만 아니라, 그러한 최고선에 도달할 수 있는 방식이 무엇인지, 그 과정에서 동원할 자원과 도구들이 무엇인지를 이해한다. 아주 거칠게 말하자면, 이성은 쾌락이나 명예가 추구할 만한 궁극의 목적일 수 없다는 것을 통찰할 뿐만 아니라 그러한 통찰이 우리의 온몸과 마음에 확고하게 지속적으로 관철할 때만 그런 목표에 도달할 수 있음을 이해한

---

[3] 아리스토텔레스는 우리가 지금 '마음'이라고 부르는 것을 '영혼psyche'으로 부른다. 우리말 '마음'과 아리스토텔레스가 '영혼'으로 부르는 것이 동일한 것인지 상당한 논의가 필요하지만 책의 성격상 일단 같은 것을 지칭하는 것으로 가정하고 논의를 진행할 것이다. 가장 큰 차이는 아리스토텔레스의 영혼은 영양 섭취와 성장과 같은 생명의 기능까지 담당하지만, 우리의 '마음'은 그런 종류의 일을 하는 것 같지는 않다는 데 있을 것이다.

다. 그렇다면 이성은 어떻게 우리 마음의 비이성적 부분, 또 우리의 몸을 자신의 통찰에 의해 지속적인 질서의 형태로 조직할 수 있을까?

이성이 파악한 참된 선은 이 몸과 마음을 통해서만 도달할 수 있는 것이지만, 몸은 마음을 따르지 않을 수 있고 마음의 비이성적인 부분의 욕망도 이성이 파악한 선을 따르는 것에 장애로 작용할 수 있기 때문이다. 아리스토텔레스는 '습관'에서 우리 마음의 이성적인 부분이 비이성적인 부분에 지속적인 질서를 도입할 방법을 찾는다. 습관은 시간이 걸리는 일이다. 한두 번의 운동으로 균형잡힌 몸매가 되는 것이 아니듯, 한두 번의 행위로 마음의 습관을 가질 수는 없는 노릇이기 때문이다. 물론 수학과 같은 이론적인 영역에서 지성의 통찰은 많은 실패를 거치다가도 일단 성공하면 한 번의 도약으로 더 높은 단계에 도달하고 그렇게 한 단계 올라선 통찰은 다시 낮은 단계로 내려오는 일이 없는 것처럼 보인다.

하지만 이렇게 획득된 통찰이 우리 마음의 비이성적인 부분을 같은 방식으로 설득할 수는 없고, 몸은 더더욱 설득하기 어려울 것 같다. 아리스토텔레스는 지성의 통찰이 마음의 비이성적인 부분과 몸에 안착하는 방식으로 '좋은 습관화'를 제시한다. 쾌락에 관한 비이성적인 욕망은 정말 좋은 것을 파악하는 것에 의해 길들여지고 좋은 습관을 들일 필요가 있다. 물론 외견상 좋아 보일 뿐 정말 좋지는 않은 것에 의해 나쁜 방식으로 길들여질 수도 있다. 두려움에 대한 우리의 감정과 태도 역시 나쁜 쪽으로 습관이 들 수도 있고, 좋은 쪽으로 습관이 들 수도 있다. 화를 내는 것 역시 나쁜 방향의 습관이 있기에 좋은 방향의 습관이 칭찬을 받는다. 우리의 행위 하나하나가 어느 쪽으로 축적되어 습관으로 굳어지는가가 우리의 성격을 만든다. 쾌락을 지나치게 추구하는 쪽으로 습관이 든 사람은 '무절제한' 성격을 가진 사람이라고 비난받고, 두려움의 감정에 지나치게 반응하는 사람은 '비겁한' 성격을 가진 사람이라고 비난받는 반면, 좋은 쪽으로 습관이 든 사람은 각각 '절제 있는' 사람이나 '용감한' 사람으로 칭찬받는다.

이성이 습관을 통해 칭찬 혹은 비난받는 성격을 만들어낸다는 사실을 잘 이해한 사람이라면, 행위 하나하나가 습관을 통해 성격에 이어진다는 사실도 이해하고, 인간이 성취할 수 있는 진정한 선이 그러한 훌륭한 성격에 있음을 이해할 것이다. 줄여서 말하자면 당신의 이성이 파악한 선과 선에 이르는 질서는 당신의 비이성적 마음을 좋은 방향으로 길들일 것을, 좋은 습관으로 이끌 것을 요청한다. 이렇게 비이성적인 마음을 길들이면 몸에도 변화가 있을지, 예를 들어 이전에는 보기만 해도 식은땀이 나고 벌벌 떨리던 상황에서 조금 더 침착해질지, 혹은 자신이 그토록 좋아해서 이전에는 식탐을 주체할 수 없었던 음식을 보더라도, 군침은 돌지만 손이 나도 모르게 나가는 일은 없어지게 될지는 지금 논의하지 않기로 하자.

중요한 것은 지금의 논의에 따르자면 결국 당신의 이성이 시간을 거쳐 체화한 것이 바로 당신의 습관이며 당신의 성격이라는 것이다. 이런 의미에서 습관은 몸이 된 마음이다. 마음의 이성적인 부분이 마음의 비이성적인 부분을, 더 나아가 외부 자극에 대한 반응의 주체로서의 몸을 통합하는 것은 결국 오랜 시간에 걸친 습관을 통해서 자신의 통찰을 관철시키는 일이다. 좋은 습관, 칭찬받는 성격은 체화한 지성, 몸으로까지 변한 마음 외에 다른 것이 아니다.

# 습관
―
## 마음이 된 몸

하지만 습관에 관한 다른 이야기도 있다. 아우구스티누스는 『고백록』 8권에서 지성으로는 그리스도교가 참된 길임을 이해하지만, 자신 안에 있는 어떤 습관 때문에 온 마음이 회심하지는 못하는 시기가 있었음을 고백한다. 그리스도교로 회심하면 더는 충족할 수 없는 성적인 욕망이 중추에 있는 이 습관을 그는 '육적인 습관 consuetudo carnalis'이라고 부른다. 무화과나무 아래에서의 극적인 회심이 있기까지의 최소 몇 달간의 이 시기에서 그는 마음과 마음이 싸웠다고, 좀 더 아우구스티누스적으로 표현하자면 "육체적 의지와 영적 의지가 서로 싸웠다"고 기술한다. 아우구스티누스는 이러한 사태를 영혼의 병 aegritudo animi 으로 이해한다. 보통의 경우 마음이 명령하면 육체가 복종하지만, 회심 직전의 자신에게는 마음의 의지에 대해 육체의 의지가 저항하는 병적인 상태가 지속되고 있었다는 것이다. 그는 이러한 상태를 괴로워한다. 아우구스티누스는 자신의 이러한 상태를 "나는 내가 하는 것을 이해하지 못합니다. 나는 내가 바라는 것을 하지 않고 오히려 내가 싫어하는 것을 합니다"라고 고백하는 사도 바울의 경험과 연결시킨다(「로마 신자들에게 보낸 서간」 7:15). 아우구스티누스는 하느님의 아름다우심에 마음이 쏠렸다가도 '모르는 사이'에 자신의 무게 때문에 미끄러지고, 낮은 데로 떨어지는 경험을 했다고 한다. 그는 이 '무게'를 정확히 '육체의 습관'

이라고 부른다. 육적인 습관 혹은 육체의 습관이 무엇이길래, 아우구스티누스는 자신의 지성이 내린 최선의 판단을 가로막는 것으로 지목하는 것일까?

아우구스티누스는 그런 습관이 생기게 되는 과정을 간단히 기술한다. 비뚤어진 의지가 육욕을 낳고, 육욕을 계속 따름으로써 습관이 생겼으며, 그 습관에 저항하지 못해 쇠사슬 같은 필연이 생겼다는 것이다. 순결을 주시라고, 절제를 달라고 빌지만 정작 '지금은 (주지) 마시라'는 기도는 모든 이성적 설득이 단 하나의 길을 가리키고 있음에도 정작 그 길에 들어서지 못하게 막고 있는 것이 육체의 습관임을 보여준다. 이 상황에 대한 기술에서 주목할 점은 아우구스티누스가 이러한 육체적인 습관을 마음의 일부로 파악하고 있다는 점이다. 앞 절에서는 습관이 비교적 낙관적인 전망에서 몸이 된 마음, 체화된 지성이었다면, 이 이야기에서 육체의 습관은 마음의 일부로 자리잡아 지성과 싸우는 존재로 이해된다. 그런 의미에서 우리는 습관을 마음이 된 몸이라고 부를 수 있을 것이다. 당신의 육체가 만든 습관은 당신의 순수한 마음, 지성과 싸울 수 있는 마음으로까지 성장한 것이니까.

## 마음의 중력으로서의 사랑

우리는 위의 두 이야기가 마치 동전의 양면 같다는 인상을 받는다. 지성으로 대표되는 순수한 마음에서 그렇게 순수하지는 않은 비지성적 마음, 더 나아가 몸에 이르는 연관이 있고, 한편은 그 연관을 지성의 승리라는 낙관적인 관점에서 기술하는 반면, 다른 한 편은 지성의 패배라는 비관적인 관점에서 기술하는 것처럼 보이기 때문이다. 지성이 습관을 통해 체화된 몸이 되는 길을 내려가는 길로 보자면, 육체가 습관을 통해 마음이 되는 길은 올라가는 길로 볼 수 있을 것이다. 아리스토텔레스가 규범적이고 당위적인 방식으로 우리 안의 비이성적인 마음을 지성과 하나되는 습관으로 길들일 것을 요청하고 있다면, 아우구스티누스는 한층 더 현실적인 경험의 관점에서 우리 마음에 실제로 몸의 습관에서 유래한 것이 자리잡고 있음을 고백을 통해 보여준다.

만약 이런 수준에서 분석을 받아들인다면, 습관을 둘러싼 아리스토텔레스와 아우구스티누스 사이의 차이는 당위적인 차원을 강조할 것인가 현실적인 차원을 강조할 것인가의 차이로 좁혀질 것이고, 불투명한 마음을 경험하는 것이 우리 마음의 지속적이고 원치적인 문제인지, 아니면 일시적이고 예외적인 문제인지를 결정하는 것으로 정리될 수 있을 것이다. 지성이 지금은 투명하게 이해할 수 없는 다른 요소들을 긴 시간을 들여서 습관의 형태로 설득할 수 있다면, 불투명한 마음의 존재는 순수한 지성을 중심으로 마음을 이해하는 것에 별 영향을 끼치지 않을 것이다. 불투명한 마음이 있고 그것 때문에 마음의 외연이 넓어진다고 해도, 궁극적으로는 지성을 중심으로 하는 질서 속에서 조화를 이룰 테니까.

하지만 아우구스티누스는 우리 마음의 불투명성이 지성에 의한 습관을 통해 제거되거나 적어도 완화될 수 있으리라는 생각에 회의적이다. 지성이 습관을 통해 장악할 수 있는 마음의 비이성적인 부분, 혹은 몸은 한계가 있을 수밖에 없고, 바로 그 이유 때문에 그 한계 바깥 부분은 불투명할 수밖에 없다고 생각하기 때문이다. 당신이 두려움의 감정을 잘 길들인 훌륭한 전사라 전장에서 죽음의 공포를 어떤 방식으로든 관리할 수 있다고 해도, 혹은 자기 생명의 가치를 경멸할 수 있음을 자랑하던 철학자라 해도, 폭풍우 때문에 난파의 위험에 처한 배 위에서 일단 얼굴이 창백해지는 것을 막지는 못할 수 있다. 그렇다면 죽음의 공포 앞에서도 의연할 수 있던 대담한 마음, 당신이 어렵게 쌓아왔던 습관은 일정 정도의 무력함을 드러낼 수밖에 없다.

이 대목에서 진화의 비유를 써서 설명해도 좋다면, 당신의 지성이 진정한 선에 대한 어떤 통찰에 이르러 당신의 온 마음을 그리로 향하도록 설득했다 하더라도, 진화의 오랜 흔적을 간직하고 있는 당신의 몸은 본능적 욕구의 충족에서 오는 기쁨이나 죽음에 대한 공포와 같이 생존에 도움이 되었던 가치들을 체화해서 생겨난 것이라 기본적인 충동을 그렇게 쉽게 극복할 수 없는 것이다. 어느 정도인지 정확히 규정할 수 없지만 아마 우리 마음의 상당 부분은 지성이 아직 이해하지 못한, 혹은 이해할 수 없는 '몸에 대한 사랑'에 의해 만들어졌기 때문이라고 설명할 수도 있을 것이다.

아우구스티누스는 이런 몸에 대한 사랑을 중력에 비유한다. 지성이 그토록 어렵게 길들이려고 했던 우리의 감정 혹은 비이성적인 마음들의 정향定向은 사실 뿌리 깊은 어떤 사랑을 의미하는 것으로, 이 사랑은 마치 중력처럼 우리를 이끈다는 것이다. 만약 우리의 지성이 아직 그 정체를 이해하지 못한, 혹은 아마도 이해하지 못할 사랑이 우리의 온 마음을 중력처럼 이끈다면, 그리고 우리의 비이성적인 마음이 이미 그런 사랑에 의해 움직이고 있는 것이라면, 그런 구도 속의 지성은 어떤 자리를 차지하게 될까? 이제 더는 당신의 지성이 바로 당신의 마음이라고 말하기는 어렵고 당신의 지성을 포함해온 마음을 이끌어가는 사랑이 바로 당신의 마음이라고 말해야 할 것 같다. 이전에는 반대되는 감정에도 불구하고 당신의 지성이 파악한 목표에 따라 만든 당신의 습관과 성격이 당신이 누구인지를 알려주는 것이었다면, 이제는 당신이 무엇에서 기쁨을 느끼고 무엇에서 고통을 느끼는지가 당신의 사랑이 당신을 어디로 이끌고 있는지, 당신이 누구인지를 알려주는 것이 될 것이다.[4] 인간은 자신의 마음이 무엇을 선善으로 파악하는지에 의해서라기보다는 무엇을 선으로 사랑하는지에 의해 평가된다. 이제 마음은 이해하고 통찰하는 지성에서 느끼고 사랑하는 의지만큼 넓어졌을 뿐만 아니라, 지성을 포함한 온 마음을 이끌고 있는 사랑으로 규정되고 이해된다. 지성이 온전히 이해할 수 없는 나의 의지, 나의 사랑만큼 나의 마음은 불투명해진다. 나의 마음, 나의 사랑이 내가 속속들이 이해하고 마음대로 할 수 있는 것이었다면 나의 의지와 사랑은 수정처럼 투명했을 것이니까.[5]

## 분열된 마음에서 온 마음으로

아직 소상하게 설명해야 할 대목이 많지만 우리는 앞 절의 논의

---

[4] 강상진, 「아우구스티누스와 고전적 덕론의 변형」, 『인간·환경·미래』 5, 인제대학교 인간환경미래연구원, 2010, p.149.

[5] 내가 앞으로 무엇을 사랑하게 될지 정확하게 아는 사람이 누가 있을까? 또 지금까지의 내 사랑이 앞으로도 절대 변하지 않으리라고 인간으로서 자신할 수 있는 사람이 누가 있겠는가?

를 통해 아우구스티누스의 불투명한 마음이 대체로 어떤 배경과 연결들을 가지고 등장하는 것인지를 살펴보았다. 만약 사랑이 중력처럼 우리의 온 마음을 이끌고 있는 것이라면, 그리고 그 중력의 힘을 이미 비이성적인 마음의 정향定向에서 읽을 수 있는 것이라면, 우리는 아우구스티누스가 고백했던 의지의 분열, 이해할 수 없고 불투명한 마음이 갖는 힘의 근원도 어느 정도 이해한 셈이다. 지성의 통찰이라고 하더라도 심연에서 자리잡는 저 사랑의 힘을 쉽게 넘을 수는 없을 정도로 지성이 습관을 통해 장악하고자 하는 비이성적 마음의 사랑은 강력하다는 것도 무화과나무 아래에서 깨달음을 얻었던 그의 경험을 통해 배울 수 있었다. 몸의 사랑은 기쁨과 동의를 통해 습관을 만들어내고 그런 습관이 마음이 되어 순수한 마음인 지성이 온 마음을 움직이는 것을 가로막을 정도로 강력하다는 것이다.

이제 남은 문제는 아우구스티누스의 고백이 보여주는 마음의 분열을 어떻게 극복할 수 있는가이다. 지성이 파악한 선을 관철시키는 방법으로서의 습관이 전혀 다른 방식으로 조명되어, 몸이 오랫동안 실천해왔던 사랑이 지성을 가로막는 습관이 되었다면, 어떤 극복의 길이 가능할까? 지성을 가로막던 불투명한 마음으로, 그것이 이끌리는 중력 같은 사랑으로 지성이 돌아가면 마음의 분열은 극복될까? 아마도 이 길은 어려울 것 같다. 위에서 자세히 설명하지는 않았지만 불투명성을 따른다거나 중력 같은 사랑을 잘 따르기 위해서는 그것의 정체가 잘 이해되어야 할 텐데 그 정의상 정체가 파악되지 않는 것이기 때문이다. 이 길이 어렵다면 지성에게는 마음의 비이성적 부분이 갖고 있는 어쩔 수 없는 불투명성 때문에 근본적인 분열을 피하기는 어려울 것 같다.

하지만 아우구스티누스의 고백은 이러한 분열이 극적인 방식으로 극복되는 방식까지 보여준다. 분열로 인한 고통의 정점에서 신의 은총이 개입되어 마지막까지 자신을 가로막던 육체의 습관을 넘어설 수 있었던 것처럼 기술하고 있기 때문이다. 지성은 여기서 다시 한 번 감히 헤아릴 수 없지만 마음의 분열을 극복할 수 있을 정도로 강력한 은총이라는 힘과 조우하는 것이다. 아우구스티누스 자신은 극적인 회심의 순간을 전달하느라 이전에 자신을 괴롭히던 마음의 분열이 어떻게 극복되었는지에 대한 자세한 설명을 하지 않고, 전통적인 해석들도 은총의 승리를 주로 읽어내지만, 습관의 관점에서는 해명할 여지가 상당히 남아있는 것으로 보인다. 육체의 습관 앞에서 무력했던 지성이 갑자기 은총이라는 원군을 얻어 끈질긴 적이던 성적 욕망에 대해 영원한 승리를 거두었다는 설명으로는 아우구스티누스의 새로운 정체성을 설명하기도 어려울 뿐더러, 지금까지의 습관에 관한 그의 분석이 갑자기 무화되는 것처럼 보이기 때문이다.

아우구스티누스의 지성은 그리스도교야말로 참된 종교이며 참된 철학이라는 통찰을 획득했음에도, 육체의 습관에 가로막혀 온 마음의 주인이 되지 못했다. 아우구스티누스는 물론 어떻게 그렇게 육체의 강력한 힘을 극복할 수 있었는지 설명해주지 않는다. 이것은 은총의 작용이라 더는 설명이 필요하지 않은 것인가? 회심 장면은 극적으로 그려지고 한순간에 모든 문제가 끝나는 것처럼 그려지지만, 육체적 습관에 대한 분석이 타당하다면 은총에 의한 준비도 상당히 오래 전부터 시작되었다고 보는 것이 적절할 것 같다. 은총도 그 정도의 힘을 발휘하기 위해서는 육체의 습관이 어쩔 수 없는 마음이 되기까지 필요했던 만큼의 시간이 필요했다면 은총은 언제부터 그런 준비를 한 것일까? 육체를 향한 아우구스티누스의 사랑을 하느님을 향하는 사랑으로 바꿀 준비는 도대체 언제부터 시작된 것인가? 자신의 과거를 돌아보면서 『고백록』을 쓰고 있는 아우구스티누스의 지성은 이 문제에 특별한 답을 주지 않는다. 지금은 소실되어 전해지지 않지만, 그를 철학의 길로 인도한 키케로의 『호르텐시우스』를 읽었을 때부터였을까? 아니면 아우구스티누스가 기억할 수도 없는 더 이른 시절부터 하느님 사랑을 위한 씨는 뿌려져 있었고 그가 모르던 사이 성장해오다가 회심의 시기에 드디어 성적 욕망을 이길 수 있는 정도로 강해진 것일까? (이 경우에도 성적 욕망을 이겼다는 말 역시 완전히 절멸했다는 뜻이 아니라 잔존은 하되 더는 마음의 주인은 되지 못하는 수준이라는 뜻으로 이해해야 할 것이다.) 이 문제는 아우구스티누스 역시 답은커녕 문제 자체도 제기하지 않고 우리도 답이라고 내놓을 만한 충분한 근거를 가지고 있지 않지만, 적어도 이런 점은 주목할 만하다.

만약 아우구스티누스가 마음의 분열을 극복할 열쇠로 은총을 제시하고 있다면, 지성은 두 가지 의미에서 불투명성에 직면하게 된다. 하나는 이미 살펴보았던 것으로 지성을 포함한 온 마음을 이끌어가는 사랑을 정확하게 이해할 수 없다는 의미이며, 다른 하나는 자신이 이해하고 있는 습관의 기제에 따르면 은총의 작동 시점을 알 수 없다는 의미이다. 어느 틈에 그랬는지 의식하지 못하는 사이에 마음이 되어버린 습관은 지성이 온 마음을 장악할 수 없게 만들었다. 이 이해에 따르자면 은총이 마음의 주인이 되는 것도 습관을 통해서라고 생각해야 할 것이다. 내가 의식하지 못하던 사이에 이미 시작되고 차근차근 습관으로 쌓여가고 있있던 과정들을 전제해야만 지성을 가로막던 습관을 이길 또 다른 습관으로서의 은총을 비로소 이해할 수 있기 때문이다. 하지만 나는 은총을 수용한 이후에야 비로소 그런 것이 있었음을 짐작할 뿐, 언제부터 어떤 과정으로 은총이 나의 마음 속에서 습관으로 성장해왔는지 알 수가 없다.[6] 지성을 좌절시켰던 육체의 습관만큼이나 분열을 극복하게 한 은총의 작동도 지성으로는 잘 이해할 수 없다. 육체의 습관 밑에 있던 사랑이 불투명했던 것처럼 은총과 하느님을 향한 사랑 역시 불투명하다.[7] 이런 불투명성을 받아들이는 나의 지성이 할 수 있는 일은 아마도 나의 지성, 나의 온 마음을 하느님을 향한 사랑으로 움직이게 할 은총을 달라고 기도하는 일일 것이다.

## 불투명한 마음의 신화

내가 이해할 수 없지만 나의 마음을 크게 차지하고 경우에 따라서는 마음의 주인이 될 수도 있는 불투명한 마음이 이전 전통에서 마음의 정체성을 주장하던 지성의 위치에 대해 심각한 도전을 하

---

[6] 은총을 통해 하느님을 향한 사랑이 중력처럼 작동하고 있었다고 가정할 수 있지만, 나의 마음 내부에 아무 교점이 없이 작동한다고 설명하는 순간 철학적으로는 더는 이해할 수 없는 설명이 되어버릴 것이다. 적어도 마음에 관한 철학적 성찰의 끈을 놓지 않고 아우구스티누스를 이해하는 방식으로 바라보자면 은총의 작동에 관해서는 습관에 관한 그의 설명을 염두에 두는 것이 타당해 보인다.

[7] 이런 맥락에서 '나의 내면보다 더 내밀한 하느님interior intimo meo'을 이해할 방향을 찾을 수 있다. 나에게는 불투명하지만 은총을 통해 하느님을 향한 사랑의 방향으로 이끌어주시는 분은 나보다 나의 의지를 더 잘 알고, 나의 사랑을 더 잘 아실 수밖에 없다고 생각할 수 있으니까.

고 있는 것은 분명해 보인다. 우리 마음은 사물을 이해할 뿐만 아니라 사랑하기도 하고 느끼기도 하는 주체라는 생각이 철학사적으로 아우구스티누스로부터 시작된 것이라면 받아들이기가 많이 어려울 것 같지도 않고 우리의 상식적 이해에도 부합하는 것으로 보인다. 물론 지성과 사랑의 관계가 어떻게 되느냐는 질문을 받으면 조금 어려워지기 시작한다 하더라도 말이다.

아우구스티누스의 이야기는 은총을 통해 분열을 극복한 온 마음에 관한 이야기에서 완성된다. 분열의 경험을 고백할 뿐만 아니라 극복과 온 마음의 이야기까지 하고 있는 것이고, 뒤의 이야기까지 잘 이해해야 어떤 '분열'을 의미했었는지, 어떤 불투명성을 염두에 두었는지도 분명하게 드러나는 것처럼 보인다. 문제는 이 전체 이야기의 어느 대목까지를 마음에 대한 '철학적' 성찰로 이해하고 받아들일 수 있을까 하는 것이다. 불투명한 마음에 관한 이야기는 아우구스티누스 개인의 은총 체험 없이는 성립할 수 없기 때문이다. 결국 우리는 이런 질문을 피할 수 없을 것 같다. 이 신화에서 형이상학적·신학적 전제들을 제거하면 무엇이 남게 될 것인가? 남는 것이 있다면 그것은 오늘날에도 여전히 받아들일 만한 마음에 대한 '철학적' 이해를 제공하는 것인가?

하느님을 향한 사랑과 은총을 도입하는 대목은 고유하게 그리스도교 신학적인 지평을 전제하는 것으로 보이고, 이것이 없다면 온전한 의미에서 하나된 마음, 전체로서의 인격의 가능성도 없는 것으로 드러나기에, 적어도 불투명한 마음의 상당 부분은 넓은 의미에서 신화적이라고 할 수도 있을 것이다. 이런 신화적 측면을 따라가기를 거부하고 경험적으로 관찰 가능한 범위까지만 따라간다면, 아마도 불투명한 마음의 이야기는 근본적으로 분열된, 즉 지성이라는 순수한 마음과 지성이 이해할 수 없는 사랑을 통해 불투명한 것으로 드러나는 마음 사이에서 근본적으로 분열된 마음에 관한 이야기, 혹은 지성이 이해할 수 없는 의지에 관한 이야기로 남게 될 것이다. 물론 이런 경우의 어려움은 원래 아우구스티누스에서는 어느 하나라도 뺄 수 없이 의미있는 단위를 구성하던 사랑과 습관, 은총의 이야기에서 신학적 지평만 빼고 온전히 철학적 함의를 가질 수 있느냐 하는 물음일 것이다.

  이 신화를 이해하는 다른 하나의 가능성도 있다. 근본적으로 신학적인 혹은 신화적인 이야기를 넓은 의미에서 인문학적으로 소화하는 방식이다. 오늘날 그리스 로마 신화에 등장하는 신들을 믿었던 사람들이나 정말 믿었는지는 확인할 수 없더라도 신화적 신들을 문화적으로 중요하게 받아들이던 이들에게 주었던 영향을 이해하기 위해 우리가 그 신들을 반드시 믿어야 할 필요는 없듯이, 은총을 청하는 지성을 인문적으로 이해할 수도 있을 것이다. 이러한 해석방식과 관련해서 특히 주목할 만한, 그리고 주제적으로도 깊은 연결을 가진 대목을 한번 살펴보자. 플라톤은 『국가』 10권에서 이상국가에서 시인들이 추방되어야 할 이유를 논변하였다. 그리고는 시가 최선의 것이며 가장 진실된 것임이 밝혀지기 전까지는 한때 빠졌던 시에 대한 사랑 때문에 철없는 사랑에 다시 빠지지 않도록 지금까지의 논변을 '주문 삼아 노래할 것'이라고 한다.[8] 하지만 우리는 이렇게 주문을 외는 이성을 글자 그대로 비이성적인 방어수단을 동원해야 자신을 계속 납득시킬 수 있는 이성으로 이해하지는 않고 일종의 자기암시를 거는 이성 같은 것으로 이해한다.

8  플라톤, 『국가』 607e~608b.

지금까지 우리의 해석이 옳다면, 논변을 통해 설득되는 마음, 혹은 설득된 마음은 이렇게 자기암시를 통해 '설득'되는 마음만큼 불투명해진다고 해야 할 것이다. 물론 이상국가에서 시인을 추방해야 한다는 플라톤의 논변은 이렇게 주문을 외우는 이성을 부른다고 해서 약화되지는 않는다. 만약 그렇다면 아우구스티누스의 경우에서처럼 은총을 요청하는 기도를 하는 지성은 어떻게 이해할 수 있을까? 아우구스티누스와 동일한 신학적 지평을 받아들이는 사람에게는 물론 추가적인 인문적 설명의 필요성에 공감하지 못할지도 모르겠다. 하지만, 그렇지 않으면서도 아우구스티누스 사상에서 최대한 인문적인 방식의 통찰을 얻으려는 사람에게는 아마도 이런 해석이 가능할 것으로 보인다. 하느님에 대한 사랑으로 온 마음이 향할 수 있게 은총을 달라는 지성은 자신을 그토록 괴롭혔던 불투명한 마음에 대한 호소이자 지성의 자기암시와 같은 것이다. 나도 잘 이해할 수 없지만 함께 가지 않으면 안 되는 나의 비이성적인 마음과 몸이 지성만으로 잘 따른다는 보장이 없음을 통찰하면 할수록, 지성은 아리스토텔레스적인 습관화 이상의 것이 필요함을 잘 안다. 지성을 넘어선 것, 진정 사랑할 만한 것에 대한 지성적 설득 외에도 플라톤의 '주문'과 같은 기도가, 과연 성공할지 도무지 짐작할 수 없지만 지성에게는 불투명한 것에 대한 마지막 수단이라는 것을 잘 알기 때문이다.

우리가 늘상 경험하고 그래서 이해할 뿐만 아니라 '느끼고 사랑하는 마음'은 아우구스티누스로부터 문제없이 받아들일 수 있겠지만, 지금까지 살펴보았듯이 그러한 마음의 불투명성은 적지 않은 형이상학적인 전제들과 신학적 지평들을 함께 고려했을 때에야 그 의미와 함축을 제대로 이해할 수 있다. 이런 종류의 사유에 익숙한 사람이라면, 형이상학적 가정이나 신학적 지평을 아무 반성없이 버리고 결론만 받아들이기는 어렵다는 것 또한 잘 이해할 것이다. 불투명한 마음에 관한 아우구스티누스의 이 이야기에서 어디까지를 '철학적 성찰'의 이름으로 수용할 것인지의 문제는 물론 각자가 '철학'을 신화나 신학과 대비해서 어떻게 받아들이고 있는지에 달려 있을 것이다. 과연 연관되는 신학적 지평들에 대해 어떤 입장을 취하면서 아우구스티누스로부터 선별해서 배울 수 있을지는 각자의 철학에 대한 이해와 각자가 취하고 있는 마음에 대한 견해에 달린 문제겠지만, 우리가 아우구스티누스를 옳게 읽었다면 당신의 그러한 이해와 견해 역시 지성 전체를 움직이는 사랑에 의해 이끌리는 것이고, 아우구스티누스의 형이상학적 입장에 대한 반성 없이는 온전히 아우구스티누스적으로 사유하고 있다고 말하기는 어려울 것이다. 이 이야기 중 어느 부분을 수용하고 어느 부분을 거부하는지에 상관없이 말이다.

## 아우구스티누스와 불투명한 마음

우리는 지금까지 고전적인 몸과 마음의 이원론, 마음 안에 있는 이성적인 부분과 비이성적인 부분에 관한 사유로부터 어떻게 '불투명한 마음'이 나오게 되는지 살펴보았다. 아우구스티누스의 마음에 대한 생각들은 서양지성사에서 지성 중심의 마음관이 의지와 사랑을 중심으로 하는 마음관으로 확장되고 무게중심이 바뀌기 시작하는 순간을 잘 보여준다. 지성의 투명성에 비해 의지와 사랑이 왜 '불투명한' 것으로 이해되는지, 따라서 마음이 왜 근본적으로 불투명한 것인지도 이해할 수 있게 해준다. 우리는 아우구스티누스를 통해 우리 마음이 그렇게 복잡하고, 우리 안에 우리도 모르는 '마음'이 있으며, 지금 단계에서는 어떻게 될지 자신할 수 없는 근본적으로 불투명한 것임을 이해하게 되었다. 은총에 관한 그의 얘기를 잘못 오해하면 우리 마음의 불투명성은 은총이 작용할 공간으로 신앙이 요청하는 것이라고 오해할 수도 있겠지만, 우리에게 불투명한 마음이 있다는 생각은 아우구스티누스처럼 분열을 체험한 사람이 그 분열과 극복을 설명할 철학적이고 이론적인 근거로서 논증된 것이다.

이성이 비이성적인 마음을 통제하고, 감정을 훈련하고, 습관을 들이고 성격을 만드는 것으로 이어지는 일련의 투명하고도 낙관적인 인간 이해의 자리에, 아우구스티누스는 개인사적 고백을 통해 지성에 저항하는 육체의 습관을 지적하고, 이로써 불투명하고 분열된 마음이라는 전통을 열기 시작한다.[9] 이렇게 포착된 마음의 불투명성 또는 의지의 분열은 우리도 일상적으로 경험하는 것으로 보인다. 기존에 마음의 중심으로 자리잡고 있던 지성에 이렇게 불투명한 마음이 들어와서 마음이 확장되는 것이 지성에 대해 어떤 함의를 갖는지, 또 아우구스티누스가 생각하는 분열의 극복 방식이 어떤 함의를 갖는지 '불투명한 마음의 신화'라는 절에서 이미 논의했다. 지적했듯이 불투명한 마음에 관한 이야기 중 어디까지가 신

---

[9] 데카르트의 사유하는 주체cogito는 순수한 지성적 사유만 하지 않는다. 그는 의심하고 긍정하고, 부정하고 느끼고 의지하기도 하는 주체다. 이 주체가 순수한 사유를 넘어서는 느낌과 의지의 계기를 포함하는 한 아우구스티누스가 넓힌 마음이라는 전통의 각인을 그대로 간직하고 있다고 해야 할 것이다.

학적 지평에 동참하지 않고도 따라갈 수 있는 철학적인 부분이고, 어느 부분부터가 신학적인 부분인지, 어떤 인문적 해석이 가능한지에 대해서는 다양한 주장이 가능할 것이다.

마음의 불투명성에 관한 아우구스티누스의 견해를 온전히 이해하기 위해서는 그리스도교를 믿지 않더라도 그가 중요하게 의지하고 있는 신학적 지평마저 인문적으로 이해하는 노력이 필요하다는 것이 필자의 생각이다. 하지만 이에 동의하지 않는 사람이라 하더라도 마음의 불투명성에 관한 아우구스티누스적 전통의 힘은 아마 이런 물음에서 확인될 수 있을 것이다. 아우구스티누스의 전체 이야기를 완결하는 후반부의 신학적 차원을 거부해서 신과 은총에 관한 이야기를 받아들이지 않으면, 고전적인 방식으로 마음은 다시 '투명한' 존재가 될 수 있을까? 아우구스티누스의 신학적 지평을 거부하는 사람일지라도 마음의 투명성을 더는 예전처럼 자신 있게 주장하기 어려울 것이고, 이것이 마음에 관한 아우구스티누스의 사유가 만들어낸 지적 전통의 힘이라고 할 수 있을 것이다.

## 더 읽을거리

아우구스티누스, 『자유의지론』, 성염 옮김, 분도출판사, 1998

인간에게 허락된 자유의지로 악을 범할 수 있다면, 그 악의 책임은 결국 자유의지를 허락한 신에게로 거슬러올라가는 것이 아닌가 하는 물음을 해명하는 책이다. 제목과는 달리 이 글에서 논의했던 불투명한 마음에 관한 사유를 많이 읽기는 어렵지만, 자유의지의 문제가 위치하고 있는 배경과 문제의 일차적인 성격은 충분히 이해할 수 있다.

아우구스티누스, 『신국론』, 성염 옮김, 분도출판사, 2004

『신국론』은 고전 그리스-로마 문명의 세계관이 중세 그리스도교 문명 속에서 어떻게 철학적·신학적으로 소화되는지를 보여준다. 그리스도교야말로 진정한 철학이며 진정한 종교라는 주장이 어떤 배경에서 나온 것인지, 이후 그리스도교가 지성사와 종교사에서 수행했던 역할과 자기 이해가 무엇이었는지를 이해하려면 한 번은 제대로 들여다봐야 할 작품이다. 중세를 궁극적으로 극복할 요량으로 접근하든, 아니면 창조적으로 수용할 요량으로 접근하든, 이 책에서 드러나는 그리스도교 고유의 정서들, 동원되는 고전 사상과 대응방식, 주요 논리들을 이해하지 않고는 제대로 된 중세 이해에 다다르기 어려울 것이다.

강상진, 「명저탐방: 아우구스티누스, 『신국론』: 문명의 전환은 어떻게 철학적으로 소화되는가?」, 『철학과 현실』 75, 2007

『신국론』을 소개한 글로, 원전에 도전하기 전에 읽어볼 만하다. 『신국론』은 그리스도교에 대한 본격적인 지적 방어를 목적으로 쓰여진 작품이지만, 이 과정에서 고전문명이 그리스도교 문명으로 전환되는 과정에 대한 철학적 소화 또는 사상적 정산을 읽을 수 있다는 관점에서 작품의 내용을 소개한다.

에티엔느 질송, 『아우구스티누스 사상의 이해』, 김태규 옮김, 성균관대학교출판부, 2010

질송Étienne H. Gilson이 쓴 이 책은 20세기 전반기에 속하는 작품이지만 여전히 일독의 가치가 있다. 아우구스티누스 사상 전반을 소개하고 있어서 마음에 관한 그의 생각이 다른 주제에 관한 생각과 어떻게 연결되는지를 이해하는 데 도움이 된다. 아우구스티누스 사상의 현대적 적실성에 관한 저자의 시각은 시간이 흐른 지금에서도 여전히 음미할 만하다.

# 아퀴나스

## 영혼론의
## 새로운 체계화

## 박승찬

서울대학교 식품공학과를 졸업한 후 가톨릭대학교 신학부에서 신학을 공부하던 중 중세 철학에 관심을 가지게 되었다. 신학부 도서관에서 한 번도 대출된 적이 없이 먼지가 가득 쌓여 있는 라틴어 중세 철학 원전들을 바라보면서 이 원전들에 담긴 보화를 우리나라에 소개하고 싶다는 열망을 느꼈다. 1998년부터 독일 프라이부르크대학에서 10년 동안 공부하며 석사와 박사 학위(중세 철학 전공)를 취득했다. 이 박사학위 논문은 중세 철학 분야의 핵심 총서 중 하나인 네덜란드 브릴Brill 출판사의 '중세 정신사에 대한 연구와 텍스트' 중 하나로 『토마스 아퀴나스에 의한 중세 언어철학의 신학적 수용: 유비類比 문제를 중심으로』라는 제목으로 출간되었다. 중세 철학이 우리나라에서 널리 활용되기를 바라는 마음으로 캔터베리의 안셀무스의 『모놀로기온 & 프로슬로기온』과 토마스 아퀴나스의 『신학요강』을 라틴어 원문으로부터 번역했고, L. 엘더스의 『토마스 아퀴나스의 형이상학』도 번역해서 소개했다. 또한 아퀴나스를 중심으로 중세 철학 전반에 걸쳐 「스콜라 철학 융성기의 언어 철학」, 「유비 개념 발전에 관한 역사적 고찰」, 「인격개념의 근원과 발전에 대한 탐구」 등 다수의 논문과 『생각하고 토론하는 서양 철학 이야기 ②: 중세-신학과의 만남』, 『서양 중세의 아리스토텔레스 수용사』 등 여러 저서를 발표했다.

# 아퀴나스 영혼론의 역사적 배경

**질료**

형상 또는 형식form과 대비되어 사용되는 개념으로 사물을 만드는 '재료'에 해당한다. 예컨대, 대리석 조각의 모양이나 형태가 형상이라고 할 수 있다면 그 조각의 재료가 되는 대리석은 질료에 해당한다.

**이원론**

특정 영역에 대해 두 가지 근본적인 종류 또는 범주의 사물이나 원리가 존재한다는 입장. 일원론monism과 대비된다. 철학에서는 심신이원론이 대표적인 사례이다.

'천사적 박사'라는 별명을 지닌 토마스 아퀴나스Thomas Aquinas(1224/5~1274)는 중세 최대의 철학자이자 신학자로 인정받고 있다. 그는 아우구스티누스의 사상으로 대표되는 플라톤적–그리스도교적 전통과 12세기 이후 재발견된 아리스토텔레스의 사상을 놀라운 방식으로 종합하는 데 성공했다. 아퀴나스는 전통적인 사상을 비판적인 안목에서 선별적으로 수용하여 자신만의 독창적인 설명을 통해 발전시킴으로써 위대한 체계를 이루어놓았다. 이러한 그의 사상은 대표 저작인 『신학대전』을 비롯한 방대한 저작에 잘 표현되어 있다.

아퀴나스의 천재적인 종합능력은 이 글의 주제인 마음, 또는 영혼[1]에 대한 설명에서도 유감없이 발휘되고 있다. 아퀴나스 이전이나 동시대의 중세철학자 대부분은 플라톤 사상의 영향을 받아 영혼을 본성상 질료에서 독립된 영적 실체라고 규정하는 '초기 그리스도교 사상가들의 이원론'을 받아들였다. 그렇지만 아퀴나스는 이런 주장이 자신에게는 너무도 분명한 두 가지 사실, 즉 인간은 지적인 인식을 할 수 있는데, 이것은 인간이 본질적으로 질료에서 독립된 지성을 소유하지 않았더라면 불가능하다는 점과, 인식의 주체는 인간 전체이지 인간의 지성만이 아니라는 점을 충분히 설명하지 못한다고 생각했다. 물론 아퀴나스 자신은 플라톤이 육체

---

1 이 글에서는 책 전체에서 사용되고 있는 '마음mind'이라는 표현보다 '영혼soul'이라는 단어가 라틴어의 핵심개념 'anima'의 번역어로 주로 사용되는 국내 중세철학계의 관행에 따라 '영혼'이라는 용어를 사용하겠다.

와 영혼을 완전히 분리된 것으로 보는 극단적인 이원론을 취하지 않았다는 사실을 알고 있었고, 따라서 그를 자신의 영혼관을 정립하기 위한 중요한 대화 상대자로 삼았다. 아퀴나스는 이를 위해 아리스토텔레스의 철학을 이용하면서, 동시에 그것을 발전시켰다. 그는 다른 많은 분야에서 그렇게 했듯이, 보수적인 신학자들에 맞서서 아리스토텔레스의 여러 원리가 반드시 그리스도교의 신학에 대립되는 결론에 이르는 것은 아니라는 것을 보여주려고 노력했다. 이런 노력의 결실로 아퀴나스는 '영혼이 육체의 유일한 형상'이라고 진술함으로써 인간 존재의 단일성을 강조했다. 그러나 '인간 안에서 영혼과 육체가 통일성을 이룬다'라는 주장만으로는 충분하지 않고, 어떤 종류의 통일성이 인간에게 속하는가 하는 것이 관건이다. 이러한 영혼과 육체의 통일성에 대한 논쟁은 13세기 스콜라 철학의 가장 중요한 토론들 중의 하나였다.

따라서 이 글에서는 아퀴나스의 영혼에 대한 설명이 의미하는 내용을 명확히 하는 것을 주요한 과제의 하나로 삼는다. 이를 위해 각 장에서는 아퀴나스가 받아들일 수 없는 기존의 주장들, 예를 들어 물질적인 영혼관, 영혼과 인간을 동일시하는 플라톤-아우구스티누스적인 영혼관, 영혼의 다수성, 지성단일론 등을 비판하는 근거들과 이를 토대로 제시하는 아퀴나스 자신의 이론을 요약할 것이다. 이를 토대로 아퀴나스의 독창적인 주장이 잘 나타나는 '육체에서 분리된 영혼의 존재 가능성과 그 불완전성'을 검토함으로써 아퀴나스의 영혼론이 지닌 의미와 중요성을 밝히도록 하겠다. 그의 종합적이고 체계적인 영혼에 대한 설명은 단순히 역사적인 관심에서뿐만 아니라, 아퀴나스 이후 제기된 근·현대 철학의 마음에 관한 다양한 논의의 의의와 한계를 판단하는 기준으로서도 가치를 지닐 것으로 기대한다.

## 물질적인 영혼관을 거부하다

토마스 아퀴나스가 『신학대전』에서 영혼을 집중적으로 다루기 시작하는 제I부 제75문제 제1절(『신학대전』 I,75,1)의 질문은 놀랍게도 "영혼이 하나의 물체인가" 하는 것이다. 영혼과 육체를 뚜렷이 구분하는 것에 익숙해 있는 우리들에게는 이런 질문이 매우 낯설게 느껴지지만, 아퀴나스는 이미 그 안에 비물질성이라는 관념을 지니고 있는 어떤 '영혼' 개념을 가지고 작업하고 있는 것이 아니다. 오히려 그는 "살아 있는 것들에는 영혼이 깃들어 있다"고 말했던 오래 전통을 염두에 두고 있다. 이런 표현은 생명체가 살아 있도록 물질이 구성되는 일이 비유기체적 사물의 형상과는 구분되는 어떤 형상원리를 통해 일어난다는 사실을 말하기 위함이었다. 가장 넓은 의미로 이해된 생명이란, 단지 수동적이며 외부에서 움직여지기만 하는 현상에 대립되는 어떤 것이다(『신학대전』 I,18,1). 따라서 아퀴나스가 잠정적으로 제시하고 있는 영혼의 정의는 그것이 '살아 있는 존재자들 안에 있는 생명의 제일원리'라는 것이다.

그런데 이 생명의 원리가 어떤 물질적 대상이 아니라는 것은 기정사실이 아니고 논증이 필요한 문제이다. 어떤 철학자들은 이 생명적 활동을 토대로 영혼이 물체의 성격을 지녀야 한다고 주장했다. 오직 물체만이 운동을 추동시킬 수 있고, 또 유사한 것은 유사한 것에 의해서 알려지는 법이므로 영혼도 물체여야만 한다는 것이다. 아퀴나스는 오히려 정반대로 주장한다. 그에 따르면 물체가 아닌 것만이 동물에 있는 운동과 의식의 궁극적 원리일 수 있다. 그는 어떤 동물의 삶 속에서 발생하는 어떤 사건의 원인이 그 동물 육체의 물리적 부분으로 소급될 수 있음을 인정할지라도 그것을 생명의 제일원리라고 부를 수는 없다. 그에 따르면 "생명의 제일원리인 영혼이란 물체가 아니라, 어떤 물체의 현실성이다."(『신학대전』 I,75,1,ad1) 다른 움직이는 부분들에 의해서 움직여진 육체를 움직이게 하는 부분들을 따라 소급해가면 움직여지지 않은 추동자인 영혼에 와서 끝난다.

아퀴나스는 더 나아가 인간 영혼이 지닌 특성을 분명히 하기 위해, 인간적 생명의 원리와 다른 생물종들의 영혼을 구분한다. 여기서 결정적인 역할을 하는 것은 인간의 인식이라는 현상이다(『신학대전』 I,75,2). 아퀴나스에 따르면 인간은 모든 물체적 사물의 존재양식 혹은 본성을 이해하고 인식할 수 있다. 그렇다면 질료의 종류에 아무런 제약을 받지 않는 인식에 도달하기 위해서 인간의 인식능력은 어떠한 성질을 지녀야 하는가? 이에 대한 대답은, "인간의 인식능력 자체는 물체적 본성을 지닌 것이 아니어야 한다"는 것이다.

> 이해작용은 다른 동물을 능가하는 인간에게 부합한다. (…) 그러나 사물을 봄이 눈을 통해서 수행되는 것처럼, 이해작용이 신체적 기관을 통해서 이루어지는 행위일 수는 없다. 인식하는 능력의 모든 도구는 그 자체를 통해서 인식되는 사물의 그 유類를 필연적으로 결여하고 있어야 하기 때문이다. 마치 눈동자가 본성적으로 색깔을 결여하고 있듯이 말이다. 색깔의 종種이 눈동자에 수용되는 한 색깔이 인식되는 것처럼, 수용하는 것은 수용되는 것에서 완전히 벗어나 있어야만 한다. 그러나 지성은 모든

감각적 본성을 인식하는 능력을 지니고 있다. 그러므로 그것이 만일 신체적 기관을 통해서 인식한다고 가정하면, 그 기관은 모든 감각적 본성에서 벗어나 있어야만 할 것이다. 그러나 이것은 불가능하다.(『신학요강』 제79장)

물론 개념적 인식과 지각이 얽혀 있기 때문에 인식 활동에 신체 역시 한몫을 한다는 것은 확실하지만, 이는 단지 감각적인 몫에 해당될 뿐이다. 만일 개념적 인식 자체가 신체적 기관의 수행이라면, 그 때문에 인식이 미치는 범위는 국한될 수밖에 없을 것이다. 같은 사실이 지성능력과 감각기관들의 비교를 통해 더욱 분명히 드러나는데, 감각이 너무 강한 감각적인 대상들에 의해서 약화되거나 파괴되는 반면에 지성은 이해할 수 있는 대상의 탁월함에 의해 더욱 강화되기 때문이다(『신학대전』 I, 75, 3, ad2).

여기서 우리는 아퀴나스가 두 가지 서로 대립되는 견해를 동시에 주장하는 것이 아니냐는 의문을 제기할 수 있다. 왜냐하면 그가 인간의 자연적인 인식은 모두 감각적인 경험에 의존한다고 주장하면서, 한편으로는 인간 최고의 정신 활동은 내적으로 육체에 의존하는 것이 아니라고 주장하고 있기 때문이다.

아퀴나스의 견해는 이렇다. 인간의 영혼은 질료의 능력을 초월하는 어떤 활동을 할 수 있으며, 이것은 영혼 자체가 질료적이 아니라는 것을 나타낸다.

만일 지성이 물체라고 가정하면, 그의 작용은 물체의 질서를 넘어서지 못할 것이다. 따라서 그것은 오직 물체만을 이해하게 될 것이다. 그러나 이것이 거짓임은 분명하다. 왜냐하면 우리는 물체가 아닌 많은 것을 이해하기 때문이다. 따라서 지성은 물체가 아니다.(『대이교도대전』 II, 49)

자기 의식 및 자유선택은 인간 정신의 비질료적인 성격의 표시다. 인간 영혼의 본성이 그 고도의 활동에 의해서 밝혀지고 있다. 인간 영혼의 작용 중 어떤 것이 질료의 능력을 초월한다면, 이러한 활동을 통해서 자신의 성격을 드러내고 있는 영혼 자체도 질료를 초월하는 것이 아니면 안 된다. 그리고 하나의 특정한 작용근거에서 유래할 뿐 동시에 다른 것에서 유래하지 않는 현실태actus는 그 작용근거가 다른 작용근거에 독립하여 존립한다는 사실, 그리고 이 작용근거가 자립적인subsistens 존재자라는 사실을 나타낸다. 그러므로 인간에게 고유한 인식의 방식으로 자신을 드러내는 작용근거는 여타의 살아 있는 신체의 영혼과는 본질적으로 다르다. 아퀴나스는 이러한 근거를 '지성적 영혼'이라고 부르며, 이것은 비물질적이고 자립적이다.

> **현실태**
> 아리스토텔레스가 사물의 가능성을 나타내는 '질료'가 사물의 본질에 해당하는 '형상'과 결합하여 현실적으로 존재하게 된 상태를 가리킬 때 사용한 용어.

## 영혼은 육체의 실체적 형상

아퀴나스는 지성혼이 비물질적이고 자립적이라는 사실에서 "인간이라는 말이 본래적으로 의미하는 것은 영혼이 아닌가"라는 질문(『신학대전』 I,75,4)을 제기할 수 있음을 의식한다. 이 질문은 역사적인 배경 때문에 더욱 중요하다. 앞서 언급한 바와 같이 아퀴나스의 동시대인들 대부분은 플라톤 사상의 영향을 받아서 인간을 "죽을 수 있고 이 땅에 속하는 육체를 사용하는 이성적인 영혼"[2]이며,

---

2 아우구스티누스, 『가톨릭교리의 관습과 마니교도의 관습』 1,27,52.

따라서 영혼을 본성상 질료에서 독립된 영적 실체라고 규정했다. 그들은 영혼이 육체의 형상이라는 아리스토텔레스의 주장을 완전히 거부하지는 않았지만, 육체와의 이러한 관계가 영혼에 본질적이라는 점은 완강히 부인했다. 그들은 지성적 영혼이 육체 안에, "뱃사공이 배 안에 존재하듯이 존재한다"라고 말함으로써 단지 움직이게 하는 자와 움직여질 수 있는 것이 합일하듯이, 육체와 합일된다고 주장했다(『대이교도대전』 II,57). 이러한 주장 안에서 한편으로 본질적인 통일성은 회피되면서도, 다른 한편으로 영혼이 자신에게 속하는 육체를 규정하는 원리라는 기능은 보존되는 셈이다. 그러나 아퀴나스는 이러한 주장을 부적절하다고 일축한다.

> 그러나 이것은 부적절한 것처럼 보인다. 앞서 언급된 접촉에 따라서는 (…) 단적으로 하나인 어떤 것aliquid unum simpliciter이 생겨나지 않기 때문이다. 그러니 영혼과 육체의 합일에서는 인간이 생겨난다. 따라서 이런 설명에 따르면 인간은 단적으로 하나가 아니며, 또한 결과적으로 단적으로 존재자인 것이 아니라 우유적偶有的 존재자라는 결론이 나오는 셈이다.(『대이교도대전』 II,57) _ 강조는 필자(이하 동일)

**우유**
실체가 갖고 있는 속성 중 비본질적이고 변화할 수 있는 속성을 말한다. 질료와 형상이 결합하듯, 우유적 속성 역시 본질적이고 변하지 않는 실체와 결합한다.

아퀴나스가 보기에 플라톤의 뱃사공과 배의 모델에 따르면, 인간의 지성적 영혼과 육체는 별개의 실체로서 작용의 관계 곧 능력의 접촉으로서만 묶여 있을 뿐이고, 인간은 단적으로 하나인 존재자가 아니라 우유적인 존재자가 된다. 그러나 단순히 우유적인 통일성은 플라톤 자신에게도 너무 적어 보였다. 그렇기 때문에 플라톤주의자들은 개별적 인간이란 인간과 의복으로 합성된 어떤 것이 아니라, 의복을 사용하는 인간이며 따라서 "인간은 본질적으로 영혼이지만, 육체를 '사용하는' 영혼"이라는 것이다. 그러나 아퀴나스에 따르면 이것도 불가능하다. 동물과 인간은 감각적인 대상이지만, 영혼은 "감각적인 어떤 것도 아니요 물질적인 것도 아니기 때문이다." 또한 작용자의 입장에서 보면 "존재에 따라서 다양한 것들에게 하나의 작용이 속하는 것은 불가능"하기 때문이다. 아퀴나스에 따르면 영혼과 육체가 함께 작용해서 이루어지는 하나의 작용들(두려워함, 분노함, 감각함 등)이 존재함을 인정한다면, 이러한 행위 결과를 만드는 영혼과 육체는 존재에 따라서 다양한 것이 아니라 하나여야 한다는 것이다(『대이교도대전』, II, 57). 이후에도 이 논쟁은 반박과 재반박을 거치며 계속 이어지지만, 핵심적인 내용을 요약하자면 다음과 같다.

아퀴나스에 따르면 인간은 육체를 요구하거나 사용하기만 하는 정신적 존재가 아니라, 오히려 생물이요 자연적인 존재이다. 그리고 이것을 통해 아퀴나스는 비록 영혼이 이해함의 작용에서 육체에 대해 어느 정도 독립적으로 작용하는 예외가 있더라도 인간의 다른 모든 작용을 별개의 두 실체가 행하고 겪음으로써 이루어지는 관계가 아니라, 지성적 영혼과 육체가 형상-질료로서 단적으로 하나로 합일된 인간의 행위라고 파악한다. 만일 개별자 소크라테스 등이 단적으로 하나가 아니라면 그는 직접적으로 사고작용의 주체가 되지 못할 것이고 이는 앞으로 바라볼 것처럼 윤리적 주체도 되지 못한다. 이로써 아퀴나스는 영혼과 육체의 합일이 단순히 우유적인 것이 아니라 필연적인 것이라는 사실을 강조한다.

이러한 견해에 따르면, 지성적 영혼, 즉 인간의 고유한 활동의 원천적 근거가 인간 존재 전체를 매개해주는 육체의 본질형상이기도 하다. 아퀴나스는 자신의 이러한 견해가 자명한 것이 아니라는 사실을 알고 있었기 때문에 스스로 확고한 근거를 제시하려고 노력한다(『신학대전』 I,76,1). 아리스토텔레스의 견해에 따르면 존재자는 현실화된 상태에서만 활동할 수 있다. 그렇기 때문에 그 존재자가 실제로 존재하도록 해주는 근거와 그것이 활동할 수 있도록 해주는 가장 근본적인 근거는 일치하기 마련이다. 모든 살아 있는 생명체와 마찬가지로, 인간 역시 자신의 존재를 '영혼'이라는 자신의 형상 덕택에 얻는다. 영양섭취, 장소이동, 지각, 인식 등 특수한 인간적 활동의 제일원리는 육체의 존재를 부여하는 형상일 수밖에 없다. 이런 입장은 모든 사람의 부인할 수 없는 경험과 일치하는 또 다른 사실을 검토해봄으로써 보충될 수 있는데, 인식과 이해가 그때마다 자신의 것으로서 의식되는 활동이라는 사실이 그것이다. "즉 모든 사람은 이해하는 자가 바로 자신이라는 사실을 경험한다."(『신학대전』 I,76,1) "이 사람이 이해한다 hic homo intelligit"는 명제가 표현하는 사태를 적합하게 파악할 수 있기 위해서는 개인에게 존재와 작용능력을 부여하는 본질형상을 이 인식 활동의 원리로 인정해야 한다. 그러므로 인간의 인식 활동이 생겨나오는 원리는 인간에게 존재를 부여하는 형상, 즉 지성적 영혼일 수밖에 없다.

아퀴나스가 인간 영혼이 지성적인 실체일 뿐만 아니라 그것의 본성상 육체의 형상이기도 하다고 결론짓는 것은 대담한 주장처럼 보인다. 왜냐하면 지성적인 실체가 그것의 본성상 어떻게 질료의 형상일 수 있는지, 또한 그것이 왜 질료에 형상을 부여해야 하는지도 알기가 쉽지 않기 때문이다. 그것 자체가 존재의 현실태를 가지며, 단독으로 실존하는 실체가 왜 그것 자체를 낮추어야 하는가, 말하자면 왜 육체에 형상을 부여해야 하는가?

아퀴나스는 이러한 질문에 대한 대답을 인간 영혼의 바로 그 본성에서 찾고 있다. 인간 영혼은 지성적인 실체이지만 모든 지성적 실체 가운데서 가장 낮은 실체로서, 영혼은 감각적 힘들과 감각기관들 없이는 이해할 수 없다. 더 높은 지성적 실체인 천사들은 신 자신에 의해서 그들의 관념들이 주어지기 때문에, 이 같은 육체의 능력이 불필요하지만, 인간 영혼은 자신의 모든 지식을 감각들을 통해 얻어야 한다. 그러므로 인간 영혼은 자신의 본성상 지성적인 작업을 수행하기 위해 육체가 필요하다. 그러므로 인간의 본성은 영혼과 육체 둘 다로 이루어진 복합적인 존재이다(『신학대전』 I,76,1).

이렇게 아퀴나스는 아리스토텔레스의 견해를 수용하여 플라톤적인 전통을 비판하였지만, 영혼을 육체의 실체적 형상으로 받아들인다고 하더라도, 해결해야 할 문제는 많이 남아 있다.

## 인간 안에 존재하는 단 하나의 영혼

지성적 영혼과 육체의 합일 가능성을 증명한 후에, 아퀴나스는 계속해서 인간이 본질적으로 구분되는 여러 개의 영혼을 지니고 있다는 주장, 그리고 그 주장에 따라 지성적 영혼은 인간의 존재를 부여하는 유일한 형상이 아니라는 견해와 대결한다. 인간 안에는 생장적 또는 영양섭취적 영혼(욕구 부분), 감각적 영혼(기개 부분), 지성적 영혼(이성 부분)이 있으며, 그것들이 각각 특정한 기관 안에 자리잡고 있다는 생각은 플라톤으로 거슬러올라간다(『대이교도대전』 II,57). 플라톤주의자들은 육체로부터 인간 영혼의 독립성을 좀 더 확실하게 강조하기 위해, 질료와 인간 영혼 사이에 하나 또는 그 이상의 실체적 형상들을 끼워넣었다. 그들은 인간 영혼이 육체와 결합되기 이전에 적어도 물질적 형상이 질료에 부여된 것으로 이해했다. 이에 따라 인간에게 지성적 영혼의 준비 단계로서 별개의 생장적인 영혼과 감각적인 영혼이 주어진다고 주장하고 있는 것이다. 그래서 그들은 인간을 질료와 여러 실체적 형상의 복합이라고 생각했다. 그렇지만 아리스토텔레스가 지적했듯이, 지성적 영혼이 생장적이고 감각적인 생명의 원리들과 어떤 관계에 있는지는 해결되지 않은 채로 있었다.

그런데 플라톤주의자들이 이러한 주장들을 펼칠 때, 아퀴나스가 앞선 논의들에서 피하고자 했던 모든 결정적인 문제점이 다시 나타난다. 아퀴나스에 따르면 이러한 주장의 약점은 그것이 인간의 실체적 단일성을 설명하는 데에 실패한다는 것이다. 아퀴나스는 이 문제점을 심각하게 받아들여, 여러 곳에서 매우 상세하게 이를 논박하지만, 여기서는 가상 대표적인 몇 가지 근거만을 살펴보도록 하자.

그의 강력한 논박은 우선 각각의 실체가 지니고 있는 존재의 통일성은 각자 자신의 형상으로 소급된다는 사실에서 나온다.

> 어떤 것은 동일한 것으로부터 존재와 단일성을 가진다. '하나'는 '존재자'에 따라오기 때문이다. 따라서 어떠한 사물이든지 형상으로부터 존재를 가지기 때문에, 그것은 또한 형상으로부터 단일성도 가지게 될 것이다. 따라서 만일 인간 안에 다수의 영혼이 각기 다른 형상들로 존재한다고 추정된다면, 인간은 하나의 존재자가 아니라 다수의 존재자들인 셈이 될 것이다.(『대이교도대전』 II, 58)

다수의 실체적 형상을 가정한다면, 앞서 논박되었던 부적절한 주장, 즉 지성적 영혼과 육체에서 단적으로 하나인 것이 아니라 단지 우유적으로 하나인 것이 생겨난다는 주장이 되돌아오고 말 것이다.

어떠한 실체적 형상이든지 실체의 유에 속하는 완결된 존재를 만들어낸다. 즉 그것은 현실적 존재자이며 이 어떤 것을 만든다. 따라서 최초의 실체적 형상 다음에 그 사물에게 부가되는 것은 무엇이든지 우유적으로 부가된다. 따라서 '생물'이 실체적으로 인간과 동물에 대해 서술되므로, 영양섭취적 영혼은 실체적 형상이다. 그렇기 때문에 감각적 영혼은 우유적으로 부가된다는 사실이 귀결되며, 이와 유사하게 지성적 영혼도 우유적으로 부가된다. 그래서 '동물'이나 '인간'은 단적으로 하나인 것을 의미하지 못할 뿐만 아니라, 실체의 범주에 속하는 어떤 유나 종도 의미하지 못한다.(『대이교도대전』 II, 58)

우리가 동물이든 인간이든 어떤 감각하는 실체 자체가 통일성을 지닌다고 말할 때는, 이러한 종류의 우유적 통일성이 문제되는 것이 아니다. 만일 인간이 생장적 영혼을 통해 생물로서 존재하고, 감각적 영혼을 통해 동물로서 존재하고, 마지막으로 세 번째 형상, 즉 지성적 영혼을 통해 인간으로서 존재하는 것이라면, 그 인간은 여러 실체적 존재를 갖게 될 것이고 더는 하나의 실체는 아닐 것이다. 아퀴나스는 또한 "만일 인간 안에서 영혼의 부분에 해당되는 것이 다수의 것들로 결합된 것이라면, 마치 결합체 전체가 육체 전체에 대해 관계를 맺듯이 개별적인 영혼들도 육체의 개별적 부분과 관계를 맺어야만 한다"(『대이교도대전』 II, 58)고 주장한다. 그래서 플라톤은 하나의 육체 안에서 기관에 따라 각기 구별되는 각각의 영혼이 존재한다고 생각하여 삶의 각기 다른 작용을 이런 영혼들에 귀속시켰다. 즉 그는 지성적 영혼을 뇌 안에, 영양섭취적 영혼을 간장 안에, 욕망적 영혼을 심장 안에 위치시켰다(『신학요강』 90). 그러나 아퀴나스에 따르면 플라톤의 이런 주장도 거짓임이 명백하다. 즉 영혼의 어떤 부분, 즉 지성적 영혼은 육체의 어떤 부분에 귀속될 수 없는 것이기 때문이고(『대이교도대전』 II, 51&56), 잘린 채로 살아 있는 동물이나 식물에서도 나타나듯이 육체의 동일한 부분 안에서 영혼의 다양한 부분의 작용들이 나타난다는 것이 명백하기 때문이다.

아퀴나스의 마지막 철학적인 논증은 어떤 특정한 영혼에 속하는 행위들이 상이한 형상으로서 존재한다고 가정된 다른 영혼들의 행위들을 서로 방해한다는 관찰에서 나온다. 예를 들어 분노나 공포와 같은 감각적 영혼의 행위가 강렬해질 때, 다른 것들은 무기력해진다. 즉 이는 이성의 활동을 방해하며 또한 식물적 과정들(자율신경계 등을 포함하는 생장적 과정들)에도 좋지 않은 영향을 미칠 수 있다. 하나의 원리 안에 뿌리를 두지 않은 다양한 힘은 만일 우연히 그들의 행위들이 상반되는 경우가 아니라면 서로 방해하지 않기 때문에, 이러한 종류의 상호의존성이 가장 잘 파악될 수 있는 것은 활동들이 상이한 원천들로부터 발원하지 않고 단지 하나의 유일한 원리에서 발원한다고 가정할 때이다. "따라서 우리 안에 있는 영혼의 모든 행위는 하나의 영혼에서 발생한다."(『대이교도대전』 II, 58)

아퀴나스가 이렇게 실체적 형상의 유일성을 상세하게 논증한 것은, 만일 우리가 인간의 실체적 형상이 여러 개라고 가정한다면 인간의 통일성은 훼손되고 말 것이기 때문이다. 인간에게 다수의 실체적 영혼이 있다는 이론을 논박하는 과정을 통해 인간 각자는 영양섭취와 같은 가장 단순한 활동으로부터 다양한 감각적 활동들, 그리고 인식과 원함에 이르기까지 모든 생명의 표현들이 소급되는 유일한 영혼을 지니고 있다는 결론에 도달했다. 그러나 어떻게 인간이 행하는 이렇게 다양한 활동이 하나의 영혼에서 파생될 수 있을까?

이 질문에 대한 답변은 사물의 다양한 종은 완전성이라는 관점 하에서 질서 있게 배열될 수 있다는 아리스토텔레스의 사상을 원용한 고찰을 통해 이루어진다. 어떤 종의 존재방식은 그 안에 자신보다 더 하위의 종이 지닌 완전성을 포함한다고 말할 수 있다는 것이다. 아퀴나스는 여기서 완전성에 따른 종들의 단계 구분을 자연수의 영역에 존재하는 질서에 비유한 아리스토텔레스를 따른다. 아퀴나스는 1보다 큰 모든 자연수는 자신 안에 자기보다 작은 수들을 포함한다는 비유를 통해서 종적인 존재를 규정하는 형상들 사이에 존재하는 질서에 대해서 설명한다.

수數에서 종들이 종들 중의 하나를 다른 종들에 덧붙임을 통해서 서로 구분되는 것과 같이, 물질적 사물들 안에서도 하나의 종은 다른 종을 그 완전성에서 능가한다. 식물은 생명을 지니지 않은 물체 안에 있는 완전성은 무엇이든지 다 가지고 있을 뿐만 아니라 더 보충하여 지니고 있다. 또다시 동물은 식물이 가지고 있는 것을 가지고 있을 뿐만 아니라 그 이상의 어떤 것도 가지고 있다. 이렇게 해서 인간에게까지 도달하게 되는데, 인간은 물질적 피조물들 중에서 가장 완전한 것이다. 그런데 불완전한 모든 것은 더 완전한 것과의 관계에서 질료처럼 관계를 맺게 된다.(『신학요강』 92)

인간이 물질적 피조물들 중에서 가장 완전한 것이라면, 인간의 실체적 형상인 지성적 영혼은 동물과 식물의 형상들보다 더 완전하다. 아퀴나스는 같은 곳에서 이 사실을 명시적으로 밝힌다.

> 자연 사물 중에서 완전성의 더 높은 수준에 도달하는 것은, 자기의 형상을 통해서 더 낮은 본성에 속하는 완전성은 무엇이든지 소유하고 있고, 또 동일한 형상을 통해서 완전성 중에서 그것에 더 부가되는 것도 가지게 된다. (…) 만일 어떤 사물 안에서 더 낮은 수준의 완전성에 속하는 것이 고찰된다면, 그것은 더 높은 수준의 완전성에 속하는 것에 관련해서 질료적일 것이다.(『신학요강』 92)

따라서 다른 물질적 영혼보다 완전한 지성적 영혼은 이해작용뿐만 아니라 동물적·식물적 생명을 특징짓는 모든 작용능력까지도 소유한다. 따라서 개별적 인간은 지성적 영혼이라는 유일한 실체적 형상을 통해 인간과 관련된 모든 작용을 행할 수 있다(『신학대전』 I, 76, 4).

## 지성: 개별적 인간의 능력

인간이 지닌 지성적 영혼이 인간 각자의 존재를 규정하는 실체적 형상이라는 가르침에 대해 아퀴나스와 동시대에 살던 여러 학자들이 반론을 제기했다. 아퀴나스는 자신에 대한 비판자들과의 대결을 통해 자신의 견해를 더욱 명확하게 밝힌다. 그중에서 가장 영향력이 컸던 반론은, 사유의 원리인 지성능력이란 개인의 다양성과 다수성을 넘어서서 자립하는 유일한 정신적 실체라는 주장에 기초하고 있다.

지성에 대한 이러한 견해는 아랍 철학자인 아베로에스Averroes가 주장했는데, 그에 따르면 인간 전체에는 하나의 능동지성이 있을 뿐이다. 이 능동지성이 관념을 받는 경향에 불과한 것으로 보이는 개별 인간의 수동지성과 접촉함으로써 어떤 결합 상태, 즉 '질료적 materialis' 지성을 이룬다. 단순히 능동지성만이 분리되고 개별적이지 못한 것이 아니라, 수동지성도 인격적인 성격을 가지지 못하며, 육체와 함께 소멸한다. 아베로에스는 이러한 견해를 주장하는 데 그치지 않고, 그것이 아리스토텔레스의 생각이라고 주장한다. "능동지성이 분리 가능하고 육체에 따라 행위하지 않으며 그것과 섞이지도 않는다"[3]는 아리스토텔레스의 진술을 그는 지성이 육체의 형상이 아니라 분리되어 실존하는 실체를 의미하는 것으로 받아들인 것이다. 서방에서 브라방의 시제Siger of Brabant를 비롯한 아베로에스의 제자들은 이런 설을 받아들여 '라틴 아베로에스주의'라는 사상을 발전시켰다.[4] 이들의 주장에 따르면 이렇게 모든 인간에게 공통적인 분리된 실체를 가정할 때에만 보편적이고 모든 인간에게 유효한 인식 내용을 인식하는 행위에 대한 만족할 만한 설명을 제시할 수 있다는 것이다.

아퀴나스의 스승인 대★ 알베르투스는 초기에 아베로에스의 견해를 충분히 알지 못하던 상황에서 그와의 의견일치를 강조했지만, 후에 자신의 주장을 수정했고 아베로에스의 이론을 반박했다.

**아베로에스**
1126~1198.
아랍명은 이븐 루시드.
에스파냐의 아랍계 철학자이자 의학자.
아리스토텔레스의 모든 저작의 주해를 완성하였다.

**브라방의 시제**
1240~1280?.
벨기에 브라방 후작령 출신의 13세기 철학자. 아베로에스의 해석을 거친 아리스토텔레스 철학을 철학 그 자체와 동일시하는 학파의 중심인물이 되었다.

---

3   아리스토텔레스, 『영혼론』 III, 5, 430a17.
4   박승찬, 『서양 중세의 아리스토텔레스 수용사』, 누멘, 2010, pp. 72~76, 150~153.

그밖에도 요한네스 페카무스와 로베르투스 킬워드비와 같은 신학자들도 이단적인 학자로 규정된 아베로에스에 대한 격렬한 반감을 드러냈다. 토마스 아퀴나스는 1270년에 『지성단일성: 아베로에스학파에 대한 논박』(이하 『지성단일성』이라 함)에서 이 이론을 단호하게 배격했다. 아퀴나스는 아베로에스와 그의 추종자들이 옹호한 이론이 잘못된 것임을 논술하면서 아리스토텔레스가 지성의 유일성을 옹호했다는 주장 역시 강력하게 비판했다.

아리스토텔레스와 그를 따르던 그리스 주석가와 아랍 철학자들의 해석을 바탕으로 인간의 지성이 분리되어 실존한다는 주장이 올바른 해석이 아님을 1~2장을 통해 보여준 아퀴나스는, 제3장에서 그 주장이 철학적으로도 설득력이 없음을 보여주는 논변들을 개진한다. 이러한 논변들은 "이 개별적인 인간이 이해작용을 한다"는 자명한 사실에 기초한다. 요컨대, 인간으로 하여금 이해작용을 할 수 있게 하는 원리이며, 인간을 본질적으로 이성적 존재로 자리매김할 수 있게 하는 원리인 지성이 인간에게 내재할 때만 인간은 진정한 이해작용을 한다고 말할 수 있다는 것이다. 따라서 아퀴나스는 지성을 인간에 내재한 형상으로 보지 않는 사람은 어떤 식으로든 이해작용이 이 개별적 인간에 속한 작용임을 적절하게 설명해야 함을 역설한다.

그러나 아베로에스에 따르면 어떤 사람의 지성 활동과 다른 사람의 지성 활동의 구분은 한 사람의 의식 속에서 지성 활동과 함께 동반하여 출현하는 지각의 결과물, 즉 인식상들이 다른 사람의 의식 안에 있는 인식상들과 다르다는 점에서 가능하다. 그렇기 때문에 단지 하나의 유일한 지성이 존재한다는 전제 하에서도 각기 다른 개인들의 지성 활동의 상이성은 충분히 설명된다는 것이다.

그러나 아퀴나스는 세 가지 이유를 들어 아베로에스의 설명 역시 "이 개별적 인간이 이해작용을 한다"는 사실을 충분하게 설명하지 못한다고 비판한다. 첫째, 아베로에스의 설명방식을 따른다면, 지성은 타고나는 것이 아니라 우연히 결합하는 것이다. 따라서 인간에게서 존재의 구성요소인 지성을 제거시키는 문제점을 야기한다는 것이다. 둘째, 외적세계에서 획득되어 지성에 전이된 감각작용의 결과물인 감각상은 물질적이기 때문에 단지 사고될 수 있는 가능성만을 지니고 있을 뿐이다. 그것들이 현실적으로 사고될 수 있기 위해서는 추상작용을 거쳐서 가능지성 안에 존재해야 한다. 따라서 아퀴나스는 개별자 인간이 저마다 감각상들에서 추상된 지성상을 소유하지 않는다면 이해작용의 개체성을 설명할 길이 없다고 주장한다. 셋째, 설령 지성과 감각상의 결합이 가능하더라도, 인간의 지성이 분리되어 존재한다는 주장은 이해작용의 자발성이 개별자 인간 외부에서 오게 될 것이므로, 개별자 인간은 인식 주체가 아니라 인식 대상으로 전락하게 될 것이라는 점이 아퀴나스의 비판이다. 이것은 아리스토텔레스가 『영혼론』 제III권(제7장)에서 제시하는 비교, 즉 "지성이 감각상에 대해서 맺는 관계는 시각이 색깔에 대해서 맺는 관계와 같다"라는 주장을 고찰한다면 더욱 분명해진다. 그런데 벽에 있는 색깔의 상이 시각 안에 있다는 사실로 말미암아 벽은 보는 것이 아니라, 오히려 보이는 것일 뿐이다. 그러므로 마찬가지로 우리 안에 있는 감각상의 형상이 지성 안에 발생한다는 사실로부터 우리가 이해된다는 사실이 귀결될 뿐, 우리가 이해한다고 말할 수 없다는 것이다. 이런 비판을 토대로 아퀴나스는 인간을 다른 동물들과 근본적으로 구별해주는 이해작용을 하는 지성을 '영혼의 능력 potentia animae'이라고 부른다(『지성단일성』 50).

아퀴나스는 능동지성을 물질에서 분리된 실체로 보는 아랍 철학자들의 이론뿐만 아니라 아우구스티누스의 '조명설'마저 배격한다. 그에게는 능동지성도 '영혼의 능력', 즉 인간이 실재를 이해하는 데 각자에게 필요한 능동적인 조명능력이었다.

또한 아퀴나스는 도덕철학의 관점에서 지성분리성 주장을 비판한다. 의지는 지성 안에 있기 때문에, 지성이 이 개별적인 인간 안에 속하지 않는다면, 의지는 분리된 실체 안에 있게 될 뿐이라는 것이다. 따라서 이 개별적인 인간은 자신의 행위에 대해 책임질 필요가 없게 될 것이므로 도덕철학의 원리가 파괴될 것이다. 더 나아가 아베로에스주의자들의 이론은, 인격의 불멸, 책임, 저승에서의 보상과 처벌을 부인한다는 점에서, 결코 그리스도교와 양립할 수 없는 것이었다. 따라서 아퀴나스는 아베로에스주의자들에게 반대하여 가능지성은 우리에게서 분리되어 있는 존재가 아니라 형상으로서 우리와 일치를 이루고 사람들의 수에 따라 다수화되며(『신학요강』 85), 마찬가지로 능동지성도 우리와 형상적으로 일치하는 어떤 것이고 인간의 수에 따라 다수화된다(『신학요강』 85)고 주장한다.

> **조명설**
> 아우구스티누스의 사상. 우리가 태양의 빛에 의해서 여러 가지 물체를 볼 수 있는 것처럼 신적인 빛의 조명을 통해 영원한 진리를 인식할 수 있다는 주장.

## 육체에서 분리된 영혼의 존재 가능성과 그 불완전성

앞서 언급한 영혼에 대한 아퀴나스의 설명을 살펴보면, 대부분 아리스토텔레스의 주장을 수용하거나 더욱 상세하게 설명한 것이라는 인상을 받을 수 있다. 그러나 아퀴나스가 아리스토텔레스 이론의 영향을 아무리 많이 받았더라도, 그가 무비판적으로 과거 학자들의 견해를 답습했다는 것은 오해다. 그리스도교 신학자라는 주체의식을 뚜렷이 가지고 있던 아퀴나스는 인간의 개별 영혼이 불멸적이기에 육체의 죽음 이후에도 존속할 수 있고, 마지막 부활의 날에 다시 육체와 결합될 것이라고 믿었다는 점에서 아리스토텔레스의 입장과 뚜렷한 차이를 보이고 있다.

아리스토텔레스에게서는 앞서 지성단일성 논쟁에서 살펴본 바와 같이 죽지 않는 지성과 육체의 형상으로서의 영혼이 정확히 어떤 관계를 맺고 있는지가 분명히 나타나지 않는다. 죽지 않는 정신이 영혼의 분리가능한 부분처럼 말하는 곳도 있지만, 그것이 영혼의 '밖에서' 온다고 표현할 때나, 영혼이 육체의 형상이라는 점을 강조할 때는 영혼이 지성을 포함하지 않는 것처럼 보인다. 따라서 아리스토텔레스의 보편적인 질료형상론을 엄격히 적용하면, 영혼은 바로 육체의 형상이기 때문에 육체를 떠나서 존재할 수 없다. 아리스토텔레스에 따르면 어떤 것의 형상은 그것과 함께 실체를 이루는 질료를 떠나서 자립할 수 없기 때문이다.

실제로 대표적인 아리스토텔레스 주석가 아베로에스는 아리스토텔레스의 『영혼론』 제III권에 있는 불사성不死性에 관한 매우 애매한 말을, 다만 하나의 죽지 않는 지성이 있어서 그것이 일시적으로 개개의 인간들과 합쳐지고, 또 개개의 인간들에게 있어서 그 어떤 기능을 수행하는 것이라는 뜻으로 해석했다. 이에 따르면 개인의 불사성은 없게 된다. 앞서 언급한 라틴 아베로에스주의자들은 능동적인 지적 원리가 특정 개인에게서 활동할 때는 일종의 개인적인 지성이 존재할지라도, 인간이 죽고 난 뒤에 존속하는 지성이란 유일한 능동적인 지적 원리들 중 하나의 계기로서 존속하는 것에 불

**질료형상론**
모든 실체가 형상과 질료로 이루어져 있다는 아리스토텔레스의 이론. 형상은 존재하는 실체의 본질에 해당한다면, 질료는 같은 형상을 공유하는 실체들 각각의 특수성을 확보해주는 역할을 한다.

과하다고 주장했다. 그들은 신학적인 입장을 논외로 한다면, 이것이야말로 아리스토텔레스가 가르친 바를 표현한 것이고, 이에 따라 철학적인 성찰에 의해서는 단지 하나의 불사적인 지성밖에는 없다는 것이다.

그러나 아퀴나스는 이 학설을 다음의 두 가지 이유로 반박했다. 첫째, 모든 인간 안에 단지 하나의 죽지 않는 지성밖에 없다는 학설은 해당 텍스트를 잘못 이해한 주석가가 아리스토텔레스의 것이라고 잘못 주장한 것이다. 둘째, 이 학설은 그 자체가 이상하며, 그것을 뒷받침해줄 아무런 증명도 없다.

아퀴나스는 우선 그리스도교 신학자로서 각 인간 존재자가 육체의 죽음을 넘어 존속하며, 고대하는 육체의 부활 사건이 일어나기 이전 시기 동안에도 계속해서 사고하고 욕망하는, 어떤 불멸의 영혼을 가지고 있다는 것을 믿고 있었다. 그에 따르면, 인간의 영혼은, 육체가 사연석인 방법으로 인간의 육체로서 존재를 얻었을 때에, 그 육체의 형상으로 신에 의해서 창조된 것이다. 그래서 인간의 영혼은 비록 육체를 떠난 뒤에는 그 모든 능력을 행사할 수는 없을지라도, 육체의 형상이었던 영혼은 그 합성체의 분해 이후에도 존속할 수 있다.

그러나 아퀴나스는 이러한 존속의 근거를 단순히 신앙의 진리만으로 주장하는 것이 아니라 이성적으로 설명하려고 시도한다. 그는 그 근거를 무엇보다도 앞서 언급한 인간 영혼의 비질료적 성격과 이에 수반되는 자립성에서 찾는다. 인간의 지성적 영혼은 비질료적이기 때문에 사멸할 수 없다. 만일 영혼이 질료와 형상으로 구성되어 있었더라면, 질료가 형상에서 분리될 때 존속을 그치게 될 것이다. 그러나 오직 형상뿐이므로 존속이 그치려면 자기 자신으로부터 분리되어야 할 터인데, 이것은 불가능하다. 또한 영혼이 육체에게 내적으로 의존하고 있는 것이 아니고 육체로부터 독립적인 어떤 것이라면, 육체가 분해될 때 영혼이 존재를 중단할 수도 없다. 육체의 파멸 그 자체는 육체가 지닌 우유적 형상들이나 동물의 영혼처럼 자립적이지 못한 실체적 형상들에서 일어나듯이, 필연적으로 영혼의 파멸을 가져오지 않는다. 그 자체가 하나의 형상인 것은 형상을 잃을 수 없으며, 따라서 자립적인 형상은 실존을 중단할 수 없다. 인간의 지성적 영혼은 자립적인 형상이기 때문에 이것이 본질적으로 그것에 의존하지 않는 그 육체의 파괴에 의한 영향을 받을 수 없는 것이다(『신학대전』 I, 75, 6; 『대이교도대전』 II, 79).

또 다른 증거는 인간이 지니고 있는 불멸에 대한 자연적인 갈망에서 나온다. 이러한 자연적인 갈망은 신에게서 주어진 것으로서 자연적 갈망이 헛되다는 것은 불가능하다(『신학대전』 I, 75, 6). 다른 모든 사물도 존재의 존속을 갈망하고 있지만, 인간은 다만 짐승이 가지는 바와 같은, 여기 그리고 지금 있는 현존에 관한 파악뿐만 아니라, 존재esse 자체에 관한 지성적 이해력도 가지고 있다. 이 이해력을 바탕으로 그것으로 말미암아 인간은 현세의 시간적인 제한 없이 존재 자체를 이해하고 파악하며 더 나아가 현재의 순간에서 분리되어 영속적인 존재를 이해할 수 있다(『대이교도대전』 II, 79). 그리고 이런 이해에 대하여 대응하는 것이 바로 인간이 지니고 있는 자기 영혼의 불멸에 대한 자연적 갈망이다. 이렇게 본성에 따르는 '영원성의 갈망'은 불멸성의 표지이다. 결론적으로 말해서, 인간의 영혼은 육체의 분해에 의해서도 파괴되지 않는 것이다. 이와 같이 인간의 영혼은 '본성적으로' 불멸의 존재다.

그렇다고 아퀴나스의 이러한 주장이 영혼의 파괴가 아예 불가능해서 인간 영혼이 절대적으로 영원히 존속할 것을 의미하는 것은 아니다. 그는 영혼의 존속이 창조되어 나온 것을 다시 허무로 돌릴 수 있는 신의 능력에 좌우된다고 믿었다. 따라서 영혼의 불멸성은 신이 이를 파괴하지 않는 한, 영혼은 아무런 기적도 필요하지 않고 존재를 계속한다는 의미에서 본성적으로 불멸적이다. 비록 아퀴나스가 명시적으로 아리스토텔레스와의 견해차를 강조하지는 않았더라도, 이것은 분명히 아리스토텔레스의 견해는 아니다.

이러한 독특한 아퀴나스의 주장에 대해 많은 비판이 쏟아졌다. 아리스토텔레스를 추종하는 이들은 어떻게 그의 질료형상론을 따른다는 자가, 한 존재자가 사라져버렸는데 그 존재자의 실체적 형상이 존속할 수 있다고 주장할 수 있는가라고 비판한다. 다른 이들은 아퀴나스가 인간 영혼의 불멸성을 주장하는 플라톤적인 입장과 영혼을 육체의 형상으로 보는 아리스토텔레스의 견해를 억지로 결합시킴으로써 모순을 초래했다고 비판한다. 둔스 스코투스Duns Scotus 같은 중세 후기의 철학자들은 인간의 활동 중 어떤 것이 질료적인 작용자의 능력을 초월한다는 것을 인정해도, 인간의 영혼이 합성체의 분해 후에도 존속한다는 결론이 반드시 나오는 것은 아니라는 견해를 가지고 있었다. 이들에 따르면 아퀴나스의 논법은 개연적인 이론의 영역을 벗어나지 못하는 것이며, 엄밀한 증명이라고 할 수 없다. 현대의 해석가 케니A. Kenny는 아퀴나스가 추상적 형상 관념과 행위자로서의 형상 관념을 혼동하여 사용함으로써 불멸성에 의문을 제기하는 논거들을 충분히 반박하지 못한다고 비판했다.

여기서 이러한 비판을 일일이 검토할 수 없지만 아퀴나스의 의도를 검토해보는 것은 그의 견해를 정확하게 이해하는 데 도움이 될 수 있다. 그리스도교가 전반적으로 받아들여지던 아퀴나스가 살던 환경에서 사람들은 이미 영혼의 불멸성을 믿고 있었다. 따라서 그리스도교 신학자인 아퀴나스가 첫번째로 관심을 가진 것은, 육체가 죽은 뒤의 영혼의 존속을 철학적으로 증명하는 문제가 아니었다. 그에 따르면 모든 인간에게 중대한 문제는 그가 신의 은총에 힘을 합쳐서 나아가 자신의 초자연적인 목적에 도달하느냐 하지 못하느냐는 것이지, 단순히 인간이 육체를 떠난 일종의 정신의 형태로 생존을 계속하느냐 계속하지 않느냐는 것이 아니었다. 이러한 그의 관심은 육체와 분리되는 영혼의 자립성이 불완전함을 강조하는 곳에서도 분명히 드러난다.

영혼의 불멸성을 강조할지라도 아퀴나스가 단순히 아리스토텔레스를 떠나 플라톤의 영혼 불멸성으로 돌아가려 하지 않는다는 것은, 그가 왜 영혼이 지성적 실체이면서도 육체와 합일되어야만 하는가 하는 질문에 대한 대답에서 발견할 수 있다. 영혼과 육체가 합일되어 있음은 영혼이 '그 본성에 따라' 활동할 수 있기 위해서이다.

> 인간의 목적은 진리의 관상에 도달하는 것이다. 따라서 이것 때문에 영혼은 육체와 합일된다. 이것이 인간 존재인 셈이다. 따라서 영혼은 육체와 합일됨으로써 소유했던 지식을 상실하는 것이 아니라, 오히려 지식을 얻기 위해 육체와 합일된 것이다.(『대이교도대전』 II,83)

인간 영혼은 천사들과 마찬가지로 지적인 실체이지만, 그들과 달리 감각적 힘들과 감각기관들 없이는 이해할 수 없다. 즉 인간의 영혼은 사고력을 가지고 있으나 생득관념을 가지고 있지 않으므로, 감각 경험에 의해서 그 관념을 형성하지 않으면 안 된다. 그렇게 하기 위해서는 육체가 반드시 필요하다. 모든 지성적 실체 가운

**생득관념**
태어나면서부터 정신에 내재해 있다고 하는 관념. 경험을 통해 얻게 되는 관념들이 아니라 우리의 이성에 이미 갖춰져 있는 관념들이다. 경험은 단순히 우리가 이런 관념들을 이해하게 되는 과정의 촉매 역할을 할 뿐이다.

데서 가장 낮은 실체로서의 인간 영혼은 그것의 모든 지식을 감각을 통해서 얻어야만 한다. 그러므로 그것의 본성상, 인간 영혼은 지성적인 작업을 수행하기 위해서도 육체가 필요하다.

더욱이 아퀴나스에게서 영혼은 엄격하게 육체와 연관되어 있어서, 육체 없는 영혼은 종적 본성을 완전히 갖추지 못한 불완전한 상태로 몸에서 떨어진 손과 같다(『신학대전』 I,75,2,ad1). 영혼은 육체에서 분리되어도 실존할 수는 있지만, 분리된 영혼은 감각적인 능력을 행사할 수 없다. 따라서 그것은 완전한 인간으로서 인식할 수 없고, 부분적으로 자신과 영적인 대상들을 인식할 수 있을 뿐이다. 아퀴나스는 플라톤주의자들처럼 이런 상태를 더 완전한 상태나 영혼의 본성에 일치하는 것이라고는 생각하지 않았다. 그에 따르면 영혼은 본성적으로 육체의 형상이기 때문에, 육체와 분리된 상태에 있는 영혼은 '본성을 거스르는 것'이며 엄밀한 뜻으로 '완결된 전체'인 인격이라고 할 수 없다.

따라서 아퀴나스에 따르면 인간 영혼은 육체와 분리되어 있는 것보다는 합쳐져 있는 것이 더 좋다. 이렇게 육체와 분리된 영혼의 불완전성을 강조하는 사고방식은 심판의 날에 '육체의 부활'이 필요하다는 점을 입증하는 데로 나아간다. 그때 모든 영혼은 다시 자기 몸과 합쳐지게 되고, '결합체'로서 구원 또는 영원한 벌을 받게 될 것이다(『대이교도대전』 IV,79).

물론 아퀴나스는 한 인간이 본질적으로 육체성을 지니고 있다는 자신의 관점에 일관되게, 육체를 떠난 영혼이 한 인간 존재라는 것을 부인한다. 더 나아가 인간이 '영혼'만으로 자신의 완성에 이르는 것이 아니라, 그의 육체성 역시 신의 구원을 통하여 인간 완성 과정에서 지속적인 중요성을 지니고 있다고 주장한다. 그리스도교가 단순히 영혼의 불멸성이 아니라 영혼과 육체가 결합된 인간 전체의 부활을 가르치고 아퀴나스가 이를 위한 이론적인 설명을 찾고 있다는 사실은 그의 의도를 이해하기 위해 중요하다.

그러나 이러한 아퀴나스의 설명은 아리스토텔레스의 일반적인 질료형상론, 질료에 기반을 둔 개체화 등의 명제들과 일관성을 유지하기 어려워 보인다. 이에 대한 논의는 그의 영혼론을 개관하는 이 글의 범위를 넘어서는 방대한 주제다. 지금 논의와 관련해서는 아퀴나스가 이렇게 그리스도교의 '육체 부활' 신앙을 통해서 육체와 영혼의 관계를 구별하면서도 분리될 수 없는 생명 원리로 규정했고, 이로써 이원론적 인간관을 극복하려 했다는 사실을 주목하는 것이 중요하다.

## 아퀴나스의 영혼론이 지니는 의의

아퀴나스는 우리가 위에서 다룬 바와 같이 영혼을 생명의 원리로 보는 플라톤의 주장을 수용하면서도, 중세 초기부터 강력한 영향을 미쳤던 플라톤-아우구스티누스적 이원론을 따르는 영혼관을 아리스토텔레스의 이론을 이용하여 극복하였다. 그렇지만 아퀴나스는 전통적인 견해를 수용하는 것으로 만족하지 않고, 이를 더욱 발전시켜서 인간 영혼이 단 하나의 실체적 형상임을 강조하고, 인간이 죽은 후에도 개별적 인간 영혼이 존속함을 강조했다. 사실상 아퀴나스가 매우 상세한 논증을 통해 확립하려던 영혼관 뒤에는 온전히 새로운 인간관이나 아리스토텔레스의 주장만이 아니라, 성서에 함축적으로 나타나 있지만 그 이전까지 충분히 강조되지 못했던 그리스도교의 통합적인 인간이해가 자리잡고 있었다. 이에 따르면 인간은 본래 전적인 단일성을 지닌다. 아퀴나스가 제시하는 영혼관이나 영혼과 육체의 관계에 대한 설명은 전통적인 그리스도교의 인간이해를, 그리스 철학의 개념과 범주로 정리하고 논증함으로써 합리적인 근거를 확보했다는 점에서 의미가 있다.

아퀴나스는 이 작업을 아리스토텔레스의 인간관을 계승하여 변형시킴으로써 수행할 수 있었다. 아리스토텔레스는 영혼과 육체라는 두 개의 불완전한 구성요소가 협동해서 비로소 인간이라는 단일의 완전 실체를 형성한다고 주장했다. 따라서 영혼 그 자체만으로는 아직 인간이 아니고 육체와 함께할 때만 참된 인간이 될 수 있다. 그러나 아리스토텔레스는 이렇게 영혼과 육체의 단일성을 강조하면서도 인간에게 고유한 정신, 즉 지성적 능력을 영혼과 구별했다. 아퀴나스는 때로 아리스토텔레스 텍스트 자체와의 외견상의 충돌, 평소에 즐겨 사용하는 원리들과 조화시키기 어려운 점 등을 감수하면서도 죽음 이후에까지 이어질 인간의 통일성과 개체성을 보존하기 위해서 노력했다. 이러한 주장의 배경에는 아퀴나스가 그리스도교에서 찾아낸 개별적인 인간, 더 정확히 말해서 인격의 고유성과 소중함을 지킬 수 있는 이론을 찾아내려는 그의 의도가 자리잡고 있다. 토마스 아퀴나스는 아리스토텔레스의 용어와 정신을 수용하면서도, 그리스적 이원론을 완전히 극복하지 못했던 아리스토텔레스의 입장을 비판적으로 교정함으로써, 인간의 단일성을 강조하는 성서의 관점을 정당화하려 했다. 그가 다양한 논쟁을 통해 영혼과 육체의 본질적 통일성을 강조했던 것은 이것이야말로 완결된 전체로서의 인격체인 인간을 설명하기 위한 형이상학적인 기초를 제공해줄 수 있었기 때문이다.

여기서 우리가 주목할 것은 아퀴나스가 인간의 지성적 영혼을, "그것이 비물질적 실체임에도 불구하고 육체의 형상인 한에서, 흡사 일종의 지평quidam horizon이나 물질적인 것들과 비물질적인 것들의 경계confinium"(『대이교도대전』 II,68)라고 부른다는 사실이다. 이렇게 아퀴나스는 인간의 영혼이 물질적인 것들과의 경계에 있다는 사실을 강조함으로써, 일부 아퀴나스 해석자들이나 근대 이후의 인간관에서 나타나듯이 인간 영혼이나 정신을 지나치게 과대평가하지 못하도록 해준다. 왜냐하면 육체는 영혼과 결합하여 단적으로 하나인 인간을 구성하는 것으로, 육체 없이는 영혼이 인격체일 수도 없을 뿐만 아니라 도대체 존재에 이를 수도 없기 때문이다. "이 육체 안에서 일어나는 모든 행위는 진정으로 개별적 인격체 '자신'의 표현이다." 여기서 육체는 더는 플라톤주의자들이 주장했듯이 영혼의 감옥이나 무덤과 같은 영혼의 방해물이 아니요, '배나 옷과 같은' 단순한 도구도 아니다. 또한 인간의 육체성은 영혼이 전생에 지은 죄에 대한 벌이나 죄의 결과가 아니라 선의 원천이며 영혼의 구원을 위해서 주어진 것이다. 따라서 아퀴나스가 개별적 영혼을 인간 육체의 유일한 형상이라고 강조할지라도, 그는 결코 육체를 영혼과 비교함으로써 부정적으로 평가하려는 의도를 가지지 않는다.

이러한 그의 입장은 육체와의 합일이 영혼들의 죄 때문이라는 오리게네스Origenes의 견해를 비판하는 곳(『대이교도대전』 II,83)에서도 분명히 드러난다. 벌은 본성의 선에 대립되므로 영혼과 육체의 합일이 일종의 처벌인 셈이라면, 그것은 본성의 선이 아닐 것이기 때문이다. 그렇지만 인간의 존재는 바로 이러한 영혼과 육체의 합일을 통해서 생겨나고, 창세기 1장 31절에서는 인간의 창조 다음에 "신은

**오리게네스**
185?~254?. 알렉산드리아 학파를 대표하는 기독교 교부. 매우 독창적인 신학 체계를 세워, 이단과의 논쟁뿐 아니라 교회와 마찰을 일으킨 것으로 알려져 있다.

자신이 만들었던 모든 것을 보았고, 그것들이 매우 좋았다"라고 말했다. 따라서 이러한 결합은 인간에게 본성적으로 속하는 것으로서 선한 것이다(『'영혼론' 주해』 서문, 2,ad14). 그리고 인간 정신은 앞에서 밝힌 바와 같이 육체 및 그 감각기관들과의 합일을 통해서야 비로소 인식의 획득이 성공할 수 있고, 따라서 이를 통해서야 진리를 발견하고 선을 사랑할 수 있도록 구성되어 있다. 그러므로 아퀴나스에게서 영혼과 육체의 결합은 영혼에게 손해가 되는 것이 아니라 영혼의 선을 위한 것이다. 이러한 육체에 대한 긍정적인 평가에서도 잘 나타나듯이, 아퀴나스는 결코 인간이 지닌 이성적 본성이나 영적인 측면만을 강조한 것이 아니라, 생명과 감각의 기반이 되는 육체가 필요한 개별적 실체성, 인간의 고유성과 대체불가능성을 설명할 수 있는 틀을 찾아냈다.

물론 이런 그의 주장이 인간의 영혼을 물질로 보거나, 적어도 물질에 종속된 어떤 것으로 보는 견해들과 혼동되어서는 안 된다는 것은 "인간의 지성적 영혼은 정액의 전이를 통해서 전이되지 않는다"(『대이교도대전』 II,86)는 그의 주장에서 분명히 드러난다. 오히려 아퀴나스에게서 영혼은 육체 전체와 그 모든 부분을 꿰뚫는 것으로서 육체에 대해 우선성을 가진다. 더욱이 위에서 언급한 영혼의 자립성이야말로 인격의 불멸성을 보장하기 위한 중요한 근거가 되기 때문이다. 따라서 아퀴나스는 한편으로 인간 영혼을 마치 '그 자체로 신적인 어떤 것'처럼 과대평가하는 것도 받아들일 수 없고, 그것을 물질에 종속된 어떤 것으로 만들어버리는 과소평가도 받아들이지 않았다.

물론 현대의 학자들은 발전된 현대 과학의 발견들을 토대로 아퀴나스가 전제한 다양한 명제를 비판하고, 이를 토대로 그의 영혼관을 일축할 수 있다. 예를 들어 아퀴나스가 지적인 활동이 대뇌의 운동에 의존하고 있다는 사실이나, 유기체가 어떤 발전단계에 이르면 그에 따라 정신이 생긴다는 부대현상론까지 부정할지라도, 그가 부정하는 것은 경험적인 사실 자체가 아니라, 경험적으로 주어진 사실에 대한 해석의 진리성이다. 즉 아퀴나스는 육체기관의 필수불가결함을 부정하는 것이 아니라, 필연적으로 지성작용이 그것에서 야기되거나 수반된다는 점은 단지 하나의 해석일 뿐이라고 보는 것이다. 물론 아퀴나스도 그리스도교 인간관과 아리스토텔레스적인 과학이론에 기반한 전제나 해석을 지니고 있었다. 앞서 언급한 바와 같이 아퀴나스의 전통적 이론들에 대한 종합에 대해 여러 측면에서 비판이 제기되고 있다.

그렇지만 아퀴나스를 비판하는 학자들은 그의 설명을 신학적인 전제에서 출발한 불충분한 논증이라고 일축하기에 앞서, 자신이 비판할 때 암묵적으로 받아들이고 있는 수많은 전제를 같은 명료함으로 검토해보아야 한다. 논리적 정합성은 더욱 개선될 여지가 있더라도, 토마스 아퀴나스와 같이 포괄적으로 인간을 이해할 수 있는 틀을 마련해주는 영혼관을 제시한 철학자는 많지 않기 때문이다. 더욱이 육체의 형상으로서의 영혼, 영혼과 육체의 합일, 영혼의 불멸성과 사후의 상태, 지성과 영혼의 분리성 및 지성의 단일성 등에 대한 개념은 인간의 궁극 목적, 인식 및 의지작용의 가능성, 도덕적 원리 전체와 복잡하게 연관되어 있다. 따라서 현대의 영혼(마음)에 대한 논의도 자신의 이론이 잘 적용되는 일부 경험적 사실이나 분야뿐만 아니라 이와 연관된 다양한 결론을 어떻게 정합적으로 설명할 수 있는지에 관심을 기울여야 한다.

이 장에서 다룬 토마스 아퀴나스가 제안한 균형잡힌 영혼관과,

영혼과 육체의 합일에 대한 강조는 데카르트 이후 제기된 이원론적인 견해에 대한 현대 철학의 정당한 비판을 강화해줄 수 있을 것이다. 그러면서도 그의 철학은 일부 현대 이론이 유물론적 입장이나 몸만을 강조하면서 야기한 또다른 편협함도 해결할 수 있는 풍부함을 지니고 있다. 따라서 아퀴나스의 영혼관은 이런 논의들에 대해 더욱 풍부하고 균형잡힌 시각을 찾기 위한 단서를 제공해줄 것이다.

## 더 읽을거리

아퀴나스, 『신학대전』, 정의채 외 옮김, 바오로딸출판사, 1985/2010

토마스 아퀴나스의 불후의 걸작 『신학대전』은 그리스도교의 가르침을 세속 학문들의 기초 위에서 체계적으로 해설하고 있다. 이 작품은 보통의 책 크기로 출판한다면 50권을 넘는 엄청난 분량의 대작이다. 특히 제I부 제75~76문제의 인간 영혼(제11권), 제84~89문제의 인간 지성에 대한 설명에서는 전통적인 영혼론에 대한 아퀴나스의 독창적인 해석이 잘 요약되어 있다.

아퀴나스, 『대이교도대전』, 신창석·박승찬 외 옮김, 분도출판사, 2015

『대이교도대전』은 『신학대전』보다 더욱 철저히 이성적인 논증을 가지고 그리스도교 교리의 올바름을 입증하려 하고 있으며, 이와 관련된 철학적이고 종교적인 오류를 밝혀내고 반박한다. 『신학대전』의 10분의 1 정도의 분량이지만 『대이교도대전』 제II권 제56~90장에서는 '육체와 결합된 지성적인 실체들'이라는 주제로 인간 영혼 및 단일지성론에 관련된 오류들을 매우 상세히 논박하고 있다.

아퀴나스, 『신학요강』, 박승찬 옮김, 나남출판사, 2008

방대한 분량인 다른 저작들에 비해 한 권으로 된 책이지만, 이 책을 통해 아퀴나스 사상의 정수를 직접 맛볼 수 있다. 이 책은 미완성이지만, 앞서 언급한 대작들에서 다루었던 내용 중에서 핵심 내용이 잘 요약되어 있어, 아퀴나스 사상을 직접 체험해보려는 현대의 독자들에게 매우 적합한 입문서이다. 특히 인간 영혼과 관련하여 제75~94장, 제151~154장의 번역과 해설을 추천한다.

아퀴나스, 『지성단일성: 아베로에스학파에 대한 논박』, 이재경 옮김, 분도출판사, 2007

아퀴나스는 브라방의 시제를 비롯한 라틴 아베로에스주의자들이 파리대학 인문학부에서 가르치던 아리스토텔레스의 영혼론 해석이 은밀하게 퍼져가는 것에 대항해서 이 책을 저술했다. 대단한 박식함을 토대로 아퀴나스는 인간 지성의 개별성과 인간 개체 안에 있는 육체와 영혼의 실체적 단일성을 주장했다. 매우 복잡한 내용이지만 우리말 번역자의 친절한 각주와 해제를 곁들여 읽으면 역사상 가장 복잡한 영혼 논쟁 중 하나를 이해할 수 있을 것이다.

박승찬, 『서양 중세의 아리스토텔레스 수용사: 토마스 아퀴나스를 중심으로』, 누멘, 2010

이 장에서 다룬 내용은 12세기부터 시작된 '아리스토텔레스의 재발견'이 절정을 이루던 13세기 스콜라 철학 융성기에 대한 지식이 있다면 더 쉽게 이해할 수 있다. 이를 위한 상세한 안내를 위의 책에서 얻을 수 있다. 더 나아가 13세기의 아리스토텔레스 사상의 수용이 이후 서구 사상계에 어떤 영향을 끼쳤는가에 대한 설명이 곁들여 있다.

박승찬, 「인격에 대해 영혼-육체 통일성이 지니는 의미: 토마스 아퀴나스의 작품들을 중심으로」, 『철학사상』 제35호, 서울대학교 철학사상연구소, 2010

이 논문에서는 『대이교도대전』 제II권의 텍스트를 중심으로 '육체와 영혼의 합일'에 대한 그의 주장을 분석함으로써 아퀴나스가 인격 개념과 이를 통해서 도달하고자 하는 목표를 탐구한다. 이를 통해서 영혼과 육체의 통합이 '완결된 전체'라고 규정된 인간 인격을 위한 필수조건이며, 인간 본성에 따른 것이라는 사실이 밝혀진다. 특히 각주와 논문 말미에 실린 참고문헌 목록은 이 글에서 제시하지 못한 2차문헌에 대한 풍부한 자료를 제공해줄 것이다.

# 데카르트

## 이원론과 정념론

김상환

연세대학교 철학과에서 학사와 석사 과정을 마치고 1991년 프랑스 파리4대학에서 데카르트의 형이상학에 대한 연구로 박사학위를 취득했다. 연세대학교 문리대 철학과 조교수를 거쳐 1995년부터 서울대학교 철학과에 재직하면서 프랑스 철학을 가르치고 있다. 17세기 합리론뿐만 아니라 데리다와 들뢰즈 같은 현대 프랑스 철학에도 많은 관심을 기울이고 있으며 문학과 예술에 관련된 글들도 틈틈이 발표하고 있다. 저서로는 『해체론 시대의 철학』, 『예술가를 위한 형이상학』, 『니체, 프로이트, 맑스 이후』 등이 있고, 옮긴 책으로는 들뢰즈의 『차이와 반복』 등이 있다.

# 데카르트의 이원론과
# 근대 영혼의 탄생

**정념**
어떤 존재자가 외부 존재자의 영향을 수동적으로 수용하고 그에 따라 변용되는 것. 데카르트에게는 신체에 속하는 정기의 운동에 따라 영혼이 겪는 고통·기쁨 따위의 상태를 의미한다.

"약제술은 몸의 병을 고치고, 지혜는 영혼을 정념에서 벗어날 수 있게 해준다." 서양철학사의 여명기에 있는 데모크리토스의 말이다. 지혜에 대한 사랑(필로소피아)은 이런 오래된 지혜(소피아)의 약속에서 시작되었는지 모른다. 인간이 정념에 대해 갖는 관심은 진리에 대한 관심보다 더 오래되었고 더 보편적인지도 모른다. 사실 모든 시대, 지역, 계층에는 그 나름의 고유한 정념의 언어, 정념에 대한 언어가 있어왔다. 하지만 서양에서 정념에 대한 체계적인 이론은 17세기에 이르러서야 처음 등장할 수 있었다. 자연에 대한 수학적 해석을 형이상학적으로 성당화하면서 근대적 세계관의 초석을 놓은 데카르트가 정념에 대한 이론적 탐구의 길을 연 최초의 철학자이다.

데카르트가 개척한 이 길은 이후의 철학자들에 의해 때로는 더 멀리, 때로는 완전히 다른 방향으로 이어져갔다. 스피노자, 칸트, 프로이트, 들뢰즈 등은 이런 정념의 역사에서 빛을 발하는 이정표이다. 이 이정표는 칸트-푸코적인 의미의 인간학 혹은 인간과학이 탄생, 소멸하는 과정과 겹친다. 그것은 근대적 인간의 개념이 어떤 상승과 하강의 주기를 거쳐 다시 박제화되기에 이르는 여정과 같다. 하지만 그 부침의 여정 속에서도 정념의 위상은 지속적으로 강화되어왔다. 인간과학의 종언이 선언되는 시점에서도 정념은 그 어느 때보다 인간을 구성하는 적극적인 요소로 긍정되고 있다. 인간을 보려거든 우선 정념을 보라. 이것이 어쩌면 서양의 인간학이 도달한 마지막 결론인지 모른다. 인문학의 중심에 인간이 있다면, 인간의 중심에는 정념이 있다.

근대 인간학의 역사에서 데카르트의 정념론이 갖는 의미는 그것이 단순히 최초의 이론이라는 점에만 있는 것이 아니다. 적어도 정념의 문제와 관련하여 데카르트의 작업을 능가할 만큼 정교하고 체계적인 이론은 아직 나오지 않고 있다. 정념에 대한 새로운 개념화 작업이 거듭되어왔음에도 불구하고 데카르트의 업적은 오늘날까지 가장 중요한 역사적 준거점으로 남아 있다.

그러나 데카르트는 후대의 철학사에서 정념론의 저자보다는 심신이원론의 저자로 언급되는 경우가 훨씬 많다. 이것은 너무나 당연한 일인데, 왜냐하면 데카르트의 심신이원론은 서양철학사에서 유례가 드문 혁명적인 전회를 촉발했기 때문이다. 그 전회는 몸의 개념과 마음의 개념이 대대적으로 바뀌는 사건에 해당한다. 데카르트는 심신이원론을 통해 수천 년 동안 내려오던 심신 개념을 해체하고 근대적인 영혼 이미지와 근대적인 신체 이미지를 동시에 정초했다. 서양 영혼의 역사에서 데카르트는 근대 영혼의 창시자이며, 그의 정념론 역시 이원론에 바탕을 둔 새로운 심신 개념 위에 펼쳐지고 있다.

심신이원론은 몸과 마음이 서로 다른 종류의 실체임을 말한다. 이때 '실체'란 '존재하기 위해 자기 자신 이외의 다른 사물에 의존하지 않는 존재자'를 의미한다. 이런 정의에 충실할 때, 실체적으로 구별되는 사물 사이에는 인과관계가 성립할 수 없다. 각각의 실체는 존재론적으로 자립적이고 자신에 고유한 법칙에 따라 실존한다. 따라서 서로 구별되는 실체들 사이에는 어떠한 의존관계도 설

**심신이원론**
물리적인 것과 정신적인 것이 독립적으로 존재하며 서로 동일시될 수 없다고 보는 철학적 이론. 분류의 초점에 따라 실체이원론, 속성이원론, 술어이원론으로 나뉜다.

정할 수 없다. 몸과 마음이 서로 다른 종류의 실체라면, 이 둘 사이에도 마찬가지다. 영혼의 신체 의존성이나 신체의 영혼 의존성 같은 것은 생각할 수 없게 된다. 그러나 일상생활에서 우리는 누구나 몸과 마음 사이의 밀접한 상호 의존성과 인과적 관계를 경험한다. 따라서 데카르트의 이원론은 상식과 배치되는 것처럼 보인다.

이 점 때문에 데카르트의 심신이원론은 후대의 철학자들에게 끊임없는 비판의 대상이 되어왔다. 특히 심신의 상호작용을 해부학적인 차원에서 설명하기 위해 데카르트가 뇌의 한 부분에 설정한 송과선松果腺은 조롱의 대상이 되기도 했다. 17세기에서 현대에 이르는 심리철학의 역사에 일정한 구도가 있다면, 그 구도의 일관성은 데카르트의 이원론에 대한 지속적인 수정의 작업에서 오는 것처럼 보인다. 그 수정의 작업은 대체로 두 가지 방향에서 진행되었는데, 인과의 개념을 바꾸는 것이 그 하나이고, 실체의 개념이나 속성을 새롭게 정의하는 것이 다른 하나이다. 말브랑슈의 기회원인론이니 스피노자의 평행론, 라이프니츠의 모나드론 등은 그런 흐름의 산물이다.

이런 지속적인 수정과 보완의 노력에도 불구하고 데카르트의 심신이원론은 비교적 최근까지 건재한 모습을 과시해왔다. 그것은 그것만이 갖는 고유한 장점 때문이다. 그 장점은 순수를 추구하는 과격성에 있다. 데카르트는 몸과 마음의 속성을 각각 사유cogitatio와 연장extensa으로 정의한다. 사유를 본성으로 하는 영혼이 실체라는 것은, 영혼이 사유하기 위해 권리상 자신의 외부에 관계할 필요가 없음을 의미한다. 여기서 자기관계(자기의식)를 핵으로 하는 순수 영혼의 관념이 탄생한다. 연장(넓이)을 본질적인 속성으로 하는 신체 및 물체 일반이 실체라는 것은, 그것이 영혼이 경험하는 어떠한

**송과선**
데카르트가 정신과 육체의 인과적 상호작용을 설명하기 위해 지목한 기관. 뇌의 아래쪽에 존재하며, 물리적 자극을 받아 마음속에 감각을 일으키는 한편 정신의 작용을 조정하여 외부세계에 전달하는 역할을 한다고 여겨졌다.

**말브랑슈**
1638~1715. 프랑스의 철학자. 기회원인론자. 우리의 모든 인식은 신 안에 있는 관념을 매개해서만 성립할 뿐이라고 주장했다.

질적인 속성과도 무관한, 따라서 전적으로 양적인 존재자임을 말한다. 여기서 순수 영혼과 대별되는 순수 물질의 관념이 탄생한다.

데카르트의 실체는 과격한 순수성의 다른 이름이다. 실체로 승격되면서 영혼은 1밀리그램의 물리적 속성도 포함하지 않는 순수 정신으로, 물체는 1밀리그램의 심리적 속성도 포함하지 않는 순수 물질로 재탄생하였다. 데카르트 철학에서 실체는 사실적인 차원을 넘어서는 어떤 권리적인 차원을 가리키는 개념이다. 그것은 몸과 마음이 극단의 분리 가능성 안에 각기 존재할 수 있는 권리, 극단의 순수성을 향유할 수 있는 권리를 지시한다. 몸과 마음의 분리 가능성을 정초하는 데카르트의 실체론은 기독교와 기계론적 자연학이 각기 자율적으로 전개될 수 있는 두 지반을 표시하고, 이로써 양자가 화해할 수 있는 길을 연다.

데카르트 이전까지 서양인은 자연적인 사물을 인공적인 사물과 대립시켜 이해했고, 그 차이를 자발적인 운동능력의 유무에 두었다. 즉 외부에서 가해진 충격에 의해서만 움직이는 인공적인 사물과 달리 자연적인 사물(식물과 동물)은 자기 안에 운동의 원리를 지니고 있다. 중요한 점은 그 자연적인 사물의 운동이 영혼의 기능으로 설명된다는 데 있다. 고대인과 중세인의 세계관에서 자연의 자연성은 활력성에 있고, 그 활력성을 가져오는 자발적인 운동의 원리가 곧 영혼으로 간주된다. 그러므로 아리스토텔레스-스콜라 체계에서 영혼은 세 종류로 분류된다. 식물의 운동(영양섭취, 신진대사)을 관장하는 식물 영혼, 동물의 운동(감각, 장소이동)을 관장하는 동물 영혼, 그리고 언어와 사고의 능력에 해당하는 정신$^{nous}$이 그것이다.

좀 더 극적으로 서술하자면, 데카르트 이전에 영혼은 살아있는 자연 전체에 널려 있었다. 자연의 활력적인 운동마다 그 운동을 낳는 영혼이 명명되어야 했다. 그러다가 데카르트가 나타나 "사물은 연장이다"라고 외치자마자 천지에 숨을 쉬고 있던 영혼들이 모두 증발해버렸다. 그러나 위대한 언어적 수행이 일으킨 거대한 사막화 속에서 사라진 것은 영혼들만이 아니다. 그것은 또한 사물들 사이의 수직적 위계질서이다. 아리스토텔레스-스콜라 체계에서 사물들은 저마다 특정한 유類와 종種에 속하고, 수많은 유와 종은 신분상의 위계를 이루고 있었다. 반면 데카르트의 이원론에서 자연의 사물은 모두 연장이라는 단 하나의 종류로 환원된다. 데카르트의 새로운 명명과 더불어 사물의 이마에 붙어 있던 계급장들은 모두 땅에 떨어져버렸다. 사물은 이제 연장이라는 단일한 신분 속에서 서로 평등한 관계에 있다. 데카르트의 이원론은 자연 속에 수천 년간 지속되어온 수직적 위계질서를 무너뜨리고 사물 사이에 수평적 구도를 확립한 존재론적 혁명을 몰고왔다.

이런 존재론적 혁명 속에서 자연 밖으로 추방된 영혼들은 모두 어디로 갔는가? 그것들은 인간의 내면으로 수렴되어 단일성을 띤 순수 정신으로 다시 태어났다. 영혼은 이제 자연적 사물에 내재한 자발적 운동의 원리가 아니라 인간만이 누릴 수 있는 대자적 자기관계의 중심이다. 사유는 신체의 대타관계를 수반하는 역동적인 자기관계에 대한 이름이고, 따라서 의식으로 정의된다. 심리학적 차원에서 사유를 사유로서 성립시키는 조건은 자아에 의한, 자아에 대한 자아의 의식에 있다. 물리적 자극이나 생리적 자극에 불과하던 것도 자아에 의식되자마자 심리적 현상으로 전환된다. 가령 본다, 만진다, 걷는다 등은 자아에 의식되고 자기의식을 촉발하는 한에서 생각한다와 같다. 자기의식이 개입하는 한에서 물리적 과정과 심리적 과정은 단일한 회로를 이루고, 영혼과 신체는 단일한 실체

**대자적**
일정 방식으로 규정되지 않은 가능성인 '즉자적인 것'과 대비되는 개념. 이런 가능성이 실현되어 하나의 대상으로 성립한 존재를 가리킨다.

를 이룬다. 데카르트의 정념론은 이 제3의 실체에 대한 연구이다.

## 정념론의 체계 내적 위치

데카르트는 학문체계 전체를 나무에 비유했다. 이 비유에서 나무의 뿌리는 형이상학이고 줄기는 자연학일 때 가지에 해당하는 것은 기계학, 의학, 도덕이다. 이것이 『철학원리』 불어판 서문(1647)에 나오는 학문의 나무인데(AT, IX-2, 14)[1] 도덕은 이 나무에서 특권적인 위치를 차지한다. 뿌리에서 시작되는 나무의 역량 전체를 모아내는 마지막 가지이자, 학문의 모든 원리를 수렴하여 최후의 열매를 맺는 부분이 도덕이다. 데카르트의 『정념론』(1649)은 이런 도덕의 기초를 위해 저술되었다.

데카르트는 학문적 지식을 실천적 삶의 구성요소로 보고 현실 생활에 유용한 측면에서 평가했다. "올바른 행위를 위한 올바른 판단bien juger pour bien faire"(AT, VI, 28)이라는 『방법서설』의 짤막한 격률은 이 점을 집약적으로 표현한다. 데카르트의 학문은 "행동함에 있어서 밝게 보고 삶에 있어서 확실한 발걸음을 옮기기 위하여 옳고 그름을 구별할 수 있기를 배우려는 어떤 강렬한 욕망"(AT, VI, 10)에서 비롯된다. 데카르트의 나무는 이런 이념에서 뻗어 나왔다. 과실이 뿌리나 줄기가 아니라 가지에서 열리는 것처럼, 철학의 최후 결실

---

[1] 데카르트 인용은 Ch. Adam과 P. Tannery가 편찬하여 보통 AT로 약칭되는 Oeuvres de Descartes(Vrin, 1964/1974)에 기초한다. 『정념론Les passions de l'âme』(AT, XI)을 인용할 경우 책 이름을 생략하고 항목 수만 표기한다.

은 끝부분인 실천학에서 열린다. 도덕은 인간의 모든 지식을 전제하면서 이룩되는 "마지막 단계의 지혜"(AT, IX-2, 14)에 해당한다. 형이상학에서 시작되는 순수 이론학적 탐구의 궁극적인 목적이자 그 성패 여부가 최종적으로 확인되는 장소는 도덕에 있다.

데카르트의 체계에서 도덕이 차지하는 위상은 학문의 나무가 약속하는 반-신학적 전언 속에서 읽어야 할 것이다. 그 비유는 에덴의 선악과善惡果와 실낙원의 회복을 함축한다. 가령 가지에 해당하는 의학은 단순히 질병의 치료에 그치는 것이 아니라 인간을 죽음에서마저 해방할 것을 약속한다(『방법서설』 6부, AT, VI, 62). 철학은 말하자면 제2의 신화이다. 이 새로운 신화의 메시지는 인간이 원죄 이전의 행복을 구가하면서도 아담에게 금지되었던 선악과를 향유할 수 있다는 데 있다. 사실 야훼는 선악과를 맛본 아담이 신이 될까 두려워했다. 그것은 인간이 사물(또는 선악)을 재는 척도를 가지고 있을지도 모른다는 염려였다. 선악과를 먹은 아담은 자신의 벌거벗은 모습이 창피해서 몸을 가렸다. 수치심은 타자를 대립적으로 의식하는 데서 비롯되는 자기의식의 한 형태이다. 창피함은 타자정립을 매개로 한 자기평가의 귀결이다. 선악과를 먹은 아담은 자기 자신을 발견한 자아로 간주할 수 있다.

학문의 나무에서 뿌리가 되는 것이 형이상학이라면, 형이상학의 제일원리는 사유하는 자아의 존재에 있다. "나는 생각한다, 고로 존재한다." 데카르트의 이 명제(코기토Cogito)는 외면과 대립하여 자기 자신의 존재를 정립하는 반성적 사유의 자기언명에 해당한다. 데카르트의 형이상학에서 이 명제는 명증성이라는 진리판단의 기준과 척도를 제공한다. 우리는 코기토 명제가 등장하는 「둘째 성찰」의 자아를 지혜의 나무에 올랐던 아담과 견줄 수 있다. 『방법서설』에서 볼 수 있는 것처럼, 이 형이상학적 자아는 "자연의 지배자이자 주인으로서"(AT, VI, 62) 등장할 자신의 모습을 그린다. 철학은 실낙원 이전에 신이 인간에게 약속했던 권리를 되찾는 노력이다. 이 노력은 인간의 지혜가 "마지막 단계"(AT, IX-2, 14)에 이르렀을 때 결실을 보게 된다. 이 마지막 결실의 단계가 학문의 나무에서 지칭된 도덕이다.

도덕의 기초를 확립하는 『정념론』에서 실천적 주체의 이상은 관대한généreux 자아에 있다. 관대한 자아, 너그러운 자아는 "의지의 올바른 사용"이라는 최상의 격률에 따라 자신의 내면에 "의지의 왕국"(152항)을 실현한다. 완성된 형태의 도덕적 자아는 자기 내면의 주인과 같다. 데카르트적 주체는 자연을 소유하고 지배하기 이전에 먼저 자기 자신을 완전히 지배할 수 있어야 한다. 오직 그때에만 새로운 철학은 인간의 역사 속에서 실낙원의 무효화를 약속할 수 있다.

관대함의 덕 속에서 완성되는 『정념론』의 자아는 로고스의 주체가 아니라 파토스의 주체이며 몸과 하나를 이루는 정신이다. 여기서 데카르트의 학문 개념을 규정하는 기초개념notions primitives의 분류를 참조해야 할 것이다. "우리 속에는 어떤 원천적인originaux 것들에 해당하는 특정한 기초개념들이 있는데, 이것들에 힘입어 우리는 그 밖의 모든 지식을 형성한다."(「엘리자베스에게 보내는 편지, 1643년 4월 21일자」, AT, III, 655) 기초개념이란 지식이 아니라 지식을 구성하는 내용이다. 지식이 특정한 증명의 절차를 거쳐 참으로 확인된 어떤 명제(정리)라면, 기초개념은 그 명제의 내용을 이루는 선천적인 요소들이다.

데카르트는 기초개념을 세 부류로 나눈다. 영혼의 기초개념, 물체(신체)의 기초개념, 그리고 영혼-육체 결합의 기초개념이 그것이다. "인간의 모든 학문은 오로지 이 세 가지 기초개념을 잘 구별

**로고스**
원래는 말 또는 이야기를 뜻하나, 비율, 이성理性, 사물의 이치, 추론의 원리, 행위의 원칙 등 다양한 뜻을 갖고 있는 희랍어.

**파토스**
로고스와 대비되는 개념으로 '고통', '경험'을 뜻하는 희랍어. 외부의 사물에 의해 수동적으로 흔들리게 된 일시적인 쾌락과 고통의 감정을 수반하는 흥분·격정을 뜻한다.

하고 해당 사물에 이 개념들 각각을 제대로 할당하는 데 있을 뿐이다."(AT, III, 665) 여기서 기초개념을 구별한다는 것은 내용의 차원에서 학문의 유형을 구별한다는 것과 같다. 영혼의 기초개념에는 사유, 오성, 의지 등이 속하고, 물체의 기초개념에는 연장extension, 형태, 운동 등이 속한다. 마지막으로 영혼-육체의 통일에는 영혼이 육체를 움직이는 힘이나 육체가 영혼을 움직이는 힘 같은 것이 속한다. 영혼의 기초개념을 내용으로 하는 학문은 형이상학이고, 물체의 기초개념을 내용으로 하는 학문은 자연학 일반이다. 마지막으로 결합과 통일의 기초개념을 내용으로 하는 것은 도덕과 윤리학을 비롯한 실천학이자 그것의 바탕을 이루는 정념론이다.

이런 구별은 또한 할당이고, 무엇보다 인식능력의 할당에 해당한다. 즉 형이상학의 대상인 영혼의 기초개념은 순수 이성으로만 명석 판명하게 인식할 수 있다. 자연학의 대상인 물체의 기초개념은 이성의 도움을 받는 상상력으로만 가장 명확하게 표상할 수 있다. 반면 결합의 기초개념은 오로지 감각을 통해서만 명석하게 지각할 수 있으며, 이성이나 상상력으로는 혼잡하게밖에 지각할 수 없다. 이는 형이상학적 대상을 감각이나 상상력에 의존하여 표상하면 언제나 불명확한 지각밖에 가질 수 없는 것과 같다(엘리자베스에게 보내는 편지, 1643년 6월 28일자」, AT, III, 670~691). 이미 청년기 저작인 『정신지도규칙』(「규칙 XII」, AT, X, 418~420)에서부터 엿보이는 이런 기초개념 분류는 형이상학, 자연학, 실천학 사이의 내용적 차이를 새롭게 정초하고 기존의 철학과 과학을 비판할 수 있는 출발점이 된다. 데카르트에 따르면, 기존의 학문은 탐구의 영역을 혼동해왔을 뿐만 아니라 각 영역마다 그에 적합한 인식능력을 적용하는 데 대한 자각이 없어서 실패할 수밖에 없었다.

가령 자연학은 형이상학의 연장이 아니다. 마찬가지로 실천학은 형이상학의 연장이 아니다. 내용상 각 영역은 다른 영역의 관점에 의해 침해될 수 없는 자율성을 지닌다. 영혼-육체 결합의 기초 개념에 뿌리를 내리는 실천학은 형이상학이나 자연학과는 완전히 다른 인식론적 전제와 목표를 지닌다. 「여섯째 성찰」에서 데카르트는 심신 통일체에서 일어나는 현상들의 의미를 "생의 보존conservation de la vie"이라는 대전제 위에 정초한다. 즉 각종의 정념과 정서 그리고 감각적 성질이 우리 내부에서 일으키는 여러 가지 경향은 선한 조물주가 인간에게 설치한 어떤 자기방어 기구의 일환이다(AT, VII, 83).

데카르트가 정념을 분류할 때 서 있는 관점 또한 생의 관점이다. 여기서 정념이 어떤 의미를 지닌다면, 그것은 정념이 인간에게 주는 "해로움이나 이로움," 또는 생의 보존에서 정념이 가지는 "중요성"에서 온다(52항). 명증한 인식을 구하는 이론적 추론에서 감각적 성질은 언제나 오류 가능성을 내포하며 "정념은 혼잡하고 애매한 지각에 속한다."(28항) 그러나 정념이 가지는 유용성은 사물의 진리를 전달하는 데 있는 것이 아니라 생명과 신체의 보존에 이로운 생각을 정신 속에 "강화"하고 "지속"시키는 데 있다(75항). 정념은 "자연이 우리에게 이롭다고 말하는 것을 원하게 한다." 힘든 일에 임할 때는 "몸이 그 일을 실행하는 데 도움이 되는 운동을 각오하게 만든다."(52항) 정념은 "자연의 제도institution de la nature에 따라 모두 몸에 관련되어 있고, 몸에 결합된 한에서의 영혼에게만 일어난다. 정념의 본래적인 용도는 영혼이 몸을 보존한다든지 몸을 더 완전하게 만드는 데 필요한 행동을 감지하고 그에 기여하도록 자극하는 데 있다."(173항) 따라서 정념은 "본성상 모두 선하다." 정념이 선하지 않게 되는 것은 단지 "과다" 또는 과도함 때문이다(211항).

정념은 생의 보존에 봉사할 뿐만 아니라 행복한 삶의 원천 자체라는 점에서 또한 선하다. "정념에 의해 가장 잘 감화되는 사람이야말로 이 세상에서 가장 큰 즐거움을 맛볼 수 있다."(212항) 그러나 문제는 정념이 행복의 원천일 뿐만 아니라 불행의 원천이기도 하다는 점에 있다. "영혼이 가질 수 있는 모든 종류의 생각 중에서 정념보다 더 영혼을 심하게 어지럽히고 뒤흔드는 것은 없다."(28항) 통제되지 않는 정념은 일순간 인간을 슬픔과 고통으로 빠뜨릴 수 있는 비합리적인 힘이다. 정념적인 동요는 인간에게 언제나 선한 방식으로만 작용하지 않는다. 따라서 정념의 위험성을 다스리는 문제가 도덕적 탐구의 중심 과제가 된다. 데카르트의 도덕은 정념의 발생과 진화의 논리를 파악하여 슬픔이 줄어들고 기쁨이 커질 수 있는 새로운 인과의 사슬을 내면화(습관화)하는 길을 찾고자 한다. 이것이 "정념의 규제를 연구한다 étudier à régler ses passions"(50항)는 『정념론』의 목적이다.

## 정념의 정의와 분류

데카르트는 여러 단계를 거쳐 정념을 정의하는데, 가장 먼저 정념 일반의 의미를 능동 action과 수동 passion의 대립구도에서 한정한다. 여기서 능동은 "우리의 모든 의지작용들," "우리가 영혼으로부터 직접 유래하고 또 오로지 영혼에만 의존한다고 경험하는 것들"(17항)이다. 반면 수동 혹은 정념은 "우리 안에 있는 모든 종류의 지각이나 인식들"이다. 이것들이 "일반적으로" 수동이나 정념으로 불릴 수 있는 것은 영혼이 이것들을 직접 생산하는 것이 아니라 외적 사물들로부터 수용하는 위치에 있기 때문이다(17항). 이런 수동적인 지각은 다시 두 유형으로 크게 구별하여 나눌 수 있다. 먼저 수동적이거나 수용적임에도 불구하고 능동적인 요소를 포함하거나 영혼에 의해 자발적으로 성립하는 지각이 있다. 가령 마법의 성城을 상상할 때, 혹은 추상적인 대상을 포착하고자 할 때 지각은 의지와 주의력에 의존한다. 이런 것은 수동이라기보다 능동에 가깝다(20항). 다른 한편 전적으로 수동적인 지각이 있는데, 이런 지각은 다시 세 종류로 나뉜다.

먼저 외적인 대상에 관계하는 지각이 있다. 가령 소리, 빛, 냄새 등의 지각에서 대상은 감각기관을 자극한다. 이 자극이 일으키는 운동은 신경, 뇌, 송과선 등을 거쳐 영혼에 감각반응sentiments를 낳는다(23항). 다른 한편 신체와 관계하는 지각이 있다. 여기에는 배고픔, 목마름 등과 같은 "자연적인 욕구appetits"뿐만 아니라 우리가 신체의 일부에서 느끼는 차가움이나 따뜻함, 피곤 등이 속한다(24항). 마지막의 것은 오로지 영혼에만 관계하는 지각이다. "기쁨, 분노, 그 밖의 유사한 느낌들sentiments"이 그 사례에 해당한다. 이 세 종류의 지각은 넓은 의미에서 모두 정념이라 불릴 수 있다. 그러나 데카르트가 "영혼의 정념들이란 이름 아래" 다루는 가장 좁은 의미의 정념은 세 번째 유형의 지각을 가리킨다(25항).

데카르트는 이런 분류 뒤에 "영혼의 정념에 대한 정의"를 최종적으로 이렇게 내린다. 정념은 "특히 영혼에 관계되고 정기들의 특정 운동들에 의해 야기, 유지, 강화되는 어떤 지각들perceptions 또는 느낌들sentiments 또는 영혼의 정서들émotions이다."(27항) 번역의 문제 때문에 여기서 특별히 주목해야 하는 것은 맨 앞에 오는 "특히 영혼에 관계되고"라는 구절이다. 만일 영혼이 아니라 신체나 외부 대상과 관계된다면, 'sentiments'은 '감각반응'이나 '감각인상' 등으로 옮겨야 할 것이고, 'émotions'은 '동요'나 '소요' 등으로 옮겨야 할 것이다.

 데카르트의 본격적인 정념분석은 다양한 정서의 뿌리가 되는 원초적 정념을 정하는 데서 시작한다. 여기서 원초적 정념으로 꼽히는 것은 여섯 가지가 있다. 경이감admiration, 사랑amour과 미움haîne, 욕망désir, 기쁨joie과 슬픔tristesse 등이 그것이다. 여타의 정념은 이 원초적 정념들이 결합되고 변형됨에 따라 파생된다(69항). 가령 관대함이나 교만은 경이감, 기쁨, 사랑이라는 세 가지 원초적 정념의 혼합에서 오고(160항) 분노는 자기애自己愛와 욕망이 미움과 결합하여 생기는 격정으로 분석된다(199항). 색채학은 이 세상에 나타나는 모든 색깔을 3원색의 서로 다른 혼합비율의 결과로 설명한다. 마찬가지로 우리는 인간이 겪는 다양한 정념의 유래를 여섯 가지 원초적 정념의 혼합비율에서 찾을 수 있다. 데카르트는 정념의 방정식을 확립코자 했다.

 원초적 정념 중에서도 제일 먼저 오는 것은 경이감이다. 경이감이 모든 정념의 원천이 되는 이유는 새로움의 지각을 수반한다는 데 있다. 경이감은 우리가 어떤 사물을 만나서 "그것이 새롭고 이전에 알던 것과 매우 다르다고 평가할 때"(53항/75항) 일어난다. 경이감은 어떤 놀라움이다. 사물이 의식에 일으키는 놀라움은 그 사물의 새로움, 구태의연한 것과 구별되는 특이성, 또 그것이 기존의 것과 다르다는 사실에 기인한다. 경이감이 모든 정념 앞에 놓여야 하는 이유는 다른 정념들과는 달리 대상의 유용성에 대한 평가 이전에 성립한다는 데 있다. 경이감은 "그 대상이 우리에게 선하고 알맞은 것인지 혹은 그렇지 않은지 전혀 알지도 못하기 전에"(53항) 생긴다. 경이에 찬 의식은 어떠한 손익평가나 선악판단 이전에, 모든 진리판단 이전에 대상을 만나는 무사심無私心의 의식, 『판단력비판』의 앞머리에 등장하는 칸트적인 의미의 '무관심한' 주체다.

정념 분류의 첫번째 원리가 새로움이라면, 두 번째 원리는 선과 악이다. 만일 새로움이 일으키는 심적 동요에 선악판단이 결합되면, 그래서 그 대상이 영혼에 대해 이롭거나 해롭다고 표상되면 사랑과 미움이라는 정념의 짝이 성립한다(56항). 분류의 세 번째이자 마지막 원리는 시간이다. 경이감을 제외하고 사랑과 미움이 다른 모든 정념보다 앞에 와야 했던 것은 무-시간성 때문이었다. 사랑과 미움은 시간의 제약 없이 일어나고, 그렇기 때문에 지속적일 수 있다. 반면 부재하는 선과 이익을 미래에서 얻고자 할 때, 또는 현재의 악이 부재하게 될 어떤 미래를 표상할 때 욕망이 생긴다(57항). 경이감과 마찬가지로 반대 짝이 없는 욕망의 고유성은 시간적 간격을 포용한다는 데 있다. 마지막으로 선과 악이 현재의 시제 속에 표상될 때 기쁨과 슬픔이 발생한다. 선과 악이 우리 자신에 속하는 것으로 표상될 때, 선의 현재는 기쁨을, 악의 현재는 슬픔을 일으킨다(61항).

이미 언급했던 것처럼 경이감의 독특성은 선악의 표상이 아직 개입하고 있지 않다는 데 있다. 경이감에 찬 의식이 내리는 판단은 오로지 만나는 사태의 새로움, 다름, 특이함으로 집중된다. 이런 의미에서 놀라움은 순수한 타자대면의 정념이다. 경이감은 의식이 새로운 사물을 만나고 다름의 사태를 체험하기 위해서 반드시 수반되어야 하는 정념이다. 경이감은 타자의식의 일차적 조건이다.

경이감을 통한 의식의 외출은 이론적 탐구의 가능조건이기도 하다. 미지의 것에 대한 설정 없이 학문적 탐구는 불가능하다. 미지 대상의 설정은 의식이 가지는 호기심과 문제제기 능력에서 온다. 호기심과 문제제기는 경이감에서 시작된다. 사물의 새로움이 주는 놀라움으로 해서 우리는 그 사물에 계속 주목하고 호기심을 가지고 탐구하게 된다(70항). 따라서 학문이 성립하기 위해서는 최초에 경이감이 있어야 한다. "경이감은 우리가 이전에 몰랐던 사물을 새로 배우고 기억 속에 유지하도록 만든다는 점에서 쓸모가 있다."(75항) 마주친 사물을 신기하게 바라보는 것이 좋은 것은 "그것이 우리를 학문적 지식의 획득에 이르도록 배치하기cela nous dispose à l'acquisition des sciences 때문"(76항)이다. 경이감은 정념의 원천일 뿐만 아니라 학문이 있기 위한 처음의 조건이다. 그러므로 데카르트의 정념 분류는 생의 관점에서 실행되지만, 막상 처음의 원초적 정념은 생의 관점과 무관한 것처럼 보인다.

경이감이 손익계산 이전의 무조건적인 외출이라면, 이 의식의 외출은 현상학적 의미의 지향작용과 구별되어야 한다. 경이감은 지향성보다 훨씬 소박하다. 경이감은 사물의 개성이 의식을 유혹할 때만 성립할 수 있다. 경이감으로 외출하는 의식은 의식 자체의 추동력에 의해서라기보다는 사물이 행사하는 유인력에 의해 밖으로 나아간다. 이 점에서 그것은 사르트르적인 의미의 자유나 결단의 힘에 의해서도 설명될 수 없다. 의식의 개방은 어떤 결단에서 나오는 것이 아니다. 그것은 오히려 의식으로 장소를 옮긴 자연사의 연장선상에서 이해되어야 한다. 의식은 사과가 땅으로 떨어지는 것처럼 밖으로 나아간다. 경이감이 모든 정념의 뿌리일 수 있는 것도 이런 이유에서 찾아야 한다. 경이감은 외면과 내면이 가장 자연스런 방식으로 힘을 교환하는 상태이다. 경이감은 자연사의 일원인 인간에게 비로소 정념적인 에너지가 충전되는 모습이다. 그러나 이러한 충전은 내면과 외면의 갈등 없이 일어나지 않는다. 정념의 자아는 육체적 통로로 밀려들어오는 에너지가 "싸움"(47항/50항)을 일으키는 장소이고, 정신이 그 싸움에 놓이는 것은 마찬가지로 자연적인 사태다.

여기서 마지막 단계의 원초적 정념인 기쁨과 슬픔으로 초점을 옮겨보자. 이 두 정념은 정념적인 상황에 내재하는 갈등의 결과로서 볼 수 있다. 이미 말한 것처럼 선과 악이 의식 자신에 속하는 것으로 표상될 때 선의 현재는 기쁨을, 악의 현재는 슬픔을 일으킨다. 하지만 의식에게 가장 선해 보이는 것은 "자기 자신에 의해 만들어진 선"(63항)이다. 그런 선은 주체 자신의 생동하는 힘을 증언한다. 사실 선과 악이라는 실천철학의 기본 범주가 기쁨과 슬픔이라는 정념과 관련되어 설명될 때, 여기에는 굳이 힘의 관점이라 부를 만한 또 다른 관점이 개입하고 있다.

선한 것은 "내감sens intérieures 또는 이성"이 인간의 본성에 일치하는 것으로 "판단"(85항)하는 대상이다. 이때 인간의 본성 밑바닥에는 생의 욕망이 놓여있다. 선한 것이란 생명의 보존과 확장에 유리한 어떤 것이고, 이런 선한 것의 소유에서 고유한 의미의 기쁨이 발생한다. 악은 이 생명의욕에 "반대되는" 힘, 죽음을 의식하게 만드는 힘이다(85항). 생을 욕망하는 자아는 죽음에 이르는 모든 가능성에서 도피하거나 그 가능성을 억압한다(89항). 하지만 "선의 추구"와 "악의 회피" 또는 생의 욕망에 의한 운동과 "죽음에 대한 공포"에서 오는 운동은 "언제나 동일한 운동"이다. 차이는 단지 그 방향이 서로 반대라는 것뿐이다(87항/88항).

어떤 선한 것을 소유해서 기쁨을 누린다는 것은 일종의 힘의 현상이다. 의식에 대하여 슬픔은 자신의 힘이 압도되거나 약화되는

**내감**
외부 대상을 지각하는 능력인 외감과 대비되는 능력. 외감을 통해 외부 대상에 대한 지식을 얻듯, 자신의 마음에 대한 내성 introspection을 통해 그것에 대한 지식을 얻을 수 있다는 생각의 표현.

체험이다. 반면 기쁨은 의식이 외부에서 밀려오는 정념적인 동요 앞에서 자신의 건강한 힘을 체험할 때 성립한다. 정념적인 주체가 행사하는 힘이 크면 클수록, 그 힘은 그만큼 더 커다란 "내적인 만족감"을 가져다준다(63항). 그때 영혼은 외부에서 오는 동요에 의해 "해害"를 당할 가능성이 전혀 없다는 안도감에 놓여 있다. 이 안도감은 기쁨과 만족의 또 다른 명칭이다. 그것들은 모두 "언제나 동일한 운동"이다. 안도감이 확보되고 있는 한에서 정념적인 동요는 충격과 진폭이 크면 클수록 그에 "저항"하는 정신적 역량의 크기를 "증거"한다. 감성적인 동요는 영혼이 그것을 "감당"할 수 있다는 안도감을 의식하는 한에서 기쁨으로 전환된다. 영혼은 그 외적인 힘을 매개로 자신의 고유한 힘을 향유한다(94항/95항).

## 내적 정서 혹은 시적인 기쁨

외부에 기인하는 동요를 자신에 대한 긍정의 계기로 전도시키는 힘. 이런 영혼의 힘이야말로 "영혼이 육체에 결합되어 있는 한에서 영혼에게 고유하게 속하는 선"(94항)이다. 이 선은 언제나 기쁨의 원천이 된다. 영혼이 정념적인 상황 속에 놓이면서 얻는 가장 큰 기쁨의 원천은 자기 자신의 역량에 있다. 이 점은 데카르트가 신체와 무관하게 발생할 수 있는 "내적 정서" 또는 "지적인 기쁨"에 대해 말할 때도 여전히 마찬가지다.

내적 정서émotions intérieures란 "영혼 자신에 의해서만"(147항) 발생하는 기분이다. 이 점에서 그것은 육체의 운동(동물정기의 운동)에 직접 영향을 받는 좁은 의미의 정념과 구별된다. 영혼은 영혼 자신에 의하여 흥분될 수 있다. 내적 정서는 자기원인적인 동요이다. 데카르트에 따르면 선과 악, 기쁨과 고통은 "대부분" 의식이 가진 이 자기원인적인 정서에 의존한다(147항). 이 자기원인적인 동요는 육체와 무관하게 일어날 수 있지만 육체적 통로로 거쳐 오는 감성적 동요와 맞물려 일어날 수도 있다. 이 내적 동요가 정념적인 삶에서 중요한 역할을 떠맡을 수 있는 이유는 여기에 있다. 즉 내적 정서는 주어진 특정한 정념을 전혀 다른 방향이나 효력의 정념으로 바꿀 수 있다. "이 영혼의 정서는 종종 그에 유사한 정념들과 결합되지만, 또한 그와 다른 종류의 정념들과도 만날 수 있고, 나아가 그것들에 반대되는 정념들에서도 생겨날 수 있다."(147항) 내적 정서의 독특성은 이질적인 감정들을 공존할 수 있게 만들어준다는 데 있다.

가령 아내에게 애정이 식은 남편이 급작스러운 상처喪妻를 당하여 눈물을 흘리고 슬픔에 빠지지만, 그와 "동시에 그 자신의 영혼 가장 깊숙한 내면에서 어떤 비밀스런 즐거움을 느끼게"(147항) 되는 경우를 생각해 보자. 이런 사례는 정념이 순환하는 회로가 이중적임을 말해준다. 표면적인 정념의 순환 뒤에는 새로운 정념분비 회로가 조직될 수 있다. 비극의 묘미도 이런 이중성에 있다. 가령 책을 읽거나 연극을 보면서 그 줄거리에 따라 우리는 여러 종류의 느낌에 빠져들게 된다. 하지만 감정상의 변덕과 동요가 강하면 강할수록 그것에 비례하여 영혼은 오히려 더 큰 쾌락을 누릴 수 있다.

그것은 비극이 가져오는 슬픔이나 절망감이 잠들어 있던 영혼의 자기관계, 다시 말해서 영혼의 역동적인 자기대면을 유발하기 때문이다. "우리는 그런 감정들이 우리 안에서 촉발된다는 것을 느끼는 즐거움plaisir de les sentir exciter en nous을 갖게 된다."(147항) 비극의 효과는 영혼으로 하여금 자신의 이상적인 감응능력 자체를 대면하게 만드는 데 있다. 여기서 영혼은 자신의 감응능력 자체에 의해 감응되는 동시에 자신의 감응능력 자체를 자극한다. 비극의 무대는 영혼의 자기 자극운동, 영혼의 상승적 자기 함량운동이 일어나는 장소이다. 이런 자기 순화적인 함량운동 속에서 영혼이 맛보는 쾌락은 육체적인 차원을 한없이 벗어나기에 이른다. 순수한 정신적인 기쁨으로 고양되어가는 것이다.

그러므로 기쁨이나 쾌락에는 두 종류가 있는 셈이다. "두 종류의 쾌락이 있다. 하나는 오로지 정신에만 속하는 쾌락이고, 다른 하나는 인간에 속하는 쾌락, 다시 말해서 육체와 하나를 이루는 한에서 정신에 속하는 쾌락이다."(『엘리자베스에게 보내는 편지』, 1645년 9월 1일자, AT, IV, 284) 『철학원리』 4부(190항)에서 데카르트는 정념적인 흥분의 배후에서 성립하고 정념적인 기쁨과 구별되는 이런 쾌락을 "지적인 기쁨joie intellectuelle"이라 불렀다. "이 기쁨은 오성에서 유래"하는 "순수하게 지적인 기쁨"이다. 이것은 "신체적 동요에서 전적으로 독립적인" 것이어서 우리는 이 내적 정서에 힘입어 "모든 정념들에서" 해방될 가능성을 생각할 수 있다. 그러므로 당연히 『정념론』을 마무리짓는 맨 마지막 항도 지적인 정서의 가능성을 암시하면서 시작한다. 즉 "영혼은 그 자신에 고유한 즐거움을 따로 가지고 있고," "우리는 모든 정념에서 이 기쁨을 끌어내기까지" 할 수 있다.(212항/148항) 데카르트는 이 내적 정서의 가능성에서, 다시 말해서 외부와 무관한 자기원인적인 정서 향유체제를 가질 수 있는 가능성에서 정념으로부터 완전히 해방된 영혼의 가능성을 본다.

이런 자율적인 정서 향유체제의 핵심인 내적 정서는 두 가지 계기를 지닌다. 하나는 능동적인 계기이고, 정확히 말해서 합리적인 의지이다. "사랑, 기쁨과 슬픔, 그리고 욕망의 원천이 되는 이 의지의 모든 운동은 어떤 정념들이 결코 아니라 어떤 합리적인raisonnables 사유들이고, 그런 한에서 비록 영혼이 육체를 지니지 않는다 해도 영혼 속에서 발견될 수 있다."(「샤뉘에게 보내는 편지, 1647년 2월 1일자」, AT, IV, 602) 다른 하나는 수동적인 계기이고, 정확히 말해서 선과 악에 대한 이성적 판단이다. 이 판단의 계기 때문에 내적 동요에 담긴 사유는 '합리적'이라 불린다. 내적 정서는 "오로지 판단만이"(79항) 영혼 안에서 촉발하는 의지의 운동이자 그 운동이 일으키는 정서적 효과이다. 판단이 야기하는 의지의 운동과 거기서 분비되는 기쁨, 판단에 수반되는 쾌감. 그것이 내적 정서가 생산하는 지적인 기쁨이다. "이 정신적 기쁨joie spirituelle은 오성에서 상상으로 오자마자"(「철학원리」190항) 유사한 정념들과 결합되어 이중화된다. 하지만 이미 말한 것처럼 이 정신적 기쁨이나 내적 감흥은 자신과 다르거나 반대되는 정념과 결합할 수 있다. 게다가 서로 반대되는 감정들이 공존할 때는 유사한 감정들이 결합할 때보다 훨씬 더 극적이고 커다란 기쁨을 유발한다.

그렇다면 이런 자율적인 정서 향유체제의 가능성이 충분히 자각되었음에도 『정념론』이 장황하게 길어져야 했던 이유는 무엇일까? 그것은 영혼이 신체의 운동과 분리될 수 없는 관계 속에 얽매여 있기 때문이다. 내적 정서나 지적인 기쁨은 궁극적으로 영혼이 신체와 분리되어 존재할 수 있는 가능성에 기초한다. 그것은 "비록 영혼이 육체를 지니지 않는다 해도"(AT, IV, 602) 성립할 수 있는 초감성적인 정서이다. 하지만 살아 있는 인간은 순수한 육체가 아닌 것처럼 순수한 영혼도 아니다. 현실적인 인간은 영혼과 신체의 통일체이고, 그렇기에 신체를 통해 외부에서 밀려오는 정념적인 운동을 수동적으로 감수할 수밖에 없다.

정념적인 동요를 일으키는 최초의 자극은 우연성으로 가득 찬 외부에 있다. 정념은 여전히 종잡을 수 없는 색깔로 의식을 물들일 것이다. 『정념론』의 목적은 "정념의 주인이 되게 하고 그것을 능숙하게 관리할 수 있도록 해주는"(212항) 수단을 강구하여 그 정념이 어떤 것이든 통제 가능한 상태로 수용할 수 있는 심리적 회로를 구축하는 데 있다. 이는 타자 의존적인 정념적인 운동을 자기 의존적인 정서 향유체제로 유도해 간다는 것을 의미한다. 그리고 오로지 이런 조건에서만 다음과 같은 약속이 실현될 수 있다. "정념을 다스리고 또 인도하려는 충분한 노력을 기울인다면, 유약한 정신의 소유자일지라도 그들의 모든 정념 위에 군림할 제국을 성취할 수 있을 것이다."(50항)

데카르트에 따르면 내적 정서들은 그 어떤 감정보다도 "훨씬 가까이서 우리에게 영향을 미치다." 따라서 그것들은 나쁜 정념보다 "우리에게 행사하는 힘이 훨씬 크다."(148항) 이런 내적 정서를 핵심으로 하는 자기원인적인 정서 향유체제는 한번 의식 안에 자리잡으면 깨지기 어렵다. 어떤 정념이든 그리 들어가면 기쁨이 되어 나올 것이다. 따라서 그 기제가 실제로 가동하기 시작하면 인간은 신들과 더불어 행복을 다툴 수 있다. 그러나 문제는 이것이 육체와 분리된 영혼의 가능성에 기초한다는 사실이다. 데카르트 정념론의 주된 의도는 영혼과 육체의 분리 불가능성에 기초하여 자유의 가능성을 모색한다는 데 있다. 이런 모색은 내적 정서의 길과는 완전히 다른 길로서, 그것이 곧 관대함의 길, 너그러움의 길이다.

### 정념과 학문

정념은 특히 그 힘이 과도하여 규제하기 어려울 때 비합리적인 것으로 간주된다. 반면 정념적인 힘의 완전한 방기는 죽음을 의미할 것이다. 영혼과 육체의 통일체인 인간은 정념적인 동요의 담지자이다. 인간은 사물의 다름이 일으키는 동요들을 감수하는 능력에 따라 일정한 크기의 인격이 된다. 그러나 역설적으로 그 힘과 동요가 완전히 해소된다는 것은 또한 신이 된다는 것을 의미할 수 있다. 사실 전지全知한 신에게는 타자가 있을 수 없고 놀라운 일도 있을 수 없다. 따라서 경이감이라는 것을 가질 계기가 있을 수 없다. 경이감을 겪지 않으므로 신은 당연히 어떠한 정념도 가질 수 없다. 왜냐하면 모든 정념은 경이감에서 시작하고 경이감을 포함하는 것이어야 하기 때문이다(72항). 신에게 세상사는 진부할 것이다.

인간에게 이 세상은 싱겁지 않다. 사물이 주는 놀라움에서 호기심을 가지게 되고 경탄에 찬 체험을 한다. 학문적 지식도 사물의 새로움에 대한 체험의 귀결이다. 그 어쩔 수 없는 호기심에서 학문이란 것도 생겨난다. 사물의 새로움이 주는 자극을 수용할 때야 비로소 인간은 때로는 고통스럽고 때로는 즐거운 모든 정념을 체험하기에 이른다. 인생의 쓰고 단 맛도 거기에 있다. 그런 사정 때문에 사물의 새로운 얼굴에 반응할 줄 모르는 사람은 "얼빠졌고 우둔하다"고 한다. 그렇다고 무작정 아무것에나 찬탄하는 사람이라 해서 "비상한 사람"(77항)이라 할 수 있는 것은 아니다. "맹목적인 호기심을 갖는 자들, 다시 말해서 신기한 것을 찾되 그것을 인식하기 위해서_pour les connaître_가 아니라 오로지 찬미하기 위해서_pour les admirer_ 찾는 자들"(78항)은 일종의 병자이다. 과도한 경이감이란 일종의 자기 상실증, 분열증이다. 과잉의 자기외출은 광기이다. 과도한 경이감은 경악_étonnement_으로 불러야 하고, 이는 "악한 것 이외에는 무어라고 할 수 없는 것"(73항)이다.

지나친 경이감이 병적인 이유는 "대상의 첫 이미지"(78항)에 집착한다는 점에 있다. 과도하게 경탄하는 자는 사물의 "첫 얼굴"(73항)에 속고 있다. 그들은 비상하다기보다 오히려 사물의 배후를 볼 수 있는 능력이 결여된 사람이다. 반성 능력이 없고 "이성의 사용_usage de la raison_"(76항)과 거리가 먼 이들은 사물 앞에서 끝까지 입을 다물지 못한다. 이런 지나친 경이감을 치료하기 위해서는 희귀하고 놀라운 일에 익숙해지는 연습을 하고 "여러 사물에 대한 지식"을 얻어야 한다(76항). 그러나 문제는 과도한 경이감만이 아니라 정상적인 경이감도 때때로 이성 사용의 관점에서는 어떤 "왜곡"과 기만의 원인이 될 수 있다는 데 있다(76항/78항). 이는 이미 청년기 데카르트의 방법론적 성찰이 담긴 『규칙』에서도 읽을 수 있다.

그러나 우리 유한한 인간에게 공통된 경험의 하나는 더 어려운 사물일수록 더 아름다운 것으로 여기는 데 있다. 그리고 사람들 대부분은 어떤 사태에서 그 원인이 아주 분명하고 단순하다는 것을 발견한다면 그 스스로 아무것도 인식하지 못한다고 믿어버린다. 반면 철학자들의 오묘하고 심오한 이론들은 경탄해_admirantur_ 마지않는 것이다. 그 이론들이 아무도 충분히 검토해보지 못한 기초 위에 서 있는데 말이다.(『규칙 IX』, AT, X, 401 l.11~18)

"풀이여 푸른 빛이여 / 감격해본 지 얼마나 됐는지"라고 노래하는 「감격하세요」라는 시도 있지만(정현종, 『나는 별 아저씨』에 수록), 위의 인용문은 무조건 감격하는 자에게 경고하고 있다. 우리는 여기서 데카르트가 겪는 어떤 역설이나 불편한 심기를 지적할 수 있다. 먼저 경이감이 없다면 사물에 대한 호기심과 탐구욕이 성립하지 않는다. 경이감은 의식이 대상으로 열리는 원초적 조건이다. 다른 한편 경이감은 사물의 첫인상에 압도당한다. 데카르트의 방법론에 따르면 사물의 본래 모습은 단순한 요소로 환원되어 재구성되어야 한다. 그렇게 재구성되었을 때 원래의 대상은 명백하고 알기 쉬워야 한다. 명석 판명한 단순한 성질로 환원될 수 없는 것은 학문적 대상이 될 수 없다. 사물의 진면목을 알았을 때 거기에는 놀랍고 경이로울 것이 아무것도 없다. 수리 자연학의 세계에서 사물의 원래 얼굴은 색깔이나 소리가 없다. 따라서 사물의 외양에 감탄만 하고 그 속을 알려고 하지 않는 자는 경멸을 받아 마땅하다. 『정념론』에서도 여전히 비슷한 지적을 읽을 수 있다.

> 설사 이 정념(=경이감)으로 향한 경향성을 가지고 태어나는 것은 그것이 우리를 학문적 지식의 취득에 이르도록 배치하기 때문에 좋은 것이라 할지라도, 우리는 이후 그 정념에서 가능한 한 빨리 벗어나야만 한다. 사실 그것이 결여된다 해도 쉽사리 어떤 반성과 특별한 집중력을 통해 보완suppléer할 수 있으며, 새로 나타난 사물이 충분히 고려할 가치가 있다고 판단될 때면 우리의 의지가 오성에게 그러한 반성과 주목을 행하도록 언제든지 강요할 수 있기 때문이다.(76항)

이 구절에 따르면 경이감이라는 자연스런 타자대면 양식은 반성과 주목이라는 방법론적인 타자대면 양식에 의해 보충되거나 대리되어야 할 그 무엇이다. 이는 정념적인 인간의 관점이 이론적 지혜의 관점으로 대체되어야 한다는 이야기와 같다. 이성의 관점에서 대상을 고쳐 만나고 다시 대면하는 것은 어떤 선택에 따른 결정이다. 이성은 그럴만한 가치가 있는 사물에만 주목한다. 그러나 이 선택적 타자대면은 이미 사물의 다름이 일으키는 개방성을 떠나 있다. 그것은 이성이 스스로 설정한 평면에 대상을 재현하려는 노력이다.

이런 재현의 노력은 대상에 대한 인식으로 귀결될 것이다. 참된 인식이 열어놓는 무색의 공간에서 부족해진 동력은 의식 자신의 고유한 추동력으로 메워져야 할 것이다. 의식은 의지의 운동을 통해 어떤 "집중과 특별한 반성"(75항)을 실행할 것이다. 이제 의식은 오로지 자기 자신 때문에 움직일 것이다. 만일 이때 의식이 기쁘거나 슬프게 된다면 오로지 자기 자신 때문이다. 의식은 이제 자신이 그린 이론적 세계상에서 그것을 이루었던 자기 모습의 투영을 보려 한다. 연못 앞에 선 나르키소스처럼 자아는 거기서 자기 자신의 모습을 본다. 거기에 학문을 하는 기쁨이 있다. 학문은 의식에게 자기애自己愛라는 쾌락을 줄 것이다. 데카르트가 말하는 지적인 기쁨이나 내적 정서는 이런 자기애의 구심점이 될 수 있을 것이다.

그러나 학문적 인식의 쾌락은 어떤 억압의 결과이다. 인식을 구하는 이론적 탐구에서 정념적인 충동은 억제되고 배제되어야 한다. 학자는 "그 정념에서 가능한 한 빨리 벗어나야 한다." 로고스는 파토스의 부정이다. 그럼에도 불구하고 학문적 사유를 포함한 모든 대상의식의 활동은 여전히 정념에서 처음의 동인을 얻는다. 정념 없이 아무것도 움직이지 않는다. 지식도 어떤 소유욕에서 오는 것인지 모른다. 따라서 정념은 있어야 하면서 동시에 배제되어야 한다. 이것이 감추어진 데카르트적 의식의 모순이다. 학문과 생의 즐거움은 경탄과 호기심이라는 정념에서 유래하되, 그 정념의 바닥에는 비합리적인 충동이 꿈틀거리고 있다. 이것이 의식의 표정을 다시 바뀌게 하는 이유이다. 정념은 존중되고 향유되어야 하면서 동시에 위험시된다.

## 관대한 자아와 의지의 왕국

분석과 종합이라는 논리적 조작에 기초해서 인식된 대상들은 그 복잡성과 다양성에도 불구하고 모두 자아에 대하여 등거리적인 위치에 머문다. 학문적 인식은 사물의 첫 얼굴이 가졌던 놀라움이 해소되는 과정이다. 사물에 김이 빠지는 과정. 그러나 반성적 인식은 그 첫인상이 일으키는 동요를 완전히 해소시킬 수는 없다. 왜냐하면 경이감에 의해 충전되는 동요는 약해졌다 강해졌다 하는 것이 아니라 처음부터 온전히 주어지는 것이기 때문이다(72항). 그 온전한 힘은 반성에 의해 억제되거나 지연될 수 있을 뿐이다. 반성은 어떤 낯설거나 신비한 사물을 진부한 것으로 매도할 수 있을 때까지 사물의 충격을 보류하는 행위이다.

보류와 지연. 사실 앎과 반성의 길을 따라 정념을 완전히 통제하기까지는 긴 시간을 기다려야 한다. 인간의 지혜로 세상이라는 책을 완전히 읽을 수 있는 것은 몇 세대에 걸친 학문적 탐구 뒤에도 불가능할 수 있다. 현 상태에서 "참된 의미에서 완전히 지혜롭고 현명한 존재" 또는 "모든 사물의 진리에 대한 총체적 인식을 가지고 있는 존재"는 "오로지 신밖에" 없다. 인간은 다만 "중요한 몇몇 지식을 더 가졌느냐 덜 가졌느냐"에 따라 "더 현명하든가 덜 현명하다."(『철학원리』서문, AT, IX-2, 2) 아무리 시간이 지나도 인간은 세상을 읽으며 번번이 놀라고 감탄하기 마련이고, 그런 한에서 정념적인 충동은 계속 생산될 것이다. 따라서 앎이라는 안정제는 한시적인 처방밖에 되지 못할 것이다.

하지만 정념에 저항하는 또 다른 방책이 있다. 그것은 정념에 맞서고 제어할 수 있는 내면의 힘을 키우는 것, 의지의 힘을 키우는 것이다. 이는 고통의 정념을 기쁨의 정념으로 역전시킬 수 있는 역량을 키우는 것과 같다. 이런 내면적 역량은 관대함générosité에 이르러 최고조에 이른다. 관대하고 너그러운 자아는 학자가 아니다. 그는 이성을 올바로 사용하는 자아라기보다 의지를 올바로 사용하는 자아이다. 관대함은 올바른 의지의 사용 혹은 의지의 자유로운 배치에 힘입어 여러 가지 도덕적인 덕들이 "완전히" 실현된 상태를 말한다(153항). 이런 관대함에 이를 때 의지는 "우리를 우리 자신의 지배자로 만들면서 어떤 의미에서 신과 닮게 해준다."(152항) 너그러움의 형태에 도달한 자기의식은 "신들과 더불어 행복을 다툴 수" 있다(『방법서설』 3부, AT, VI, 26).

관대함의 길은 스토아의 무-정념apatheia의 이념처럼 정념적인 동요를 완전히 제거하는 길이 아니다. 관대함은 어떤 덕德인 동시에 또한 그 자체가 일종의 정념이다(160항). 관대함의 길은 정념이 인간적인 행복과 기쁨의 원천이라는 긍정적인 전제에서 출발한다. 이런 적극적인 자세에서 시작되는 길은 영혼이 정념을 끌어안을 수 있는 자신의 도량과 크기를 키워가는 과정이다. 이는 계속 확장되어가는 영혼의 크기 속에서 슬픔이 줄어들고 기쁨이 증가하도록 심리적인 인과의 연쇄를 개선해나가는 여정과 같다. 데카르트가 가리키는 이 여정은 다음과 같은 세 가지 점에서 특별히 주목할 필요가 있다.

먼저 관대함의 길은 데카르트의 정념론이 도덕으로 가는 길 자체에 해당한다. 올바른 의지사용의 주체인 관대한 자아는 도덕적 인간의 모델이다. 다른 한편 관대함은 영혼의 크기와 관련된 개념이다. 데카르트의 독창성은 영혼의 크기가 신분이나 혈통에 의해 선천적으로 고정되어 있다는 전통적인 믿음에 종지부를 찍는 데 있다. 관대함은 이제 출생과 무관하게 오로지 학습과 노력을 통해 획득할 수 있는 도량이다. 우리는 여기서 근대적 인문주의의 핵심을 이루는 교양의 이념이 탄생하고 있음을 볼 수 있다. 관대함의 길은 자기도야와 형성의 길에 해당한다. 마지막으로 관대한 자아가 이상적 인간의 전형이라면, 모든 전형이나 모델은 어떤 평가나 분류의 기준이 될 수 있다. 따라서 데카르트는 관대함의 길을 가르치면서 주체의 여러 가지 형태를 분석한다.

먼저 사물의 놀라움에 둔감한 사람, 쉽게 경탄할 줄 모르는 사람이 있다. "그들은 훌륭한 분별력을 가지고 있다 해도 자신의 내적 충분성suffisance을 높이 평가하지 못하는 사람들이다."(77항) 그들은 자기 확신이나 자신감이 부족한 나머지 새로운 사물이 주는 충격에 대항하여 자폐적으로 자기를 보호하고 있다. 물론 사물의 새로움에 예민하다 해서 그만큼 더 커다란 지능을 가졌다고 말할 수 없다(77항). 사물에 민감한가 둔감한가는 머리의 좋고 나쁨에 상관없을뿐더러 양식이나 분별력sens commun assez bon이 있느냐 없느냐 하는 것과도 무관하다. 문제는 오로지 정념의 유희에 자기 자신을 스스로 맡길 수 있는 여유가 있느냐 없느냐에 달려 있다.

이런 여유는 타자대면 이전에 의식이 스스로 자기 자신에게 내리는 평가에 의해 결정된다. 경탄에서 정념적인 힘이 충전되는 순간 의식은 그 힘이 일으킬 동요의 크기를 계산하고 있다. 그 계산은 자신이 가진 힘에 대한 평가를 포함한다. 정념적인 동요가 충전될 때 개입하는 평가는 두 가지로 대별될 수 있다. 하나는 대상 일반에 대한 평가이고, 다른 하나는 자기 자신에 대한 평가이다. 대상 일반에 대한 평가와 관련해서는 다시 두 가지 유형을 식별할 수 있다. 존중estime과 멸시mépris가 그것이다(149항). 이 두 정념은 경이감에 속하는 두 유형이다. "왜냐하면 우리가 대상의 위대성이나 그 왜소함을 신기해하지 않으면, 이성이 마땅히 해야 한다고 지시하는 것 이외에는 고려하지 않게 되고, 그 결과 우리는 아무런 정념 없이 그 대상을 높이거나 낮추기 때문이다."(150항)

새롭고 놀라움을 유발하는 사물이 위대해 보이거나 왜소해 보인다면, "이 두 정념은 일반적으로 모든 종류의 대상에 관계할 수 있다."(151항) 그러나 데카르트가 특히 주목한 것은 이 존중과 멸시가 "우리 자신"에게로 향할 때 일어나는 현상이다. 의식이 자기 자신에게 내리는 평가는 인격적인 외형을 결정하는 주요 요인이다. "사람들의 표정이며 몸짓, 걸음걸이 그리고 일반적으로 모든 거동"(151항)은 그런 평가에서 비롯된다. 내면의 색깔은 그렇게 자기 평가를 통해 드러나는 것이고, 그런 의미에서 외면은 전적인 내면의 표현이다.

우리는 물론 우리 자신을 남보다 과대평가할 수 있다. 근거 없이 자신에 대해 호의적인 평가를 내릴 수도 있다. 근거 없는 자기 우호적인 평가는 교만orgueil의 정념을 낳는다(157항). 교만한 자는 부당한 근거에서 자기 자신을 높인다. 이와 달리 부당한 근거에서 자기 자신을 낮추는 사람이 있다. 이는 굴종적인 자기의식의 형태로서 지나친 겸손humilité vicieuse을 낳는다. 굴종은 "스스로가 약하고 결연하지 못하다는 느낌" 그리고 "자기 스스로 존립할 수 없다거나 남이 얻어 놓은 것이 없이는 살 수 없다는 느낌"(159항) 등에서 기인한다. 교만과 지나친 겸손은 서로 뒤바뀌기 쉬운데, 그런 상호 역전 가능성은 양자가 모두 부당한 근거에 의존하여 자기를 평가한다는 데서 올 것이다. 둘은 모두 표류하는 자기의식에 해당한다.

표류하는 자기의식이 타자와 대면할 때 그 타자는 왜곡되어 나타나기 쉽다. 타자는 그들에게 너무 크거나 너무 작게 나타난다. 정당하게 힘을 교환하면서 타자와 대면하는 이상적인 자기의식의 형태는 관대함이다. 관대한 형태의 자기의식은 자신의 넉넉함을 의식하고 있다. 이런 넉넉함의 의식은 의지의 올바른 사용에 대한 확신에서 온다. 관대함은 "한편으로 의지의 자유로운 배치disposition 이외에는 어떤 것도 자신에게 속하는 것이 없다는 것을 알면서 (…) 다른 한편 그 의지를 잘 사용하겠다는 확고부동한 결의를 자신 안에서 스스로 느끼는 것"에서 온다(153항/158항). 너그러운 자기의식이 독자적인 자기균형 능력을 체험하는 것은 "의지의 왕국empire que nous avons sur nos volontés"(152항)을 소유하고 있다는 확신에 이를 때이다. 그는 거기서 "언제나 자기 내면에 만족할 만한 그 무엇"(148항)을 가지고 있고, 따라서 "자기 자신의 주인"(152항)임을 말할 수 있다.

자기 자신의 지배자이자 소유자라고 말할 수 있을 때 의식은 "자기 자신을 정당하게 평가할 수 있는 최상점"(153항)에 이른다. 여기서 의식은 "자신의 본성상의 취약성을 자각하면서도"(155항) 새로운 사물이 일으키는 놀라움이나 두려움, 타인 앞에서 겪는 질곡 등에서 벗어날 수 있는 명예로운 자기위로의 장치를 얻는다. 가령 불행한 일을 당했을 때도 자기가 할 수 있는 "최선"을 다했음을 알기 때문에 "양심"의 가책을 받지 않는다(148항). 그 불행이 자신에 의존하지 않는 원인에서 오고 스스로 책임이 없다는 것을 알므로 마음이 편안한 것이다. 따라서 데카르트는 관대한 자아의 실현에서 "모든 정념적인 혼란상에 대한 치료책"(156항/148항)을 찾는다. 이 너그러운 자아는 어떠한 정념적인 상황에서도 자신의 평정을 지킬 수 있다. 안분자족安分自足할 수 있는 것이다.

## 데카르트의 사족

덕이란 어떤 특정한 종류의 사유를 말하는 것이 아니라 "의식이 습성"을 뜻한다. 그것은 마음을 특정한 부류의 생각으로 이끄는 관성적인 힘이다. "덕은 생각들과는 다른 것이면서도 그것들을 생겨나게 하는" 힘이며, 또 거꾸로 "그것들에 의하여 발생되는" 능력이기도 하다(161항). 데카르트는 인간이 가질 수 있는 덕 중에서 관대함의 덕을 "모든 다른 덕들의 열쇠이며 모든 정념적인 혼란상에 대한 일반적 구제책"(161항)으로 보았다. 그러나 관대함의 덕은 혈통과 신분을 통해 자연적으로 주어지는 어떤 것이 아니라 힘겨운 도야의 산물이다. 그것이 습관으로 체질화될 때까지는 "예비적 성찰과 끈질긴 노력"이 필요하다. 여기에는 이러저러한 정념의 치료책들을 실천하고자 하는 "충분한 마음가짐"(211항)이 필요하다.

관대함의 덕을 습득하는 것도 문제이지만, 이 덕의 습성을 유지하는 것도 마찬가지로 어렵다. 그것은 정념의 의외성 때문이다. "미리 충분히 대비하지 않았을 때는" 돌발적인 정념의 분출을 통제할 수 있거나 그에 "저항할 수 있는 인간적인 지혜는 없다."(211항) 각각의 정념에 대해 우리가 모두 알게 되었을 때도 마찬가지이다. 정념을 모두 안다 해도 "그 전보다 그것들을 두려워할 이유가 훨씬 줄어든다"(211항)는 것뿐이지 그 두려움이 완전히 제거되는 것은 아니다. 관대한 자아는 정념을 모두 무화시켜버린 자아가 아니라 정념을 관리하는 자아일 뿐이다. 인간은 어떤 경우에도 정념 자체를 무화시킬 수는 없다. 정념은 그에 대한 이론적 설명이 끝났을 때도 여전히 어떤 역동적인 예측 불가능성 속에 숨어 있다.

특히 그것은 "그토록 재빠르게"(211항) 닥쳐오는 정념적인 운동을 반성이 뒤쫓아 감당할 수 없기 때문이다. 반성은 정념의 속도를 따를 수 없다. 따라서 정념을 분석하고 그에 대비하여 강구된 묘책을 실천에 옮긴다 해도 "그와 같은 방식으로 모든 종류의 마주침 rencontres에 충분히 준비된 사람은 거의 없다."(211항) 정념의 돌발성에서 해방된 인간, 사물의 의외성에 완전히 무관할 수 있는 사람은 없다. 기분은 급작하게 닥치는 것이어서 사람인 이상 본성상 "기절하는 것을 혹은 눈물이 나는 것을 혹은 피가 거꾸로 솟는 것을"(211항) 어쩔 수 없이 당하여야 할 때가 있다. 많은 경우 인간의 희노애락 喜怒哀樂은 그런 식으로 닥친다. 자기균형을 찾으려는 의식에게 정념이 그렇게 쫓아가기 벅찬 속도를 발휘하고 있을 때, 그의 내면 풍경은 평탄하게 남아 있을 수는 없다. "두려움의 주요 원인은 놀라움 surprise이기 때문에"(176항) 예고 없이 나타나는 낯선 사물은 인간이 세계에 대하여 가지는 불안의 원인이 아닐 수 없다.

이런 이유에서 데카르트는 정념을 방법적으로 분류하여 제일 단순한 것부터 "열거"하고 "그 순서를 따라가는 것 suivre l'ordre du dénombrement"(210항)으로 자신의 분석을 마무리할 수 없었다. 『정념론』은 순서에 따른 정념의 분류와 열거를 마친 이후 곧바로 결론을 맺는 것이 아니라 그 사이에 어떤 보충적인 항을 끼워놓고 있다. 이 보충적인 항은 "모든 정념적인 혼란상에 대한 구제책"(148항/156항)으로 제시된 관대함의 덕이나 영혼에게만 고유한 지적 쾌락(내적 정서)과는 구별되는 제3의 구제책을 내용으로 한다. 여기에는 "더 일반적인 구제책"(211항)이라는 이름이 붙는다. 그것이 더 일반적인 이유는 이제까지의 반성에서 벗어나는 어떤 예외적인 상황과 일탈적인 사례들을 포괄하기 때문이다. 아직도 남아 있는 정념 발생의 우연성, 그 환원 불가능한 우연성 때문에 정념론에서 가장 긴 항목에 해당하는 어떤 첨언이 끼어들어야 했다. 우리는 그것을 데카르트의 사족蛇足이라 부를 수 있다.

그 사족은 주로 우발적 상황에 대한 대응책들을 담고 있다. 가령 도덕석인 훈련에도 불구하고 너무 흥분하게 되었을 때는 감성이 언제나 근거 없는 이유로 우리를 "속인다"는 것을 "회상"하라고 이른다. 때로 그와 같이 근거 없는 이유로 판단하는 것을 "억제"하면서 흥분이 가라앉을 때까지 "다른 생각들로 기분을 전환하는 것"도 한 방책이라고 한다. 그래도 안 되면 정념이 표상하는 근거와 "반대되는 이유"로 우리의 의지를 돌려서 생각해볼 수도 있다고 한다. 그러나 아무리 반성이 정념적인 충격을 보류하거나 지연시킬 수 있더라도 강도나 적을 만났을 때처럼 전혀 숙고할 여유가 없을 때에는 대책이 없을 것이다. 이때는 평소에 그런 상황을 염두에 두었다가 도망가는 것보다는 훨씬 안전하고 명예로울 수 있는 대응책을 생각하면서 그 두려운 느낌을 "우회시키는 것"밖에 어쩔 도리가 없을 것이다(이상 211항).

그밖에 데카르트가 자질구레하게 덧붙이는 권고를 여기에 모두 옮겨 적을 필요는 없을 것이다. 다만 그토록 체계적으로 전개되던 정념의 분석과 그에 대응하여 제시되던 억제책이 이렇게 임시방편적이고 구차하게 보이는 권고로 보완되어야 하는 사정을 짐작해 보는 것이 나을 것이다. 왜 정념의 지배는 관대함의 덕 하나로 해결될 문제가 아닌가? 왜 "더 일반적인" 구제책이라 불리는 또 다른 방책을 강구해야 하는가? 게다가 그 구제책이라는 이름 아래 언급된 권고는 과연 인간의 삶 속에서 드러나는 우연의 힘 앞에서 얼마나 효과적일 수 있는가?

데카르트의 사족은 관대함의 덕을 상대화할 뿐만 아니라 『정념론』의 이론적 구성 전체에 어떤 불균형을 가져오는 첨언일 수 있다. 우리는 여기서 합리주의의 화신인 데카르트에게서도 정념은 어떤 이론적 오점을 남긴다는 사실을 읽을 수 있다. 도덕이 데카르트의 체계를 완성하는 마지막 지점임을 생각할 때, 그 사족은 모든 논리적 세계구성이나 이론적 담론에 붙여야 할 부록인지 모른다. 그것은 적어도 푸코의 계보학에서 근대적 코기토의 핵심으로 지칭되는 어떤 비사유 l'impensé의 얼룩에 해당한다. 그것은 코기토 속에서 자라나는 얼룩, 사유 cogito와 존재 sum의 불일치를 가져오는 어떤 불투명성의 두께를 대신한다.

## 더 읽을거리

데카르트 원전의 표준 준거문헌은 샤를 아당Ch. Adam과 폴 탄네리P. Tannery가 편찬하여 보통 AT로 약칭되는 *Oeuvres de Descartes*(Vrin, 1964/1974)이며, 이 글 역시 이 문헌에 근거하여 인용 페이지를 표기하였다. 관심 있는 독자들을 위해 데카르트 원전의 한글 번역본과 영문 번역본을 소개한다.

데카르트, 『방법서설/성찰/정념론/철학원리』, 김형효 옮김, 삼성출판사, 1982
『정념론』의 번역이 들어 있고 역주가 첨부되어 있다.

데카르트, 『방법서설/성찰』, 최명관 옮김, 서광사, 1983
정확하고 잘 다듬어진 우리말 번역이 돋보인다.

데카르트, 『정신지도규칙/방법서설/성찰』, 이현복 옮김, 문예출판사, 1996
가독성이 뛰어나고 역주가 첨부되어 있다.

R. Descartes, *Philosophical Writings of Descartes*,
trans. J. Cottingham, R. Stoothoff, D. Murdoch, A. Kenny,
Cambridge University Press, 1985/1991.
최근 영미권 데카르트 연구자들이 선보이 새로운 번역으로 세 권으로 구성되어 있다.

김선영, 「데카르트 철학체계에서 '정념'의 지위」, 『인문과학연구』 22호, 강원대학교 인문과학연구소, 2010
데카르트의 정념론을 다룬 거의 유일한 국내 논문이다.

진태원, 「합리론에서 정념의 문제」, 서양근대철학회 편, 『서양근대철학의 열 가지 쟁점』, 창비, 2004
데카르트를 포함하여 스피노자, 라이프니츠의 정념론을 거시적인 관점에서 비교하고 평가한다.

J.-M. Beyssade, *Etudes sur Descartes*, Seuil, 2001
보석 같은 논문들을 담고 있는 이 연구서에는 데카르트의 정념론과 스피노자의 정념론 사이의 내적 연관성을 다루는 빼어난 논문이 실려 있다.

S. James, *Passion and Action: The Emotions in Seventeenth-Century Philosophy*, Clarendon Press, 1997
근대 경험론과 합리론을 중심으로 감정, 정서, 정념의 문제가 제기되고 해결되는 과정을 자세히 설명하고 평가한다.

D. Kambouchner, *L'homme des passions: Commentaire sur Descartes*, Albin Michel, 1995
저자의 국가박사학위 논문으로 데카르트 정념론에 관한 가장 체계적이고 상세한 연구서다.

M. Meyer, *Le philosophes et les passions*, Librairie Générale Française, 1991
아리스토텔레스에서부터 칸트에 이르기까지 정념의 문제가 철학에 대하여 갖는 여러 가지 의미와 중요성을 부각하고 설명한다.

# 스피노자

## 정신적 자동장치

# 진태원

연세대학교 철학과와 동 대학원을 졸업하고 서울대학교 철학과에서 「스피노자 철학에 대한 관계론적 해석」으로 박사학위를 받았으며, 현재 고려대학교 민족문화연구원 HK연구교수로 있다. 스피노자를 비롯한 서양 근대철학을 공부하고 있으며, 알튀세르, 데리다, 푸코 같은 현대 프랑스 철학자들에 관해서도 깊은 관심을 갖고 있다. 지금은 주로 사회·정치철학 분야를 공부하면서 국민국가와 민족주의 문제에 대해서도 연구와 저술 활동을 병행하고 있다.

# 데카르트와 함께,
# 데카르트에 반대하여

스피노자Benedictus de Spinoza(1632~1677)의 철학을 데카르트와의 대결의 소산이라고 범박하게 말할 수 있다면, 그의 정신이론은 더욱 그렇다고 할 수 있다. 스피노자는 동시대의 많은 지식인과 더불어 데카르트가 이룩한 사상적인 변혁을 받아들이고 지지하면서, 동시에 그가 남긴 미완의 과제를 해결하려고 애썼다. 이 미완의 과제 중에는 데카르트 철학의 모순들을 해결하는 것도 포함돼 있었는데, 그것은 특히 정신과 신체의 관계라는 문제로 집약된다.

데카르트가 『성찰』에서 증명하듯이, 비물질적이며 항상 하나인 사유하는 실체로서의 정신과, 공간 속에서 연장하며 부분들로 분할될 수 있는 물질적 실체인 신체는 상이한 것으로 분리되어 있으며, 따라서 원칙적으로 양자 사이에는 아무런 상호작용도 존재할 수 없다. 하지만 이러한 이원론은 불가피하게 우리의 일상 경험과 충돌한다. 왜냐하면 데카르트 자신이 인정하듯이 정신과 신체의 연합이라는 관념은 "각각의 사람들이 철학함 없이도 항상 자기 스스로 체험하는 것"이기 때문이다. 곧 각각의 사람들은 일상생활에서 자기 자신이 "하나의 신체와 하나의 사고를 함께 가지고 있는 단 하나의 인격체"(「엘리자베스에게 보내는 편지, 1643년 6월 28일자」)라는 것을 경험한다. 더욱이 데카르트는 『성찰』의 마지막 장인 「여섯째 성찰」에서도 인간이 이러한 의미의 연합체라는 것을 긍정하고 있다.

어떻게 정신과 신체가 서로 전혀 다른 것임에도 양자는 하나의 연합체로 통일될 수 있을까? 스피노자의 정신이론은 데카르트가 남겨준 이러한 수수께끼에 대한 독자적인 답변의 시도라고 할 수 있다. 그는 특히 데카르트의 해법, 곧 정신과 신체의 상호작용이라는 해법을 철저하게 거부함으로써 자신의 답변을 모색한다.

## 데카르트 비판의 논점

스피노자가 15년의 시간을 들여 집필한 필생의 대작 『윤리학*Ethica*』은 매우 건조하고 난해한 문체로 악명이 높은 책이다. 이 책에는 철학자를 비롯해서 사람들의 이름이 거의 등장하지 않으며, 오직 정제된 논증과 함께 익명의 적수들에 대한 비판만이 전개되고 있다. 하지만 여기에는 아주 드문 예외가 존재하는데, 스피노자는 『윤리학』 3부 「서문」과 5부 「서문」에서 데카르트의 이름을 두 차례에 걸쳐 거론하면서 그의 정신이론을 비판한다.

3부 「서문」이 데카르트 정념론의 한계에 초점을 맞추고 있다면, 5부 「서문」에서는 데카르트의 심신이론을 비판하고 있다.

> 묻거니와 그[데카르트]는 정신과 신체의 연합을 무엇으로 이해하는 것인가? 연장의 아주 작은 부분과 긴밀하게 연결돼 있는 사유에 대해 그는 어떤 명석 판명한 개념을 갖고 있는가? 나는 진정으로 그가 이러한 연합을 그 가까운 원인을 통해 설명해주었으면 하고 바랐다. (…) 하지만 그는 정신을 신체와 완전히 구별되는 것으로 인식했기 때문에 이러한 연합에 대해서도 정신 자체에 대해서도 어떠한 독특한 원인을 제시하지 못했으

며, 우주 전체의 원인, 곧 신에게 의존해야만 했다. (…) 나는 이러한 견해가 아주 오묘하지 않았더라면, 이것이 그처럼 위대한 사람이 주장한 것이라고 믿지 않았을 것이다. 그리고 나는 한 철학자[데카르트]가 (…) 스콜라 철학자들에 대해 그들이 은밀한 성질을 통해 모호한 것들을 설명하려 한다고 그처럼 자주 비난한 다음에, 모든 은밀한 성질보다 더 은밀한 가설을 채택하는 것을 보고 정말이지 놀라지 않을 수 없었다.(『윤리학』 279~280)

> **송과선**
> 데카르트가 정신과 육체의 인과적 상호작용을 설명하기 위해 지목한 기관. 뇌의 아래쪽에 존재하며, 물리적 자극을 받아 마음속에 감각을 일으키는 한편 정신의 작용을 조정하여 외부세계에 전달하는 역할을 한다고 여겨졌다.

스피노자는 세 가지 측면에서 데카르트의 정신이론을 비판한다. 첫째, 정신과 신체가 각자 독립된 실체로서 서로 구별된다고 보는¹ 데카르트의 관점을 비판한다. 둘째, 스피노자는 송과선이라는 매개를 통해 정신과 신체가 상호작용한다고 보는 관점을 거부한다. 스피노자에 따르면 이것은 "모든 은밀한 성질보다 더 은밀한 가설을 채택하는 것"(『윤리학』 279)에 불과하다. 셋째, 데카르트의 관점은 정서의 본성을 제대로 파악할 수 없게 만든다. 데가르드가 주장하는 상호작용의 관점에 따르면 정신과 신체는 서로 반비례 관계에 있다. 곧 정신의 능동과 수동의 질서는 신체의 능동과 수동의 질서와 반비례하기 때문에, 신체가 수동적일 때 정신이 능동적이며 신체가 수동적일 때 정신이 능동적이라고 생각할 수밖에 없다. 이는 "정서들이 절대적으로 우리의 의지에 의존하며 우리는 정서들을 절대적으로 지배하고 있다고 믿는" 데서 나오는 생각이다(『윤리학』 277).

---

1 전문적인 용어로는 '실재적 구별real distinction'이라고 한다. '실재적 구별', '양태적 구별', '사고상의 구별'은 후기 스콜라 철학의 전문 용어들이다. 실재적 구별은 실체와 실체 사이의 구별을 뜻하며, 양태적 구별은 실체와 양태, 또는 양태와 양태 사이의 구별이다. 사고상의 구별은 실체와 속성 사이의 구별을 의미한다.

역으로, 스피노자의 정신이론은 이 세 가지 비판에 전제돼 있는 스피노자 자신의 독자적인 관점의 종합이라고 할 수 있다. 우선 스피노자가 데카르트의 정신-신체 이원론을 거부하기 때문에, 그는 어떻게 정신과 신체라는 이질적인 두 존재자가 서로 구별되는 두 개의 실체가 아닌지, 즉 어떻게 서로 이질적인 양자가 하나의 통일체를 이루는지 설명해야 한다.

둘째, 이러한 통일체의 관점에서 볼 때 정신의 고유성은 어떻게 규정될 수 있는가 하는 문제가 제기된다. 데카르트가 이질적인 두 실체가 어떻게 서로 작용할 수 있는가라는 풀기 어려운 질문에 직면하게 된 것은 어떻게 보면 그의 철학적 혁신에서 생겨난 결과다. 데카르트는 (갈릴레이와 더불어) 인간의 신체를 비롯한 모든 자연 사물을 기하학적인 원리에 따라 설명하는 것을 새로운 자연학의 핵심으로 삼았다. 이에 따라 그는 물질의 본성을 연장延長(길이, 넓이, 깊이)으로 규정하면서 아리스토텔레스주의 자연학이 전제하던 물체가 지닌 힘을 '은밀한 성질'이라고 하여 제거한다. 이렇게 해서 물질 또는 자연 전체는 (창조주의 도움이 없이) 그 자체로는 작용할 수 없는 불활성의 존재자가 되며, 자연 안의 각각의 사물(신체를 비롯한 물체들)은 관성 원리에 따라 작용하게 된다. 이런 관점에서 보면 자연 사물에는 외부 물체의 작용에 따라 움직이는 피동적 작용의 가능성만 남게 된다. 데카르트는 인간을 이처럼 아무런 자기활동적 힘을 갖지 못한 자연 사물의 지위에서 구해내어 그에게 자유의 여지를 남겨주려고 했으며, 이것이 정신과 신체의 이원론이라는 형태로 나타났다.

스피노자는 데카르트와 달리 정신과 신체를 근본적으로 상이한 두 개의 실체로 보지 않고 처음부터 인간을 통일체로 파악하면서 정신과 신체를 이러한 통일체의 두 가지 표현으로 본다. 그렇다고 해서 스피노자가 정신을 신체의 형상으로 보는 중세철학의 관점으로 돌아간 것은 아니다. 그는 갈릴레이, 데카르트와 더불어 자연을 기하학적인 관점에 따라 설명하려는 근대 과학의 기획을 공유하고 있었다. 그런데 이렇게 되면 신체만이 아니라, 인간 전체, 따라서 정신도 자연 사물과 동일한 인과관계에 따라 규정되며, 동일한 관성 원리에 따라 작용하게 된다. 스피노자가 미완성 상태로 남아 있다가 사후에 출간된 초기 저작 『지성개선론』에서 정신을 "정신적 자동장치automat spirituale"로 규정한 것은 이런 이유 때문이다 (32). 그런데 정신이 정신적 자동장치, 곧 일종의 기계와 같다면, 그러한 정신을 과연 정신이라고 할 수 있을까? 또 그 경우 정신이 과연 참된 인식을 획득하는 능력을 지닐 수 있을까?

셋째, 데카르트는 인간 신체가 자연 사물이나 기계와 마찬가지로 관성적 인과관계에 따라 작용한다는 점을 인정하면서도 인간의 정신을 신체와 전혀 다른 존재론적 질서에 속하는 것으로 이해함으로써 인간에게 자유의지의 가능성을 마련해주려고 했다. 따라서 정신의 자율성은 자연적 인과관계, 곧 신체의 구속에서 벗어날 수 있는 정도에 따라 증대하게 된다. 신체의 능동성과 정신의 수동성 사이에 반비례 관계가 존재하는 것은 이 때문이다. 반면 스피노자가 데카르트 식의 상호작용이론을 거부한다면, 스피노자는 자유의지의 가능성을 전제하지 않은 가운데 인간의 자유 또는 자율성을 설명할 수 있어야 한다. 기계론적 인과관계가 지배하는 자연 속에서 신체와 정신을 분리하지 않고서 인간의 자유를 어떻게 설명할 수 있는가? 다시 말해 신체의 능동과 수동의 질서와 정신의 능동과 수동의 질서 사이에 반비례적인 관계를 설정하지 않고서도 인간 및 정신의 자율성을 설명하는 것은 어떻게 가능한가?

## 존재론적 동일성과 실재적 구별

우선 스피노자의 존재론에서 시작해보자. 스피노자는 데카르트와 달리 정신과 신체의 존재론적·인간학적 통일성이라는 관점을 택한다. 이는 실체는 무한하게 많은 무한한 속성들로 구성된(즉 실체를 구성하는 무한한 속성들의 숫자는 무한하게 많다) 절대적인 통일체이며(『윤리학』 1부 정의 6), 이러한 실체의 역량을 표현하는 각각의 양태 역시 하나의 통일체라는 것, 그리고 이 양태들은 연장과 사유라는 속성 아래에서 때로는 연장하는 물체로 때로는 사유하는 실재[2]로 표현된다는 점에 기초를 두고 있다. 이처럼 자연을 하나의 통일체로, 또 인간을 비롯한 각각의 개체 역시 하나의 통일체로 파악할 수 있게 해주는 근본 원리는 『윤리학』 2부 정리 7에서 제시된다.

> 관념들의 질서와 연관은 실재들의 질서와 연관과 같은 것이다.

이른바 '평행론parallelism' 명제라고 불리는 이 명제는 아주 간단하게 보이지만 사실 여러 가지 논점을 함축하고 있다. 스피노자 자신

> **평행론**
> 물리적인 것과 정신적인 것이 서로 조화를 이루지만 인과적 영향을 주고받지는 않는다는 이론. 스피노자에게는 평행한 속성들이 동일하게 실체를 표현한다.

---

[2] '실재'라는 표현은 라틴어 '레스res'를 우리말로 옮긴 것이다. 'res'는 영어로는 보통 'thing'으로 옮기지만, 원래 'res'는 무와 반대되는 것으로서, 존재하는 모든 것을 지칭하는 개념이다. 여기에는 생명과 무생명체, 인격체와 사물, 신체와 정신이 모두 포함된다. 이런 점을 고려하여 '실재'라는 표현을 사용한다.

> **양태**
> 보통은 사물이 지닌 우연적인 특성으로 이해되지만, 스피노자의 철학에서는 개별적인 사물들이 양태로 이해된다. 존재하는 모든 것은 실체와 양태뿐이며, 실체가 존재하기 위해 다른 것을 필요로 하지 않는 반면, 양태는 실체가 있음으로써만 존재할 수 있다.

> **실체**
> 서양 근대철학의 핵심 개념. 자신이 존재하기 위해 다른 어떤 것도 필요로 하지 않고 독립적으로 존재하는 것을 의미한다.

이 아니라 라이프니츠가 사용한 바 있는 평행론이라는 명칭이 과연 스피노자의 철학, 특히 그의 심신이론을 표현하는 데 적합한 것인지는 뒤에서 살펴보기로 하고, 여기서는 우선 이 명제의 존재론적·인식론적·인간학적 함의를 해명해보자.

2부 정리 7은 존재론적인 측면에서 본다면 자연의 인과적인 동일성을 표현한다. 스피노자는 『윤리학』 1부 정의 6에서 신을 "절대적 존재자, 곧 각자가 영원하고 무한한 본질을 표현하는 무한하게 많은 무한한 속성들로 구성된 실체"로 규정한다.

속성들 각자가 영원하고 무한한 본질을 표현한다는 것은 속성들 각자가 자율적이라는 것(스피노자의 표현에 따르면 "자신의 유類 안에서 무한하다"는 것)을 의미한다. 속성들은 외부의 어떤 것에도 제약받지 않으며 서로 작용하지 않는다. 따라서 속성들은 서로 동등하다. 곧 속성 중 하나가 다른 것에 비해 우월하거나 열등하지 않다. 가령 사유 속성은 연장 속성에 비해 우월하지 않으며, 연장 속성도 사유 속성에 비해 우월하지 않다. 그리하여 사유 속성에 속하는 양태들(정신을 비롯한 관념들)도 연장 속성에 속하는 양태들(신체를 비롯한 물체들)에 비해 우월하거나 열등하지 않다.

다른 한편으로 실체가 무한하게 많은 속성들(인간은 이것들 중 사유 속성과 연장 속성만 인식할 수 있다)로 구성되어 있다는 것은 스피노자가 말하듯 신 또는 실체의 절대성을 의미한다. 그리고 여기서 스피노자가 말하는 절대성이란 모든 것을 포괄함을 뜻한다. 곧 신 또는 실체가 무한하게 많은 속성들로 구성된다는 것은 실체가 각자 무한한, 곧 각자 다른 것에 의해 제약되지 않는 무한하게 많은 속성들로 표현된다는 것을 의미한다. 따라서 실체의 절대성은 실체의 절대적 동일성을 함축한다(『윤리학』 1부 정리 11).

그러나 이때 스피노자가 말하는 실체나 신을 하나의 개체, 더 나아가 인격적 개체처럼 생각해서는 안 된다. 스피노자에게 실체 또는 신은 자연 전체이지 개별적 존재자가 아니다. 그리고 실체를 구성하는 무한한 속성은 각자 자율적인 인과 연관 또는 질서이기 때문에, 스피노자가 말하는 신은 무한하게 많은 것을 무한하게 많은 방식으로 생산해내는 인과관계들 전체와 다르지 않다(『윤리학』 1부 정리 16).

따라서 2부 정리 7이 의미하는 바는 자연을 구성하는 무한하게 많은 속성들은 동일한 하나의 연관이나 질서를 표현한다는 점이다. "우리가 자연을 연장의 속성 아래 인식하든 아니면 사유 속성 아래 인식하든, 또는 그 어떤 속성 아래 인식하든 간에, 우리는 하나의 동일한 질서 또는 하나의 동일한 원인들의 연쇄를 발견한다." (『윤리학』 2부 정리 7의 주석) 이 점은 3부 정리 2의 주석에서도 다시 긍정된다. "자연이 이 속성 아래서 인식되든 아니면 저 속성 아래서 인식되든 간에 실재들의 질서 또는 연관은 하나다."

2부 정리 7의 또 다른 논점은 속성들 사이의 실재적 구별이라는 논점이다. 스피노자가 자연의 인과적 질서와 연관은 같은 것이라고 주장한다고 해서 속성들 사이의 구별을 배제하는 것은 아니다. 앞서 말했듯이 사유와 연장 같은 속성들이 각자 자신의 유 안에서 무한하고 따라서 다른 어떤 것에 의해서도 제약되지 않는 자율성을 유지하는 한에서, 사유와 연장은 서로 실재적으로 구별된다. 곧 양자 사이에는 아무런 상호 제약 관계가 존재하지 않으며, 아무런 인과관계도 존재하지 않는다. 인과관계는 오직 각각의 속성 내부에서 전개될 뿐이다. 사유 속성에 속하는 관념은 다른 관념과 인과관계를 맺으며, 연장 속성에 속하는 물체 또는 신체는 다른 물체 또는 신체와 인과관계를 맺는다. 따라서 사유 속성에 속하는 양태인 정신과 연장 속성에 속하는 양태인 신체 사이에도 아무런 인과관계나 상호작용이 존재하지 않는다. "신체는 정신이 사고하도록 규정할 수 없고, 정신은 신체가 운동하거나 정지하도록 또는 그 이외에 (만약 다른 어떤 것이 존재한다면) 다른 어떤 것을 하도록 규정할 수 없다."(『윤리학』 3부 정리 2)

하지만 정신과 신체 사이에 아무런 인과관계나 상호작용이 존재하지 않는다고 해서 정신과 신체가 별개의 존재인 것은 아니다. 실체가 무한하게 많은 무한한 속성들을 통해 동일하게 표현되듯이, 그리고 동일한 실재들의 질서 또는 연관이 때로는 사유 속성 아래에서, 때로는 연장 속성 아래에서 표현되듯이, 인간이라는 통일체 역시 때로는 정신을 통해, 그리고 때로는 신체를 통해 표현된다.

정신과 신체의 존재론적 동일성이 함의하는 것 중 하나는, 『윤리학』 2부 정리 7의 주석이 말하듯이 정신과 신체는 "하나의 동일한 질서 또는 하나의 동일한 원인들의 연쇄"를 표현한다는 점이다. 그리고 이때의 인과 연쇄는 근대 물리학에서 말하는 관성 원리에 따라 작용한다. 관성이란 모든 존재자는 외부 원인의 작용이 없는 한 무한정한 시간 동안 어떤 상태(운동이나 정지)를 동일하게 지속하려는 경향을 지닌다는 것을 의미한다. 따라서 이것은 순수한 수동성을 표현하는 것처럼 보이는데, 어떤 존재자의 상태와 작용의 변화는 외부 원인들에 달려 있기 때문이다. 하지만 스피노자는 수동성의 원리처럼 보이는 관성 원리 및 그것의 표현인 코나투스conatus 개념[3]을 자신의 인간학과 윤리학의 토대로 삼는다. 어떻게 이것이

---

3 코나투스는 라틴어로 '노력'을 뜻하는 말인데, 이 개념은 데카르트, 홉스, 스

가능할까?

스피노자는 코나투스와 그 인간학적 표현으로서 욕망을 정의하기 이전에『윤리학』3부 정리 4에서 다음과 같이 말한다. "어떤 실재도 외부 원인에 의해서가 아니라면 파괴될 수 없다." 정리 4의 증명이 말하듯이 이것은 "그 자체로 자명한" 원리인 듯 보인다. 하지만 이것이 코나투스와 결부되면, 코나투스는 순수한 수동성을 표현하는 대신 능동적인 내적 본질을 표현하는 개념이 된다. 스피노자가 정리 4에서 말하는 것은 어떤 실재의 자기 파괴란 존재할 수 없으며, 어떤 실재는 다른 존재자에 의해, 다른 원인에 의해서만 파괴될 수 있다는 점이다. 역으로 이것은 모든 실재는 그 자체로만 본다면, 파괴되지 않고 무한정하게 존속할 수 있음을 의미한다. 그리고 이것은 그 실재가 자신의 고유한 내적 성향, 내적인 힘을 갖고 있기 때문에 가능한 결과다.

그러므로 모든 실재는 외부 원인의 작용을 받지 않는 한 무한한 시간 동안 동일하게 지속하려는 경향을 지닌다는 것을 순전한 수동성 내지 피동성의 표현이라고 볼 수는 없다. 그처럼 동일하게 지속하려는 경향은 그러한 존재자가 다른 원인에 의해 간섭받기 이전에 자기 스스로 고유하게 수행하는 노력이며, 이러한 독자적인 활동은 곧 능동성의 최소의 표현이자 다른 독자적인 행위를 위한 근거가 되기 때문이다. 따라서 자연의 필연적인 인과관계의 체계

피노자 같은 근대 초기 철학자들의 자연철학 및 인간학, 더 나아가 정치철학에서 중요한 역할을 수행한다. 스피노자는『윤리학』에서 코나투스를 다음과 같이 규정하고 있다. "각각의 실재는 자신이 할 수 있는 만큼 자신의 존재 속에서 존속하려고 노력한다."(『윤리학』3부 정리 6) "자신의 존재 속에서 존속하려고 하는 각각의 실재의 이러한 코나투스는 각각의 실재의 현행적 본질과 다른 것이 아니다."(『윤리학』3부 정리 7)

속에 존재하고 항상 이미 다른 실재들에 의존하여 존립하는 유한한 실재들은 이러한 코나투스를 통해 내적인 존재와 행위의 근거를 얻게 된다.

인간의 본질이 코나투스 또는 욕망이고, 인간이라는 통일체를 구성하는 정신과 신체는 이러한 본질을 각각 사유 속성과 연장 속성에 따라 동일하게 표현하는 것이라면, 신체가 다른 신체나 물체와의 인과관계에 따라 존재하고 작용하는 것처럼, 정신 역시 다른 정신이나 관념과의 인과 연쇄에 따라 존재하고 작용한다. 스피노자가 '정신적 자동장치'라는 다소 충격적인 개념으로 표현하려고 했던 것은 인간 정신이 순전히 피동적이거나 타동적인 기계에 불과하다는 뜻이 아니다. 그것은 오히려 인간 정신 역시 신체와 마찬가지로 자연을 주재하는 인과관계 속에서 작용하며, 그러한 인과관계의 규칙들을 잘 따를 경우에만 인간은 참된 인식, 또는 (스피노자의 표현을 빌리면) '적합한' 인식을 얻을 수 있음을 뜻한다.

## 신체의 관념으로서의 정신

이 점을 좀 더 정확히 해명하기 위해서는 스피노자가 정신을 '신체의 관념'으로 규정하는 이유를 살펴볼 필요가 있다. 『윤리학』 2부 정리 13은 신체를 정신의 대상으로 제시한다.

인간 정신을 구성하는 관념의 대상은 신체, 곧 현행적으로 실존하는 연장의 일정한 양태이지 다른 어떤 것이 아니다.

정신과 신체의 관계를 관념과 그 대상의 관계로 제시하는 것은 2부 정리 7이 자연의 통일성을 동일한 하나의 질서와 연관의 두 측면, 곧 형상적 측면과 표상적 측면의 관계로 표현한 데서 직접 따라나온다. 그러나 이때의 '관념'이란, 우리가 일반적으로 생각하듯이 표상으로서의 관념, 실재를 모사하는 것으로서의 관념이 아니라, 2부 정의 3과 그것에 대한 〈해명〉에서 정의되는 것처럼 '활동' 또는 '능동'으로서의 관념을 의미한다. "나는 관념을, 정신이 사고하는 실재이기 때문에 형성하는 정신의 개념으로 이해한다. 나는 지각이라기보다는 개념이라고 말하는데, 왜냐하면 지각이라는 명칭은 정신이 대상에 의해 수동적으로 작용을 겪음을 가리키는 것으로 보이기 때문이다. 반면 개념은 정신의 활동을 표현하는 것으로 보인다." 따라서 정신 역시 이러한 관념이 모여 있는 일종의 기체基體[4]를 의미하지 않으며 인식하고 사고하고 정서를 갖는 등의 활동으로서의 관념을 뜻한다.

그리고 스피노자는 신체를 정신의 대상으로 규정하는데, 이는 인간 신체의 변용affectio[5]의 질서와 연관을 인간 인식의 유일한 직접적 대상, 유일한 소재로 만드는 결과를 낳는다. 인간은 외부 물체가 신체에 남긴 흔적들을 가리키는 신체의 변용들을 통해서만 외

---

4  기체substratum는 이런저런 성질을 지탱하는 기반이나 담지자를 의미한다.
5  스피노자 철학에서 '변용'은 몇 가지 상이한 의미를 갖는다. 존재론의 측면에서 실체의 변용들은 양태들과 같은 뜻이며, 따라서 실재들을 가리킨다. 자연학의 측면에서 이것은 물체들이 서로를 변화시키는 작용을 가리킨다. 인간학에서 이것은 외부 물체가 인간의 신체에 작용하여 신체에 남긴 흔적을 의미한다. 스피노자는 이러한 의미의 변용이 인간 인식의 직접적인 대상이 된다고 본다. 그는 이러한 의미의 변용을 이미지라고 규정하는데, 일반적으로는 '감각인상'과 유사한 개념으로 이해하면 된다.

부 물체들을 인식하며, 더 나아가 인간의 신체만이 아니라 인간의 정신까지도 오직 이러한 변용들을 통해서만 인식할 수 있다(『윤리학』 2부 정리 19, 2부 정리 23을 참조). 따라서 역으로 인간 정신은 인간 신체의 관념이라고 할 수 있으며, 이 양자는 관념과 관념의 대상으로서 서로 필연적으로 결합되어 있다. "신체의 관념과 신체, 곧 (2부 정리 13에 의해) 정신과 신체는 하나의 동일한 개체이며, 우리는 이를 때로는 사유 속성 아래에서, 때로는 연장 속성 아래에서 인식한다."(『윤리학』 2부 정리 21의 주석)

하지만 이 경우에도 관념과 관념의 대상이라는 표현을, 예컨대 인식하는 개인에게 외재적인 임의의 대상(가령 설악산이나 지리산 등)과 이 대상에 대해 인간이 지니고 있는 관념과 같은 식으로 이해해서는 안 된다. 여기서의 관념은 인간의 정신, 곧 사고하고 인식하고 느끼고 정서를 갖는 등의 정신적 활동을 의미하며, 관념의 대상은 이러한 관념과 필연적으로 결합되어 이 관념에 대해 사고와 인식, 정서 등을 위한 소재를 제공해주는 것인 신체를 의미한다.

스피노자는 여기서 다음과 같은 결론을 이끌어낸다. "이로부터 인간은 정신과 신체로 구성되어 있으며, 인간 신체는 우리가 그것을 감각하는 대로 실존한다는 점이 따라나온다"(『윤리학』 2부 정리 13의 따름정리). 데카르트와 달리 스피노자는 처음부터 인간을 하나의 통일체로, 사유 속성과 연장 속성에 속하는 두 개의 양태(곧 정신과 신체)의 통일체로 간주하며, 따라서 정신과 신체는 이 통일체의 두 가지 표현이 된다. 또는 좀더 정확히 말하면 인간이라는 통일체는 하나의 동일한 인과 질서와 연관이며, 이러한 질서와 연관이 사유 속성 아래서는 정신으로 표현되고 연장 속성 아래서는 신체로 표현되는 것이다. 스피노자는 데카르트처럼 정신과 신체가 상이한 속성에 속하는 실체들이라는 이유로 서로 실재적으로 구별되어야 한다고 가정하지 않는다. 스피노자에게 연장 속성에 속하는 양태인 신체와 사유 속성에 속하는 양태인 정신을 지닌 인간은 하나의 통일체(또는 좀더 정확히 말하면 동일체)이며, 이러한 동일체는 때로는 연장의 속성에 따라 때로는 사유의 속성에 따라 표현되거나 인식되는 것이다.

## 경험론과의 단절

스피노자의 심신동일성론이 지닌 가장 중요한 인식론적 함의는 경험론적 인식론과 단절한다는 점이다. 이때의 경험론적 인식론이란 로크에서 흄에 이르는, 이른바 영국의 경험론 전통에서 볼 수 있는 인식관보다 좀더 넓은 의미의 인식관을 가리킨다. 즉 이러한 경험론은 프랑스의 철학자 루이 알튀세르Louis Althusser가 지적했던 것처럼, 인식을 인식 주관 외부에 존재하는 대상에 대한 감각적 모사에서 출발하여 추상을 통해 보편적 인식을 획득하는 것으로 이해하는 관점을 의미한다.

이러한 넓은 의미의 경험론에서 인식은 현실 대상에서 인식 대상으로 또는 물체에서 관념으로 진행된다고 가정하는 데 비해, 스피노자는 인식은 사유 속성 안에서만, 곧 관념에서 관념으로만 진행한다고 간주한다. 이는 사유 속성과 연장 속성은 존재론적으로 서로 독립적이며, 따라서 정신과 신체는 서로에 대해 아무런 인과작용도 하지 않는다고 보는 2부 정리 7 및 그 주석, 그리고 2부 정리 13에서 바로 따라나오는 논점이다.

2부 정리 13에서 스피노자가 말하듯이 인간 정신의 대상은 인간의 신체이기 때문에, 인간은 외부 물체를 직접 인식할 수 없으며 항상 외부 물체가 인간의 신체에 남긴 변용들, 곧 이미지들을 통해서 외부 물체를 인식한다. 하지만 그렇다고 해서 변용의 결과들인 이미지로부터 이미지에 대한 인식인 상상으로 인식의 방향이 전개되는 것은 아니다. 왜냐하면 "어떤 관념의 독특한 대상 안에서 일어나는 모든 것에 대해, 신 안에는 이 모든 것에 대한 인식이 존재"(『윤리학』 2부 정리 9의 따름정리)하므로, 이미지들 다음에 그에 대한 인식으로서 상상들이 존재하는 게 아니라 이미지들은 그것들이 생겨나는 순간 항상 이미 그것들에 대한 관념인 상상들과 결합되기 때문이다. 곧 이미지는 그것에 대한 관념인 상상 없이 따로 존재하지 않는다. 따라서 인식은 항상 이미 관념에서 관념으로 진행하지 결코 물체에서 관념으로 진행하지 않는다.

이처럼 관념에서 관념으로 인식이 진행된다는 것은 우리가 앞서 말한 것처럼 관념은 수동적인 상이 아니라 활동, 행위라는 것을 함축한다. 인식이 관념에서 관념으로 나아간다는 것은 인식이 관념들 사이의 인과 질서와 연관에 따라 이루어진다는 것을 의미하며, 이는 물체 각각이 원인으로서의 역량을 지니고 있는 것처럼 관념들도 하나의 원인으로서의 역량을 지니고 있다는 것을 함축하기 때문이다. 따라서 『윤리학』 2부 정리 3의 〈해명〉에서 강조하는 것처럼 관념은 '활동'으로서 인식되어야 한다. 스피노자가 2부에서 지속적으로 관념은 "도판 위의 그림들"이 아니라는 것을 강조하는 것은 바로 이 때문이다(『윤리학』 2부 정리 43의 주석, 정리 48의 주석, 정리 49의 주석 참조). 관념과 도판 위의 그림을 동일시하는 것은 데카르트의 『성찰』에서 찾아볼 수 있으며("관념들은 내 안의 그림들 또는 이미지들로 존재한다"), 따라서 이는 데카르트와의 거리두기의 시도라고 할 수 있다.

그런데 관념이 활동이라는 것은 관념이 자신 안에 고유한 긍정과 부정의 힘을 갖고 있음을 의미하며, 이 때문에 스피노자에게는 데카르트와는 달리 지각과 의지 사이의 구별이 성립하지 않는다. 데카르트는 「넷째 성찰」에서 볼 수 있듯이, '인식 능력'으로서의 지성과 '선택 능력'으로서의 의지를 구별하면서, 전자에게는 관념을 지각하는 역할을, 그리고 후자에게는 지각된 관념을 긍정하거나 부정하는 역할을 할당한다. 반면 스피노자는 '지각'이나 '명석한 지식' 같은 데카르트의 용어법을 계속 사용하기는 하지만 지성과 의지의 구별을 인정하지 않는다. 사실 관념 자체 내에 긍정과 부정의 힘이 포함되어 있다면, 지성 이외에 의지의 판단 능력이 따로 필요하지 않다(『윤리학』 2부 정리 49의 주석).

더 나아가 스피노자는 지성과 의지의 구별에 대한 비판을 넘어서 정신에서 상이한 능력을 구별하는 것조차 인정하지 않는다. 이미 데카르트 자신이 『정신지도규칙』의 첫번째 규칙에서 아리스토텔레스에 반대하여 모든 학문은 "하나의 동일한 것"이라고 주장하면서 이러한 학문의 동일성을 정신의 동일성 위에 기초 지은 바 있다. 다만 데카르트는 여전히 지성과 의지 같은 정신 능력을 구별하고, 지성 안에서도 순수 지성, 상상력, 기억력, 감각 등을 구별한다. 그러나 스피노자는 초기 저작부터 이러한 능력의 구별을 거부한 바 있다. 가령 올덴부르크에게 보내는 두 번째 편지에서 스피노자는 "의지voluntas와 이러저러한 의지작용volitio 사이에는, 흰색과 이러저러한 하얀 것들 사이에, 또는 인간성과 이러저러한 인간들 사이에 존재하는 것과 동일한 관계가 존재한다"고 말한다. 이는 의지는 흰색 자체와 마찬가지로 실재하지 않는 '사고상의 존재자들ens rationis'임에도 의지를 모든 의지작용의 기원을 이루는 일종의 원인, 곧 "능력"으로 간주하는 철학자들(이 편지의 맥락에서는 베이컨과 데카르트)의 공통적인 오류를 비판하려는 스피노자의 관점을 보여준다.

정신에서 상이한 능력을 구별하는 대신 스피노자는 정신의 능동과 수동, 신체의 능동과 수동이라는 구별을 인식론 및 윤리학의 가장 근본적인 범주로 설정한다.

> 한 신체가 다른 신체들보다 동시에 더 많은 방식으로 작용하거나 작용을 겪을 수 있는 소질을 갖고 있을수록, 이 신체의 정신은 다른 정신들보다 실재들을 동시에 더 많이 지각할 수 있는 능력을 갖게 된다. 그리고 한 신체의 작용이 자기 자신에게만 더 많이 의존할수록 이 신체와 함께 작용하기 위해 협력하는 신체들이 더 적어지고, 이 신체의 정신은 더 판명한 방식으로 인식할 수 있게 된다.(『윤리학』 2부 정리 13의 주석)

스피노자의 첫번째 논점은 물체 혹은 신체의 질서와 정신의 질서가 공통적이라는 점이다. 곧 한 신체가 다른 신체들에 비해 "작용"하거나 "작용을 겪을" 수 있는 능력을 더 많이 가지면 가질수록, 이 신체의 정신도 실재들을 동시에 더 많이 지각할 수 있는 능력을 갖게 된다.

둘째, 스피노자는 자기 자신에게만 의존하는 신체의 작용과 다른 신체들과의 협력을 통해 작용하는 것을 구별하면서 전자의 비율이 증대할수록 정신의 판명한 인식의 역량도 증대한다고 언급한다. 여기서 "자기 자신에게만 의존하는"이라는 표현은 어떤 한 물체가 다른 물체들과 관계없이 자기 혼자서만 작용할수록 더 많은 능력을 지니게 된다는 의미가 아니라, "우리가 적합한 원인인" 경우, 곧 우리가 능동적인 경우를 가리킨다. 따라서 우리의 신체가 능동적일수록 우리의 정신 인식의 역량도 증대한다.

이러한 주장은 「자연학 소론」[6] 바로 다음에 나오는 정리 14에서 다시 한 번 반복된다.

> 인간의 정신은 매우 많은 것을 지각할 수 있는 소질을 지니고 있으며, 인간의 신체가 더 많은 방식으로 배치될 수 있으면 있을수록 이러한 소질은 더욱 커진다.

스피노자는 데카르트와 달리 정신에서 의지와 지각 사이에 능동과 수동의 관계를 설정하지 않는다. 오히려 정신 자체가 수동적이거나 능동적이게 되고, 이러한 정신의 수동성 및 능동성은 신체의 수동성 및 능동성과 공통적인 질서에 따라 전개된다. 이는 스피노자에게는 감각과 이성 또는 지성 사이에 대립 또는 반비례 관계가 성립하지 않음을 뜻한다. 감각은 그 자체로 불명료하고 혼동된 사고가 아니며 지성은 그 자체로 명석하고 판명한 사고가 아닌 것이다. 이것은 스피노자가 정신과 신체를 상반된 것으로, 또는 적어도 서로에 대하여 간섭하고 작용을 주고받는 것으로 간주하지 않고, 정신의 질서와 연관은 신체의 질서의 연관과 평행하다고, 또는 오히려 동일하다고 간주하는 데서 생겨나는 결과 중 하나다. 따라서 통합된 인식능력으로서 정신 자체의 역량, 이 역량의 부적합성

---

6  이것은 『윤리학』 2부 정리 13~14 사이에 나오는 자연학에 관한 개략적인 논의를 가리키기 위해 연구자들이 사용하는 표현법이다.

과 적합성 사이의 경향적 갈등이 문제이지, 정신 안에 존재하는 상이한 능력들 사이의 갈등이나 부조화가 문제는 아니다.

## 능동과 수동의 평행성
## –
## 평행론의 진정한 함의

스피노자의 심신이론을 흔히 평행론이라고 한다. 이 명칭은 스피노자가 사용한 것이 아니라 라이프니츠가 고안한 것이라는 점에서 스피노자 철학, 특히 그의 심신이론을 지칭하는 데 적절한 용어라고 보기는 어렵다. 그럼에도 이 용어는 오늘날까지 여러 스피노자 연구자가 널리 사용하고 있으며, 특히 탁월한 스피노자 연구자이기도 했던 질 들뢰즈Gilles Deleuze는 이 용어를 스피노자의 존재론 및 심신이론을 해명하는 핵심 개념으로 활용하였다.

앞서 말했듯이 스피노자는 무한하게 많은 무한한 속성들이 각자 동등하고 자율적인 방식으로 실체를 표현한다고 주장한다. 들뢰즈는 이로부터 3중의 평행성을 이끌어낸다. 먼저 각각의 속성에 따라 실체에 의해 생산되는 양태들 사이에는 평행성이나 상응이 존재한다. 예컨대 관념들의 '질서'와 관념의 대상들의 '질서' 사이에는 평행성이 존재한다고 말할 수 있다. 둘째, 각각의 양태에 '연관'의 평행성이 존재한다. 이러한 연관의 평행성은 속성들의 동등성에 기초를 두고 있다. 곧 속성들은 어느 하나가 다른 하나에 비해 우월하지 않고 모두 동등한 지위를 갖고 있으며, 이 때문에 각각의 속성을 구성하는 연관의 평행성이 성립한다. 마지막으로 각각의 속성에 따라 생산된 각각의 양태가 동일한 실재, 동일한 변양modification[7]을 표현한다는 의미에서 존재의 동일성이 존재한다.

들뢰즈의 해석은 『윤리학』 2부 정리 7이 지닌 복합성을 잘 보여주고, 이것들 사이의 관계를 일관성 있게 재구성했다는 점에서 주목할 만하다. 더욱이 그의 해석은 단지 결과들의 차원, 곧 상이한 속성들에 속하는 양태들 사이의 평행성이나 상응에 만족하지 않고, 어떻게 이러한 상응이 생겨나게 되었는지 그 원인까지 해명하려 했다는 점에서도 스피노자 철학의 근본 정신을 잘 살려준다.

하지만 그의 해석은 적어도 두 가지 문제점이 있다. 우선 '3중의 평행성'이라는 제안은 다소 작위적인 것으로 보인다. 이처럼 3중의 평행성이라는 말이 성립하려면 질서라는 개념과 연관이라는 개념 사이에 실질적인 차이가 존재한다는 점이 먼저 해명되어야 한다. 그러나 질서와 연관을 두 가지 상이한 평행성으로 분리하는 것은 정당화하기 어렵다. 스피노자 자신이 2부 정리 7의 주석과 3부 정리 2의 주석에서 '질서'와 '연관'에 대해 동의성同意性을 의미하는 "시베sive"라는 접속사를 사용하기 때문이다. 게다가 질서와 연관을 구별하는 것은 들뢰즈의 의도와는 달리 자칫 양자 사이에 또 다른 위계관계를 설정할 우려가 있다.

두 번째 문제점은 들뢰즈가 이 두 가지 평행성 이외에 세 번째 평행성으로서 '존재론적 통일성' 혹은 '존재의 동일성'을 설정한다는 점이다. 이렇게 하는 이유는 질서의 상응성, 연관의 동등성만으

---

[7] 『윤리학』에서 '변양'이라는 단어는 드물게 사용되고 있으며, 실제로는 양태modus라는 개념과 거의 같은 뜻으로 쓰인다. 반면 들뢰즈는 양태와 변양을 상이한 두 개의 개념으로 구별하려고 시도한다.

로는 자연 전체의 통일성을 설명할 수 없으며, 또한 양태 수준의 통일성, 예컨대 인간이 정신이라는 사유 속성의 양태와 신체라는 연장 속성의 양태로 구성되어 있음에도 통일성을 유지하는 것을 해명할 수 없기 때문이다. 그리하여 들뢰즈는 속성들이 실체의 통일성을 표현하듯이, 양태의 차원에서는 각각의 양태(예컨대 신체와 정신)가 존재론적 통일체로서 변양(인간의 경우에는 정신과 신체의 통일체로서 인간)을 표현한다고 말한다.

그러나 인간의 통일성을 설명하기 위해 정신과 신체라는 양태 이외에 존재론적으로 상이한 차원에 속하는 변양이라는 개념을 도입함으로써 자신도 모르는 사이에 일종의 기체의 존재론을 이끌어 들일 위험이 있다. 스피노자는 "인간은 정신과 신체로 구성되어 있다"(『윤리학』 2부 정리 13의 따름정리)고 말할 뿐 이 양자의 통일성을 가리키는 제3의 용어는 사용하지 않는다. 여기에는 그럴 만한 이유가 있는데, 정신과 신체 이외에 제3항을 도입하는 것은 사실은 정신과 신체는 서로 분리되어 있는 존재자들 또는 실재들이어서 원칙적으로는 서로 결합할 수 없으며, 오직 이 제3항만이 결합을 가능하게 하는 힘 또는 능력을 보유하고 있다고 가정하는 것이기 때문이다. 더욱이 '변양'은 정신과 신체의 결합과 다르지 않지만, 이것만이 정신과 신체의 통일을 가능하게 해준다는 의미에서 정신과 신체보다 존재론적으로 상위의 것으로 설정될 수밖에 없다. 이는 일종의 변증법적 종합의 관점으로, 스피노자의 관점과는 매우 다른 생각이다.

스피노자 철학에 대해 평행론을 말할 수 있다면, 그것은 한편으로 신체의 능동과 수동의 질서, 다른 한편으로 정신의 능동과 수동의 질서 사이에 존재하는 평행성이다. 스피노자가 이러한 의미의 평행성(좀더 정확히 말하면 동일성)을 주장할 수 있었던 것은 속성들의 존재론 동일성 및 유적$^{類的}$ 자립성의 원리에 입각하여, 정신과 신체가 각각 독자적인 인과 연쇄에 따라 작용하면서도 양자 모두 동일한 존재론적·인간학적 동일성을 표현한다고 보았기 때문이다.

이러한 원칙에 따라 스피노자는 『윤리학』 3부에서 인간의 본질을 욕망으로 정의한다. "코나투스가 정신과 신체에 함께 관계할 때 욕구$^{appetitus}$라 불린다. 그러므로 이러한 욕구는 그 본성으로부터 필연적으로 인간의 보존을 증진시키는 것들이 따라나오는 인간의 본질 자체다. (…) 욕망은 욕구에 대한 의식이 포함된 욕구로 정의될 수 있다."(『윤리학』 3부 정리 9의 주석) 인간의 본질이 욕망으로 규정됨으로써 정신과 신체는 사유와 연장이라는 상이한 속성에 속하는 양태들임에도 모두 동일한 욕구나 욕망을 표현하게 된다.

더 나아가 욕망을 인간의 본질로 규정함으로써 이성과 욕망, 이성과 정서 사이에도 더는 위계관계나 대립관계가 성립하지 않게 된다. 사람들은 보통 이성과 욕망을 상반된 것으로 생각하는 경향이 있으며, 이성이 강하면 욕망이 약해지고 반대로 욕망이 강하면 이성이 약해진다고 생각한다. 이렇게 되면 이성적인 삶을 살기 위해서는 욕망이나 감정을 억제하거나 심지어 제거하는 것이 필요하다는 결론이 나오게 된다. 하지만 『윤리학』 3부 「서문」이나 5부 「서문」에서 데카르트를 비판하면서 스피노자가 지적하듯이, 이것은 인간의 본성에 대한 적합한 이해가 아닐뿐더러 윤리적인 삶을 위한 바람직한 관점도 아니다.

스피노자에게 이성과 정서는 욕망이라는 단일한 인간 본질의 정신적 표현이다. 물론 이성이 인간의 정신 중에서 인지적인 측면을 가리키고 정서는 정서적인 측면을 가리킨다는 점에서 양자가 서로 동일한 것이라고 할 수는 없다. 하지만 이 두 측면은 서로 별개로 존재하는 두 개의 정신 영역이라기보다는 하나의 정신적인 작용이 표현되는 두 측면 또는 그러한 정신적인 작용을 이해하는 두 가지 방식이라고 할 수 있다.

상반되는 것은 이성과 정서가 아니라, 정신의 수동성과 능동성이다. 곧 정신이 수동적인 상태에 있을 때 정신은 인지적인 측면에서 수동적일 뿐만 아니라 정서적인 측면에서도 수동적이며, 반대로 능동적인 상태에 있을 경우에는 인식만이 아니라 정서의 차원에서도 능동적이다. 정신이 부적합한 인식에 빠져 있을 때 정신은 수동적인 정서를 느끼며, 반대로 이성을 통해 적합한 인식을 얻게 될 때 능동적인 정서를 얻을 수 있는 것이다. 따라서 스피노자의 윤리적 목표는 이성적인 능력을 고양하기 위해 정서를 억제하는 것이 아니라, 이성과 정서 두 측면에서 동등하게 표현되는 수동성의 상태에서 벗어나 능동성에 도달하는 것이었다고 할 수 있다.

스피노자는 데카르트가 이룩한 사상적인 변혁을 수용한 가운데, 그가 보기에 데가르드의 맹점이나 사기 보순의 핵심이라고 할 만한 신체와 정신의 이원론을 극복하려고 노력했다. 이것이 과연 데카르트의 정신이론 및 윤리학보다 더 탁월한 것인지를 판단하는 일은 독자들 각자에게 맡겨두겠다. 다만 한 가지 지적할 수 있는 것은, 스피노자의 철학이 근대 초기에 이미 데카르트적인 근대성과 상이한 또 다른 근대의 가능성을 보여주었다는 점이다. 이것은 데카르트 철학이 이룩한 성과를 부정하거나 훼손하지 않은 가운데 제시된 것이기 때문에 더욱 주목할 만하다. 따라서 어쩌면 탈근대성, 곧 근대에 대한 새로운 이해와 개조의 향방은 이러한 길에서 찾을 수 있을지도 모른다. 오늘날 많은 사람들이 스피노자 철학에 주목하는 이유가 여기 있다.

## 더 읽을거리

스피노자 전집의 표준 판본은 칼 게브하르트Carl Gebhardt가 편집한 *Spinoza Opera*, Vol. I-IV(Carl Winter Verlag, 1925)이며, 이 글 역시 이 전집에 근거하여 인용 문헌 페이지를 표기하였다. 아쉽게도 국내에는 만족할 만한 스피노자 저작 번역서가 존재하지 않는다. 강영계 교수의 번역본인 『에티카』(서광사, 1990)는 현재 유통 중인 번역본 중 가장 널리 읽히지만 여러모로 불만족스럽다. 따라서 관심 있는 독자들에게는 다음의 영역본을 추천하고 싶다.

Benedict de Spinoza, *Ethics*, trans. Edwin Curley, Penguin Classics, 2005
영어권의 대표적인 스피노자 연구자 중 한 사람인 에드윈 컬리의 이 번역본은 영역본 중에서 가장 정확하고 권위 있는 판본이다. 저렴한 가격으로 이용할 수 있는 것도 큰 장점이다.

Brauch Spinoza, *The Ethics · Treatise on the Emendation of the Intellect: Selected Letters*, trans. Samuel Shirley, Hackett Publishing Company; 2nd edition, 1991
영어권에서 유일한 『스피노자 전집』(*Spinoza: Complete Works*, Hackett Publishing Company, 2002)의 번역자인 새뮤얼 셜리의 이 번역본은 정확하고 유려한 번역으로 명성이 높으며, 전문가들도 자주 사용하는 판본이다. 『지성개선론』 및 편지 일부도 같이 수록돼 있다.

질 들뢰즈, 『스피노자와 표현의 문제』, 권순모·이진경 옮김, 인간사랑, 2003
20세기 후반 스피노자 르네상스를 열어놓은 스피노자 연구의 걸작 중 한 권이다. 상당히 난해한 대작으로 스피노자의 철학 체계를 『윤리학』을 중심으로 재구성하고 있다. 스피노자의 정신이론에 관해서는 특히 6장, 7장, 9장, 10장, 16장, 17장 등을 참고할 수 있다.

피에르 마슈레, 『헤겔 또는 스피노자』, 진태원 옮김, 그린비, 2010(수정 2판)
헤겔의 스피노자 해석을 반박하면서 스피노자의 존재론과 인식론을 재구성하는 권위 있는 스피노자 연구서다. 스피노자의 정신이론에 관해서는 2부를 참고할 수 있다.

알렉상드르 마트롱, 『스피노자 철학에서 개인과 공동체』, 김문수·김은주 옮김, 그린비, 2008
마르샬 게루, 질 들뢰즈의 작업과 더불어 스피노자 연구의 새로운 시대를 개척한 걸작 중 한 권이다. 스피노자의 정치철학에 초점을 맞추고 있지만, 스피노자의 인간학에 관한 빼어난 분석도 포함되어 있다. 특히 2부의 스피노자 정념론에 관한 분석은 참고할 만하다.

안토니오 다마지오, 『스피노자의 뇌: 기쁨, 슬픔, 느낌의 뇌과학』, 임지원 옮김, 사이언스북스, 2007
현대 뇌과학의 느낌, 정서, 감정에 대한 논의를 스피노자의 철학과 결부시켜 다룬 책이다. 스피노자 정신이론 및 정서론을 현대 자연과학이론의 조명 아래 재해석하는 것이 흥미롭다.

김규선·박삼열·진태원, 「베네딕투스 데 스피노자」, 서양근대철학회 편, 『서양근대철학』, 창비, 2001
스피노자 철학을 『윤리학』을 중심으로 개괄적으로 소개하는 글. 스피노자 철학 전반에 대한 지식을 얻고 싶어하는 독자들에게 얼마간 도움이 될 수 있을 것이다.

진태원, 「합리론에서의 정념」, 서양근대철학회 편, 『서양근대철학의 열 가지 쟁점』, 창비, 2004
정념이론 또는 정서이론에 초점을 맞춰 근대 합리론의 흐름을 재고찰하는 글. 스피노자 정서론이 전개되는 이론적 맥락을 고찰하는 데 도움이 될 수 있을 것이다.

박기순·진태원, 「스피노자의 윤리학」, 서양근대철학회 편, 『서양근대윤리학』, 창비, 2010
필생의 저작에 『윤리학』이라는 이름이 붙어 있는 데서 알 수 있듯이 윤리학은 스피노자 철학의 핵심적인 주제다. 이 글은 윤리학에 초점을 맞춰 스피노자의 철학을 전체적으로 재고찰하고 있다. 스피노자의 정신이론이 지닌 윤리적 함의를 이해하려는 독자들에게 유용한 길잡이가 될 수 있다.

# 라이프니츠

## 모나드로서의 영혼

윤선구

서울대학교 물리학과를 졸업하고 한국IBM주식회사에서 근무하다가 독일 쾰른대학교에서 철학 공부를 새로 시작하였으며, 철학을 주전공으로, 중국학과 물리학을 부전공으로 하여 석사와 박사학위를 받았다. 서울대학교 철학사상연구소 선임연구원과 책임연구원, 서울대학교 BK21 철학교육연구사업단 BK교수, 서양근대철학회 회장 등을 역임하였으며, 서울대학교 기초교육원 강의교수로 재직했다. 주로 라이프니츠와 칸트 철학을 비교하여 연구하고 있으며, 특히 순수이성의 이율배반, 의지자유 문제 등에 관심을 가지고 있다.

# 영혼만이 실체다

> **통각**
> '나'에 대한 자기의식. 칸트에 따르면, 감각을 통해 얻은 인식의 다양한 재료를 하나의 표상으로 통일할 때, 이 표상에 "내가 생각한다"는 자기의식이 따른다.

라이프니츠Gottfried W. Leibniz(1646~1716)는 합리론자로서 동물의 영혼과 인간의 정신 사이의 근본적인 차이를 '이성의 존재 유무'로 구별한다. 이성을 가진 영혼으로서의 정신은 모든 영혼에 공통적인 지각뿐만 아니라 지각에 대한 지각인 통각統覺을 가지고 있고, 자신에 대한 지각인 자의식을 가지고 있다. 또한 이성을 가진 정신은 필연적인 진리뿐만 아니라 도덕법칙을 인식할 수 있는 능력이 있기 때문에 자연법칙을 따르지 않고 도덕법칙에 따를 수 있도록 자유를 가지고 있다는 점에서 동물의 영혼과 구별된다. 이러한 점에서 라이프니츠의 정신에 대한 견해는 다른 합리론자들과 별 차이가 없다. 또한 라이프니츠는 정신의 특징에 대해서만 언급할 뿐, 통각과 자의식의 원리나 특징은 구체적으로 설명하지 않는다. 따라서 라이프니츠의 마음이론의 특징은 정신보다는 일반적인 영혼의 특징에 있다고 볼 수 있다.

> **모나드**
> 라이프니츠의 이론에서 세계를 구성하는 원소, 즉 실체. 의식 활동을 기본으로 하는 단순하고 분할 불가능한 실체라는 특징을 가진다.

라이프니츠에서 영혼은 실체인 '모나드'에 해당하기 때문에 영혼에 관한 이론은 그의 실체론을 통하여 전개된다. 데카르트가 정신과 물체 두 가지 서로 다른 실체를 인정하는 데 반해, 라이프니츠는 데카르트의 실체이원론을 부정하고 비물질적인 영혼만이 실체라고 간주한다. 라이프니츠의 실체론은 단지 물체의 실체성을 부정한다는 점에서뿐만 아니라, 외부 지각을 부정하고, 우주가 생명체들로 가득 차 있다고 주장하는 등 상식적인 관점에서는 이해하기 어려운 매우 특이한 주장을 포함하고 있다. 이 글에서는 라이프니츠의 실체론 또는 영혼이론이 구체적으로 어떤 점에서 특이하며, 그가 왜 이런 특이한 주장을 하게 되었는지를 살펴보고자 한다.

라이프니츠의 실체론 또는 영혼론이 매우 특이하게 보이는 이유는 그가 전통적인 관점으로부터 '코페르니쿠스적인 전환'을 하기 때문이다. 코페르니쿠스적 전환이란 천동설로부터 지동설로의 전환과 같이 일반인의 관점에 더 친숙한 입장으로부터 정반대 입장으로의 전환을 의미하는데, 동일한 문제를 설명하기 위하여 상식 또는 종전까지의 주장과 정반대되는 주장을 하기 때문에 일반인의 관점에서 보면 매우 특이하게 보이는 것이다. 철학에서 코페르니쿠스적 전환이란 표현은 칸트가 『순수이성비판』 서문에서 사용함으로써 널리 알려졌지만, 그러한 전환적 사고를 하는 것이 칸트 철학에만 고유한 것은 아니다. 철학자들은 이전의 철학자들이 해명하지 못한 문제들을 새로운 시각에서 해명하고자 하기 때문에, 대부분의 경우 자기보다 앞선 철학자나 전통적인 입장으로부터의 코페르니쿠스적 전환을 시도하게 된다. 플라톤이 이데아론을 주장하는 것도 상식적 입장 또는 소피스트의 입장에서 볼 때 코페르니쿠스적 전환에 해당한다. 라이프니츠의 철학, 특히 그의 실체론은 데카르트의 입장으로부터의 코페르니쿠스적 전환이라고 볼 수 있다. 그가 이러한 사고방식의 전환을 하는 것은 데카르트와 스피노자의 실체론이 심신상호관계 문제 또는 자유의지 문제와 같이 당대에 논란이 되던 철학적 문제들을 해명하지 못한다고 보았기 때문이다. 그러나 우리가 그의 철학에서 이러한 전환적인 성격을 쉽게 파악하지 못하는 것은 그가 코페르니쿠스적 전환을 하면서도 '물체' 또는 '육체'와 같이 이전 시대의 철학에서 사용하던 용어를 그대로 사용하고 있기 때문이다. 라이프니츠는 자신의 이러한 언어 사용을

**우유**
실체가 갖고 있는 속성 중 비본질적이고 변화할 수 있는 속성을 말한다. 질료와 형상이 결합하듯, 우유적 속성 역시 본질적이고 변하지 않는 실체와 결합한다.

**기체**
원래는 '아래 놓여 있는 것'을 뜻하는 말. 대상이 우연적으로 지닐 수 있는 여러 가지 속성을 담지하고 있는 존재자를 가리킨다.

코페르니쿠스주의자들의 언어 사용과 비교하여 정당화하고 있다. 즉 코페르니쿠스주의자들은 지동설을 주장하면서도 여전히 천동설의 언어인 '해가 뜬다' 또는 '해가 진다'는 표현을 사용하는데, 이러한 표현은 원래 모순이지만 우리는 그러한 표현이 무슨 의미인지 이해할 수 있다는 것이다.

우리는 코페르니쿠스나 여러 철학자의 사례를 통하여 우리에게 자연스럽게 보이는 현상이나 주장이 반드시 진리에 가까운 것이 아님을 안다. 따라서 라이프니츠의 실체론이나 영혼론이 아무리 괴이하게 보인다 하더라도 그것이 허무맹랑한 주장이라고 단정할 수는 없다. 그러나 특이한 주장이 진리일 수 있기 위해서는 왜 그러한 주장을 하지 않으면 안 되는지에 대해 이유가 있어야 한다. 따라서 우리는 라이프니츠가 영혼에 관하여 왜 그렇게 특이한 주장을 하게 되었는지를 살펴봄으로써 상식과 거리가 멀어 보이는 그의 영혼이론을 더 깊이 이해할 수 있게 될 것이다.

## 창 없는 모나드와 개체성의 원리, 그리고 우연의 가능성

라이프니츠는 실체의 정의에 관하여 두 가지 전통을 접하고 있었다. 하나는 실체는 다른 사물과는 독립적으로 존재하고, 인식되며, 작용하는 것으로 보는 데카르트와 스피노자에 의해 확립된 개념이고, 다른 하나는 실체는 변화하는 성질인 우유偶有, accident에 대하여 불변하면서 우유로 하여금 변화가 가능하도록 하는 기체라고 보는 아리스토텔레스-스콜라 철학의 전통이다. 라이프니츠는 실체를 '중복을 허용하지 않고서는 더는 요소 개념을 복합할 수 없는 완전 개념의 존재론적 대응체', '진정한 단일성을 갖는 존재', 또는 '활동성이 가능한 존재' 등 다양하게 정의하면서도 여전히 데카르트와 아리스토텔레스의 전통에서 벗어나지 못하고 있다. 『형이상학 논고』에서 라이프니츠는 완전 개념에서 나중에 모나드라 불리는 개체적 실체를 도출하면서도 데카르트의 실체 개념을 비판할 때에는 아리스토텔레스의 개념에 의지하고, 그러면서도 실체의 성질을 도출할 때에는 다시 데카르트-스피노자의 실체 개념으로 돌아간다.

라이프니츠는 영혼과 유사한 모나드만이 실체라고 보았는데, 이러한 실체의 도출 과정은 데카르트의 실체 개념보다는 아리스토텔레스의 실체 개념에 의존하고 있다고 볼 수 있다. 데카르트는 존재의 독립성이란 실체의 정의로부터 정신과 물체가 각각 독립적 실체라고 하는 이원론적 실체론을 주장하였다. 그는 사유한다는 사실의 확실성을 토대로 이성을 가진 영혼인 정신만이 비물질적인 실체라고 간주하였다. 즉 그는 지각이 아니라 통각 또는 의식을 정신적 실체의 특징으로 삼았다. 라이프니츠는 데카르트의 정신적 실체의 모순성을 비판하면서 정신이 아니라 영혼이 실체라고 간주한다. 그는 『모나드론』과 『자연과 은총의 이성적 원리』에서 데카르트가 의식되는 지각만을 실체의 특징으로 보고 의식되지 않는 지각인 미세지각을 무시함으로써 정신만을 실체로 간주하였다고 비판하고 있으나, 이것은 정확하지 않은 서술이다. 정확하게 말하자면, 데카르트는 통각을 실체의 속성으로 보아 통각을 가진 정신만을 실체로 간주하였다.

그런데 이러한 실체의 규정은, 유한한 정신인 인간의 정신에서는 통각이 항상 존재하는 것이 아니므로 정신은 생각할 때는 존재하다 잠자고 있을 때와 같이 생각하지 않을 때에는 존재하지 않게 되어 실체의 정의에 어긋나게 된다. 그러나 통각을 가진 정신이 아니라 지각을 가진 영혼을 실체로 규정하게 되면, 우리가 지각을 느끼지 못할 때에도 미세지각은 존재하므로 영혼은 항상 존재한다고 말할 수 있게 되므로 실체의 정의에 부합하게 되는 것이다. 데카르트의 실체인 정신이 사유라고 하는 단 하나의 속성만을 가지는 데 비해, 라이프니츠의 실체는 지각이라고 불리는 무한히 많은 속성을 가진다. 이러한 속성은 실체의 본질적 속성이 아니라 우연적 속성, 즉 우유에 해당한다. 그리고 이러한 실체를 라이프니츠는 단순한 실체, 즉 모나드라 부르는데, 여기서 단순하다 또는 단일하다 함은 우유가 단일하다는 것이 아니라, 그 성질이나 상태의 토대인 기체基體, substratum가 분할 불가능하다는 것을 의미한다. 따라서 모나드의 개념은 데카르트의 실체 정의보다는 아리스토텔레스의 정의에 더 가까움을 알 수 있다.

 이러한 실체는 지각 외에 지각을 변화시키는 원리인 욕구를 가지고 있어 우리가 일반적으로 생각하는 영혼과 유사하다. 아니 유사하다기보다는 영혼도 일종의 모나드이고, 모나드는 영혼을 포함하는 포괄적인 존재라 할 수 있다. 모나드는 영혼과 마찬가지로 크기나 형태가 없고 따라서 분할되지 않으며, 창조자에 의하지 않고는 자연 상태에서 생성되거나 파괴되지 않는다. 왜냐하면 자연 상태에서 생성되는 것은 부분의 결합을 통해서만 생성되고 파괴되는 것은 다시 부분으로 해체되는 것을 의미하는데, 모나드는 부분이 없기 때문이다. 이러한 특성은 데카르트의 '정신'과도 동일하다. 그런데 모나드는 데카르트의 실체에서는 발견되지 않는 또 하나의 일반적 특징을 갖는다. 그것은 모든 모나드는 서로 구별되는 개체라는 것이다. 이 개체성의 발견은 근대적 사고의 특징이라고 볼 수 있다. 데카르트의 실체론은 본질적 속성을 통하여 실체를 규정하므로, 실체가 보편자가 되어 개체성의 원리를 설명할 수 없었고, 스피노자는 실체를 자연 전체로 규정하였기 때문에, 실체가 아니라 유일한 실체의 '양태'를 통하여 개체를 설명하였다. 그리고 라이프니츠에 와서 실체를 다시 아리스토텔레스의 개념을 통하여 규정함으로써 실체를 통하여 개체화의 원리를 명확히 설명할 수 있게 된 것이다. 라이프니츠의 실체인 모나드는 보편자가 아니라 개별자이다. 라이프니츠는 이 우주에는 절대적으로 동일하면서 수(數)적으로만 구별되는 두 개의 사물은 존재하지 않는다고 말한다.

이러한 영혼의 일반적인 특성 외에 모나드는 또 우리가 생각하는 영혼과는 아주 다른 특성을 가진다. 그것은 각각의 모나드는 외부의 세계를 지각하지 않으며, 서로 상호작용하지도 않는다는 것이다. 그러면서도 모든 모나드는 각각의 관점에서 우주를 반영하는 거울이다. 즉 모나드 내부에는 외부세계에 상응하는 지각이 존재하는데, 이 지각은 외부세계에서 직접 받아들인 것이 아니라는 것이다. 모나드는 외부세계를 지각하지 않는 까닭에 모든 지각은 모나드의 내부에 선천적으로 내재한다. 즉, 미래에 전개될 모든 지각은 잠재적인 형태로 존재하며, 이것이 순차적으로 현실화하는 것이 지각이 되는 것이다. 따라서 우리가 감각하는 모든 대상은 실재가 아니라 관념이다. 실재는 모나드들뿐인데 이것은 지각되지 않으며, 다만 우리의 이성을 통하여 사유될 수 있을 뿐이다. 또한 모나드들은 상호작용하지 않는다. 개별적 모나드들 상호 간에 서로 영향을 미치지 않을 뿐만 아니라 영혼과 육체도 상호작용을 하지 않고, 이성을 가진 모나드들의 공동체인 은총의 왕국과 이성이 없는 모나드들의 집합인 자연의 왕국도 상호작용을 하지 않는다.

그러나 우리의 지각에는 이러한 상호작용이 존재하는 것처럼 보이는데, 이것은 실재가 아니라 관념으로서의 지각일 뿐이다. 실재의 차원에서는 상호작용이 일어나지 않고, 다만 모나드 내부 지각에 상응하도록 신이 미리 조정을 해놓은 것이다. 이것이 예정조화설이다. 모나드의 이러한 특성을 라이프니츠는 "모나드는 창이 없다"란 말로 표현한다. 이것은 데카르트의 외래 관념과 심신상호작용설에 대한 부정을 의미한다. 데카르트는 실체를 독립적으로 존재하며, 작용에 있어서도 독립적이라고 규정해놓고서, 인간에게서만 예외를 인정하여 심신의 상호작용과 정신 외부에서 받아들인 외래 지각을 인정하였다. 그러나 여기서 라이프니츠는 데카르트의 실체 개념을 엄격히 적용하여 상호작용설과 외래 지각을 부정하고 있는 것이나. 따라서 우리가 상식적으로 생각하는 영혼은 감각기관을 통하여 외부세계를 모니터링하는 일종의 폐쇄회로 TV와 비슷한 구조라고 볼 수 있는데, 라이프니츠에 따르면 우리의 영혼은 기존에 녹화된 동영상을 재생하는 플레이어와 유사한 구조를 가진 셈이다.

라이프니츠가 모나드는 창이 없다고 본 가장 근본적인 이유는 그것이 데카르트의 실체의 정의에 부합하기 때문이다. 데카르트는 정신과 물체가 서로 독립적인 실체라고 주장하면서도 인간에게서는 정신과 육체 사이에 상호작용이 존재한다고 봄으로써 모순에 빠졌다. 그는 인간에게서만 실체의 독립성이 예외라고 보았지만, 왜 인간에게서만 예외를 인정해야 하는지 설명할 수 없었다. 괼링크스A. Geulincx나 말브랑슈N. Malebranche는 이 문제를 해결하기 위해서 심신상호작용설을 부정하고, 기회원인설을 주장하였다. 이들에 따르면 정신과 육체는 서로 독립적인 실체이기 때문에 상호작용하지 않으며, 우리의 지각에 상호작용하는 것처럼 보이는 것은 신이 개입하여 서로 다른 실체의 변화에 상응하도록 조절하기 때문이다. 즉 정신이 육체를 움직이고자 하면 신이 이를 감지하여 육체를 움직이고, 육체에 변화가 발생하면, 신이 정신으로 하여금 이에 상응하는 감각을 느끼도록 한다는 것이다. 여기서 실제로 실체들에 작용하는 것은 신이며, 각 실체들은 신이 개입할 기회만 제공한다고 보기 때문에 이러한 주장을 '기회원인설'이라고 부른다. 이러한 견해는 신이 한번 창조한 실체 세계에 끊임없이 개입해야 한다고 주장하기 때문에 신의 전지전능과 모순이 된다고 라이프니츠는 비판한다.

라이프니츠는 기회원인론자와 마찬가지로 실체들 간의 상호작용을 부정한다. 그러나 그는 신이 수시로 실체들 사이에 개입한다고 보는 대신 예정조화설을 통하여 심신상호관계를 해명한다. 라이프니츠에 따르면 영혼과 육체는 서로 영향을 주고받지 않으며 독자적인 법칙에 따라 변화하지만, 신이 전지전능하기 때문에 세계를 창조할 때 영혼과 육체가 미래에 어떻게 전개되는지를 예견할 수 있으며, 모든 전개과정이 상호 일치하는 영혼과 육체가 결합되도록 배려하였기 때문에, 우리의 지각에는 마치 영혼과 육체가 상호작용하는 것처럼 보이게 된다는 것이다.

라이프니츠에게 더 중요한 문제는 개체성을 정당화하는 것이었다. 어떤 사물이 다른 모든 존재와 구별되는 개체인지를 알 수 있으려면 그 사물이 가진 모든 성질을 다른 사물과 비교해야만 하

**괼링크스**
1624~1669.
네덜란드의 철학자.
기회원인론자. 유일한 동력인動力因은 신이므로, 인간의 최고의 덕은 자기의 무력을 자각하여 신의 뜻에 복종하는 데 있다고 주장했다.

**말브랑슈**
1638~1715.
프랑스의 철학자.
기회원인론자. 우리의 모든 인식은 신 안에 있는 관념을 매개해서만 성립할 뿐이라고 주장했다.

**기회원인론**
말브랑슈가 체계화한 이론. 신의 직접적인 의지에 의존하지 않고서는 우주의 그 어떤 것도 일어나거나 존재할 수 없다는 이론.

> **내포**
> 개념이 사물들에 적용되게끔 해주는 속성들의 집합.
>
> **외연**
> 개념이 적용되는 사물들 또는 대상들의 집합.

며, 따라서 한 사물의 성질이 이미 확정되어 있어야 한다. 한 사물의 성질이 아직 확정되어 있지 않은 상태라면, 그것이 다른 사물과 동일한 사물인지 다른 사물인지도 확정할 수 없기 때문이다. 라이프니츠는 모나드가 창이 없기 때문에 미래에 전개될 모든 지각이 잠재적인 형태로나마 모나드 안에 내재되어 있다고 봄으로써, 즉 모나드는 자신의 모든 성질을 자신 안에 가지고 있는 것으로 봄으로써, 신의 관점에서 개체성의 원리를 정당화할 수 있게 되었다. 신은 모든 것을 알기omniscient 때문에 미래에 전개될 한 모나드의 잠재적인 지각을 모두 예견할 수 있고, 이를 통하여 특정 모나드에 대한 완전 개념을 형성할 수 있기 때문이다. 완전 개념이란 더 이상 중복이 없이는 요소 개념을 결합할 수 없을 정도로 완전하게 복합된 개념이다. 단순 개념들을 복합하면 그 복합으로 형성된 개념의 내포는 증가하고 외연은 감소하게 되는데, 무한히 복합되어 완전 개념에 이르게 되면 내포의 양은 무한하고, 외연은 단 하나만이 존재하게 된다. 이러한 완전 개념에 대응하는 것이 가능적 모나드이다. 따라서 신은 모나드를 보편자로서 창조하는 것이 아니라 개체로서 창조하게 되는 것이다. 그런데 라이프니츠는 동일한 우주 내에는 수數적으로만 상이하고 개념에 있어서는 전적으로 동일한 두 개의 모나드가 존재하지 않는다고 주장한다. 이 말은 한 우주 안에 존재하는 모든 모나드는 개체이면서 서로 다른 존재라는 것이다.

라이프니츠는 여러 요소 개념으로 이루어진 두 개의 개념이 동일한 개념이기 위해서는 모든 요소 개념이 동일해야 하고, 단 하나의 요소 개념만 달라도 두 개념은 서로 다른 개념이라고 본다. 라이프니츠는 이러한 의미에서 동일한 가능적 세계 안에는 동일한 완전 개념으로 이루어진 두 개의 모나드가 존재하지 않는다고 말한다. 이것을 라이프니츠는 "구별 불가능한 것의 동일성 원리"라고 불렀는데, 이것은 잘못된 용어다. 구별 불가능한 것의 동일성 원리란 모든 요소 개념이 동일한 두 개의 복합개념은 동일한 개념이라는 것을 의미할 뿐이지만, 라이프니츠의 주장은 그것을 넘어 그런 의미에서 동일한 두 개의 사물은 존재하지 않는다고 주장하기 때문이다. 칸트는 『순수이성비판』의 반성 개념 장에서 구별 불가능한 것의 동일성 원리를 라이프니츠와 같이 이해하였지만, 라이프니츠는 시간과 공간적 차이를 무시하고 개념적으로 구별이 불가능하면 두 개의 사물을 동일한 것으로 간주한다고 비판하였다. 즉 칸트는 라이프니츠가 동일한 우주 안에 동일한 두 개의 모나드가 존재한다고 주장하는 것으로 오해하였다. 라이프니츠가 동일한 두 개의 모나드가 존재하지 않는다고 보는 이유는 신이 완전한 존재이기 때문이다. 어느 작가가 동일한 작품이나 비슷한 작품을 만들어낸다면 이것은 창의력의 부족을 의미한다. 라이프니츠는 신의 창의력이 무한하기 때문에 동일한 두 개의 모나드를 만들지는 않는다고 말한다. 그러나 신이 동일한 모나드를 창조하지 않기 위해서는 모나드에 대한 완전 개념을 가지고 있어야 하기 때문에, 모나드는 미래에 전개될 모든 지각을 잠재적으로 자신 안에 내재하고 있다고 보아야 한다.

라이프니츠가 창 없는 모나드를 통하여 정당화하려 한 또 다른 문제는 자유의지의 문제다. 자유의지란 선택의 자유를 가지는 의지를 말한다. 라이프니츠는 자유 개념을 강제로부터의 자유와 필연으로부터의 자유로 나눈다. 강제로부터 의지의 자유는 정념의 강제로부터의 자유를 말하며, 의지가 순수한 이성의 판단에 따를

> **정념**
> 어떤 존재자가 외부 존재자의 영향을 수동적으로 수용하고 그에 따라 변용되는 것. 데카르트에게는 신체에 속하는 정기의 운동에 따라 영혼이 겪는 고통·기쁨 따위의 상태를 의미한다.

때의 자유다. 이러한 의미의 자유는 필연과 대립하지 않는다. 스피노자도 모든 것은 신의 본성에서 필연적으로 발생한다고 봄으로써 결정론을 주장하면서도 정념의 강제로부터의 자유는 인정하였다. 라이프니츠에게 더 중요한 것은 필연으로부터의 자유다. 그 이유는 이러한 자유가 도덕의 가능성에 대한 전제조건이 되기 때문이다. 강제로부터의 자유를 정당화하는 문제보다 필연으로부터의 자유를 정당화하는 문제는 훨씬 어렵고 복잡한데, 라이프니츠는 자유와 필연의 조화 문제를 연속 합성의 미로와 함께 인간의 이성을 괴롭히는 양대 미로라 부른다. 라이프니츠는 자유와 필연의 조화 가능성 문제는 모나드의 집합으로서의 세계를 자연 필연성의 법칙에 따르는 자연의 왕국과 이성을 가진 모나드들의 공동체인 은총의 왕국으로 나누고, 신이 예정조화에 의해 두 세계를 조화시킬 때 자연의 왕국이 은총의 왕국을 배려하도록 한다고 봄으로써 해결한다. 하지만 그보다 앞서 개별 모나드에서 필연으로부터의 자유가 가능해야 한다.

필연으로부터의 자유는 선택의 가능성이 있을 때 가능하기 때문에 선택의 자유라고도 불린다. 그리고 선택의 결과로 발생한 것은 그것의 반대가 가능하기 때문에 우연적이다. 따라서 선택의 자유가 가능하기 위해서는 우연의 가능성이 전제되어야 한다. 라이프니츠는 필연을 반대가 모순되어 불가능한 것으로, 우연은 반대가 모순되지 않아 가능한 것으로 정의한다. '삼각형은 변이 세 개다'라는 명제는 부정하면 모순이 되기 때문에 필연적인 명제이다. 그러나 '시저는 루비콘강을 건넜다'라는 명제는 부정해도 모순이 되지 않으므로 우연적 명제이다. 모나드 안에는 미래에 일어날 모든 지각이 포함되어 있으므로, 시저가 루비콘강을 건넌다는 사건도 시저라는 모나드의 개념 안에 포함되어 있다. 따라서 '시저는 루비콘 강을 건넜다'라는 명제는 필연적인 명제가 아닌가 반문할 수도 있다. 사실 스피노자는 모든 것이 유일한 실체인 신의 본성에서 발생하기 때문에 필연적이라고 보았다. 그러나 라이프니츠는 이것이 필연적인 것과 확실한 것을 구별하지 못하였기 때문에 발생한 오류라고 본다. 원의 본성과 같이 어떤 개념 안에 명시적으로 포함된 것은 논리적인 분석이 가능하고 따라서 그것을 부정하면 모순에 빠지므로 필연적이다.

그러나 모나드 안에는 요소 개념이나 그에 해당하는 지각 내용이 무한히 많고, 따라서 논리적으로 분석할 수 없으므로 시저가 루비콘 강을 건넜다는 주장을 부정해도 논리적으로 모순이 되지 않고 따라서 가능하다. 즉 시저가 루비콘 강을 건넜다는 행동과 같이 모나드에게 일어나는 모든 행동은 필연적이 아니라 단지 '확실하고 우연적'이라는 것이다. 초기에 라이프니츠는 신은 요소 개념이 무한한 완전 개념을 끝까지 분석하는 것이 가능하다고 생각했다. 그러나 이렇게 되면 우연이란 인간의 차원에서만 가능하며, 신의 차원에서는 우연이 존재하지 않게 되므로, 후기 저작에서는 신조차 완전 개념의 분석은 불가능하며, 다만 완전 개념에 포함되어 있는 요소 개념을 통찰하는 것만 가능하다고 수정하였다. 물론 어떤 행동이 우연적이라는 것만으로 자유의 가능성에 대한 충분한 설명은 아니다. 그러나 라이프니츠는 결정론을 부정함으로써 이를 통하여 선택의 자유가 가능하기 위한 조건을 마련했다고 볼 수 있다.

## 유심론과 연속 합성의 미로

모나드론에 대한 가장 흔한 오해 중의 하나는 물체가 모나드들로 구성되어 있다고 라이프니츠가 주장하는 것으로 보는 견해이다. 칸트도 모나드를 물질을 구성하는 기본단위라고 오해하였다. 그러나 물체는 모나드로 이루어지지 않는다. 비물질적인 모나드가 집적된다고 해서 물체가 되는 것은 아니기 때문이다. 따라서 물체와 정신을 두 가지 서로 다른 실체로 본 데카르트와는 달리 라이프니츠는 물체의 실체성을 인정하지 않는다. 물체는 실체나 실재가 아니라, 모나드의 내부 지각세계에만 존재하는 관념이다.

라이프니츠가 물체를 실체로 인정하지 않는 이유는 연장된 것은 무한히 분할 가능하고 분할된 것의 실체성은 분할된 부분 안에 있어야 하는데, 또 그 부분이 다시 무한히 분할 가능하기 때문에 연장된 것의 실체성은 그 어디에도 존재할 수 없다고 보기 때문이다. 라이프니츠에 따르면 물체의 속성인 연장은 실재가 아니다. 라이프니츠는 버클리와 마찬가지로 색, 냄새, 소리, 맛 등과 같은 제2성질뿐만 아니라, 소위 제1성질이라고 부르는 크기나 형태, 운동도 관념이라고 본다. 따라서 물체는 지각 내부에 존재하는 관념이고, 실재의 세계에는 물체가 존재하지 않으며, 단지 모나드들의 집합만이 존재한다. 데카르트는 정신 안에서 우리가 지각하는 것은 관념으로서의 물체이지만, 신은 우리를 속이지 않기 때문에 물체가 관념만으로 존재하는 것이 아니라, 우리 정신의 외부에 실재한다고 생각하였다. 그러나 라이프니츠는 신은 고지식하게 우리를 속이지 않는 것이 아니고 더 중요한 일을 하기 위해서는 인간을 속일 수도 있다고 본다. 그에 의하면 신은 더 완전한 세계를 창조하기 위해서 우리의 지각에는 물체로 보이지만, 실제로는 물체가 아닌 모나드만으로 세계를 창조하였다.

라이프니츠에게 있어 신이 창조한 세계는 궁극적으로 모나드들만으로 이루어져 있다. 그러나 그것은 존재하는 것이 정신과 정신 안에 있는 관념뿐이라고 보는 버클리의 세계와는 다르다. 버클리는 정신 안에 있는 세계는 오로지 관념일 뿐 그것에 대응하는 어떤 것이 실재의 세계에 존재하는 것은 아니라고 보는 데 반해, 라이프니츠는 지각 안에서 물체로 간주되는 것과 대응되는 것이 실재세계에 존재한다고 본다. 즉 물체는 아니지만 정신 안의 관념으로서의 물체와 대응하는 모나드의 집합이 실재세계에 존재한다는 것이다. 이것은 버클리가 '정신'만이 실체라고 보는 데 반해 라이프니츠는 영혼을 실체로 보고, 비물질적 실체로서 모나드의 다양한 등급 차이를 인정하기 때문에 가능하게 된다. 우리는 보통 신의 정신, 이성을 가진 인간의 정신, 동물의 영혼, 식물의 영혼 등을 구별할 수 있지만, 라이프니츠는 신의 정신에서부터 완전성의 등급이 무한히 다양한 모나드가 존재한다고 본다. 물체의 관념에 대응하는 실재세계의 존재는 완전성의 등급이 가장 낮은 모나드들의 집합인 것이다.

그러나 완전성의 등급이 아무리 낮다고 하더라도 모나드가 데카르트적, 또는 상식적 의미에서와 같은 물질인 것은 아니다. 그것은 여전히 지각과 욕구를 가지고 있고, 분할이 불가능한 영혼과 같은 존재인 것이다. 완전성이 낮은 모나드는 지각이 매우 희미하여, 거의 지각이 없는 것처럼 보인다. 그러나 사람도 잠을 자는 동안에는 지각이 희미하기 때문에 지각을 의식하지 못하지만, 그렇다고 잠을 자는 동안에는 지각이 없다고 말할 수 없는 것과 마찬가지로 열등한 모나드에게 지각이 없다고 말할 수 없다. 동일한 세계에 속하는 모든 모나드의 지각은 동일한 우주의 표현인 까닭에 지각의 내용은 동일하며, 모나드가 세계 속에서 처한 위치에 따라 명석하거나 판명한 부분이 다르며, 가장 명석한 부분도 모나드의 완전성의 정도에 따라 명석한 정도가 다르게 되는 것이다. 즉 모나드의 완전성의 정도는 지각의 명석성의 정도에 비례한다고 볼 수 있는 것이다.

라이프니츠가 이렇게 유심론唯心論, spiritualism을 주장하는 중요한 이유는 자유와 필연의 조화 문제와 함께 "인간의 이성을 괴롭히는 양대 미로"라고 그가 부른 연속합성의 미로를 해결하기 위해서이다. 연속합성의 미로란, 무한히 분할 가능하기 때문에 부분이 존재하지 않는 물체가 어떻게 연속적으로 합성될 수 있는가를 해명하는 문제이다. 이 문제는 비물질적인 최소 단위인 모나드로부터 어떻게 물체가 합성될 수 있는가 하는 문제이기도 하다. 그리고 이 문제를 거꾸로 생각하면 물질이 계속하여 분할되면 더는 분할할 수 없는 최소의 단위인 모나드가 존재하는가, 또는 최소의 단위는 존재하지 않고 물질은 무한히 분할 가능한가 하는 칸트의 두 번째 순수이성의 이율배반과 동일한 문제가 된다. 라이프니츠는 연속합성의 미로가 수나 공간과 같이 관념적인 것을 실재로 간주함으로써 발생하는 문제라고 보았다. 이 문제는 물체가 실재라면 해결될 수 없는 문제이다. 칸트는 두 번째 이율배반이 세 번째 및 네 번째 이율배반과는 달리 가짜 이율배반이라고 봄으로써, 문제를 해결하는 것이 아니라 해소하려 하였다. 그러나 서로 모순되는 두 명제인 정립과 반정립이 동시에 거짓이라고 하는 것은 이율배반을 해소하는 것이 아니라 새로운 이율배반을 낳는 셈이다. 왜냐하면 모순관계에 있는 두 명제는 동시에

**유심론**
세계가 본원적인 정신의 현상이거나 환영에 불과하며 따라서 실재하지 않는다는 이론. 유심론은 정신을 실체로서 인정하는 것으로, 관념론 대부분은 유심론에 속한다.

참일 수도 없지만, 동시에 거짓일 수도 없기 때문이다.

　라이프니츠가 연속합성의 미로를 해결하는 방법은 칸트가 세 번째 및 네 번째 이율배반을 해결하는 방법과 유사하다. 즉 물체는 실재가 아니라 현상계에 속하는 관념이고, 실재는 오로지 예지계에 속하는 모나드의 집합이라고 봄으로써 해결하는 것이다. 현상 세계에 존재하는 것은 모두 관념이고 관념의 세계에서는 전체가 부분보다 먼저 주어지고, 이 전체로서 주어진 것은 연속적이며 무한히 분할 가능한 것으로 생각된다. 이에 반해 실재의 세계에서는 최소의 단위가 존재하며 부분이 전체에 앞서 주어지고, 전체는 최소단위의 불연속적인 합성으로 이루어진다. 물체는 현상이기 때문에 전체로서의 집적체가 먼저 우리에게 주어지고 이것은 연속적으로 무한히 분할 가능한 것으로 생각된다. 따라서 물체가 최소의 단위로부터 어떻게 연속적으로 합성되는가 하는 질문은 잘못 제기된 것이다. 실재의 세계는 모나드의 세계로서 최소의 단위가 존재하며, 모나드로 구성되는 전체는 부분인 모나드들의 불연속적인 합성으로 이루어진다. 따라서 연속합성이 어떻게 가능한가 하는 물음도 잘못 제기된 것이다. 합성은 예지계에서 불연속적으로 이루어지며, 연속적인 것은 현상계에서 물체의 분할이라고 봄으로써 라이프니츠는 연속합성의 미로를 해결하고 있다.

> **현상계**
> 우리의 마음에 의해 규정된 것으로서의 세계. 칸트에 따르면 인간의 인식 대상은 '사물 그 자체'가 아니라, 인간의 선험적 직관·사유 형식을 통해 규정된 현상이다.

> **예지계**
> 현상계와 구별되면서, 인식될 수 없는 현상의 근거들을 머무르게 하는 어떤 영역. 예지계는 적극적으로 규정될 수 없고, '~이 아니다'라는 식으로 소극적으로만 규정된다.

## 범유기체론과 운동의 원리

　신을 제외한 모나드들은 홀로 존재하지 않고 반드시 영혼과 육체의 결합체로서만 존재한다. 이와 유사한 생각은 스피노자에게도 나타나는데, 라이프니츠는 영혼이 없는 물체는 존재하지 않고 단지 무지개와 같은 현상일 뿐이라고 본다. 다시 말하면 영혼이 없이 순수한 물질 덩어리로서의 물체는 실재세계에는 존재하지 않고, 모나드의 내부 지각으로서만 존재하는 관념이라는 것이다. 영혼이 우리에게 지각되지 않기 때문에 물체에 대응하는 존재들이 영혼을 갖지 않는 것처럼 보이지만 실재세계에서 물체에 대응하는 존재들은 모두 영혼과 육체의 결합체로서 존재한다는 것이다. 라이프니츠는 이러한 존재, 즉 생명체를 '물체적 실체substantia corporea'라고 부른다. 그의 물체적 실체는 데카르트의 용어를 빌려 쓰고 있지만, 데카르트의 물체적 실체 개념과는 매우 다르다. 데카르트의 물체적 실체가 영혼이나 정신과는 독립적인 별개의 실체인 데 반해, 라이프니츠의 물체적 실체는 영혼과 육체의 결합체이고, 이때 영혼과 결합되는 육체도 데카르트적인 의미에서의 물체가 아니라 영혼보다 열등한 모나드들의 결합체인 것이다.

라이프니츠는 영혼과 육체의 결합체인 물체적 실체를 하나의 실체라고 주장한다. 그것은 육체에 실체적 형상에 해당하는 영혼이 결합되어 '진정한 하나'를 이룬다고 보기 때문이다. 라이프니츠는 실체를 '진정한 하나' 또는 '단일성을 갖는 존재'라고 정의한다. 그는 여기서 하나 또는 단일성을 그 자체로서의 단일성과 우연적인 단일성으로 구분한다. 우연적인 단일성은 가락지에 박힌 두 개의 다이아몬드처럼 공간적으로 근접되어 있어 우연히 함께 움직이는 사물의 단일성을 말한다. 예를 들어 한 무리의 양떼나 휴가 나온 한 집단의 군인들은 항상 함께 움직이면 일종의 단일성을 갖는다고 볼 수 있는데, 이러한 단일성이 우연적인 단일성이다. 우연적 단일성을 갖는 집적체를 라이프니츠는 하나의 돌무더기에 비유한다. 돌무더기로서의 집적체는 하나의 실체가 아니라, 다수의 실체들인데, 이러한 실체들의 집적체는 현실 세계에는 존재하지 않는다. 따라서 단지 무지개와 같은 현상일 뿐이다. 진정한 단일성 또는 그 자체로서의 단일성은 실체의 단일성이다. 한 무리의 양떼가 우연한 단일성이라고 한다면 한 마리의 양은 진정한 단일성 또는 그 자체로서의 단일성이다. 이러한 단일성은 분할할 수 없는 단일성이다. 라이프니츠는 물체적 실체는 단순히 모나드들의 우연적 집적체가 아니라 실체적 형상인 영혼을 통하여 긴밀하게 결합됨으로써 그 자체로서의 단일성을 이룬다고 본다. 즉 물체적 실체는 휴가 나온 한 집단의 군대와 같은 군인들의 무리가 아니라, 한 사람의 지휘관을 중심으로 긴밀하게 조직된 부대와 같은 존재다. 부대는 다수의 군인이 아니라 하나의 부대이다. 이러한 의미에서 라이프니츠는 물체적 실체를 하나의 실체라고 부르는 것이다.

    라이프니츠는 모나드뿐만이 아니라 모나드들의 결합체인 물체적 실체를 또 다른 하나의 실체라고 부름으로써 데카르트와는 다른 의미이지만 사실상 실체의 이원론을 주장하는 셈이다. 라이프니츠는 물체적 실체의 단일성을 입증하기 위하여 거의 평생 동안 노력하였는데, 그는 이러한 두 종류의 실체를 인정하는 주장이 양립 가능하지 않다는 사실을 인식하지 못한 듯하다. 그러나 물체적 실체가 하나라는 주장은 모나드가 하나의 실체라는 주장과 양립할 수 없다. 모나드가 하나의 실체라면 물체적 실체는 모나드들의 집적체로 보아야 할 것이고, 또 물체적 실체를 진정한 의미에서 하나의 실체라고 한다면, 그것은 구성요소를 가져서는 안 되기 때문에, 모나드론은 폐기되어야 하는 것이다. 라이프니츠에게서 모나드론은 폐기될 수 없는 근본적 원리이기 때문에, 물체적 실체가 하나의 실체라는 주장은 달리 해석되어야 한다. 따라서 물체적 실체는 하나의 실체라기보다는 실체들의 존재방식이라고 불러야 할 것이다. 왜냐하면 모든 유한한 모나드는 반드시 물체적 실체의 형태로 존재하기 때문이다.

그런데 물체적 실체는 단순히 영혼과 육체의 결합체로서 존재하는 것이 아니라, 영혼과 유기체적인 육체와의 결합체로 존재한다. 라이프니츠는 유기체를 '자연기계'라고 부름으로써 인공기계와 구별한다. 인공기계는 그것을 구성하는 부분들이 기계가 아니지만, 자연기계들은 그 부분들이 다시 기계가 되는 구조를 가진 기계이다. 다시 말하면 자연기계란 부분이 전체와 같은 구조, 즉 프랙탈 구조로 되어 있는 기계다. 물체적 실체는 전체가 영혼과 육체의 결합체로 이루어져 있는데, 그 부분들이 다시 영혼과 육체의 결합체로 이루어져 있다는 것이다. 이 부분이 바로 '기관organon'이라고 하는 것인데, 기관은 전체 물체적 실체의 영혼보다 하위의 등급의 영혼과 육체의 결합체로 이루어지고, 이 기관들은 다시 더 하위의 기관들로 구성되며, 이러한 관계는 영혼의 역할을 하는 하나의 우월한 모나드와 육체의 역할을 하는 하나의 열등한 모나드들의 결합체로 이루어진 기관에 이르기까지 계속된다. 유기체란 이러한 기관들로 이루어지는 조직체를 말한다. 라이프니츠는 데카르트와 마찬가지로 진공의 존재를 부정한다. 우주는 모나드들로 가득 차 있다는 것이다. 그러나 단순히 모나드들로 채워져 있는 것이 아니라 유기체적 구조를 가진 생명체들로 가득 차 있다. 무생물은 존재하지 않으며 우리에게 무생물인 것처럼 보이는 존재들도 더 하위의 영혼과 유기체적 육체의 결합체로 이루어진 생명체들이다. 라이프니츠는 우주를 물고기로 가득 찬 연못 또는 식물로 가득 차 있는 정원에 비유한다. 그러나 물고기나 식물만 생명체인 것이 아니라 물고기와 물고기 사이의 물, 나무와 나무 사이의 공간도 더 하위의 생명체들로 가득 차 있다는 것이다. 라이프니츠의 이러한 견해가 바로 범유기체론이다.

범유기체론의 특징은 우주에 단순한 물체는 존재하지 않고, 모든 존재는 영혼과 육체의 결합체, 즉 생명체로 존재한다는 것과 모든 생명체는 프랙탈 구조로 되어 있다는 것, 그리고 진공이 존재하지 않고, 우주에는 생명체로 가득 차 있다는 것으로 요약할 수 있다. 라이프니츠가 진공의 존재를 부정하는 이유는 충만의 원리에 근거하는데, 라이프니츠 당시에는 물리학에서도 빛의 매질로서 에테르의 존재가 일반적으로 수용되고 있었기 때문에, 진공의 부정이 당연한 것으로 간주되었다. 그리고 라이프니츠는 『자연, 실체들의 교통 및 영혼과 육체 사이의 결합에 관한 새로운 체계』에서 생명체가 기관들의 프랙탈 구조로 되어 있다고 보는 이유를 신의 무한한 지혜에 근거하여 설명하고 있다. 라이프니츠가 생명체나 우주를 종종 일종의 '기계'라고 표현하는데 이것이 그가 초기에 기계론 철학의 영향을 받은 것에 기인하는 것으로 보인다. 그러나 기계론자들이 자연기계인 생명체와 인공기계 사이의 차이를 단지 크기의 정도 차이로 보는 데 반해, 라이프니츠는 신의 무한한 지혜를 통하여 창조한 자연기계와 유한한 인간 정신이 만든 기계 사이에는 측량할 수 없는 거리가 있다고 본다. 그 차이란 자연기계 안에는 무한히 많은 기관이 존재하여 가장 작은 부분들조차 기계로 존재하는데, 인공기계는 부분들이 더는 기계가 아닌 단순한 부품들이라는 것이다. 라이프니츠가 생명체의 부분인 기관들이 다시 영혼과 육체

**에테르**
모든 공간을 채우고, 빛, 전기, 자기 등을 전하는 것으로 생각된 가상적인 매질. 어원적으로는 천공에 넘치는 영기靈氣를 가리킨다.

의 결합체로 구성되어 있다고 보는 이유는, 순환기관이나 호흡기관, 또는 감각기관과 같은 기관들은 여러 조직이 통일성을 이루어 특정의 기능을 수행하는데, 이러한 기관의 통일성이 실체적 형상을 통해서만 가능하다고 생각하기 때문이다.

    범유기체론에서 가장 핵심적인 내용은 모든 존재가 영혼과 육체의 결합체, 즉 생명체로 존재한다고 주장하는 점이다. 라이프니츠의 사상에서 범유기체론은 점진적으로 발전하였는데, 유기체 이론이 등장하기 전의 초기 문헌에서는 주로 물체적 실체에 관하여 언급하고 있으며, 물체들이 무지개와 같이 단순한 현상이 아니려면 그 안에 반드시 실체적 형상이 내재해야 한다고 주장하였다. 그리고 실체적 형상을 도입해야 하는 이유로 라이프니츠는 기계론 철학의 문제점을 들고 있다. 기계론 철학이란 데카르트의 철학과 같이 물체의 본성이 단지 연장에만 있다고 보며 운동을 수학과 기계론적 원리를 통하여 설명하려는 철학을 말한다. 데카르트의 물체 개념에는 역학적 원리가 없기 때문에, 운동의 원리를 물체 내적인 원리를 통하여 설명하지 못하고 외적인 원리를 통하여 설명하였다. 즉 최초에 물체의 운동은 신에게서 기인하며, 이후의 운동은 한 물체가 충돌을 통하여 다른 물체에게 전달됨으로써 가능하다고 보았다. 라이프니츠도 여러 저작에서 처음에는 이러한 기계론적 철학에 빠졌었다고 고백한다. 그러나 기계론 철학이 운동과 운동법칙의 최종원리를 제대로 설명할 수 없음을 알고 실체적 형상을 도입하지 않을 수 없었다고 말한다. 그러나 라이프니츠가 현상에서까지 운동의 원리를 실체적 형상을 통하여 설명하려 한 것은 아니다. 현상의 영역은 물리학의 탐구대상이며 여전히 기계론 철학의 설명방식이 유효한 영역이다. 라이프니츠가 문제 삼은 것은 실재, 즉 예지계에서의 운동의 원리이다. 라이프니츠의 관점에서 데카르트는 현상의 영역뿐만 아니라 실재의 영역에까지 기계론 철학을 적용한 것이 문제였던 것이다.

실체적 형상이란 아리스토텔레스의 용어로, 제2질료와 결합하여 개체를 구성하는 우유적 형상과 달리 제1질료와 결합하여 실체의 본질을 구성하는 형상이다. 라이프니츠는 아리스토텔레스와는 달리 실체적 형상을 생명체의 영혼과 같은 의미로 사용하고 있다. 영혼은 생명체에서 운동의 원리다. 즉 생명체가 성장하고 운동하는 것은 영혼이 있기 때문에 가능한 일이다. 라이프니츠는 물체의 운동도 실재의 세계에서는 생명체의 운동원리와 다를 바가 없다고 생각하였다. 다만 인간의 실체적 형상인 정신은 이성을 가지고 있으며 도덕법칙을 인식할 수 있기 때문에 자연법칙에 따르지 않고 자율적인 도덕법칙에 따라 행동을 하지만, 이성이 없는 동물이나 우리가 물체라고 부르는 하위의 생명체들은 도덕법칙을 인식하지 못하기 때문에 타율적인 자연법칙에 따라 운동한다는 것이다.

그러나 라이프니츠에 따르면 영혼과 육체 간에는 상호작용을 하지 않기 때문에 영혼에 의한 육체의 운동원리를 아리스토텔레스와 같은 방식으로 이해해서는 안 된다. 즉 생명체에서 영혼이 팔이나 다리를 움직이게 지시함으로써 운동이 이루어지는 것으로 이해해서는 안 된다는 것이다. 왜냐하면 데카르트에게서 문제가 된 심신상호관계 문제는 차치하더라도, 물체는 팔과 다리와 같은 운동기관이 존재하지 않기 때문에 영혼이 운동기관에게 명령을 내려 운동을 하도록 할 수는 없기 때문이다. 라이프니츠에게서 영혼과 육체의 관계는 예정조화설에 의해 설명된다. 영혼은 영혼의 변화원리에 따라 변화하고 육체는 육체의 변화원리에 따라 변화하므로,

영혼과 육체 사이에 직접적인 상호작용은 일어나지 않는다. 하지만, 영혼이 육체를 움직이려 마음먹거나 육체에 영혼과 관계되는 변화가 일어나면 신이 이를 미리 예견하여 서로 조화되도록 배열하였기 때문에 마치 영혼이 육체에게, 또는 육체가 영혼에게 영향을 미치는 것처럼 보인다는 것이다. 현상세계에서 물체들은 다른 물체로부터 충돌에 의해서 운동을 전달받아 운동을 하는 것처럼 보인다. 그러나 이것은 현상이다. 실재의 세계에서 실체들은 상호작용을 하지 않으므로 모나드들의 집합으로서 물체적 실체들이 충돌에 의해 운동을 전달한다고 말할 수는 없다. 물체적 실체들은 영혼에 해당하는 실체적 형상을 가지고 있고, 이 실체적 형상의 지각에 자신의 육체가 다른 물체적 실체와 충돌하는 듯이 보이는 순간에 직선운동을 하는 것으로 나타나면, 신이 이 육체를 직선운동을 하도록 배열하였다고 봐야 하는 것이다.

라이프니츠는 『사연, 실체들의 교통 및 영혼과 육체 사이의 결합에 관한 새로운 체계』에서 힘 개념을 통하여 이러한 과정을 좀 더 구체적으로 설명하고 있으나 그의 설명은 매우 추상적이고 간단하다. 그는 힘의 종류를 실재세계에서 모나드의 본질을 이루는 근원적 힘과 현상적 차원에서 물체가 가지는 것으로 파악되는 파생적 힘으로 구분한다. 근원적 힘은 다시 근원적 능동력과 근원적 수동력으로, 파생적 힘은 파생적 능동력과 파생적 수동력으로 나누어진다. 근원적 능동력은 모나드의 지각을 변화시키는 욕구에 해당하고, 근원적 수동력은 하나의 모나드가 다른 모나드에 의해 침투되지 않는 저항력이다. 파생적 능동력은 물체의 역학적 운동의 원인이 되는 힘이고, 파생적 수동력은 물체의 저항력을 의미한다. 라이프니츠는 물체적 실체 안에 있는 실체적 형상의 본질이 근원적 능동력이라고 말한다. 이 근원적 능동력을 통하여 직접적으로 변화하는 것은 지각이다. 우리는 물체가 운동하기 때문에 지각이 변화하는 것으로 생각하지만, 라이프니츠의 형이상학적 관점에서 보면 현상계에서 물체가 운동하는 것으로 보이는 이유는 모나드의 지각이 변화하기 때문이다. 비유를 통하여 설명하자면, 영화에 몰입해 있는 관객의 입장에서는 스크린 상의 물체가 실제로 운동하는 것으로 착각하지만, 반성적인 입장에서 보면 영화 스크린에서 물체가 움직이는 것으로 보이는 이유는 영사기에 의해 필름이 움직이기 때문이다. 이것은 영사기가 정지하면 스크린 상의 물체가 정지한 것으로 보인다는 사실을 통하여 확인할 수 있다. 영사기의 회전력이 실재적인 힘이고 근원력에 해당하며, 스크린 상에서 물체 운동의 원인이라고 생각되는 힘은 가상적인 힘이며, 파생력에 해당한다. 실재의 세계에서도 실체적 형상의 지각에 상응하여 그에 속한 육체의 운동이 일어나게 되는데, 이때 육체운동의 직접적인 원인은 영혼의 능동력인 것은 아니다. 왜냐하면 영혼과 육체는 상호작용을 하지 않기 때문이다. 그러나 예정조화를 통하여 신은 실체적 형상 안의 지각의 변화에 상응하는 육체를 그에게 결합하도록 배열하였기 때문에 육체의 운동의 원인이 되는 힘을 실체적 형상 안에 있는 근원력의 파생력이라고 부를 수 있는 것이다.

    라이프니츠는 영혼과 같은 모나드를 단지 존재의 참모습이라고 주장하였을 뿐만 아니라, 모나드를 통하여 자연현상의 원리를 해명하고, 특히 도덕의 원리를 해명하려 하였다. 라이프니츠는 『동력학의 시범』과 같은 물리학적 저작을 통하여 새로운 역학 이론을 주장할 만큼 자연과학이나 수학에도 조예가 깊었지만, 무엇보다 그가 관심을 가지고 있었던 문제는 도덕의 원리였다. 그가 영혼의 구조와 작용방식을 우리가 생각하는 상식적인 영혼과 다른 모습으로 그리고 있는 이유는 바로 자유의지의 가능성을 확보해야만 도덕이 가능하기 때문이다. 그러므로 이는 자연과학을 양보하지 않으면서도 도덕의 가능성을 확보하기 위한 특단의 조치라고 할 수 있는 것이다.

# 더 읽을거리

라이프니츠, 『형이상학 논고』, 윤선구 옮김, 아카넷, 2010
    라이프니츠 철학의 핵심 내용을 이해하는 데 도움이 되는 초기 저작 두 편
(『인식, 진리 그리고 관념에 관한 성찰』, 『형이상학 논고』), 중기 저작 세 편
(『제일철학의 개선 및 실체의 개념에 대하여』, 『자연, 실체들의 교통 및
영혼과 육체의 결합에 관한 새로운 체계』, 『동력학의 시범』), 후기 저작 두 편
(『자연과 은총의 이성적 원리』, 『모나드론』)을 번역한 책이다.

A. Gurwitsch, *Leibniz: Philosophie des Panlogismus*, de Gruyter, 1974
    라이프니츠 철학을 범논리주의로 해석하는 대표 저서로서 라이프니츠에
대한 체계적 연구를 담고 있다. 저자는 라이프니츠의 철학을 신의
입장에서의 선험철학으로 해석하고 있는데, 이것은 라이프니츠의 입장을
인간오성에 의한 선험철학이라고 할 수 있는 칸트 선험철학과 대립적인
입장으로 보고 있다.

K. E. Kaehler, *Leibniz' Position der Rationalität.*
*Die Logik im metaphysischen Wissen der „natürlichen Vernunft"*,
Verlag Alber, 1989
    라이프니츠의 합리주의에 관한 체계적 연구서다. 라이프니츠는 인간의
이성을 신의 이성과 능력에서는 차이가 있지만, 그 인식 원리는 동일한
것으로 간주하고, 신의 입장에서 사물의 구조와 원리를 규명하려 시도한다.
따라서 저자는 라이프니츠의 합리주의적 입장을 극단적인 합리주의로
해석한다.

R. M. Adams, *Leibniz: Determinist, Theist, Idealist*, Oxford University Press,
1994
    영미권을 대표한다고 볼 수 있는 라이프니츠에 대한 체계적 연구서로
라이프니츠 철학을 결정론으로 해석한다. 특히 라이프니츠의 물체적 실체에
관한 상세한 고찰을 포함하고 있다. 물체적 실체는 모나드의 집적체인
영혼과 육체로 된 생명체를 하나의 실체라고 보는 견해로 전통적 입장에서는
모나드론과 대립되는 것으로 간주되어 무시되어왔다.

C. Mercer, *Leibniz's Metaphysics: Its Origins and Development*, Cambridge University Press, 2001

라이프니츠 철학의 발전 과정을 체계적으로 연구한 저서다. 라이프니츠 철학은 끊임없는 변화와 발전 과정을 통하여 형성되었기 때문에 일시적으로 형성된 것으로 볼 경우 많은 혼동을 낳게 되는데, 저자는 라이프니츠의 주요 사상이 지금까지의 학자들이 믿고 있는 것보다 훨씬 이전에 형성된 것으로 보고 있다.

# 로크

## 의식으로 구성된 마음

이재영

고려대학교 철학과를 졸업하고 대학원에서 버클리에 관한 논문으로 석사학위를, 「영국 경험론의 추상 관념 문제」라는 논문으로 박사학위를 받았다. 1986년부터 조선대학교 철학과에 재직하고 있다. 서양근대철학회장, 범한철학회장을 지냈고, 인문과학대학 부학장과 인문학연구원장을 거쳐 현재는 학장을 맡고 있다. 철학적 사고의 토대로서 인식론적 훈련이 필요하다는 판단에 따라 버클리를 공부한 것이 계기가 되어 영국 경험론 전반을 연구하게 되었다. 요즘에는 로크 철학의 다양한 측면에 관심을 갖고 있다. 대표 저서로 『영국 경험론 연구』, 옮긴 책으로는 『영국 경험론』, 『새로운 시각 이론에 관한 시론』이 있다.

# 로크 철학의 시대적 배경

**기계론적 세계관**
모든 운동이 수학적으로 파악될 수 있는 물리적 힘과 기계적 법칙에 의해 결정된다고 보는 관점. 목적론적 세계관과 대조된다.

**목적론적 세계관**
자연계에서 일어나는 운동 현상을 운동체가 가진 자연적 본성과 그에 내재한다고 생각되는 목적에 근거하여 설명하려는 관점.

**판단 중지**
어떤 믿음이 옳은지 그른지에 대한 판단을 유보하면서 그 믿음이 우리가 의식에 대해 취할 수 있는 여타의 태도에 영향을 미치지 않도록 하는 것.

　　서양의 근대는 르네상스, 종교개혁 그리고 과학혁명과 더불어 시작되었다. 그중에서도 코페르니쿠스에서 갈릴레이와 케플러를 거쳐 뉴턴에 이르러 완성된 과학혁명은 근대를 인류 역사상 그 이전 시기와 가장 철저하게 결별한 시기가 되게 하였다. 상징적으로 천동설에서 지동설로 바뀐 시대라고 알려져 있는 이 시기는 더 포괄적으로 말하면 아리스토텔레스의 목적론적 세계관이 기계론적 세계관으로 대체되어가던 시기였다. 고대 그리스의 아리스토텔레스에서 시작하여 기독교의 전통과 결합되었고, 아퀴나스를 정점으로 하는 스콜라 철학에 의해 더욱 빛을 발한 목적론적 세계관은 2,000년 이상 서구사회를 지배해온 세계관이었다. 세계관이 교차하면서 그동안 기독교의 유신론唯心論, spiritualism적 전통의 그늘에 가려져왔던 고대 그리스의 데모크리토스와 에피쿠로스의 원자론이 부활했고, 스콜라 철학과 아리스토텔레스주의 뒤로 처져 있던 플라톤의 철학이 신플라톤주의의 형태로 다시 등장했다. 또한 패러다임이 교체되는 백가쟁명百家爭鳴의 시기에 언제나 그랬듯이 '판단 중지epoche'를 외치는 회의주의가 득세하였다.

　　이에 데카르트의 철학은 옛 세계관이 종말을 고하고 새로운 세계관이 도래했음을 만방에 선언하기에 이르렀다. 그는 이미 대세가 되어버린 기계론적 유물론을 받아들이고 수학적 우주관을 바탕으로 하는 새로운 과학이론을 제시하였다. 그러나 그는 종교와 도덕의 입지를 확보하기 위해 전면적으로 유물론을 수용하지 않았다. 그의 물심이원론物心二元論은 기계론적 유물론과 목적론적 유심론을 하나로 묶은 일종의 타협안이라고 할 수 있다. 데카르트의 뒤를 잇는 대륙의 이성주의 철학자들은 그가 남겨놓은 중세의 유산을 청산하고 진정한 근대적 세계관을 확립하려고 노력하였다. 그러나 그들은 실체substance와 같은 전통적인 철학적 개념들을 사용함으로써 철학의 정통성 안에 머무는 한계를 드러냈다. 로크는 여전히 막강한 위력을 과시하여 근대 철학자들에게 중압감을 주던 아리스토텔레스주의에 저항하고, 한편으로는 관찰과 실험을 중시하는 근대 과학 정신으로 무장해서 데카르트주의에 남아 있는 형이상학적 잔재를 털어내고자 했다. 이런 면에서 데카르트가 근대의 문고리를 잡았다면 그 문을 활짝 열어 젖힌 사람은 로크였다고 할 수 있다.

근대 이전의 영혼 개념은 플라톤주의, 아리스토텔레스주의, 파라켈수스주의, 연금술과 의학적 관점들이 뒤섞여 있어서 대단히 복잡했다. 하지만 당시의 지배적인 관점인 아리스토텔레스주의에 따르면 모든 생명체의 형상form인 영혼soul에는 영양, 성장, 번식 같은 식물적 능력을 갖춘 식물적 영혼, 식물적 능력에 감각과 운동 능력을 갖춘 동물적 영혼, 두 능력 이외에 지적 능력을 갖춘 이성적 영혼이라는 세 종류가 있다. 식물은 식물적 영혼을, 동물은 동물적 영혼을 가지며, 인간은 다른 동물과 달리 이성적 영혼을 갖는다. 아리스토텔레스주의에서는 인간에게 특유한 이 이성적 영혼을 엄격한 의미에서 마음mind이라고 부른다.

아리스토텔레스주의의 영혼 개념과 기독교의 불멸성immortality 개념을 접목하려 했던 아퀴나스에 따르면 마음은 본질적으로 몸과 공유하지 않는 작용을 갖고 있으며, 그 자체로 존속하는 것만 작용

> **5차 라테란 공의회**
> 1512~1517. 공의회란 교리와 의식에 관한 문제를 논의하고 규정하기 위하여 전체 교회의 주교와 대표자들을 소집하여 진행하는 기독교의 종교 회의다. 5차 라테란 공의회는 당시 교황이던 율리오 2세가 교회 개혁을 위해 소집한 공의회였으나 개혁의 요구를 만족시키지는 못했다는 평을 받는다.

할 수 있으므로, 마음은 비물질적이며 스스로 존재하는 것이다. 또한 그는 "감각기관을 통해 들어오지 않은 것은 마음에 없다"는 스콜라 철학의 원리에 따라 우리는 마음에 관한 지식을 감각기관을 통해 지각한 것으로부터 추론함으로써만 얻을 수 있다고 주장했다. 1513년 5차 라테란 공의회 이후 육체와 분리된 개별 영혼의 불멸성이 철학적으로 증명될 수 있다는 아퀴나스의 견해가 기독교의 공식적 입장이 되었다.

17세기에 이르러 실체적 형상substantial form과 질료가 물체를 구성한다는 아리스토텔레스주의가 미립자나 물질적 실체 개념으로 모든 것을 설명하려는 기계론자들에 의해 밀려나면서 영혼의 문제는 비물질적 또는 정신적 실체incorporeal or spiritual substance의 문제가 되었다. 당시에는 영혼을 육체와 연관시킬 때 흔히 정신spirit이라고 불렀다. 비물질적 실체가 단순한 것인지 복합적인 것인지, 나누어질 수 있는지 없는지, 연장적인 것인지 비연장적인 것인지가 쟁점이 되었으며, 이 시기를 주도한 것은 홉스의 유물론과 데카르트의 물심이원론이었다. 데카르트에 따르면 물질적 실체의 본성은 연장성extension, 즉 공간을 점유함에 있으며, 이것은 본질적으로 나누어질 수 있으므로 부패하기 쉽다. 마음이 몸과 다르다면 당연히 비물질적이고 비연장적일 것이며, 몸의 존재는 의심할 수 있지만 자기가 생각하는 존재임은 의심할 수 없다. 여기서 데카르트는 인간 본성을 논하면서 당시까지만 해도 바람이나 불 또는 에테르처럼 희박한 것으로 여겼던 영혼 개념 대신에 생각thought을 주된 속성으로 갖는 마음 개념을 도입하는 결정적 역할을 했다. 그는 마음에 관한 지식은 추론에 의해서만 얻을 수 있다는 아퀴나스의 견해에 동조한 홉스와 달리 마음의 본성이 비물질적 실체라는 것에 관한 뚜렷하고 구별되는clear and distinct 관념을 가질 수 있다고 주장했다. 마음에 관한 직접적이고 직관적인 지식을 가질 수 있다는 데카르트의 영향을 받아 모든 근대 철학자들은 철학적 탐구의 출발점이 마음을 검토하는 것이어야 한다는 신념을 갖게 되었다.

데카르트의 영향을 받은 당시의 철학자들은 근본적으로 서로 다른 두 실체로서 몸과 마음, 불멸의 필요조건으로 영혼의 비물질성, 동일한 몸을 가진 인간의 부활, 고정된 종류의 실재적 본질이라는 신념을 공유하고 있었다. 신학자들과 성직자들은 자연계의 구조, 인간 본성, 지식의 기원에 관한 17세기의 다양한 견해가 전통적 종교의 이론과 권위를 위협한다고 여겼다. 마음을 운동 중인 물질이라고 주장한 홉스는 직접적으로는 무신론과 종교적 무관심을 조장하고, 간접적으로는 도덕적·종교적 가치를 침해하게 한다는 비판을 받았다. 라테란 공의회의 칙령과 일치하는 주장을 했던 데카르트도 몸에 대한 생리학적 설명의 메커니즘이 반종교론자들에게 안식처를 제공한다는 비판을 받았다. 영혼의 비물질성이 불멸의 필요조건임을 주장하는 실체이원론substance dualism이 종교적 정통성의 자리를 차지하고 있었으며, 따라서 실체이원론의 몰락 과정을 보여주는 영국 경험주의 철학은 그만큼 당시의 종교적 상황과 밀접한 관련을 맺고 있었다고 할 수 있다.

이 글에서는 로크 철학에서 실체 관념이 불명료함을 보여주고, 그 이유를 명목적 본질nominal essence과 실재적 본질real essence의 구분과 관련시켜 조명한 뒤, 이것이 인격의 동일성personal identity 문제와 어떻게 연결되는지 논의할 것이다. 마지막으로는 흔히 빈 서판tabula rasa과 동일시되는 로크의 마음 개념을 살펴볼 것이다.

> **실체이원론**
> 데카르트의 주장으로 대표되는 심신이원론의 한 형태. 정신과 물체가 다른 속성을 담지한 별개의 실체이며, 서로 독립적으로 존재한다는 이론.

> **빈 서판**
> 경험론자들이, 감각경험 이전의 우리의 마음 상태를 비유한 말. 빈 서판 이론은, 우리의 마음에 아무런 내용도 구비되어 있지 않으며 우리의 모든 지식이 경험과 지각에서 획득된다는 이론이다.

# 실체의 본성은 알 수 없다
―
## 실체의 복합 관념

로크의 철학은 당시의 지배적인 경향인 본유주의本有主義, innatism를 비판하는 것으로 시작한다. 본유주의는 플라톤의 이데아에서 시작해서 만물의 원형이 신의 정신에 들어 있다는 중세의 '신의 청사진' 개념을 거쳐 근대의 대륙 이성주의 철학자들의 본유 관념으로 이어지는 이른바 선험적 지식을 옹호하는 철학적 입장이다. 본유주의 비판은 관찰과 실험을 중시하는 근대 과학의 영향을 받은 로크가 후천적이고 경험적인 지식을 옹호하기 위해서는 당연히 가장 먼저 착수해야 할 일이었을 것이다. 본유주의를 비판한 뒤 로크는 인간의 마음을 원래 아무것도 그려져 있지 않은 백지, 또는 빛이 전혀 들지 않은 암실에 비유하고 지금 우리가 갖고 있는 지식은 모두 후천적인 경험을 통해 생긴 것이라고 주장했다. 경험의 통로로는 세상을 향해 열려 있는 감각sensation과 자신의 내부를 들여다볼 수 있는 반성reflection을 제시했다. 하지만 우리가 갖고 있는 온갖 복잡하고 추상적인 지식이 곧바로 감각과 반성을 통해 직접 들어오는 것은 아니고, 지식을 이루는 가장 단순한 요소, 이른바 단순 관념simple idea이 감각이나 반성을 통해 들어오면 마음이 그것을 재료로 삼아 그러한 복잡한 지식, 곧 복합 관념complex idea을 형성한다는 것이다. 이러한 사고방식은 복잡하고 거대한 대상을 직접적이고 직관적인 방식을 통해서 해명하려 하지 않고, 그것을 구성하는 가장 단순한 요소로 분해해서 그 본성을 고찰한 뒤 그 요소들의 합으로서 전체를 해명하려는 환원주의reductionism의 전형이다. 이것은 당시 기계론적 우주관에서 물질을 최소 단위인 미립자나 원자로 분해해서 그 성질을 고찰한 뒤 원자들의 합으로서 그 물질의 본성을 설명하는 원자론적 사고방식을 마음의 영역에도 적용한 것이라고 볼 수 있다.

여기서 문제는 로크가 마음이 단순 관념을 재료로 삼아 복합 관념을 만들 때 적극적이고 능동적인 역할을 하지 못한다고 본다는 데 있다. 마음은 주어진 단순 관념들을 보유하고 기억해내고 서로 비교하고 추상화하는 등 수동적인 기능을 가질 뿐이다. 이것은 마음이 지식의 바탕이 되는 근본적인 원리들과 관념들을 갖고 있어서 감각 경험을 재단하는 능동적인 역할을 한다고 주장하는 본유주의에 대한 비판의 연속선 위에서 이해할 수 있다. 하지만 로크가 마음의 수동성을 강조하면서 주어진 단순 관념을 변경하거나 없애거나 받아들이기를 거부할 수 없다고 말할 때 그 단순 관념은 어디에서 생기는 것일까? 본유주의를 부정하는 입장에서 단순 관념의 기원이 마음이라고 주장할 수는 없었을 테고, 애당초 백지였던 마음이 온갖 지식으로 가득 차 있는 것은 엄연한 사실이므로 어떤 식으로든 이 지식의 기원을 설명해야 했다. 그렇다고 해서 경험주의자를 자처하면서 데카르트처럼 그 기원의 본성에 대해 뚜렷하고 구별되는 관념을 갖는다고 주장할 수도 없었을 것이다. 이에 로크는 단순 관념의 기원은 분명히 있을 테지만 그것이 무엇인지는 알 수 없다고 주장한다. 이것이 직접 경험될 수는 없고 우리의 마음에 의해서 경험의 원인으로 상정된 이른바 '실체의 복합 관념'이다.

만약 그 누구라도 자신이 갖고 있는 순수한 실체 일반에 대한 개념을 검토하려 든다면 그는 자신이 그것에 관한 하나의 가정, 즉 우리 안에 단순 관념들을 산출할 수 있는 성질들에 대한, 자신으로서는 모르는 지지물에 대한 가정 외에는 다른 어떤 관념도 갖고 있지 않다는 것을 발견할 것이다. 만약 누군가가 무엇이 그 안에 색이나 무게가 들어 있는 주체인가라는 질문을 받는다면 그는 연장되어 있는 충전적인 solid 부분들이라고밖에는 말할 수 없을 것이다. 만약 그에게 충전성 solidity과 연장성이 그 안에 들어 있는 것이 무엇인가라는 물음을 던지면, 그는 이 세계의 토대에 관해 질문을 받은 인디언의 신세보다 더 낫지 않은 신세가 될 것이다. 이 인디언은 세계는 커다란 코끼리에 의해 지지된다고 말했고, 그 코끼리가 의존하고 있는 것은 무엇이냐는 질문에 대해서는 커다란 거북이 한 마리라고 대답했다. 그러나 그 거북이를 지지하는 것은 무엇인지 알고 있느냐고 재차 묻자 그는 자신이 무엇인지 모르는 어떤 것 something he knew not what이라고 했다. 우리는 뚜렷하고 구별되는 관념을 갖고 있지 않으면서 낱말을 쓰는 다른 모든 경우에서처럼 이 경우에도 어린아이처럼 말을 하는 것이다. 어린아이는 자신이 모르는 어떤 것이 무엇인지를 질문 받으면 곧장 그것은 어떤 것이라고 대답을 한다. 무엇인가라는 말이 이렇게 쓰이는 경우에는 그것이 무엇인지를 모른다는 것을 뜻하는 것 외에는 다른 아무것도 뜻하지 않는다. 이제 우리가 갖고 있어서 거기에 '실체'라는 일반적인 이름을 부여하는 관념은 우리가 존재한다고 발견하는 성질들에 대한 가정된, 그러나 미지의 지지체일 뿐이다. 우리는 이 성질들은 그것들을 지지하는 어떤 것 없이는 존속할 수 없다고 상상하며, 이러한 지지체를 실체라고 부른다. 이 말은 그 진정한 의의에 따라 쉬운 영어로 말하자면 아래에 서 있음 또는 떠받쳐줌이다.(『인간지성론』 2권 23장 2절) _ 강조는 필자(이하 동일)

인용문에 나타난 로크의 실체관을 정리해보면 우선 모든 개별 대상은 지지체를 가지며, 이 지지체는 그 개별 대상의 성질들과 힘을 지지한다고 상정된다. 개별 대상의 성질들과 힘은 지지체 안에 있지 않고서는 존재할 수 없으며, 지지체는 스스로 존재한다. 개별 대상이 그 힘과 성질들과 관련해서 변화를 겪더라도 지지체 자체는 변화하지 않는다. 지지체는 어떤 본성을 갖는다고 상정되지 않으므로 대상의 실재적 본질과는 다르다. 성질들과 힘만 관찰에 의해 직접 파악될 수 있고 지지체는 아무런 본성을 갖지 않으므로 원리상 알 수 없다. 그런데 모든 우연적인 성질들의 지지체로서의 실체 개념은 아리스토텔레스 이래 전통적인 실체 개념들 가운데 하나에 불과하다. 실체 개념에는 개별 대상을 가리키는 제1실체 개념도 있고, 개개의 종species의 본질을 가리키는 제2실체 개념도 있다. 어쨌든 로크는 그 어떤 실체 개념이 되었든 간에 실체를 원칙적으로 우리 경험을 통해 알 수 없는 것으로 간주한다. 따라서 우리는 실체에 대한 뚜렷하고 구별되는 관념을 가질 수 없다.

나는 사람들이 실체라는 낱말을 무한하고 파악될 수 없는 신과 유한 정신들, 그리고 물질에 세 가지 다른 의미로 적용한다고 말한다면, 그리하여 만약 실체라는 이름이 세 개의 구별되는 관념들을 나타낸다면 이들은 이 구별되는 관념들을 드러나도록 해야 할 것이며, 적어도 이 관념들에 세 개의 구별되는 이름을 부여해야 할 것이다. 그러나 이 용어는 세 가지 구별되는 의미를 갖고 있다고 생각되기는커녕 일상적인 용법에서는 하나의 뚜렷하고 구별되는 의미조차 거의 갖고 있지 않다. 그리고 만약 이들이 저런 식으로 실체의 세 가지 구별되는 관념들을 만들어낼 수 있는 것이라면, 누군가가 제4의 의미를 만들어내는 것을 무슨 수로 막을 수 있겠

는가?(『인간지성론』 2권 13장 18절)

이처럼 인간은 실체에 관해 혼란스럽고 불명료한 관념밖에 가질 수 없다는 로크의 주장은 물질 덩어리를 단일한 대상이 되게 하는 것은 실체적 형상이라는 스콜라 철학자들의 형이상학적 이론을 공격하고, 실체의 본성에 관해 뚜렷하고 구별되는 관념을 갖는다는 데카르트에 반대하려는 그의 의도를 반영한다. 나아가 로크는 '생각하는 물질'의 가능성을 언급함으로써 실체이원론을 부정하는 듯한 모습을 보여준다.

우리는 어떤 하나의 단순한 물질 존재가 생각하는지 생각하지 않는지를 알 수 없다. 우리는 전능한 존재가 어떤 적당하게 배열된 물질 체계에 지각과 생각의 능력을 부여했는지의 여부를, 또는 그렇게 배열된 물질에 어떤 생각하는 비물질적 실체를 연결하고 고정시켰는지의 여부를 계시에 의하지 않고서 발견할 수는 없다. 최초의 영원한 생각하는 존재가 감각 능력이 없는 창조된 어떤 물질 체계에 만약 그가 원한다면 일정 정도의 감각이나 지각, 생각을 부여했으리라는 데에 나는 아무런 모순도 발견할 수 없다. 내가 이런 이야기를 하는 것은 영혼의 비물질성에 대한 믿음을 감소시키려고 하는 것은 결코 아니다. 내가 보기에 이 문제는 우리 지식의 범위 밖에 놓여 있다. 그 어느 쪽에서 영혼을 조망해도, 즉 연장을 갖지 않는 실체로 보든지 생각하는 연장된 물질로 보든지 간에 그로서는 그 어느 쪽도 개념화하기 어려우므로 그가 어느 한 쪽을 염두에 둘라치면 그는 늘 반대쪽으로 이끌릴 것이다. 그러나 우리가 우리 안에 생각하는 어떤 것을 갖고 있다는 점에는 논란의 여지가 없다. 비록 우리는 이 생각하는 어떤 것이 어떤 종류의 존재자인가에 대해서는 무지한 채 만족해야 하는 것이지만 바로 이 생각하는 것은 무엇인가라는 우리의 의문 자체는 이 어떤 것의 존재의 확실성을 보증한다. 이 생각하는 것의 존재에 대해 회의적이고자 하는 것은 무익하다. 이는 다른 대부분의 경우 우리가 한 사물의 본성을 이해할 수 없다는 이유로 그 사물의 존재를 적극적으로 부정하는 것이 이치에 맞지 않는 것과 같다.(『인간지성론』 4권 3장 6절)

물질이 생각할 수 있는 능력을 갖고 있다는 주장은 비물질적인 영혼을 부정하는 것이므로 실체이원론자들의 분노를 샀고, 신이 물질에 생각을 부여했다는 주장에는 유물론자들이 펄쩍 뛰었다. 또한 로크를 전통적인 이원론자로 보게도 하고 심지어 관념론자로 보게도 하는 것은 모두 그가 실체의 존재를 인정하면서도 그 본성을 알 수 없다고 주장하기 때문이다. 로크가 어떻게 이런 주장을 할 수 있는지 명목적 본질과 실재적 본질에 관한 그의 구분을 통해 살펴보기로 하자.

## 명목적 본질과 실재적 본질

물질적 실체의 본성을 연장성으로 보는 데카르트는 감각기관을 통해 드러나는 세계의 모습은 세계의 참모습일 수 없고 단지 그것의 표상representation이라고 주장하는 표상적 실재론자다. 그러나 그는 이성주의자로서 이 세계의 참모습을 이성에 의해 확실히 파악할 수 있다고 주장했다. 로크도 기본적으로는 보일R. Boyle과 가상디P. Gassendi의 영향을 받아 표상적 실재론representative realism을 표방하였지

---

**표상**
감각적으로 외적 대상을 의식상에 나타내는 심상心象. 논리적·추상적인 개념과 구별된다.

**보일**
1627~1691. 아일랜드의 자연철학자·화학자·물리학자. "기체의 양과 온도가 일정하면, 압력과 부피는 반비례한다"는 보일의 법칙으로 널리 알려져 있으며, 근대 화학의 기초를 다졌다고 평가된다.

**가상디**
1592~1655. 프랑스의 물리학자·수학자·철학자. 모든 사물을 더는 분해할 수 없는 원자의 집합으로 보는 자연학적 입장과, 각각의 사물에 정해진 목적이 존재한다고 보는 신학적 입장을 절충하고자 하였다.

**표상적 실재론**
외부세계가 실재하며, 우리가 그 세계에 대해 갖는 지식은 외부 사물을 있는 그대로 마음에 재현해주는 어떤 매개물을 통해 획득된다는 이론. 이 매개물이 관념이다.

> **불가지론**
> 몇몇 명제(대부분 신의 존재에 대한 신학적 명제)의 진위 여부를 알 수 없다고 보는 철학적 관점. 또는 인간에게 있어 사물의 본질은 인식 불가능하다는 철학적 관점.

만 데카르트처럼 이성의 적극적 역할을 무조건 주장할 수는 없었다. 감각 경험의 원인의 존재를 인정하면서도 그것의 본성에 대한 지식을 주장할 수는 없는 상태에서 택할 수 있는 합리적인 방안은 불가지론agnosticism을 표방하는 것이며, 명목적 본질과 실재적 본질의 구분은 바로 여기에 해당한다.

첫째, 본질은 그 사물을 그 사물이 되게 하는 어떤 것의 바로 그 존재라고 할 수 있다. 따라서 사물의 관찰할 수 있는 성질이 거기에 의존하는, 사물의 실재적이고 내적인, 그러나 알려지지 않는 구조가 사물의 본질이라고 부를 수 있다. 이것이 그 낱말의 적절한 원래의 의미다.

둘째, 본질이라는 낱말은 존재라는 원래의 의미를 거의 상실하고 사물의 실재적 구조 대신에 유와 종이라는 인공적 구조에 거의 전적으로 적용되는 것으로 되었다. 사물이 우리가 이름을 붙인 어떤 추상 관념과 일치하는 한에서만 그 이름에 의해서 송류나 종으로 분류된다는 것이 명백하므로, 각각의 유나 종류의 본질은 그 유적이거나 종적인 이름이 나타내는 바로 그 추상 관념과 다를 바 없게 된다. 그리고 우리는 이것이 본질이라는 낱말이 가장 친숙하게 사용될 때 의미하는 것임을 알게 될 것이다.
(『인간지성론』 3권 3장 15절)

첫째 것이 실재적 본질이고 둘째 것이 명목적 본질이다. 로크가 들고 있는 예 가운데 가장 잘 알려져 있는 금의 경우, 그 안에서 발견될 수 있는 누런 색깔과 반짝거림, 무게, 왕수에 잘 녹는 성질, 잘 펴져서 쉽게 변형될 수 있는 성질들이 의존하는 것은 감지할 수 없는 부분들의 실재적 구조다. 우리는 그 구조를 알지 못하며, 따라서 어떤 특정한 관념도 갖지 못하므로 그것의 기호인 이름을 전혀 갖지 못한다. 그러나 그 물질을 금이라고 하거나 그 이름에 대한 권리를 그 물질에 부여하는 것은 그 색깔, 무게, 가용성 따위의 것이며, 이것이 금의 명목적 본질이다. 우리가 일반적으로 금이라는 낱말을 사용할 때 그 낱말이 의미하는 것은 이 모든 성질의 합인 어떤 사물이라는 것이다. 로크는 경험의 원인인 존재에 대한 무분별한 언급을 자제하고 모든 논의를 경험되는 것, 곧 그의 용어에 따르면 관념에 국한시킨다. 이제 금에 적용된 본질의 구분을 몸과 마음에 적용시켜서 로크가 이야기하고 있는 것을 보자. 로크에 따르면 우리는 일상적인 경험에 의해서 몸과 마음의 뚜렷한 관념을 갖는다. 몸의 관념과 마음의 관념은 어떻게 다른가?

> 우리가 물체에 대해 우선적으로 갖고 있는 관념은 충전적이고, 따라서 분리가능한 부분들의 응집성, 그리고 충격에 의해 운동을 전달할 수 있는 힘이다. 이것들은 물체에 고유하고 독특한 본래적인 관념들이다.(『인간지성론』 2권 23장 17절)
>
> 우리가 정신에 대해 갖고 있는 독특한 관념은 생각, 의지, 또는 몸을 생각에 의해 움직일 수 있는 힘, 그리고 이에 귀결되는 자유다. 물체가 정지한 다른 물체를 만났을 때 충격에 의해 자신의 운동을 전달할 수밖에 없는 것이라면 마음은 자신이 원하는 바에 따라 물체의 일종인 몸을 움직이게 하거나 움직이지 않게 할 수밖에 없는 것이기 때문이다. 연장과 지속, 발동성의 관념은 둘 모두에 공통적이다.(『인간지성론』 2권 23장 18절)

마음이라고 부르는, 생각하는 힘을 가진 무엇인가가 우리 안에 있고, 몸이라고 부르는, 충격에 의해 운동을 전달하는 힘과 충전적이고 정합적인 부분을 가진 무엇인가가 있다는 것은 우리 경험에 의하면 절대 틀릴 수 없이 확실한 사실이다. 이러한 몸과 마음의 관념이 경험에서 오는 것이라면, 그것은 경험의 두 통로인 감각과 반성에서 온다. 그런데 외적 감각기관과 내적 감각기관이라는 이 구별은 대상의 형이상학적 구별과는 관련이 없으며, 실재의 차이를 함축하는 것은 아니다. 몸과 마음의 구별은 사물이 구성되는 방식이라기보다는 인간이 세계를 기술하는 두 방식이다. 인간은 감각과 반성이라는 서로 다른 두 가지 지각방식을 갖고 태어났으므로 세계를 이원적으로 지각할 수밖에 없는 것이며, 이런 점에서 몸과 마음의 구별은 명목적 본질 차원에서의 구별이다. 인간을 명목적 본질의 차원에서 논의하는 로크의 태도는 인격의 동일성 문제에서 그대로 반영된다.

## 인격의 동일성

로크에 따르면 "인격person은 이성을 갖고 반성을 하며, 자신을 자신이라고 간주할 수 있는, 생각하는 지적 존재자로서 다른 시간과 장소에서 같은 생각을 하는 사물이며, 모든 사람은 항상 자신의 현재의 감각과 지각에 관한 앎에 의해서 그 자신에게 그가 자아self라고 부르는 것이 된다."(『인간지성론』 2권 27장 9절) 또한 자아는 "쾌락과 고통을 감지하거나 의식하고, 행복하거나 불행할 수 있으며, 나아가 그 의식이 미치는 한 그 자신에 관해 관심을 갖는, 의식하고 생각하는 사물"(『인간지성론』 2권 27장 17절)이며, "인격은 자아에 대한 이름"(『인간지성론』 2권 27장 26절)이다. 로크는 인격과 자아를 뒤섞어서 사용하고 있으며, 우리는 인격을 도덕적 성숙의 표시로 생각해볼 수 있다.

로크에 이르기까지 인격은 비물질적, 또는 정신적 실체인 영혼과 동일시되어 왔고, 인간은 정신적 실체와 물질적 실체가 결합된 존재로 여겨져 왔다. 물질은 나누어져서 결국 소멸될 수밖에 없으므로 나누어지지 않는 영혼이 당연히 불멸의 필요조건이 되었다. 불멸의 문제가 영혼 설명의 중심이 되니 학자들은 영혼과 몸의 의심스러운 관계에는 그다지 신경을 쓰지 않았으며, 성서에 나온 대로 몸의 부활을 별다른 의심 없이 받아들였다. 이렇듯 실체이원론자들에게 인간의 동일성은 정신적 실체인 인격의 동일성에 있었다.

그러나 로크에게 인간은 실체들의 결합물이어서 우리가 본질적으로 알 수 없는 존재가 아니라, 생각하고 지각하며, 행복과 불행을 느끼고, 자신의 행동과 삶을 반성하고 미래를 계획하는 존재다. 우리는 정신적 실체나 물질적 실체에 대해서는 혼란스러운 관념을 갖지만, 몸과 마음에 관해서는 뚜렷하고 구별되는 관념을 갖는다. 로크는 명목적 본질 차원에서 성립하는 인간관을 바탕으로 인간의 동일성을 비물질적인 영혼의 동일성이라고 당연시하는 실체론적 인간관이 지닌 문제점을 하나씩 파헤쳐 나가고자 한다. 이를 위해 그는 실체와 인간과 인격을 구별한다.

동일성의 기준은 동일한 종류에 속하고 존재의 시작이 동일하다는 데 있다. 먼저 물체의 경우에 그것을 구성하는 원자들이 한데 결합해 있는 동안에는 그것들이 아무리 다르게 뒤섞인다 해도 동일한 물체지만, 원자들 중 하나가 제거되거나 새로운 원자가 하나만 추가되어도 그것은 더는 동일한 물체가 아니다. 로크에게 물질적 실체의 동일성은 별 문제가 되지 않았고, 자연물에 대한 그 이상의 분석은 진행되지 않았다.

그러나 유기체의 경우에는 구성물질이 변한다고 해서 곧바로 동일성에 문제가 생기는 것은 아니다. 끊임없는 신진대사에 의해 구성물질이 변화하는 식물과 동물의 경우 동일한 생명에 참여하는 한 그것들은 지속적으로 동일한 존재들이다. 인간도 마찬가지로 한 사람이 어떤 순간에 시작해서 태아의 상태에서 노년에 이르기까지 끊임없이 구성요소가 변화하고 모습이 바뀐다 해도 하나의 생명체로서 존재하는 한 그는 동일한 인간이다. 예를 들어 어떤 사람이 늙거나 병들어서 또는 성형수술을 하거나 식이요법을 심하게 해서 예전의 모습과 많이 다르다 해도 우리는 여전히 그를 동일한 인간으로 여긴다. 또한 우리가 아주 지능이 떨어지는 사람도 사람으로 여기고 사람처럼 이야기하고 추리를 하는 앵무새는 사람이 아니라 앵무새로 여기는 것을 보면, 우리가 마음속에 갖고 있는 인간의 관념은 이성적인 존재의 관념만이 아니고 그 관념과 결합된 특정한 형태의 몸의 관념임을 알 수 있다. 인간의 관념에는 특정한 형태의 몸이 필수적이며, 만약 인간의 동일성에 몸을 포함시키지 않는다면 영혼의 전이와 환생을 용인하게 된다. 즉 영혼의 동일성만이 인간을 동일한 인간이게 하는 것이라면, 내가 소크라테스의 영혼을 지닐 경우 소크라테스와 나는 동일한 인간일 수 있으며, 나의 영혼이 내세에는 동물의 몸을 갖고 태어날 수도 있게 된다. 따라서 물질적 실체의 동일성 유지가 동일한 인간의 지속에 필요조건도 충분조건도 아니듯이 정신적 실체의 동일성 유지도 동일한 인간의 지속에 필요조건도 충분조건도 아니다.

로크에게 인간은 생각하는 이성적 존재인 동시에 생물학적 유기체인 반면, 인격은 본질적으로 의식을 가진 존재다. 그는 인간의 동일성이 그것을 구성하는 실체들의 변화와 관계없이 생명의 동일성에 의해 유지된다는 것에서 유비 추리를 통해 인격의 동일성이 그것을 구성하는 실체가 물질적이든 비물질적이든 관계없이 의식의 동일성에 의해서 유지된다는 것을 이끌어낸다. 다시 말해서 몸이 변화해도 의식의 동일성이 유지된다면 인격의 동일성이 유지될 수 있듯이, 영혼이 변화해도 의식의 동일성이 유지된다면 인격의 동일성이 유지될 수 있다. 또한 두 영혼이 동일한 의식을 가지면 동일한 인격이고, 두 몸이 동일한 의식을 가지면 동일한 인격이다. 이와 반대로 한 몸에 두 개의 의식이 같이 있거나, 잃었다가 되찾은 의식이 원래의 의식과 다르다면 동일한 인격이라고 할 수 없다. 인격은 의식하고 생각하는 사물이며, 그것이 정신적인 것이든 물질적인 것이든, 단순한 것이든 복합적인 것이든, 어떤 실체로 구성되는가 하는 것은 전혀 문제가 되지 않는다. 로크는 왕자와 구두수선공의 예를 들면서 영혼만으로는 동일한 인간이 될 수 없으며, 의식이 동일한 인격을 만든다는 것을 대비시킨다.

> 어떤 왕자의 영혼이 그 왕자의 과거 생활에 대한 의식을 수반하여 구두수선공의 몸에 구두수선공 자신의 영혼이 떠나자마자 들어가서 거주한다고 한다면, 모든 사람은 그가 왕자와 동일한 인격으로서 왕자의 행동에 대해서만 책임을 진다고 보게 될 것이다. 그러나 누가 동일한 인간이라고 말하겠는가? 이런 경우에 몸은 인간을 결정하는데 영혼은 과거의 행동에 관한 왕자의 모든 생각을 수반한다고 해도, 다른 인간을 만들지 못할 것이다. 그러나 그는 그 자신 이외의 모든 사람에게 동일한 구두수선공일 것이다. 내가 알기에는 일상적인 화법에서 동일한 인격과 동일한 인간은 하나의 같은 사물을 나타낸다.(『인간지성론』 2권 27장 15절)

**유비 추리**
두 개의 특수한 대상에서 어떤 징표가 일치하고 있기 때문에 다른 징표도 일치하고 있다고 추정하는 추론. 과학적 가설을 세울 때에 중요한 역할을 할 수 있다.

마지막 구절은 로크가 인간과 인격을 개념의 차원에서 구별한 것이며, 그것들이 사실의 차원에서는 공존할 수 있음을 뜻한다. 타인에게 나는 인격이 아니라 몸을 가진 인간이다. 즉 인간은 제3자의 관점에서 파악한 존재에 붙이는 이름인 반면 인격은 1인칭의 관점에서 파악한 존재에 붙이는 이름이다. 이 점을 명확히 이해하기 위해서 인위적인 예를 들어보자.

1) '소크라테스는 왼손을 잃고서도 살 수 있었다'는 명제에서 소크라테스는 물질적 실체를 뜻할 수 없지만 인간이나 인격을 뜻한다.
2) '소크라테스는 몸이 완전히 바뀌고서도 살 수 있었다'는 명제에서 소크라테스는 물질적 실체나 인간은 뜻할 수 없고 인격만 뜻한다.
3) '소크라테스는 기억을 완전히 잃고도 살 수 있었다'는 명제에서 소크라테스는 인격은 뜻할 수 없고 물질적 실체나 인간을 뜻한다.
4) '소크라테스는 아테네 교외에 묻혔다'는 명제에서 소크라테스는 인간이나 인격은 뜻할 수 없고 물질적 실체만 뜻한다.

인격을 인격의 소유자인 인간이나 인격이 의존하는 미지의 비물질적인 실체와 동일시할 수 없었던 로크는 인격의 동일성이 의식에 의해 결정된다고 주장함으로써 인격 개념을 실체에서 벗어나게 했다. 우리가 다른 사람을 관찰해서 그의 정신적 실체인 영혼이 동일한 채로 있는지 알아낼 방법은 없다. 근대과학의 기본 정신에 투철해서 시간을 넘어서 인격을 통합하는 것도 경험적 탐구의 대상이어야 한다고 생각하는 로크가 실체이원론자들의 신비로운 인격 개념을 받아들일 수 없었던 것은 당연하다. 로크는 인격 동일성에 관한 실체론적 견해와 결별하고, 인격 동일성이 의식의 단계들로 구성된다고 주장한다. 의식의 단계들을 하나의 인격이 지닌 의식의 줄기가 되게 하는 것은 그 단계들 사이의 심리적 연결로서 나중 단계는 앞 단계의 기억을 포함한다. 로크는 이 심리적 연결을 인격 동일성의 결과가 아니라 원인으로 여기는 일종의 구성 이론을 제시한다. 로크는 의식의 지속성을 통해 인격을 정의한 최초의 인물이며, 이로부터 근대 서구의 인격 개념이 시작되었다.

## 새로운 인격 개념의 의의

로크의 이론은 근대 이후 인격의 동일성에 관한 모든 논의의 출발점이 된 만큼 문제점도 많이 지적되었다. 인격을 연관된 심리적 요소들이 끊임없이 변화하는 과정으로 묘사하는 그의 이론에 대해 크게 두 가지 해석이 표준적인 것으로 인정되어왔으며, 비판도 이 해석을 토대로 이루어졌다. 첫째는 인격의 동일성이 의식의 지속에 의존한다는 것이다. 만약 A가 B와 지속적인 의식을 가지면 A는 B와 동일한 인격이다. 둘째는 인격의 동일성은 기억에 의해 결정되고 구성된다는 것이다. 만약 A가 X라는 행위를 한 것을 기억한다면 A는 X라는 행위를 한 동일한 인격이다.

첫번째 해석을 근거로 한 비판은 인격 동일성의 의식은 증명해야 할 인격의 동일성을 전제하는 오류를 범한다는 것으로서 버틀러 J. Butler 주교가 제시했다. 즉 인격의 동일성은 원초적인 것이므로 로크가 인격의 동일성을 사용해서 인격의 동일성을 분석하려는 시도는 순환적이라는 비판이다. 또한 버틀러는 로크의 이론은 미래의 삶에 대한 탐구를 경시하게 한다는 비판을 덧붙인다. 내 인격이 끊

**버틀러 주교**
1692~1752. 영국의 주교·신학자·철학자. 이성을 통해 기독교를 옹호하고자 했다. 홉스의 이기주의와 로크의 인격 동일성 이론에 대한 비판으로 잘 알려져 있다.

임없이 변화한다면 미래의 내 인격에 발생할지도 모르는 것에 관해 왜 지금 신경을 쓰는지 로크의 이론은 설명할 길이 없다는 것이다.

두 번째 해석을 근거로 한 비판은 리드T. Reid가 제시한 것으로 사라지는 기억에 초점을 맞춘 것이다. 리드는 자신이 젊었을 때 전쟁터에서 용감하게 활약한 것은 기억하지만, 어렸을 때 과수원에서 사과를 훔쳤던 일은 젊은 장교 시절에만 기억하고 지금은 기억하지 못하는 늙은 장군의 예를 들었다. 리드의 비판을 분석해보자. 사람이 나이가 들면 기억이 가물가물해진다. A, B, C를 서로 다른 시점의 동일한 인격이라고 하자. C는 B의 경험을 기억하고, B는 A의 경험을 기억하지만 C는 너무 늙어서 A의 경험을 기억하지 못한다. 로크의 이론에 따르면 C는 B이고, B는 A이며, 동일성은 이행적이어야 하므로 C는 A다. 그러나 C는 A의 경험을 기억할 수 없으므로, 로크의 이론에 따르면 C는 A와 동일한 인격일 수 없다. 그러므로 C는 A와 동일한 인격인 동시에 동일한 인격이 아니다.

이러한 문제점들을 지니고 있으면서도 로크가 굳이 실체와 인간과 인격을 구별하면서 인격의 동일성을 의식의 동일성에서 구하려 한 이유는 무엇일까? 그것은 그가 무엇보다도 영혼 불멸과 몸의 부활에 관련된 문제점을 해결하고자 했기 때문이다. 우선 우리에게 영혼 불멸이 문제가 되는 것은 자신의 미래의 행복과 불행에 대해 갖고 있는 관심 때문이다. 우리의 삶이 현세에만 국한되어 있고 자신의 행위에 대해 책임질 필요가 없다면 인간사회에 도덕과 법, 그리고 종교는 설 자리가 없을 것이다. 자신의 행위에 대한 공정한 보상과 처벌이 언젠가는 이루어진다는 믿음이 있을 때 도덕적 행위가 가능하며, 현재의 역경을 헤쳐나갈 힘이 생긴다. 그런데 만약 비물질적인 실체인 영혼이 불멸한다면 환생과 영혼의 전이가 가능해

**리드**
1710~1796.
스코틀랜드 출신의 철학자. 상식학파의 창시자. 감각이 아무런 매개자의 도움 없이 실제 대상을 의식할 수 있게 해준다는 감각 이론으로 유명하다.

서 도덕적이고 법적인 책임의 한계를 정하기 어렵게 된다. 이를테면 전생에서 소크라테스가 저지른 잘못에 대해 내가 책임을 지고 처벌을 받는 일이 발생할 수 있는 것이다. 이처럼 영혼이 불멸한다고 해도 공정한 보상과 처벌을 위한 동일성을 확보하기 어렵다면, 영혼과 인간과 인격을 구별해서 해결책을 모색할 수밖에 없다.

그렇다면 인간의 경우는 어떠한가? 끊임없는 신진대사에 의해 구성요소가 변화하고 모습이 바뀐다 해도 하나의 생명체로 존속하는 한 인간의 동일성이 유지되므로 일단 영혼의 전이와 환생의 문제는 걱정할 필요가 없게 된다. 또한 우리는 모두 남에게 인간으로 지각되므로 도덕적·법적 책임의 소재를 묻는 데 인간의 동일성만 확보된다면 커다란 어려움을 겪지 않을 것으로 보인다. 그러나 문제는 인간의 동일성은 생명이 존속하는 한에서만 확보된다는 데 있다. 인간은 반드시 죽으며 몸은 썩어 없어진다. 하물며 다른 동물의 먹이가 될 경우 다른 몸의 일부가 될 수 있는데 과연 동일한 몸의 부활이 있을 수 있을까? 인간의 동일성에서 도덕적·법적 책임의 소재를 구하려 했던 두 번째 시도는 죽음 앞에서 좌절된다.

동일한 몸의 부활은 불가능하다 해도 몸의 부활은 가능하다. 그러면 현세의 몸과 부활한 몸은 무엇에 의해 연결되는가? 바로 인격이다. 인격의 동일성은 미래의 인격이 과거의 인격의 기억에 대해 접근할 수 있는 의식을 가져야 할 것만을 요구함으로써 죽음 이후의 몸의 생존 가능성을 열어놓는다. 로크에 따르면 기독교는 영혼이 분리되어 존재할 것을 요구하지 않으며, 몸의 부활과 기억의 지속만 요구한다. 그런데 로크는 부활한 몸의 본성이 물질적인 것인지 정신적인 것인지, 어떤 모습을 띨 것인지, 영혼과 어떻게 결합할 것인지에는 관심이 없다. 오직 부활한 몸이 의식을 보전하고 감각

기능을 보유하는지가 관심사다. 만약 부활한 몸이 아무런 감각이 없다면, 그런 존재에게 내세가 천국인들 지옥인들 무슨 상관이 있을 것이며, 보상과 처벌이 아무런 의미가 없을 것이기 때문이다. 단순한 영혼의 비물질성은 부활한 몸의 감각 가능 상태와 의식의 보전을 보장하지 못한다. 영혼이 비물질적인 실체냐 물질적인 실체냐가 문제가 되지 않는다는 그의 주장은 비물질성과 불멸성의 연결 고리를 끊어버렸다. 따라서 내세의 삶은 실체의 연속성이 아니라 감각 가능성의 연속에 의해 구성된다는 로크의 주장은 물질성과 불멸성이 양립 가능하다는 것을 보여주었다는 철학사적 의의를 갖는다.

현세의 인간과 내세의 인간을 연결하기 위해서 반드시 동일한 영혼이 불멸해야 하는 것도 아니고 동일한 몸이 부활해야 하는 것도 아니다. 내세의 인간이 그 어떤 존재이든지 간에 최후의 심판이 내려질 때 현세에서의 행위를 기억하고 그것에 대한 보상과 처벌을 수용할 수 있는 의식의 동일성만 유지하면 된다. 인간은 끊임없이 변하는데 그 변화 가운데서 존속하는 것은 정신적 실체인 영혼도 물질적 실체인 몸도 아니고 바로 책임의 주체인 인격이다. 로크에게 인격은 생각하는 지적 존재라기보다는 자신이 한 행동에 대한 보상과 처벌을 수용할 수 있는 행위자다.

### 마음은 빈 서판인가?

빈 서판을 뜻하는 '타불라 라사 tabula rasa'라는 라틴어는 로크의 초기 저작인 『자연법론』(1660~1664. 1954년에 출판됨)에만 나오며, 주저인 『인간지성론』에는 백지, 암실, 빈 방이라는 비슷한 표현이 나오지만, '빈 서판'이라는 말이 로크의 경험주의를 특징짓는 데 일반적으로 사용된다. 로크는 마음에 새겨진 본유적인 특성을 주장하는 것에 반대하고, 관념 획득에 대한 자신의 설명이 시작하는 방식을 나타내려는 목적으로 마음을 백지에 비유했다. 이 비유는 아리스토텔레스의 『영혼론』까지 거슬러올라갈 수 있는 뚜렷한 역사를 갖고 있으며, 아퀴나스와 가상디, 그리고 케임브리지 플라톤주의자인 컬버웰E. Culverwel도 비슷한 비유를 사용했다. 로크는 12세기 안달루시아 이슬람 철학자며 소설가인 이븐 투파일Ibn Tufail이 쓴 아랍 철학 소설 『야크잔(깨어 있는 자)의 살아 있는 아들』의 1671년도 라틴어 번역판 『스스로 배운 철학자』의 영향을 받았다. 번역을 한 포콕R. Pococke은 로크의 스승이었다. 디포D. Defoe의 『로빈슨 크루소』, 루소의 『에밀』, 키플링의 『정글북』 등의 작품에도 영향을 준 이 소설에서 이븐 투파일은 사고 실험으로 백지 이론을 증명했다. 그는 사회와 완전히 격리된 무인도에서 가젤이 양육한 어린아이의 마음이 오직 경험에 의해서 백지에서 성인의 마음으로 발전해 나가는 것을 묘사했다.

    로크도 유아의 학습에서 비슷한 비유를 들었다. 어린아이는 잠자는 데 대부분의 시간을 소비하다가 점차 깨어 있는 시간이 많아질수록 더 많은 관념을 갖게 되는데, 이 유아 시기는 앞으로 무엇인가 그려지게 될 백지나 형태를 갖추게 될 밀랍과 같다. 로크의 『교육론』(1693)은 마음을 교육시키는 방법을 개관한 것이다. 이 책에서 그는 교육이 사람을 만든다는 신념 또는 더 근본적으로 말해서 마음은 텅 빈 방이라는 신념을 표현한다. 그에 따르면 순진한 유년 시기에 겪은 작고 거의 감지할 수 없는 인상들이 아주 중요하며 지

**케임브리지 플라톤주의자**
17세기 중반 케임브리지 대학을 중심으로 탄생한 관념론 철학 그룹. 회의론, 무신론, 유물론에 반대하여 플라톤 철학으로의 복귀를 주장했다.

속적인 결과를 낳는다. 어린 시절에 한 관념 연합들이 나중에 한 관념 연합들보다 더 중요한 이유는 그것들이 자아의 토대가 되기 때문이다. 달리 말하면 그것들이 백지에 최초로 표시되는 것이다.

그런데 우리는 이 비유에 의해서 오도되지 않아야 한다. 이 비유는 마음이 관념과 진리를 갖고 있지 않고, 태어나기 이전에는 어떤 도덕적·논리적 원리들도 마음에 새겨지지 않았음을 나타낸다. 그러나 마음은 생각을 받아들일 잠재력을 갖고 있으며, 사용되고 개발되기를 기다리는 다양한 능력을 갖고 있다. 마음속에는 쾌락을 추구하고 고통을 회피하는 본유적 원리도 있다. 아이들은 어떤 형질적인 특성을 갖고 태어난다. 마음도 처음엔 수동적이지만 곧 여러 방면으로 능동적이 된다. 로크도 본유 관념을 거부한 이유였던 관념과 지식 획득에 적합한 능력의 존재를 확신했다. 이처럼 빈 서판의 비유는 마음에 대한 로크의 전체 설명에서 제한된 역할을 갖는다.

한편 로크는 그의 서서 어느 것에도 마음을 제목으로 사용하지 않았다. 주저인 『인간지성론』도 마음이 아니라 지성에 관한 것이다. 그러나 『인간지성론』에서 마음이 지성보다 더 많이 언급된다. 때때로 마음은 지성보다 더 많은 능력을 가지며 지성은 마음의 한 능력인 것처럼 서술되기도 한다. 하지만 마음과 지성은 상호교환적인 의미로 훨씬 더 많이 사용되고 있으며, 둘을 명백하게 구별할 수는 없다. 따라서 지성은 마음의 능력 가운데 하나 이상의 것이며, 진리와 지식의 탐구에서 특수한 역할을 하는 것이라고 볼 수 있다. 원래 의미가 훨씬 넓었던 '영혼'과 '정신'이 데카르트에 의해서 '마음'과 비슷한 영역을 갖게 되었고, 이성적 영혼의 의미를 갖고 있었던 마음은 로크에서 '지성' 또는 '인격'과 거의 같은 의미로 사용되면서

이 모든 용어를 대표하고 가장 많이 사용되는 개념이 되었다. 그리고 이 마음의 동일성은 실체의 동일성이 아니라 의식의 동일성에 의해 뒷받침된다. 로크에서 마음은 실재적 본질이 아니라 명목적 본질의 차원에서 논의되는 구체적 존재며 경험적 자아다.

## 더 읽을거리

이 글에서 『인간지성론』으로 약칭한 문헌은 니디치P.H. Nidditch가 편집한 *An Essay Concerning Human Understanding*(Clarendon Press, 1975)이다. 이 글 역시 이 전집에 근거하여 권·장·절 순서로 인용 문헌 페이지를 표기하였다. 관심 있는 독자들을 위해 국내에 출간된 한글 번역본을 소개한다.

### 로크, 『인간지성론』, 정병훈·양선숙·이재영 옮김, 한길사, 2015

지식의 기원, 확실성, 범위에 관해 경험주의적으로 분석함으로써 경험주의 철학의 기본 유형을 제공하고 경험주의적 사고와 방법을 형성하는 데 결정적인 기여를 한 로크의 대표적인 저서다. 로크의 철학적 탐구가 자기반성적인 방향으로 전회한 것이 최초로 명백히 표현된 책으로 철학적 탐구에 사용해야 하는 지성 능력의 본성을 고찰할 것을 처음으로 제안했다. 인식이론뿐만 아니라 실천 철학에 해당하는 문제들도 깊이 있게 다루고 있다.

### 김성우, 『로크의 지성과 윤리』, 한국학술정보, 2006

저자는 로크가 『인간지성론』이 『통치론 *Two Treatises of Government*』(1689), 『관용에 관한 편지 *A Letter Concerning Toleration*』(1689), 『기독교의 합리성 *The Reasonableness of Christianity*』(1695)에 대한 인식론적 기초를 제공하는 중심 역할을 하는 체계를 구상했지만 완성시키지 못했을 뿐이며, 로크의 철학을 일관성이 없는 것으로 보아서는 안 된다고 주장한다. 로크의 철학 전체를 개연성의 인식론과 신념의 윤리학으로 규정하고 있다.

### 어네스트 바커 외, 『로크의 이해』, 강정인·문지영 편역, 문학과지성사, 1985

로크의 사회계약론과 정치사상을 중심으로 네 편의 글을 번역한 것을 실었다. 2부 「로크의 사상」은 로크 철학을 전반적으로 이해하는 데 도움이 된다.

### 우도 틸, 『로크』, 이남석 옮김, 한길사, 1998

로크의 생애와 학문을 연관시켜 역사적으로 고찰한 책으로 참고할 만한 사진이 많이 들어 있다. 로크의 철학을 인식론, 윤리학, 교육학, 정치철학, 종교철학이라는 주제들로 나누어서 개관하고 있다.

김효명, 『영국 경험론』, 아카넷, 2001

영국 경험론에 대한 한국 철학계의 연구 수준을 한 단계 끌어올렸으며,
이 분야의 표준적인 교과서라고 할 수 있는 책이다. 모두 9개의 장으로
구성된 이 책의 전체에서 로크를 중요하게 다루고 있는데, 그중에서도
자아를 주제로 하는 8장이 로크의 마음 개념을 이해하는 데 도움이 된다.

J. Thomas, *The Minds of the Moderns: Rationalism, Empiricism, and Philosophy of Mind*, McGill-Queen's University Press, 2009

데카르트, 스피노자, 라이프니츠, 로크, 버클리, 흄의 철학을 마음과 심적
상태의 형이상학적 특성, 내성과 자아 지식의 본성과 범위, 의식의 본성,
심적 인과성의 문제, 표상과 지향성의 본성이라는 다섯 개의 주제로 나누어
검토한다. 마음에 관한 근대 철학자들의 성찰이 현대 심리철학의 논의에
지속적인 영향을 미치고 있다는 점에서 탐구할 만한 가치가 있음을
보여준다.

# 버클리

## 정신과 관념의 이원론

## 이석재

서울대학교 철학과 학부와 석사과정을 마치고 미국으로 건너가 예일대학교에서 박사학위를 받았다. 학부와 석사에서는 칸트의 『순수이성비판』을 주제로 논문을 썼고, 박사학위 논문은 라이프니츠의 인과론에 대해서 썼다. 2001년 가을부터 9년간 미국 오하이오 주립대학교에서 조교수, 부교수를 역임하며 교편을 잡은 후, 2010년 가을부터 서울대학교 철학과에 재직중이다. 주 연구분야는 서양근대철학이며 특히 형이상학적인 주제들에 대한 관심이 많다. 지금까지 주로 말브랑슈, 라이프니츠, 버클리 등의 인과론에 대한 논문을 써왔으며 앞으로 버클리와 라이프니츠의 관념론에 대한 연구를 계획하고 있다.

# 독특한 이원론

> **연장**
> 물질적 실체가 본질적으로 갖고 있다고 여겨지는 속성. 어떤 공간을 점유하는 속성을 가리킨다. 데카르트는 물질에 대한 관념에서 색깔과 같은 감각적 성질은 모두 제거할 수 있어도, 그것이 어떤 공간을 점유한다는 성질만은 제거할 수 없다고 믿었다.

우리에게 가장 친숙한 이원론은 데카르트가 제시한 것이 아닐까 싶다. 데카르트에 따르면 세상의 피조물은 두 가지로 나뉜다. 사유하는 실체res cogitans와 연장된 실체res extensa가 그 둘이다. 잘 알려진 이야기지만, 사유하는 실체(마음, 정신)는 사유를 본질로 갖고 있어 사유하는 한, 그리고 사유하는 이상 실체로서 존재한다. 연장된 실체(물질적인 사물)들은 공간적으로 연장되어 있는 한, 그리고 연장되어 있는 이상 실체로서 존재한다. 이러한 방식으로 데카르트는 세상을 정신과 물질의 두 부류로 나누었다. 그런데 조지 버클리George Berkeley(1685~1753)는 이와는 사뭇 다른 나름의 이원론을 고수했다. 데카르트가 보았다면 이상하게 느꼈을 독특한 이원론이다.[1]

버클리는 관념론자이다. 그의 관념론은 '반물질주의immaterialism'라고도 명명될 수 있는데, 이는 그가 마음으로부터 독립적으로 존재하는 물질을 인정하지 않기 때문이다. '반물질주의자'는 그렇다면 데카르트의 연장된 실체를 허용할 수 없다는 것을 우리는 알 수 있다. 데카르트의 연장된 실체는 마음과 독립적으로 존재하기 때문이다.[2] 이렇게 버클리의 이원론에서는 물질이 빠져버리고 만다.

---

1 버클리의 이원론을 간략하게 잘 소개한 논문으로는 J. McDonough의 "Berkeley, Human Agency, and Divine Concurrentism", *Journal of the History of Philosophy*, 46(4), 2008, pp.567~590을 참조하라.
2 연장되어 있기만 하면 그것은 물체로서의 존재 조건을 충족시키기 때문에, 데카르트의 물체는 정신으로부터 독립적으로 존재할 수 있다.

그렇다면 버클리의 이원론을 구성하고 있는 두 요소는 무엇인가? 다행스럽게도 버클리 스스로 좋은 표어를 제공해준다.

> 존재하는 것은 지각되는 것 혹은 지각하는 것이다.[3]

이를 '관념론 테제'라고 부르자. 이 테제에 따르면, 무엇인가가 존재하기 위해서 그것은 지각되거나 지각하여야 한다. 지각되는 것은, 버클리에 따르면, 관념idea이다. 곧 지각의 대상은 관념이라고 버클리는 생각한다. 그렇다면 이 관념을 지각하는 것은 무엇인가? 관념이 마음속에 떠오를 때, 그 관념을 떠올리는 주체, 곧 지각하는 주체는 바로 정신spirit인 것이다. 버클리의 이원론은 이렇게 정신과 관념의 두 존재자로 이루어져 있다.

관념론 테제에서 존재의 의미가 지각이라는 동사의 수동태와 능동태로 표현된 것에서 알 수 있듯이, 버클리의 이원론을 구성하고 있는 존재자의 두 부류는 그 능동성과 수동성으로 구별된다. 『인간지식의 원리론』[4] 89절에서 버클리는 다음과 같이 말한다.

> 사물 혹은 존재는 가장 보편적인 이름이며, 그 아래에 전적으로 다르고 이질적인 두 종류를 포함하고 있는데, 이들은 (존재라는) 이름 이외에

---

3    *Philosophical Commentaries*(이후 『철학적 논평』으로 약칭), p.429 참조. 이 책은 버클리의 초기 습작 노트로 그의 생각이 어떻게 변화, 발전했는지를 잘 보여준다. 버클리의 저작은 보통 다음의 전집(이하 『버클리 전집』으로 약칭)에 의거해서 인용된다. *The Works of George Berkeley, Bishop of Cloyne*, A.A. Luce and T.E. Jessop, eds., Thomas Nelson and Sons, 9 vols. *Philosophical Commentaries*는 『버클리 전집』 1권 pp.9~104에 해당된다.

4    원제는 *A Treatise Concerning the Principles of Human Knowledge*. 초판은 1710년에, 2판은 1734년에 출판되었다(『버클리 전집』 2:41~113). 이하 『원리론』이라 약칭하고 인용절을 명시하겠다.

공유하고 있는 바가 전혀 없는 것들로 요컨대 정신과 관념이다. 전자는 활동적이며 쪼개지지 않는 실체이며, 후자는 무력하고 순간적이며 의존적인 존재로, 그 자체로 존속하지 못하고, 정신적인 실체의 마음에 의해 지탱되는 혹은 그 마음 안에 존재하는 것이다.(『원리론』 89)

여기서 볼 수 있듯이, 정신과 관념은 전적으로 서로 다르다. 그리고 이러한 본질적인 상이성으로 인해 이들은 각기 다른 존재자의 부류를 형성한다. 정신은 실체이며 본질적으로 활동적이다. 그런데 이때 정신이 실체substance라고 함은 무엇을 의미하는가? 실체 개념은 서양철학사상 오랜 역사를 가진 어려운 개념이다. 다행스럽게도 버클리는 여기서 우리를 도와주고 있다. 버클리는 정신이라는 실체와 상반되는 것으로서 관념을 제시하고 있는데, 버클리가 관념을 어떻게 묘사하는지를 살펴봄으로써 우리는 버클리의 실체관을 반추하여 짐작할 수 있다. 버클리는 관념은 무력하고 순간적이며 의존적인 존재라 하며, 또 그 자체로 존속하지 못하는 것이라고 설명하고 있다. 곧 관념은 그 자체로 존속하지 못하고 정신에 의존적인 존재이며, 이러한 의존성은 관념의 수동성 혹은 무력함과 깊은 연관이 있는 것으로 보인다. 그렇다면 이에 대비되어 실체는 활력적이며 지속적이며 그 자체로 존속가능한 것으로 이해할 수 있다.

## 정신의 활동성

그렇다면 어떤 의미에서 정신은 활동적인가? 곧 정신은 무엇을 하기에 활동적인가? 아쉽게도 버클리는 정신의 활동성에 대해 많은 이야기를 하고 있지 않다. 정신이 활동적인 본질을 가지고 있다는 사실은 누차 강조하면서도, 정작 그 활동성의 내용이 무엇인지에 대한 자세한 얘기는 찾아보기 어렵다. 버클리 자신도 이에 대한 부족함을 느꼈고 이를 메우려 했다는 증거가 남아 있다. 우리에게 전해지지는 않지만, 『원리론』의 2부에 해당되는 『정신론』에 대해 버클리는 친구인 미국의 목회자 새뮤얼 존슨에게 다음과 같이 말하고 있다.

> 요청하신 『인간 지식의 원리론』 2부 『정신론』에 관해 말씀드리자면, 사실은 상당한 성과를 냈었는데, 약 14년 전 이탈리아 여행 중에 원고를 잃어버렸습니다. 그런데 솔직히 그 후로 같은 주제에 대해 또다시 글을 쓰는 것만큼 불쾌한 일을 할 만한 여유가 없었습니다. (1729년 11월 25일자 서신에서)

존슨 역시 버클리의 『정신론』에 대해 좀 더 알고 싶었던 모양이다. 아쉽게도 버클리는 생전에 2부 집필을 다시 시도하지 않았으며 여기에 담겼을 버클리의 생각 역시 우리에게 전해지지 않는다. 같은 주제에 대해 다시 글을 쓰기 싫다는 이유를 버클리는 제시하고 있지만, 『정신론』을 집필하기 어려운 철학적인 문제가 있었던 것도 사실이다. 이 문제는 이 글 말미에서 다루기로 하고 부족하나마 일단 실존하는 글을 모아 버클리의 입장을 재구성해보자.

먼저 『원리론』 2절에서 버클리는 다음과 같이 말하고 있다.

> (…) 무한히 많은 관념이나 앎의 대상 이외에 또한 그것들을 알고 지각하는 것이 있는데, 이것은 의욕하고willing, 상상하고imagining, 기억하는

remembering 다양한 활동을 벌인다. 지각을 하고 활동적인 이 존재를 나는 마음, 정신, 영혼 혹은 내 자신이라고 부르는 것이다.(『원리론』 2)

여기서 버클리는 정신의 활동을 의지하고, 상상하고, 기억하는 것으로 묘사하고 있다.[5] 이 활동을 우리는 다음의 두 부류로 나누어보자. 하나는 의지를 불러일으키는 활동, 곧 의욕 혹은 의지 활동 willing이라 할 수 있겠고 또 하나는 상상과 기억의 활동이라 할 수 있겠다. 왜 이러한 방식으로 분류를 하는지 의문이 들 수 있겠지만, 그 정당화 근거는 정신 활동의 내용을 살펴보는 과정에서 자연스럽게 등장할 것으로 보인다.[6]

버클리에게 의지 활동이란 무엇이며 상상과 기억 활동이란 무엇인가? 먼저 후자의 활동부터 더 자세히 살펴보도록 하자. 상상이나 기억의 활동을 우리는 어떻게 이해해야 할 것인가? 관념을 마음대로 산출해낼 수 있는 우리의 힘에 주목하는 『원리론』 28절이 단서를 제공한다.

나는 내 마음대로 관념을 마음속에 촉발시킬 수 있음을 발견하고, 내가 원하는 대로 그 전경을 바꾸고 변화시킬 수 있음을 본다. 의지를 발휘하기만 하면 당장 이 관념 혹은 저 관념이 내 상상에 떠오른다; 그리고 같은 힘에 의해 이들 관념은 지워지고 다른 관념에 자리를 내준다. 관념을

---

5 마가렛 애서튼 M. Atherton을 비롯한 어떤 학자들은 지각하는 것 perception 자체에서 버클리가 정신의 활동성의 일면을 찾는다고 주장한다. 곧 지각이라는 것 자체가 버클리에게는 어떤 의미에서 행위이자 활동이라는 입장이다.

6 미리 얘기한다면 전자의 활동은 관념을 산출하지 않는 반면 후자의 활동은 관념을 산출한다.

이렇게 산출하고 제거함으로 해서 마음은 가히 활동적이라고 일컬어진다. 이만큼은 분명하고 경험에 근거해 있다: 그러나 생각을 하지 않는 주체 혹은 의지가 배제된 관념의 산출에 대해 우리가 이야기한다면 이는 말장난에 지나지 않는다.(『원리론』 28)

여기서 버클리는 우리가 마음대로 관념을 만들어내기도 하고 없애기도 한다는 사실에 주목하고 있으며, 이러한 능력에 비추어 정신을 활동적이라고 보는 것 같다. 실제 우리가 경험하기에도 관념은 무척 손쉽게 만들어지며 마음만 먹으면 이렇게 만들어진 관념은 쉽사리 없앨 수도 있다. 그런데 정신의 활동성을 이렇게 이해하고 나면 한 가지 의문이 생긴다. 물체의 독립적인 존재를 인정하는 사람은 그렇다고 치고 버클리와 같은 관념론자가 이러한 주장을 해도 되는가?

앞서 우리는 버클리가 반물질주의를 견지하고 있다고 했다. 그 의미를 여기에서 좀 더 깊이 되새겨볼 필요가 있다. 지금 내가 지각하고 있는 관악산을 생각해보자. 반물질주의에 따르면 이 산은 나의 정신과 독립적으로 존재하지 않는다. 그런데 버클리는 이렇게 정신에 의존적인 존재를 관념idea이라는 용어로 통칭한다. 즉 버클리에 따르면 산은 관념 혹은 관념의 다발인 것이다. 우리가 일반적으로 물리적인 대상이라고 여기는 것들이 결국 관념 혹은 관념의 다발에 불과하다면, 외부의 물리적 세계는 객관적으로 존재하는가의 의문이 자연스럽게 일어난다. 물리적 세계가 결국 내 정신과 의지에 좌지우지되는 관념 다발들에 불과하다는 것인가? 그렇다면 관악산을 내 마음대로 좌지우지할 수 있다는 것 아닌가? 이렇게 관념을 산출하는 힘을 정신에 부여하고 나면 받아들이기 힘들고 상식에 위배되는 듯한 귀결을 직면하게 된다. 다행히 버클리 스스로 이 비판을 예견하고 있다.

> 존재하는 모든 것은 마음속에만 존재한다. 즉 그것들은 순전히 관념적이다. 그렇다면, 태양, 달, 그리고 별은 어떻게 되는가? 우리는 집, 강, 산, 나무, 돌, 아니 심지어는 우리의 몸을 어떻게 이해해야 하는가?(『원리론』34)

외부적인 물체들은 우리의 마음이나 의지와는 상관없이 존재하고 있는 듯한데 모든 물리적인 대상이 관념들에 불과하다면, 자연세계의 객관성은 스스로의 관념론 체계에서 어떻게 확보되는가라고 하는 의문을 버클리는 직접 제시하고 있다. 우리는 당연히 버클리의 답이 궁금하다.

> 나 자신의 생각들을 내가 어떤 힘으로 지배하건 간에, 감각을 통해 실제로 지각된 관념들은 내 의지에 이러한 방식으로 의존적이지 않다는 사실을 나는 발견한다. 내가 대낮에 눈을 뜨면, 내가 무엇을 볼지 보지 못할지 선택할 힘이 없고, 또 내 시야에 어떤 구체적인 물체들이 등장할지를 결정할 힘이 없다. 청각이나 다른 감각에서도 마찬가지이며 이들 감각에 각인되는 관념들은 내 의지의 산물이 아니다. 그러므로 어떤 다른 의지나 영혼이 있어 그것들을 산출해낸다.(『원리론』29)

여기서 우리는 버클리가 관념을 산출하는 힘을 상당히 제한하고 있다는 사실을 알 수 있다. '자신의 생각'과 '실제로 지각된 관념'을 구별하여, 후자의 경우는 자신의 의지와는 상관없이 산출되는 것이라 하고 있다. 더 나아가 이들은 다른 정신이나 영혼에 의해 산출된다고 얘기함으로써 실제 지각 관념은 자신의 정신과 의지와 독립적으로 일어나고 있음을 보장하고 있다.[7] 즉 관념이라고 해서 마음대로 할 수 있다고 생각하는 것은 오해라는 것이다. 앞서의 예로 돌아가서, 내가 안양 시내를 보고 싶다고 하자. 아무리 보고 싶어도, 관악산이 내 시야를 가린다고 해서 관악산이라는 관념을 내 마음대로 없앨 수는 없다. 관악산은 비록 관념의 다발에 불과하지만, 내가 눈을 뜨고 그 방향을 보고 있는 한 불가항력적으로 내게 보인다는 것이다. 여기서 재미있는 사실이 발견되는데, 버클리의 관념들은 마음에 의존적이지만 그렇다고 해서 마음에 의해 좌지우지되지는 않는다는 것이다. 곧 지각의 대상으로서 관념은 마음에 지각되어야 하지만, 이런 의미에서 관념이 정신에 의존적이라는 사실이 정신이 관념을 마음대로 만들어내고 없앨 수 있다는 것을 함축하지는 않는다는 것이다.

이렇듯 버클리에게 있어 우리 정신이 가지고 있는 관념 산출/폐기의 힘은 사실상 무척 제한되어 있다. 버클리에 따르면 실제로 지각되는 관념, 곧 감각을 통해 지각되는 관념은 우리 정신이나 의지에 의해 산출되지 않는다. 우리의 정신이나 의지에 의해 산출되는 관념은 엄밀히 말해 상상의 관념과 기억의 관념에 불과하다고 버클리는 제한하고 있다. 실제로 지각된 관념을 마음대로 재조합하여 상상의 관념을 만들어내거나, 현재 지각되고 있지 않지만 과거에 지각된 관념을 현재 마음에 떠올리는 기억의 관념을 산출하는 힘을 가질 뿐이라는 것이다.

---

[7] 이때 명시적으로 언급하고 있지는 않지만, 실제 지각 관념을 산출하는 다른 정신은 곧 신이다.

이제까지의 얘기를 간추려보자. 정신은 그 본질이 활동성이고 그 활동성은 한편으로 관념 산출의 힘에 있다. 그러나 뚜껑을 열고 보니, 관념 산출의 힘이란 무척 미약하다는 사실이 드러난다. 기껏해서 상상이나 기억의 관념을 만들어낼 뿐이라면 정신의 활동성은 보잘것없다는 인상을 지우기 힘들기 때문이다. 그러나 앞서 얘기했듯이 정신의 활동성은 관념의 산출 이외에 의지 활동이라는 '활동' 역시 포함하고 있다. 이제 의지 활동에로 눈을 돌려보자.

## 의지 활동의 출처로서의 정신과 몸의 움직임

버클리가 의지력willing이 활동성activity 혹은 능동적인 행위action와 밀접하게 연관되어 있다고 생각한 증거는 곳곳에 등장한다. 습작 노트에서 버클리는 다음과 같이 말하고 있다.

> 의지가 힘이라고 말하는 것. 의지작용이 행위라고 하는 것. 이는 같은 것을 같은 것으로 말하는 것이다.(『철학적 논평』 621)

또한 『하일라스와 필로누스의 세 대화』[8]에서는 버클리의 대변

---

[8] *Three Dialogues between Hylas and Philonous*는 1713년 초판이 발행되었다. 인용되는 본문은 1734년 발행된 제3판에 근거한 것이고 이후 『세 대화』로 약칭하는 동시에 대화편 및 『버클리 전집』 쪽수를 명시할 것이다(『버클리 전집』 2:163~263).

인인 필로누스가 상대인 하일라스에게 다음과 같이 묻는다. "나는 당신이 의지작용 이외의 활동을 떠올릴 수 있는지 알고 싶다."(『세 대화』2:217) 이 글들은 버클리가 마음을 발하여 의지력을 발동하는 행위를 정신이 행하는 활동의 대표적 형태로 보고 있음을 보여준다. 그렇다면 구체적으로 마음을 발하여 의지력을 행사하는 행위에는 어떤 것이 있을까? 버클리는 1734년에 『원리론』 2판을 내는데, 27절 끝에 다음의 핵심적인 문장을 덧붙인다.

> 우리는 정신과 영혼에 대한, 그리고 의지작용willing, 사랑, 증오 등과 같은 마음의 작용에 대한 나름의 상념notion을 가지고 있는데, 이는 이 말들의 의미를 아는 혹은 이해하는 한에서이다.(『원리론』 27)

이 글을 보면, 누구를 사랑할 때 그 사랑의 마음 혹은 사랑하는 마음의 작용, 또한 누구를 증오할 때 그 증오하는 마음의 작용, 그리고 무엇을 하려고 할 때 그 무엇을 하겠다고 마음을 먹는 작용 등을 버클리는 마음 활동의 예로 염두에 두고 있는 것을 알 수 있다.

정신의 활동성을 설명하는 데 있어 사랑과 증오라는 감정을 그 예로 든 점은 조금 의아스럽다. 사랑을 할 때 혹은 증오를 할 때, 이러한 마음의 작용이 과연 우리의 의지에 달려 있는지가 분명하지 않기 때문이다. 누구를 사랑하겠다는 결정이 우리 의지에 달려 있었다면 인류사의 얼마나 많은 비극이 미연에 방지될 수 있었겠는가? 그러나 버클리를 굳이 변호하자면, 사랑하는 마음을 특정인에 대한 욕망으로 이해한다면 그때 그 애착하는 마음에서 우리는 일종의 활동성 혹은 활력을 발견할 수 있지 않을까 한다. 애절히 바라는 마음에는 어떤 활력이 있다고 할 수 있지 않을까? 그럼에도 의지 활동의 가장 좋은 예는 역시 사랑이나 증오가 아닌 특정 행동을 하려고 마음을 먹는 작용이 아닐까 싶다.[9] 예를 들어, 내가 책장 높이 꽂혀 있는 책을 빼기 위해 손을 뻗으려고 마음을 먹는다고 하자. 다시 말해 "손을 뻗어야지"라고 하는 의지작용을 한다고 상정해보자. 버클리에 따르면, 이렇게 마음을 먹는 행위 그 자체가 우리 정신의 활동에 해당된다는 것이다. 그리고 우리의 의지력이 이렇게 마음을 먹는 활동성의 출처라는 것이다.

이때 재미있는 문제가 등장한다. "손을 뻗어야지"라고 하는 마음을 먹고 나면 대부분의 경우 손이 실제로 움직인다. 그런데 이때 과연 이 의지작용이 손을 실제 움직였느냐는 의문이 생긴다. 곧 내 의지작용 그 자체가 인과적인 힘을 발휘하여 손을 움직였느냐의 문제이다. 어찌 보면 너무도 우문愚問 같은 이 물음은 버클리가 관념론자임을 상기할 때 그 매서움이 드러난다. 앞에서 이미 살펴보았지만, 관념론자인 버클리에 따르면 손은 관념의 다발에 불과하다. 그런데 내 의지가 손을 움직이게 했다면 내 손의 움직임에 해당되는 관념들을 내 의지가 산출했다는 얘기가 된다. 그러나 이러한 견해는 앞서 본 바와 같이 객관적으로 존재하는 자연세계는 내가 마음대로 좌지우지 못한다는 입장과 상충된다. 왜냐하면 내 손도 엄연히 자연세계의 일부이고 버클리는 내 의지와는 독립적이라는 사실에서 자연세계의 객관성을 확보하기 때문이다. 그렇다면 손쉬운 해결책이 있기는 하다. 손을 움직이겠다는 의지를 우리 정신이 만들어내고 그런 의지를 만들어냈다는 점에서 우리 정신은 활동적이라

---

9  R. Adams, "Berkeley's Notion of Spiritual Substance", *Archiv für Geschichte der Philosophie* 55, 1973.

해도, 이때 만들어진 의지 자체는 무력하여 손의 움직임(혹은 그에 해당되는 관념들)을 창출해내지 못한다는 것이 버클리의 견해라고 하면 될 것이다. 곧 우리는 손을 움직이겠다고 마음먹을 뿐, 그때 먹은 마음이 손을 실제 움직이지는 못한다는 입장이다. 이 입장에 따르면 실제 손을 움직이는 주체는 신이다. 이러한 해석을 '빈약한 정신의 활동성' 해석이라고 부르자.

짐작하다시피 '빈약한 정신의 활동성' 해결책을 선뜻 받아들이지 못할 이유들이 있다. 하나는 버클리 자신이 이와 상반되는 듯이 보이는 언급을 하고 있기 때문이다. 일례로 그의 습작 노트를 보자.

> 우리는 다리를 우리 스스로 움직인다. 바로 우리가 그 움직임을 의지하는 것이다. 이 점에서 나는 말브랑슈와 다르다.(『철학적 논평』 548)[10]

일부 버클리 연구자들은 위의 문구 등을 근거로 버클리가 적어도 우리의 신체에 관한 한 의지력이 직접적인 인과력을 행사한다고 주장한다. 곧 인체에 해당되는 관념을 산출하는 데에 우리 의지가 인과적으로 기여한다는 것이다.[11] 이러한 해석을 '강력한 정신의 활동성' 해석이라고 하자. '강력한 정신의 활동성' 해석을 지지하는 연구자들은 버클리가 실제 언급한 문헌적 근거뿐만 아니라 철학적 근거 역시 제시하는데, 그 근거는 다음과 같다. 만약 우리가 우리 신체를 직접 움직이지 못한다면, 이른바 '죄악의 저자 author of sin' 문제에 있어 버클리가 큰 난점을 지닌다는 것이다.

> **말브랑슈**
> 1638~1715.
> 프랑스의 철학자.
> 기회원인론자. 우리의 모든 인식은 신 안에 있는 관념을 매개해서만 성립할 뿐이라고 주장하였다.

---

10 또한 『세 대화』 1:196 참조.
11 J. McDonough, "Berkeley, Human Agency and Divine Concurrentism", *Journal of the History of Philosophy*, 46(4), 2008, pp.567~590.

## 악의 문제

기독교의 핵심 교리를 그 형이상학 체계 안에 포함시키는 철학은 늘 '악의 문제'에 직면한다. 간략하게 얘기하면 악의 문제는 전지전능하고 전적으로 선하다는 신과, 악의 실재가 서로 양립하기 어렵다는 지적에 기반한다.[12] 난제 중의 난제인 악의 문제를 시원스럽게 해결하지는 못한다고 하더라도 기독교 철학자라면 최소한 담보해주어야 할 것이 있다. 이는 신이 '죄악의 저자author of sin'는 아닐 수 있는 근거를 제공해주는 일이다. 곧 어떤 이유에서 죄악이 세상에 현존한다고 해도, 그 죄악이 적어도 신에 의해 직접 야기되지는

---

12 악의 문제는 이른바 악의 실재를 신이 전능全能하다는 사실과 신이 전적으로 선하다는 사실과 합치시키기 어렵다는 문제이다. 어떤 점에서 합치가 어렵다는 것일까? 신이 전능하다는 것은 신이 원한다면 악이 존재하지 않도록 할 수 있을 것이라는 사실을 함축하는 듯하다. 또한 신이 전적으로 선하다는 것은 신이 할 수 있다면, 악이 존재하기 않도록 할 것이라는 사실을 함축하는 듯하다. 그런데 악이 세상에 만연하다는 사실 역시 부인할 수 없다. 여러 가지 자연재해가 일어나 무고한 사람들이 고통을 받고 죽어갈 뿐만 아니라, 자연재해와는 상관없이 인간 스스로 직접 저지르는 혐오스러운 행위 역시 매일 뉴스에서 보도되고 있다. 그런데 악의 존재를 받아들인다면, 신은 전능하지 않거나 전적으로 선하지는 않다는 결론을 받아들여야 할 것으로 보인다. 악이 존재한다는 사실은 신이 전적으로 선해서 악이 존재하지 않기를 원했음에도 악의 존재를 막을 수 없었다거나—곧 전능함의 부인—혹은 신이 전능하여 악을 방지할 수 있었음에도 악을 방지하고자 하는 의지가 없다는 점에서 전적으로 선하지 않다는 두 결론 중에 하나를 받아들여야 할 것으로 보이기 때문이다(물론 신이 전능하지도 전적으로 선하지도 않다는 것도 하나의 논리적인 입장이 될 수 있다). 위에서 제시한 악의 문제에 대한 이해는 N. Pike의 "Hume on Evil," *Philosophical Review*, 72(2), April 1963, pp.180~197에 근거한 것이다.

않았다는 사실을 뒷받침할 근거를 제시해야 했다. 그런데 앞서 언급한 "빈약한 정신의 활동성" 해석—곧 우리는 신체의 움직임을 의지, 욕구할 뿐 신체의 움직임에 해당되는 관념들을 실제로 창출하는 주체는 신이라는 해석—이 옳다면, 버클리는 인간이 사악한 신체 행위를 할 때 그 행위의 실제 저자는 신이라는 입장을 옹호하는 격이 된다. 그리고 이러한 입장이 신학적으로 위험하다는 것이다.

예를 들어 보자. 철수가 재욱을 살해했다고 하자. 철수는 악한 마음을 품고 손을 적절하게 놀려 재욱의 목을 조르겠다고 마음을 먹고 이 계획을 실행에 옮긴 것이다. "빈약한 정신의 활동성" 해석에 따르면, 이때 재욱을 죽이겠다고 마음을 먹은 주체는 철수지만 철수의 손을 실제로 움직인 주체는 신이다. 그렇다면 살인이라고 하는 죄악의 저자는 결국 신 자신이 아닌가라는 질문이 불가피하고 이 질문에 근거하여 "빈약한 정신의 활동성" 해석은 기독교 철학자라면 받아들일 수 없다는 비판이 가능하다. 신을 죄악의 저자로 만드는 해석은 그릇된 해석이라는 비판이다. 반면 "강력한 정신의 활동성" 해석은 이러한 비판을 피해갈 수 있다. 철수가 재욱을 죽이겠다고 마음먹었을 뿐만 아니라 팔을 실제로 움직인 것도 철수라고 이 해석은 설명하기 때문이다.

그렇다면 버클리 본인은 악의 저자의 문제에 대해 어떤 생각을 가지고 있는가? 버클리 연구자들에게 다행인지 불행인지 불분명하지만, 『세 대화』에 다음과 같은 구절이 등장한다. 길지만 전체를 인용해보자.

> 먼저 나는 사람이 도구를 사용하건 사용하지 않건 행위를 저지를 때 그 죄의 귀속 여부는 동일하다는 사실에 주목합니다. 당신은 신이 물질이

라고 하는 도구 혹은 기회를 매개로 행동한다고 가정할 것입니다. 그러나 이는 흔히 자연(현상)으로 간주되는 모든 작용에서 신이 직접적인 주체라고 생각하는 나만큼이나 신을 죄의 저자로 만드는 것입니다. 더 나아가 나는 죄악 혹은 도덕적 타락은 외부의 물리적 행동이나 운동에 있지 않고, 이성과 종교의 법칙으로부터 의지가 내적으로 일탈하는 것에 있다는 점에 주목합니다. 이 점은 다음에서 분명히 드러납니다: 외부적인 행위에 있어 살인과 동일함에도 불구하고 적을 전투에서 죽이는 행위나 범죄자를 사형시키는 행위를 우리는 죄악시하지 않습니다. 그러므로 죄란 물리적인 행위에 있는 것이 아니기에, 신을 모든 물리적 행위의 직접적인 원인으로 만든다고 해서 그를 죄의 저자로 만드는 것은 아닙니다. 마지막으로 나는 신이 물체의 모든 운동을 산출하는 유일한 주체라고 말한 적이 없습니다. 내가 영혼 이외에 다른 주체가 있다는 것을 부인한 것은 사실입니다. 그러나 이는 사유하는 합리적 존재들이 운동의 산출에 있어 제한된 힘을 갖는 것과는 양립 가능합니다. 이 제한된 힘은 물론 궁극적으로는 신으로부터 도래한 것이지만, 그늘 의지의 직접적 통제 하에 있기에 그 행위의 모든 죄스러움을 그들에게 부여하기에 충분합니다.(『세 대화』 3:237) _ 강조는 필자

이 글은 혼란스럽다. 크게 세 가지 주장이 담겨 있는데, 문제는 앞의 두 주장과 마지막 세 번째 주장이 잘 어울리지 않는 어색한 관계에 있다는 점이다. 첫번째 주장은 죄를 짓는 데 있어 중간 매개 역할을 하는 도구의 유무 여부는 죄의 저자 문제와 무관하다는 관찰이다. 두 번째 주장은 '죄악 혹은 도덕적 타락은 외부의 물리적 행동이나 운동에 있지 않고, 이성과 종교의 법칙으로부터 의지가 내적으로 일탈하는 것에 있다'로 요약될 수 있다. 이 두 주장은

악한 행위를 누가 수행을 했건 간에, 그 악함의 저자는 그 악한 행위를 의도한 주체에게 있다는 점을 강조하고 있다. 사람이 죽는다는 점에서 적군의 사살과 악의에 찬 살인은 동일한 행위이지만, 전자의 경우에는 죄가 없고 후자의 경우는 죄가 있다는 직관을 우리는 대부분 공감할 것이다. 그런데 이러한 공감을 버클리는 다음과 같이 설명하고자 한다. 행위 자체가 나쁘기보다는 그 행위를 의도한 자의 마음이 문제라는 것이다. 곧 군인의 경우 적군의 죽음 자체를 의도했기보다는 자국의 수호를 의도했다고 볼 수 있는 반면, 철수의 경우에는 증오에 못 이겨 재욱의 죽음 그 자체를 의도했기 때문에 그 행위가 사악하다는 관찰이다.

물론 죄악의 여부가 물리적 행위와 무관하고 단지 그 행위를 의도한 마음에 달려 있다는 주장은 논란의 여지가 있다. 그러나 이 긴 인용문이 독자를 당혹스럽게 하는 이유는 다른 데 있다. 세 번째 주장을 살펴보자. 버클리는 앞서의 얘기와는 사뭇 다른 입장을 여기서 피력하고 있다. 신 이외에 물체의 운동을 유발하는 주체로서 인간 정신을 언급하면서, 인간 정신이 일부 사악한 운동의 저자일 수 있다는 입장을 개진하고 있는 것이다. 우리 정신이 사악한 행동을 직접 야기하기 때문에 그 죄의 저자일 수 있다는 입장은 죄악은 의지의 내적 일탈에 있다는 앞서의 주장과는 현격히 다른 입장이다. 적의 사살과 친구의 살인의 예로 돌아가 보자. 세 번째 주장에 담지된 생각에 따르면 사살과 살인이라고 하는 행위는 근본적으로 다른 것이다. 하나는 죄가 없는 행위이고 다른 하나는 죄가 있는 행위이다. 두 행위의 발생에서 인간 정신은 모두 일조하고 있는데, 적 사살의 경우 그 행위 자체가 악하지 않기 때문에 군인은 죄를 짓지 않는 반면 살인의 경우 철수가 몸을 움직여 재욱의 죽음이라는 악한 행위를 저질렀기에 철수가 그 죄악의 저자라는 입장이다. 이렇듯, 처음 두 주장과 세 번째 주장은 근본적으로 다른 방식으로 죄악의 저자 문제를 해결하고 있다. 잘 이해가 안 되는 부분은 왜 버클리가 이렇게 상이한 입장을 동시에 개진하고 있느냐의 문제이다.

시대를 대표하는 철학자라 하더라도 늘 생각이 정리되어 있지는 않은 모양이다. 28세에 『세 대화』를 처음 출간한 버클리는 16년 후 존슨와의 서신에서 '죄악의 저자' 문제에 관해 자신의 입장을 다음과 같이 밝히고 있다.

> 죄로 따지자면, 내가 내 손으로 직접 사람을 죽이건 연장을 이용해서 죽이건 마찬가지이다; 내가 직접 죽이건, 건달을 부려서 죽이건 마찬가지이다. 우리의 감각이 신에 의해 직접적으로 산출된다고 가정하건, 도구나 (신에게) 예속된 원인들—이것들도 사실 모두 신이 만든 피조물이고 신이 법칙에 따라 움직이는데 을 매개로 산출된다고 가정하건, 신의 신성함에 저촉된다는 점에서는 동일하다. 그러므로 이 신학적인 문제를 우리는 무시해도 무방하다; 왜냐하면 모든 면에서 양측에 똑같이 어려울 땐 그렇게 해도 된다는 것이 나의 생각이다. 도덕적 행동의 원리에 관한 어려움은 모든 죄가 의지에 있다는 것을 고려하면 사라질 것이다.(1729년 11월 25일 서신 중, 『버클리 전집』 2:281, 424)

여기서 버클리는 한 방향으로 자신의 입장을 정리하고 있는 듯이 보인다. 정신이 사악한 행위의 발생에 인과적으로 기여를 한다는 견해는 사라지고 죄는 의지의 내적 일탈에 있다는 입장만이 등장하고 있다. 어떤 이유에서 버클리는 이러한 방식으로 자신의 입장을 정리했을까?

추측에 불과하지만 이러한 입장이 본인의 형이상적 체계와 전체적으로 가장 잘 부합하기 때문이 아닐까 한다. 우리 정신이 신체의 움직임이라는 자연 현상을 야기하는 데 일조한다는 주장은 자연물과 상상물의 구별 근거를 의지와의 독립성 여부로 정립하려는 버클리의 의도와 상충된다. 악은 의지의 내적 일탈에 있다는 입장이 가능한 상황에서 굳이 자연의 객관성을 위협하는 견해를 채택할 필요가 없는 것이다. 그렇다면 애초에 왜 우리 정신이 실제 몸을 움직이는 데 인과적으로 일조한다는 견해를 폈을까? 이 역시 추측에 불과하지만 친구의 살인과 적군의 사살이 그 행위에 있어서는 아무런 도덕적 차이가 없다는 주장에는 상식적으로 쉽게 납득가지 않는 면이 있다. 버클리 역시 이를 우려했을 수 있다.

예상치 않은 복잡한 경로를 거쳐 버클리의 마음에 대한 입장에 도달한 것같이 보인다. 정리를 해보자. 버클리에 따르면 우리 정신은 이 세상에서 유일하게 활동적인 존재이다. 세상은 정신과 관념들로 이루어져 있는데, 관념들은 전적으로 비활동적이며 수동적이기에 정신만이 활동적인, 활력을 지닌 존재자들이다. 정신의 활력은 그러나 우리가 기대한 것보다는 미약하다. 상상 관념과 기억 관념을 산출해내는 힘, 그리고 무엇을 하겠다는 의도를 창출해내는 힘이 그 전부이다. 물론, 필자의 이러한 버클리 해석에 이의를 제기하는 연구자가 있다는 사실을 다시 분명히 하고 넘어가야 할 것이다. 곧 일부 연구자들은 버클리가 우리 정신에게 더 많은 힘을 주었다고 주장한다. 적어도 우리 신체를 직접 움직이는 힘, 다시 말해, 우리 신체의 움직임에 해당되는 관념의 산출에 인과적으로 기여하는 힘은 인정했다고 주장하는 것이다. 이러한 '강력한 정신의

> **존재자**
> 대상, 실체, 속성, 관계, 사실, 사건, 현상 등 모든 범주의 존재하는 것들을 무차별하게 총칭할 때 사용되는 말.

활동성' 해석은 악의 저자 문제를 다루는 데 있어 나름의 이로움이 있다. 그러나 다른 한편으로 이 해석은 자연세계의 객관성 확보라는 버클리 관념론의 핵심적 요청에 부합하지 못하는 약점이 있다. 어찌 보면 놀라운 결과는 아니다. 관념론 체계 내에서 정신의 힘이 강해지면 강해질수록 그리하여 정신의 힘이 자연의 영역을 잠식하면 할수록 자연의 객관성 혹 독립성은 약해지기 마련이다.

## 남은 과제

앞서 언급만 하고 다루지 않은 문제가 있었다. 버클리가 『인간지식의 원리론』 2부에 해당되는 『정신론』을 쓰는 데 어떤 어려움이 있었을까? 앞에서는 여기에 철학적인 난제가 도사리고 있었다고 추정하기도 했는데, 이제 마지막으로 이 문제를 살펴보도록 하자.

이 문제 역시 그 근원은 버클리의 이원론에 있다. 버클리에 따르면, 정신은 활동적이지만 관념은 전적으로 활력을 결여하고 있다. "우리의 모든 관념, 감각, 곧 우리가 지각하는 것들은 확연히 활동적이지 않다. 그들에는 일체의 힘이나 활동성agency이 없다."(『원리론』 25) 이러한 본질적인 차이로 인해 정신과 관념 간에는 건널 수 없는 심연이 있다. 관념은 그 비활성inertness으로 인해 결코 정신을 표상하거나 표현할 수 없다는 것이다. 『원리론』 27절에서 밝히고 있듯이, 버클리는 활동성을 전적으로 결여한 것이 활동성을 담아내거나 그리기에는 본질적으로 부적합하다고 생각한다. 그런데 표상의 매체로 우리가 가진 것이 관념밖에 없다면, 과연 우리가 정신을 떠올리고 파악할 수 있는지조차 의심되는 상황이 발생한다. 우리에게는 관념밖에 없는데 관념으로는 정신을 표상할 수 없다면 사실 우리는 정신에 대해 아무 말도 할 수 없는 상황인 것이다. 말 그대로 정신을 떠올릴 수 없기 때문이다.

이러한 상황에서 버클리는 『원리론』 2판에서 '상념想念, notion'이라는 개념을 새롭게 등장시킨다. 앞서 이미 인용했던 문장이지만, 문제의식을 새로이 가지고 다시 살펴보도록 하자.

> 우리는 정신과 영혼에 대한, 그리고 의지작용willing, 사랑, 증오 등과 같은 마음의 작용에 대한 나름의 상념notion을 가지는데, 이는 이 말들의 의미를 아는 혹은 이해하는 한에서이다.(『원리론』 27)

버클리는 2판을 준비하는 과정에서 27절 끝에 이 문장을 첨가했다. 얼핏 보기에 이상하게 느껴지는 마지막 절—"이는 이 말들의 의미를 아는 혹은 이해하는 한에서이다"—이 이제 조금 더 이해가 된다. 버클리의 철학 체계 내에서 정신이 활동적이라는 말의 의미를 이해한다고 섣불리 얘기할 수 있는 상황이 아니고, 이를 버클리 역시 알아차리고 있는 것이다.

당연히 우리는 이 '상념notion'에 대해 더 많은 것을 알고 싶다. 정신을 알 수 있게 해주는 마음의 매체가 바로 상념이기 때문이다. 통상 'notion'이라는 단어는 '관념idea'과 같은 의미로 사용되는데, 『원리론』 89절에 등장하는 다음의 구절에서 드러나듯이 버클리는 나름의 특별한 의미로 이 단어를 조심스럽게 사용하고 있다.

> 우리는 우리 스스로 존재함을 내감inward feeling 혹은 반성reflexion을 통

해 파악하며 다른 영혼들은 이성을 통해서 파악한다. 우리는 우리 마음, 곧 정신과 활동적인 존재에 대한 일정의 지식 혹은 상념notion을 가졌다고 할 수 있을 것인데, 엄격한 의미에서 이들에 대한 관념은 가지지 않는다.
(『원리론』 89)

이렇게 반성 혹은 내감을 통하여 정신에 다가갈 수 있다는 것이 버클리의 생각이다. 관념은 활력 혹은 활동성을 담아낼 수 없으나, 상념이라고 하는 매체는 이것이 가능하다는 것이다. 어찌하여 상념은 관념과는 달리 정신의 활동성을 담아낼 수 있는가? 내감 혹은 반성으로 무엇이 주어지게 되면 어찌하여 관념과 다를 수 있는 것인가? 이러한 질문에 대한 답을 주기 위해 버클리가 『원리론』 2부 곧 『정신론』을 쓰려고 한 것이 아닐까 싶다. 그러나 사실 어느 하나 쉬운 질문이 아니다.

가령 여기에는 상념이 언어를 통해 표현될 수 있느냐의 문제가 뒤에 도사리고 있다. 우리가 "분홍색 진달래꽃이 저기 피어 있다"고 말할 때, 버클리는 우리가 이 문장의 의미를 '분홍', '꽃', '이러저러한 모양' 등의 관념을 통해 이해한다고 생각한다. 이렇게 우리가 일반적으로 세계에 대해 하는 발언들은 관념의 언어를 통해 가능하다고 버클리는 생각하는 것이다. 그렇다면 "정신은 활동적이다"라는 발언에 상응하는 상념의 언어가 우리에게 따로 있는가? 상념의 언어와 관념의 언어는 어떤 관계를 맺는가? 그리고 상념의 언어와 관념의 언어를 혼재하여 사용할 수 있는가? 모두 쉽지 않은 질문들이다. 또한 설령 상념의 언어가 가능하다고 치자. 내감內感, inward feeling에 의해 포착되는 상념들이 과연 남에게 전달될 수 있는가의 의문 역시 제기 가능하다. 관념의 다발들은 외감外感의 대상이기에 여럿이 참여하는 공동 지각이 원칙적으로 가능한 듯이 보인다. 또 이러한 공동성에 의거해 관념의 언어를 통해 타인과의 의사소통도 가능해 보인다. 그러나 내감의 결과인 상념은 이와는 사뭇 다른 상황이다. 나의 상념은 나에게만 주어지기 때문이다. 이렇게 많은 어려움이 산적해 있는 상황에서 버클리는 『정신론』을 집필해야 했다. 그리고 아쉽게도 『정신론』은 우리에게 전해지지 않는다. 그러나 철학에도 행운이 찾아와 버클리의 잃어버린 원고를 찾았다고 상상을 해보자. 과연 그 안에는 어떤 내용이 있을까? 이렇게 버클리를 대신하여 그의 정신론을 좀 더 풍부하게 발전시켜보는 재미가 조금은 우리의 아쉬움을 달래준다.

## 글을 맺으며

버클리의 이원론은 독특하다. 외부에 존재하는 자연세계는 전적으로 수동적이며 활력을 결여하고 있다. 또한 지각되어야 하기에 우리 정신에 의존적이다. 그러나 이 의존성이 우리가 자연을 떡 주무르듯 마음대로 할 수 있다는 것을 의미하지는 않는다. 내 의지와는 상관없이 외부세계는 자연의 법칙에 따라 운용된다. 이 점에서 자연은 객관적으로 존재한다. 버클리는 이렇게 관념을 떠올리는 지각에의 의존과 의지 활동을 불러일으키는 의지에의 의존을 구별한다. 지각을 하는 주체인 점에서―곧 관념을 떠올리는 주체 없이는 관념이 관념일 수 없다는 점에서―정신은 세상에 선행한다. 그러나 의지의 주체로서의 정신은 세상을 마음대로 바꾸지는 못한다. 의지와 상관없이 벌어지는 자연 현상을 우리는 가만히 보고 있을 수밖에 없다. 내가 아무리 원해도 경험하고 싶은 것을 마음대로 경험할 수 없듯이, 우리가 무엇을 보고 무엇을 들을지는 우리의 힘 밖에 있다. 그럼에도 우리 정신은 활동의 주체라고 버클리는 생각한다. 무엇을 욕구할지 무엇을 바랄지는 우리 마음에 달려 있기 때문이다. 원하고 바라는 것에는 한계가 없고 이 점에서 우리는 자유롭다. 도덕적으로 사악한 일이 벌어졌을 때 우리가 이러한 죄의 저자일 수 있는 이유도 여기에 있다. 사악한 사태를 바랐던 마음이 죄의 원천인 것이다. 이러한 점에서 인간 정신은 독특하다. 버클리에 따르면, 무수히 많은 피조물 가운데 이처럼 의지활동을 하는 주체들은 우리가 유일하다. 여타의 다른 자연물들은 모두 관념 혹은 관념의 다발에 불과하다. 이렇듯, 경험의 대상이 되는 관념들의 바다와, 이 바다를 항해하며 마음껏 욕구하며 의지하는 정신의 배들로 버클리의 이원론은 구성되어 있는 것이다.

# 더 읽을거리

버클리의 저작은 보통 아더 루스A. A. Luce와 토마스 제소프T. E. Jessop가 편집한 전집인 *The Works of George Berkeley, Bishop of Cloyne* (Thomas Nelson and Sons)을 표준 판본으로 삼는다. 이 글 역시 이 전집에 근거하여 인용 문헌 페이지를 표기하였다. 관심 있는 독자들을 위해 국내에 출간된 한글 번역본을 소개한다.

### 버클리, 『인간지식의 원리론』, 문성화 옮김, 계명대학교출판부, 2010

원제는 *A Treatise concerning the Principles of Human Knowledge*이며 약칭하여 *Principle of Human Knowledge*라 불린다. 초판이 버클리가 25세가 되던 해인 1710년에, 제2판은 1734년에 출판되었다. 버클리의 철학을 대표하는 저서로 3절에서 그의 유명한 관념론 테제인 "존재하는 것은 지각되는 것 혹은 지각하는 것Esse est percipi"이 등장하는 영국 철학의 명저이다. 번역 자체는 아쉬움이 있지만, 대역본이라 원문이 제공되고 있는 장점이 있다.

### 버클리, 『하일라스와 필로누스가 나눈 대화 세 마당』, 한석환 옮김, 숭실대학교출판부, 2001

원제는 *Three Dialogues between Hylas and Philonous*이며 1713년에 처음 출판되었다. 『원리론』에서 표방된 관념론의 핵심 이론을 대화체로 다시 표현한 수작이다. 플라톤의 대화록 이후 가장 훌륭한 철학적 대화록이라 칭송받고 있으며 버클리 사유 체계의 핵심 이론이 물질주의를 표방하는 하일라스와 버클리를 대변하는 필로누스 간의 논쟁으로 잘 드러난다.

### 버클리, 『새로운 시각이론에 관한 시론』, 이재영 옮김, 아카넷, 2009

원제는 *An Essay Towards a New Theory of Vision*이며 버클리의 철학적 저술 중 처음으로 1709년에 출판되었다. 출판 이후 시각에 대한 심리학적 논의에 지대한 영향을 끼쳤으며 버클리의 관념론과 연관된 여러 이론이 개진되고 있다.

흄

지각다발로서의 마음과
역사적 자아

# 양선이

한국외국어대학교 철학과를 졸업하고 서울대학교 철학과에서 「흄의 자아의 동일성에 관하여」로 석사학위를 받았다. 그 후 영국 노팅엄대학과 더럼대학에서 석사와 박사 학위를 받았다. 흄의 『인성론』 제1, 2, 3권이 체계적으로 연관성이 있다는 사실을 밝힘으로써 흄이 애초에 의도했던 '뉴턴의 실험철학을 도덕철학에 적용하려던 시도'의 의미를 밝혔으며 이를 통해 흄의 궁극적 목표가 도덕감정론이었다는 사실을 증명하고자 했다. 이후 현대 도덕감정론Neo-Sentimentalism과 흄의 그것과 비교를 통해 흄의 공감이론과 관습적 규약이론이 현대 신 감성론자들이 부딪히는 도덕 감정의 객관성 문제를 해결하는 데 있어 훨씬 세련된 장치를 마련하고 있다는 글을 국제 저명 학술지에 발표함으로써 국제적인 주목을 받게 되었다("The Appropriateness of Moral Emotion and Humean Sentimentalism", *The Journal of Value Inquiry*, 2009). 또한 흄의 도덕감정론을 연구하는 과정에서 현대 감정이론을 파헤쳤으며 최근 부상되고 있는 감정 철학에 관한 다수의 논문을 해외 저명 학술지에 게재함으로써 세계적인 학자로서 활약하고 있다. 현재 International Society for Research on Emotions (ISRE)에서 활발히 활동하고 있으며, 국제 흄 학회에서도 국제 저명학술지 *Hume Studies*의 심사위원을 맡고 있다. 서울대학교 BK21 철학교육연구사업단의 BK교수를 거쳐 현재 한국외국어대학교 미네르바교양대학 교수로 재직하고 있다.

## 실체로서의 마음에서
## 지각다발로서의 마음으로

데카르트에 따르면 인간은 신체를 가진 존재이면서도 순수한 지성적 존재이기도 하다. 인간 존재가 처한 이와 같은 특수성 때문에 특수한 문제가 발생한다. 즉 기계론적 원리에 의하여 움직이고 따라서 기계론적으로 설명이 되는 인간의 신체와 그러한 원리에 의하여 지배받지 않는 영혼, 이 두 이질적인 요소가 서로 어떻게 상호작용하는지 하는 문제가 제기된다. 데카르트의 이원론이 처한 이와 같은 딜레마적 상황의 해결책 중 하나는 이원론을 포기하는 길이다. 기계론 철학을 받아들이면서 이원론을 포기한다는 것은 곧 유물론으로 향하는 길이다. 이 길을 택한 대표적 인물이 바로 홉스이다.

홉스에 따르면 마음이란 물질운동의 일종인 감각작용과 상상작용이다. 마음을 소위 '비물질적 실체'라 부르면서 물질과 근본적으로 다른 것으로 규정하려는 일체의 이원론적 철학을 홉스는 거부한다. 그는 '비물질적 실체'라는 개념 자체부터 자기 모순적인 것이라고 주장한다. 왜냐하면 실체란 여러 우연적 속성들의 주체인데 속성들의 주체가 되려면 거기에는 기본적으로 그 속성들이 있을 자리가 있어야 하며, 그것은 물체 이외의 다른 것이 될 수 없기 때문이다. 즉 물체는 정신과는 달리 기본적으로 일정한 공간을 갖는 것이기 때문이다. 따라서 '비물질적 실체'라는 말부터가 모순적이다. 그것은 서로 결합될 수 없는 말들이 잘못 결합된 것으로 홉스에 따르면 이는 철학자들에 의한 언어 오용이다.

　버클리는 홉스와 같이 이원론을 거부하면서도 홉스와 달리 유물론적 입장을 택하지 않는다. 버클리의 철학에서 자아는 '마음mind', '정신spirit', '영혼soul' 등의 말과 동일시된다. 그에게 능동적인 것이란 신과 인간의 정신 활동이다. 의지, 기억, 상상, 지각작용은 물론, 심지어는 사랑하고 미워하는 감정까지 모두 능동적인 활동으로서 정신 활동의 범주에 속한다. 따라서 자아는 의지will와 동일시되기도 하고 또는 능동적인 활동을 하는 어떤 것과 동일시되기도 한다. 이러한 점에서 자아 또는 마음은 관념과 구별된다. 버클리에 따르면 관념은 능동적이지 않다. 마음은 오직 지각됨으로써만, 즉 관념으로만 있다. 마음과 관념 간의 이러한 구별이 흄(1711~1776)의 철학에 오면 없어진다. 따라서 버클리의 철학에까지 남아 있던, 마음을 하나의 실체로 간주하는 서양철학의 큰 줄기가 흄의 철학에 오면 끊어져버린다.

　로크는 마음을 설명하는 데 정신적 실체나 영혼보다는 의식의 중요성을 더 강조하고 의식을 철학적 논의의 전면에 부각시켰다. 실체나 영혼으로서의 자아와 의식적 존재로서의 자아가 다 같은 자아라는 점에서는 큰 차이가 없어 보이지만 '실체'나 '영혼'이 자아의 존재론적인 성격과 연관되는 개념들인 데 반해 '의식'은 자아의 인식 활동과 밀접히 연관되는 개념이라는 점에서는 양자가 서로 다르다고 볼 수 있다. 자아를 실체나 영혼이라고 보게 되면 그것이 다른 어떤 것에도 의존하지 않는, 또는 다른 어떤 것으로도 환원되지 않는 궁극적인 존재인가, 아니면 자신의 신체가 없어진 후에도 남을 수 있는 존재인가 등과 같은 물음이 제기된다. 하지만 자아를 의식적 존재로 보게 되면 기억, 감각, 반성 등과 같은 인지적 능력에 관한 물음들이 제기된다. 물론 두 물음이 서로 아무런 상관도 없는 별개의 것은 아니며, 특히 자아의 문제와 관련하여서는 양자의 관계가 더욱 밀접하다. 왜냐하면 감각하고 기억하고 반성하는, 즉 의식하는 데에는 그렇게 하는 주체가 있기 마련이고 그 주체는 바로 정신 또는 정신적 실체라고 로크를 포함해 당대의 많은 사람들이 생각했기 때문이다. 그러한 점에서 로크도 전자의 물음들, 즉 존재론적인 물음들을 완전히 도외시한 것은 아니다. 다만 후자의 인식론적인 물음에 더 큰 비중을 두었다.

> **인격의 동일성 문제**
> 우리 각자를 하나의 개별적인, 즉 다른 인격과 독립되는 인격으로 만들어주는 것이 무엇인지, 인격이라는 것이 어디에 있는지, 인격이 한 시점에서 다른 시점에 걸쳐 지속한다는 것이 무엇인지를 다루는 문제.

자아에 관한 로크의 관심은 한층 더 현실적이고 실천적인 것이라 할 수 있다. 로크는 자아가 존재하며 또 그것이 생각하는 존재라는 사실을 의심하지 않았다. 자아에 관련된 그의 주된 관심은 오히려 영혼불멸·사후존재·윤회 같은 종교적인 문제, 인격분열·기억상실 같은 심리적인 문제, 그리고 형벌·책임·의무·권리 같은 법적인 문제라 할 수 있다. 이와 같은 실천적인 문제들이 공유하고 있는 것이 바로 인격의 동일성personal identity 문제이다. 따라서 그는 그러한 실천적인 문제들이 해결되기 위해선 그것들에 공통적으로 들어 있는 문제, 즉 인격의 동일성 문제부터 이론적인 차원에서 해결되어야 한다고 생각했다. 자아의 문제와 관련하여 로크가 특히 인격의 동일성 문제를 집중적으로 다룬 것은 바로 그러한 실천적인 요청 때문이었다고 할 수 있다. 이에 반하여 자아에 관한 흄의 관심은 순수이론적인, 또는 형이상학적인 것이었다고 할 수 있다. 그러나 그렇다고 해서 흄이 자아에 관해 형이상학적인 주장을 했다는 것은 아니다. 그와 반대로 그는 자아에 관한 형이상학적 주장, 즉 자아가 실체substance라는 주장에 정면으로 도전하면서 자신의 이론을 전개해나간다. 이제 이러한 흄의 사상을 살펴보기로 하자.

# 지각다발로서의 마음
―
## 『인성론』 제1권의 형이상학적 자아에 대한 거부

'마음이 무엇인가?'라는 물음에 단정적인 답변을 한다는 것은 동서고금을 막론하고 어렵다는 것을 우리는 잘 알고 있다. 이는 흄도 마찬가지다. 흄은 마음이 무엇이라고 정의하기 전에 먼저 마음을 '극장'에 비유하고 있다.

> 마음은 일종의 극장이며, 거기서는 각각의 지각이 연속적으로 나타났다가 사라지고, 다시 나타나며, 무한히 다양한 형세나 상황들로 나타난다. 우리가 그런 단순성과 동일성을 상상하게 되는 자연적 성향이 어떠하건 간에, 지각들의 나타남 속에는 한 시점에서의 단순성도 없고, 다른 시점에서의 동일성도 없다. 그러나 극장의 비유가 우리를 잘못 이끌어서는 안 된다. 마음을 구성하는 것은 오직 연속적인 지각들이며, 우리는 이러한 장면들이 나타날 장소에 대한 아주 어렴풋한 관념조차도 가지지 않으며, 그것이 구성되는 재료들에 관한 관념도 가지지 않는다.(『인성론』 253)[1]

이 구절을 통해 흄이 말하려는 바는 다음과 같다.
1) 마음을 구성하는 것은 연속적으로 발생하는 지각들뿐이다.

---

[1] 필자는 논의를 전개하는 데 있어 흄의 『인성론 *A Treatise of Human Nature*』을 근거하여 논의하고자 한다. 학계에서는 이 문헌을 약자 T로 표기하나, 이 장에서는 『인성론』으로 약칭하겠다.

2) 설사 우리가 그 모든 지각이 하나의 마음을 구성하는 것이라고 생각할 수 있다고 할지라도, 그러한 것이 지각들 사이에 유지되는 것으로 관찰되는 어떤 실제적 연결 때문일 리는 없다.

3) 그러므로 지각들 사이에 그와 같은 실제적 연결이란 존재하지 않는다.

그렇다면 흄이 여기서 말하는 '실제적 연결real connection'이란 무엇인가? 이를 위해 흄 이전 전통 철학자들이 말하는 '실체'와 '속성'의 구분을 상기해보자. 그들에 따르면, 실체에 속하는inhere 우연적인 것들은 변하는 반면, 실체는 하나이고 동일하다. 여기서 우연적인 것들이 흄이 말하는 지각들이다. 이러한 지각들은 순간순간 변하는 것들이며, 이전에 내가 갖게 된 지각과 이후에 내가 갖게 된 것이 동일한 것이라고 보장할 수 없다. 그렇다면 나의 마음에 귀속되는 모든 지각은 서로 다른 것이고, 구별 가능하며, 서로서로 분리 가능하고 분리된 것으로 생각될 수 있다. 따라서 분리되어 존재할 수 있고, 그 지각들의 존재를 유지해주는 어떤 것도 필요하지 않다. 혹자는 지각들의 다발로서의 마음의 동일성이 불변하는 실체라는 존재에 의해 하나로 통일 또는 묶임으로써 보장받을 수 있다고 생각할지도 모르겠다. 흄에 따르면 만일 이와 같은 실체가 존재한다면 그러한 것은 지각들을 하나로 통일하거나 묶는 '끈'과 같은 존재일 터이고, '실제적 연결'이라고 부를 수 있을 것이라 주장한다. 흄 이전의 철학자들, 예컨대, 라이프니츠는 이를 '실체적 형상substantial form'이라고 불렀다. 흄은 지각들의 다발에 불과한 마음이 실제적 연결과 같은 끈으로 묶인 것을 '자아'라 부르고, 다발 이상의 실체적인 자아가 존재한다는 것을 부정한다. 그 이유를 살펴보기로 하자.

흄에 따르면, 만일 어떤 인상이 있어 그 인상 때문에 자아라는 관념이 생겨난 것이라면 그 인상은 우리 인생의 모든 시간에 걸쳐 변하지 않으며 동일한 것으로 지속되어야 한다. 그러나 그처럼 지속적이고 변하지 않는 인상은 존재하지 않는다. 고통과 쾌락, 슬픔과 기쁨, 그리고 정념들과 감각들은 연속적으로 일어났다 사라질 뿐 결코 지속적으로 유지되는 것은 아니다. 그러므로 우리가 변치 않는 것이라 여기는 자아의 관념은 이러한 인상들에서 유래한 것이 아니다. 따라서 그러한 자아에 관한 실제적인real 관념은 없다(『인성론』 251~252). 그렇다면 변화무쌍한 그 지각들은 어떻게 변하지 않는 자아에 속하게inhere 되었는가? 그리고 그 지각들은 어떻게 자아와 연결되는가? 나는 나 자신myself에 대하여 생각할 때마다 항상 어떤 특정의 지각, 즉 열과 냉기, 빛과 그림자, 사랑과 미움, 고통과 즐거움 등등의 지각을 떠올린다. 나는 어떤 지각 없이는 나 자신을 파악할 수 없기 때문이다(『인성론』 252). 나아가 어떤 한 순간에 우리에게 알려질 수 있는 것은 어떤 지각뿐이며, 결코 '자아 그 자체'란 존재하지 않는다. 이런 의미에서 앞서 살펴보았듯이, 흄은 마음을 "여러 지각들이 연속적으로 나타났다가 사라지는 극장"에 비유하고 있다(『인성론』 253). 극장의 비유에서 흄은 X라는 특정 지각을 어떤 한 순간에 고립시켜서 볼 때 X라는 지각이 특정한 지각다발의 구성원이라고 볼 수 있는 조건보다 '시간을 통한 특정 지각 X의 동일성의 조건'에 관심을 가졌다. 흄은 '개별화의 원리'에 대한 자신의 해결책을 『인성론』 제2권에서 제시하고 있다. 『인성론』 제2권에서 흄은 '신체 기준'이 바로 개별화의 원리가 된다고 보고 있다. 이에 관해서는 다음 장에서 살펴보기로 하자. 흄이 시간을 통한 동일성 identity through time의 문제에 관심을 가진 이유는 다음과 같다. 즉 그는 경험에 존재하는 자아의 관념의 원천에 대한 개념적 혼란을 제거하기 위해 자아의 관념을 추적한다. 이러한 작업을 하는 데 있어 흄의 전략은 "우리는 왜 일련의 연속적인 지각들에 동일성을 부여하려고 하고, 우리 자신이 우리의 삶의 전 과정에 걸쳐 불변하고 단절되지 않는다고 가정하는 위대한 경향성을 갖게 되는가?"(『인성론』 253) 하는 문제를 설명하는 것이다.

그런데 주목할 사실은 흄이 여기서 실제로 주장하려는 것은 시간을 통한 특정 지각 X의 완전한 동일성에 대한 일반인의 믿음은 사실은 '허구fiction'라는 것이다. 우리는 동일한 어떤 것에 대해 그것이 어떤 순간에 있을 때와 다른 순간에 있을 때는 진정한 의미에서는 동일하지 않다고 생각한다. 왜냐하면 한 시점에 있는 것과 다른 시점에 있는 것은 구별되는 시간적 부분들이기 때문이다. '시간을 통한 동일성'이란 것은 이러한 시간적 부분들을 하나의 전체로 엮는 '관계'에 관한 것이다. 일반인은 여기서 '관계'의 문제를 '동일성'의 문제로 착각한다. 그 이유는 모든 사람은 그의 일생을 통해 자기 동일성을 보유한다는 무반성적인 상식 때문이다. 흄에 따르면 우리는 이와 같이 '관계의 문제'를 '동일성의 문제'로 혼동하는 경향성을 가지기 때문에 단절되고 변화하는 데도 불구하고 관계가 있으면 동일성을 부여하게 된다(『인성론』 254). 그는 『인성론』 제1권의 6장 「인격의 동일성에 관하여」에서 이와 같이 '동일성'과 '관계'를 혼동하는 많은 경우를 제시하고 있다. 그중 그가 우리에게 가장 관심을 이끌어내려고 한 것은 우리가 우리 자신에게 부여하는 동일성과 식물과 동물에 부여하는 동일성 사이에 비유가 성립한다는 사실이다. 식물과 동물 그리고 우리 자신의 동일성과의 비유에서 주목할 만한 사실은 여러 부분이 공통 목적에 따라 관계를 가질 뿐만 아니라 서로 의존하며 연관을 갖는다는 것이다. 어떤 한 부분은 전체를 구성하는 데 있어 동일한 역할을 하는 아주 다른 어떤 것에 의해 대체될 수 있다. 그리고 다시 이렇게 대체된 것은 그것이 대체한 것과 '동일한' 것으로 간주될 수 있다. 이와 같은 생각은 그가 영혼을 "공화국 또는 어떤 공동체"와 비교하는 부분에서 더 분명해진다.

> 나는 영혼을 공화국 또는 어떤 공동체에 적절히 비유할 수 있는데, 거기서는 여러 구성원이 지배와 예속이라는 상호 협력적인 끈으로 연결되어 있으며, 그 부분들의 끊임없는 변화 속에서도 그 공화국을 번창시킬 다른 사람들을 낳는다. 동일한 하나의 공화국은 그 구성원들을 바꿀 뿐만 아니라 그 법률과 관행도 바꾸듯이, 같은 방식으로 동일한 사람이 자신의 동일성을 잃지 않고 그의 인상들과 관념들뿐만 아니라 성격이나 성향을 변화시킬 수도 있다.(『인성론』 261)

그러나 영혼(마음)과 공화국 사이에 이와 같은 유사성이 있더라도, 중요한 차이점이 있다고 흄은 생각한다. 주된 차이점은 자아의 경우에 기억 지각이라는 것이 있어 그것이 서로 다른 지각들 사이에 있는 원인과 결과의 관계를 우리에게 보여줌으로써 인격의 동일성을 발견할 수 있게 하지만, 공화국의 경우에는 공화국의 동일성을 발견하게 하는 그와 같은 존재가 필요하지도 가능하지도 않다는 것이다.

흄에 따르면 기억은 "연속적인 지각들의 연속성과 그 범위를 우리에게 알려준다."(『인성론』 261) 그리하여 우리로 하여금 어떻게 지각들이 시간 속에서 연속하는지에 대해 의식하게끔 만들어주는 것은 바로 이 기억이다. "만일 우리가 기억을 갖지 않았다면 우리는 결코 인과관계에 관한 어떤 개념뿐만 아니라 결과적으로 우리의 자아 또는 인격을 구성하는 원인과 결과의 고리에 대한 개념조차 갖지 못했을 것이다."(『인성론』 261~262) 그러나 일단 기억을 통해서 인과관계를 알고 나면, 우리는 인과의 사슬을, 우리가 기억하고 있는 사실들에 대해서뿐만 아니라 우리가 현재 기억하고 있지 못한 사실들에 대해서까지 확장할 수 있게 된다. 따라서 내가 시간적으로 연결된 존재라는 관념에 대한 궁극적 원천은 바로 내 지각들 사이에 있는 기억이란 것의 현존 때문이다.

> 만일 우리가 다른 사람의 마음속을 자세히 살펴볼 수 있다면, 그래서 그의 마음 혹은 사고원리를 구성하는 지각들의 연속을 관찰할 수 있다면, 그리고 그가 과거 지각들의 상당한 부분을 항상 기억하고 있다면, 그 모든 변화 가운데서 이러한 연속에 어떤 관계를 부여할 수 있는 것은 (기억 말고는) 어떤 것도 없다는 사실은 분명하다. 기억은 우리가 과거 지각의 심상을 떠올리는 능력이다. 그리고 하나의 심상은 반드시 그것의 대상을 닮기 때문에, 이러한 유사한 시각들을 사고의 고리 속에 누게 되면, 상상력은 한 고리에서 다른 고리로 아주 쉽게 이전하게 되므로, 전체를 한 대상의 연속과 같이 생각해야만 하지 않겠는가?(『인성론』 260~261)

만일 우리가 우리 자신이 기억을 떠올릴 수 없는 짧은 간격 동안에도 존재하는 것으로 생각하려 한다면, 우리는 원인과 결과의 이러한 고리로 그러한 간격을 메꿀 수 있을 것이다. 그러나 시간을 통하여 지속적인 것으로서 우리 자신에 대한 관념을 제공할 수 있기 위해서는 관념들 사이의 인과관계에 유사성을 추가해야 한다. 그리하여 마음은 단일한 인과적 고리를 형성하는 지각들의 연속물을 따라 쉽게 전이하고, 그럼으로써 더는 기억하지 못하는 간격 사이에 존재하는 지각들이 그러한 망각된 간격 동안에도 존재했다고 가정하게 된다. 그리하여 우리는 우리 자신이 시간 속에서도 단일하고, 지속적이며, 연결된 존재라고 생각하게 된다.

그러면 기억이 존재하지 않을 경우 무엇이 시간을 통한 나의 동일성을 보장해주는가? 그는 기억이 존재하지 않을 경우 우리는 시간을 통한 동일성을 다음과 같이 보장할 수 있을 것이라고 말한다.

> 일단 기억에서 인과관계에 대한 개념을 얻게 되면, 우리는 원인의 동일한 연쇄를 확장할 수 있고 마침내 우리의 기억의 범위를 넘어선 인격의 동일성에 이를 수 있으며, 그리하여 우리가 완전히 망각했지만, 그래도 일반적으로 존재해왔다고 가정되는 시간과 상황과 행동을 포괄할 수 있다.
> (『인성론』 262)

그러면 왜 인과관계가 시간 속에 연결된 자아의 동일성을 산출하는 데 필수적인가? 인과관계는 "우리의 감각의 범위를 넘어선 어떤 것을 추적할 수 있고, 우리가 지금 보거나 느끼지 못하는 존재들과 대상들에 대해 우리에게 정보를 제공해주는"(『인성론』 74) 유일한 것이기 때문이다. 따라서 흄은 다음과 같이 말할 수 있었다.

> 인간 정신에 관한 참된 관념the true idea of human mind은 원인과 결과의 관계에 의해 서로 결합된 그리고 서로 산출하고, 파괴하고, 영향을 미치며, 바꾸기도 하는 서로 다른 지각들 또는 존재들의 체계라고 간주할 수 있다.(『인성론』 261)

이상과 같은 생각을 우리가 받아들일 수 있다고 하더라도 우리는 여기서 의문을 제기할 수 있다. 즉 어떻게 자아를 구성하는 지각들 중 하나(즉 기억 지각)가 사실상 다른 지각을 산출할 수 있는가? 이러한 맥락에서 혹자는 그와 같은 기억은 더는 다발의 구성원으로서의 지각이 아닌 능동적 활동성을 갖는 주체 개념이 아닌가 하는 의문을 제기할 수 있다. 그리고 그와 같은 능동적 주체로서의 자아는 어떤 지각으로 하여금 그 자신이 관련된 지각들의 다발의 한 구성요소라는 것을 의식하게 하는 것이라고 주장할 수도 있을 것이다. 또 한 가지 가능한 비판은 만약 흄이 주장하는 대로 자아가 정말 지각들의 다발에 불과하다면 피할 수 없는 논리적 모순에 봉착하게 된다는 것이다. 그 논리적 모순은 자가당착의 모습을 띤 모순이다. 다시 말하면 흄은 자아를 부정함으로써 자기모순에 빠졌다는 것이다. 그러한 모순은 『인성론』의 여러 곳에서 발견할 수 있다. 예컨대 인과문제를 논하면서 흄은 우리의 마음은 어떤 종류의 지각들이 항상 또 다른 종류의 지각들의 발생에 따라 일어난다는 사실을 기억한다고 하였는데, 마음이 지각들의 다발에 불과하다면 지각들의 다발이 어떻게 기억을 할 수 있는가? 그리고 이때 도대체 기억한다는 그 마음이란 무엇인가? 또한 흄이 인격의 동일성을 논하는 장에서 자아의 인상을 찾기 위해 "내부를 들여다보니", 즉 내성적 관찰을 해보니 일련의 지각들밖에 발견할 수 없다고 할 때 그때 "내부를 들여다보는" 것은 도대체 무엇인가? 더 나아가 모든 자아가 지각의 다발에 불과하다면, 흄 자신이 집필한 『인성론』도 정확히 말해 자신의 어떤 지각다발이 집필하였다고 해야 할 것인가?

## 정념과 자아
―
### 『인성론』 제2권의 사회적·생물학적 의미의 자아

흄 자신도 『인성론』 제1권에서의 자신의 이론에 문제가 있음을 깨닫고, 따로 「부록」(『인성론』 635~636)을 달아 제1권에서의 자아 설명에 관해 그의 어려움을 고백했다. 『인성론』 제2권에서 흄은 1권에서 말한 지각다발을 좀 더 느슨하게 규정하여, 우리의 신체와 결부된 다발들(『인성론』 303)로 보면서, '우리 자신'이라는 말에 적용한다. 흄은 우리가 우리 자신에 대한 '관념'을 가진다는 것을 부인하지 않았다. 심지어 『인성론』 2권에서는 우리가 우리 자신에 대한 '인상'을 갖는다는 것까지 부인하지 않았다. 『인성론』 제1권과 「부록」에서 그가 부정한 것은 "단순하고 개별적인"(『인성론』 633), "단순하고 연속적인"(『인성론』 252), "항상적이고 불변적인"(『인성론』 251) 어떤 것으로서, '실체'로서의 자아의 인상의 존재와 "완전한 동일성과 단순성"(『인성론』 251)을 소유한 어떤 것으로서 실체로서의 관념의 존재이다. 그러나 실체적 자아에 대응되는 어떤 인상이 없다고 할지라도, 관련된 지각들의 다발로서 "인간 정신에 관한 참된 관념"에 상응하는 "우리 자신이라는 어떤 다른 종류의 인상"이 있다고 그는 주장한다.

『인성론』 제1권에서 흄은 마음 그 자체를 탐구의 대상으로 삼고, 신체와 결부된 그리고 다른 사람과 관계맺는 생물학적·사회적 의미의 자아는 제2권의 탐구 대상으로 연기하고 있다. 제1권의 결론에서 흄은 신체와 분리된 그리고 다른 사람과 분리된 유아론적

solipstic 마음에 관한 탐구에 대해 불만스러워 한다. 그는 다음과 같이 말한다. "내가 나의 시선을 내 속으로 돌렸을 때, 나는 단지 의심과 무지함만을 발견한다."(『인성론』 264) 그런 다음 그는 다음과 같이 기술한다.

> 나는 어디에 있는가? 또 나는 무엇인가? 어떤 원인들에서 나의 존재가 생겨났으며, 미래에 나는 어떤 상태로 되돌아갈 것인가? 나는 누구의 호의를 구하고 누구의 분노를 두려워하는가? 나를 둘러싼 것들은 어떤 것들인가? 그리고 나는 누구에게 영향을 주고 누구의 영향을 받는가? 나는 이 모든 물음으로 혼란스럽고 더없이 깊은 암흑 속에 휩싸여, 내 몸의 모든 기관과 능력을 사용하는 것을 완전히 박탈당한, 상상할 수 있는 한 가장 가련한 상태에 처해 있는 나 자신을 공상하기 시작한다.(『인성론』 269)

그는 이와 같이 악몽 같은 고립 상태와 무기력감은 합리적 체계를 고집하는 그의 선배 철학자들과 동시대의 이성 중심의 철학자들의 말이라고 생각했다. 그리하여 그는 이와 같은 철학에서 비롯되는 침울과 혼란스러움에서 그를 치유해주는 것은 자연이라고 말한다. 바로 '자연nature'이 그로 하여금 편안한 휴식과, 맛있는 음식, 그리고 백개면Backgammon 놀이, 대화 등을 하게 하기 때문이다. 그는 이성 중심의 철학적 체계에서 상식적 관점으로 돌아섬으로써 의심과 무지에서 벗어날 수 있다고 생각한다. 그는 상식적 관점에서 위의 문제에 대해 다음과 같이 대답한다.

> 나는 자연적 세계 속에 둘러싸여 있고, 내 존재는 나의 부모와 영혼과 신체를 가진 어떤 것들에서 비롯되었으며, 내 신체는 땅으로 돌아갈 것

이고, 내 영혼은 무로 돌아갈 것이다. 나는 내가 존경하는 사람들의 환심을 사려 하고 그들의 거부를 두려워한다. 내 주변에 있는 사람들 중에 가장 중요한 사람은 나의 친구들이다. 왜냐하면 우리는 서로의 자아를 형성하는 데 영향을 미치기 때문이다.(『인성론』 269)

『인성론』 1권에서 '이성'이라는 능력을 중심에 놓고 변하는 지각들의 다발을 불변하도록 묶을 '실체'와 같은 것을 찾고자 한 시도는 실패로 돌아갔다. 그리하여 흄은 제2권에서 사회적이고 생물학적인 자아를 형성하는 데 중요한 역할을 하는 '정념'을 중심에 놓고 자아의 문제를 탐구하게 된다.

이렇게 이성 중심에서 정념 중심의 철학으로의 전회는 제1권에서 설명하기 어려웠던 점들과 「부록」에서의 그의 불만을 해소하는 데 빛을 던져준다고 볼 수 있다. 이렇게 본다면, 앞서 흄이 『인성론』 제1권에서 부정한, 지각들 간의 "실제적 연결the real connection"은 사회적 공간에서 다른 사람들과의 '생물학적인 (실제적) 연결the biological connection'을 통해서 찾을 수 있다. 다시 말하면 '나'라는 것이 사회 속에서 생물학적으로 다른 사람들과 연결되어 있다는 말은 '나'라는 존재는 살아있는 육체를 가지고서 다른 사람들이 지켜보는 가운데 존재하고, 나와 그들은 고통은 서로 위로하고 쾌락은 그것이 유지되기를 바라며, 또한 그들과 나는 어떤 자율성과 독립성을 얻기를 요구하고 있다. 이렇게 본다면 인간을 사회적 공간에서 추상해서 그들의 역사를 분리된 지각들로 쪼개진 것으로 보는 제1권의 지각다발 이론은 「부록」에서 그가 고민한 '실제적 연결'을 설명할 수 없다.

따라서 『인성론』 제1권에서 지각다발에 관한 실제적 연결을 설명하려는 자아에 관한 형이상학적 문제를 제쳐둔 채, 제2권에서 그

---

**정념**
어떤 존재자가 외부 존재자의 영향을 수동적으로 수용하고 그에 따라 변용되는 것. 데카르트에게는 신체에 속하는 정기의 운동에 따라 영혼이 겪는 고통·기쁨 따위의 상태를 의미한다.

는 상식적이고 현실적인 관점에서 자아의 문제에 초점을 맞춘다. 이를 위해 흄은 '사고와 감정 그리고 행위 사이의 적절한 균형을 잡고자' 시도한다. 『인성론』 제1권의 「인격의 동일성에 관하여」 맨 끝부분에서 "우리의 구별되는 지각들로 하여금 서로 영향을 미칠 수 있게 함으로써" 그리고 "우리의 과거와 미래의 고통과 쾌락에 대한 현재의 관심을 우리에게 제시함으로써"(『인성론』 261) 어떻게 정념들이 상상의 작용을 "강화하는가"에 주목했을 때 이미 이것을 암시하고 있다. 따라서 『인성론』 제2권 제1부에서 흄은 다음과 같이 기술한다.

> 우리 자신에 대한 관념, 아니 오히려 인상은 항상 친밀하게 우리에게 나타나며, 우리의 의식은 우리 자신이 인격체라는 생각을 너무도 생생하게 우리에게 제시하기 때문에 어떤 것이 특별히 이러한 것을 넘어설 수 있다고 상상하는 것은 불가능하다.(『인성론』 317)

자아에 관한 위와 같은 고찰을 배경으로 이제 정념과 자아와의 관계를 살펴보자.

흄이 『인성론』 제2권에서 자주 언급하고 있는 자아에 관한 관념에 주목할 때 우리는 『인성론』의 방법론에 대해 다소 재고해볼 필요가 있음을 깨닫게 된다. 『인성론』 제1권에 따르면 인상들과 관념들과 더불어 관념들의 연합 원리만으로도 우리 인간의 정신적 현상 전반을 재구성할 수 있는 듯이 보인다. 하지만 우리는 그가 외부 감각에서 갖게 된 '감각인상' 외에도 감각인상에 대한 관념을 반성해봄으로써 갖게 된 '반성인상impression of reflection'에 대해서도 언급하고 있음을 주목해야 한다. 반성인상에 관하여 그는 『인성론』 제1권에서 다음과 같이 말하고 있다.

반성인상은 우리의 관념들에서 비롯되며 다음과 같은 순서로 생기게 된다. 어떤 인상이 먼저 감각을 자극하여, 우리로 하여금 뜨거움 또는 차가움, 목마름 또는 배고픔, 어떤 종류 혹은 다른 것에 대한 쾌락 또는 고통을 지각하게끔 한다. 이와 같은 인상에 대하여 마음에서 취해진 모사가 있는데, 그러한 것은 인상이 사라진 후에도 남아 있는 것이다. 이와 같은 것을 우리는 관념이라고 부른다. 이와 같은 쾌락과 고통에 대한 관념이 영혼으로 향해졌을 때, 그 관념은 욕망과 혐오, 희망과 공포라는 새로운 인상을 산출하게 된다. 그리고 그러한 인상은 출처 때문에 반성인상이라고 부르는 것이 적절하다. 반성인상들은 다시 기억과 상상에 의해 모사되어서 관념이 된다. 그리고 그와 같은 관념은 아마도 다시 다른 인상과 관념들을 불러일으킨다고 볼 수 있다. 따라서 반성인상은 그것들에 상응하는 관념들에 선행하지만, 감각인상보다는 뒤이고, 감각인상에서 유래한다.(『인성론』 7~8)

『인성론』 제2권의 서두(제1부 제1절)에서 흄은 제1권에서 인상을 감각인상과 반성인상으로 구분한 것을 우리에게 상기시킨다. 정념들은 단순인상이나 관념이 아니라 반성인상이다. 감각인상에는 "감각이 갖는 모든 인상과 육체적 쾌락과 고통이 포함될 수 있고"(『인성론』 275), "반성인상에는 정념들과 그들과 유사한 나머지 감정들이 포함될 수 있다"(『인성론』 275)고 하면서, 흄은 반성인상에 관해 더 세부적인 구분을 아래와 같이 제시한다. 반성인상들은 일상적으로 차분하거나calm, 격렬한violent 형태로 나타난다. 차분한 정념calm passions은 마음에 어떤 감정도 일으키지 않으며, "우리의 본성에 원초적original으로 새겨진 본능적인 어떤 것이다." 그와 같은 예로서 "자비심, 삶에 대한 애착, 그리고 아이들에 대한 사랑"(『인성론』 417) 등을 들고 있는데, 이러한 것은 "선에 대한 일반적인 욕구와 악에 대한 혐오"라고 그는 말하고 있다. 격렬한 정념violent passions은 분노anger와 같은 것이라 할 수 있는데 이와 같은 것은 감정emotion이나 불안을 야기하는 것이다.

다음으로 정념들은 직접적이거나 간접적인 것으로 구분된다. 직접적 정념은 선, 악, 쾌락 또는 고통으로부터 직접 일어난다. 예를 들면, "욕망, 혐오, 슬픔, 기쁨, 희망, 공포, 절망, 그리고 안심"(『인성론』 277) 등이 그것이다. 간접적 정념은 선과 악에 다른 성질이나 관념이 덧붙여져 생기는 것이다. 다시 말하면, 간접적 정념들에는 "다른 성질들의 결합"(『인성론』 276)이 또한 요구된다. 여기서 다른 성질들의 결합이란 정념을 일으키는 주체로서의 원인과 그 정념의 대상과의 관계를 말한다. 흄이 간접 정념을 설명할 때 일반적인 상식 차원의 '주체'와 '대상'이 전도되어 있다는 사실에 주의할 필요가 있다. 이에 관해서는 아래에서 자세히 살펴보기로 하자. 간접 정념들의 예로는 "자부심, 수치심, 야망, 허영심, 사랑, 증오, 부러움, 동정심, 교만, 관대함과 이러한 것들에 의존해 있는 것들"(『인성론』 276)을 들 수 있다.

흄은 대상과 원인을 좀 더 쉽게 구별할 수 있다는 이유로 직접적 정념보다 간접적 정념을 먼저 고찰한다. 우리는 흄이 제시한 네 가지의 간접적 정념, 예를 들어, 자부심과 수치심, 그리고 사랑과 미움에 관한 그의 논의에서 이러한 정념이 대상과 원인을 쉽게 구별할 수 있다는 것을 볼 수 있다. 이와 같은 정념은 사람들에 대한 평가와 관련된다. 즉 자부심과 수치심의 경우에는 자기 자신의 자아와, 그리고 사랑과 미움의 경우에는 다른 사람에 대한 평가와 관련된다.

흄에 따르면, 자부심과 수치심은 그것들이 정반대되는 정념임에도 동일한 대상을 갖는다. 자부심과 수치심의 대상은 "그것에 관해 우리의 기억과 의식이 친근하게 갖고 있는 관련된 관념들과 인상들의 연속으로서의 자아이다."(『인성론』, 277) 이때 유의할 점은 자아는 자부심과 수치심이라는 감정의 '대상'이라는 말이지, 자아가 그 각각의 정념의 '원인'이라는 말은 아니다. 왜냐하면 자부심과 수치심이라는 그 정념들은 자아라는 동일한 대상을 공유하고 있긴 하지만 반대되는 정념이기 때문이다. 우리는 이러한 것을 "어떤 사람이 자부심을 느끼면서 동시에 비천함을 느낄 수 없다"(『인성론』, 278)는 사실에서 알 수 있다. 간접 정념을 통해 '자아' 관념을 우리가 갖게 되는 과정을 설명하기 위해 흄은 이중의 연합double relation이라는 다소 복잡한 설명을 제시한다. 이러한 이론에 따르면, 각각의 간접적 정념은 '대상'과 '원인'이라는 시간적으로 병행하는 두 가지의 것을 갖게 된다. 원인은 정념에 선행하면서 정념을 야기하는 관념이며, 대상은 그 정념이 일어났을 때 우리의 관심이 거기로 향하는 관념이다. 예를 들어 내가 멋있는 집의 소유자로서의 나 자신에 자부심을 느낄 경우를 가정해보자. 흄에 따르면, 이 경우 원인은 나와 관련된 멋있는 집이고, 반면에 대상은 그 집과 관련된 나 자신이다. 달리 말하자면, 자부심의 "원인"은 어떤 "주체", 즉 기쁨을 주는 "성질"을 갖는 어떤 소유물이고, 자부심의 대상은 기쁜 것을 소유하는 자, 즉 우리 자신에 대한 관념이다. 하지만 여기서 흄이 우리의 자부심을 경험하는 자는 바로 우리라는 것을 말하고자 한 것은 아니다. 만일 위와 같이 말한다면 우리는 정념의 담지자the bearer of the passions라고 말할 수 있을 것이다. 나 자신이 자부심의 '대상'이라고 말할 때 흄이 말하고자 한 바는 자부심이라는 감정은 언제 어디서

나 나 자신이라는 관념을 수반한다는 것이다. 우리가 자부심을 느낄 때, 우리는 우리 자신을 의식하고 있는 것이다. 그리고 이때 정념들의 원인과 대상 간의 차이는 "그 정념들을 촉발하는 관념과, 그것들이 촉발되었을 때 그들의 관심이 향하는 관념과"(『인성론』 278)의 차이다.

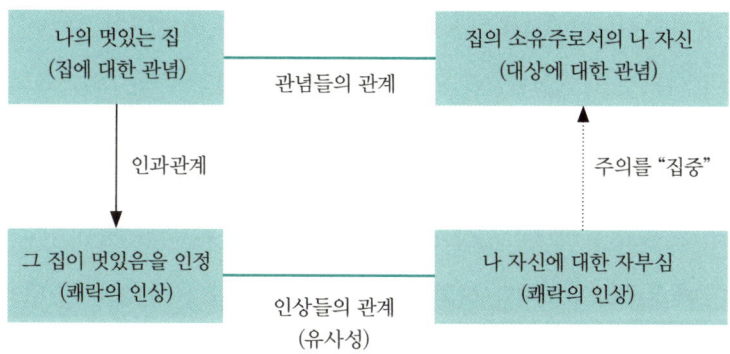

위의 도표에서 보듯이, 자부심과 수치심의 원인은 항상 관념이다. 그리고 그 정념의 대상 또한 관념이다. 간접적 정념, 즉 자부심과 수치심은 이와 같은 두 '관념' 사이에 있는 어떤 '반성인상'이다. 그러나 그 관념 둘 다가 이 정념(예: 자부심)의 원인이라고 말하는 것은 잘못된 것이다. 왜냐하면 자부심과 수치심의 경우 동일한 대상인 자아가 서로 다른 두 정념의 원인이라 한다면 동일한 대상이 동시에 상반되는 감정과 서로 다른 정도를 산출하는 것이기 때문에 이는 모순이다. 흄은 이를 다음과 같이 말한다.

따라서 우리는 그 정념을 일으킨 관념인 원인과 그 정념이 일어났을 때 그 정념이 그들의 관심을 돌리게 되는 관념을 구분해야 한다. 그렇다면 이때 한 정념이 두 관념 사이에 놓이게 되는데, 두 관념 중 전자는 그 정념을 산출한 것이고, 후자는 그 정념에 의해 산출된 것이다. 따라서 전자의 관념은 원인을 의미하고 후자의 관념은 그 정념의 대상을 의미한다. (『인성론』 278)

이와 같은 구절을 통해 혹자는 자부심과 수치심이 자아의 관념을 만들어낸다고 흄이 주장했다고 말할지도 모르겠다. 흄이 만일 이러한 것을 의도했다고 본다면 자아를 정념의 대상이라기보다 '결과'라고 말하는 것이 더 정확할 것이다. 그러나 이렇게 본다면 흄에 있어서 자아의 관념은 정념에 의해 발생되는 것이 될 것이다. 그러나 자아의 관념은 자부심과 수치심에 의해 발생된다기보다, 그 정념이 우리의 의식을 이와 같은 자아로 향하게 한다. 자부심이라는 정념이 마음으로 하여금 자아에 대한 관념을 산출하도록 야기하거나 촉발한다고 보아서도 안 된다. 오히려 자아의 관념은 "항상 친밀하게 우리에게 주어져 있고"(『인성론』 317) 자부심과 수치심이라는 정념이 일어나는 순간 "우리의 사고는 자아라는 관념에 고정되고"(『인성론』 277) "머무르게 되며"(『인성론』 286) "우리 자신이라는 것으로 향하게 된다."(『인성론』 287) "자부심과 수치심이란 것이 일단 일어나게 되면 즉시 우리의 주의를 우리 자신으로 돌리게 되고 우리 자신이란 것을 두 정념의 궁극적이고 최종적 대상이라고 간주하게 된다."(『인성론』 278) 결국 자아는 우리가 주목할 때 느끼게 되는 대상이다.

흄은 자부심이라는 것의 참된 특성에 주목하였다. 그것은 우리 자신과 밀접히 연관된 것들이 갖는 가치 있는 성질에 대한 반성에서 비롯된다. 하지만 그와 같은 경우에 우리의 주의는 이미 우리 자신에게로 향해 있다. 가치 있는 것들이 존재하는 것만으로는 충분치 않다. 우리는 그것이 자아와 관련된다고 '의식'해야만 한다. 우리가 (단순히 기쁨이라는 정념보다) 자부심을 경험할 때, 우리는 어떤 사물과 그것이 갖는 좋은 성질을 숙고하는 데 있어 '자아의 관념'을 가져야만 한다. 따라서 이때 자아의 관념은 자부심의 주체 즉 원인의 관념에 연루되어 있다. 그러나 이때 우리가 주의해야 할 사실은 자아라는 어떤 새로운 관념이 대상으로서 출현하는 것이 아니라는 점이다. 좀 더 정확히 말하자면, 흄에 있어서 '간접적인 정념은 의식에 자아를 드러내는 데 핵심적인 역할을 한다'고 보아야 할 것이다.

자부심과 수치심의 원인과 대상을 구분한 후에 흄은 이러한 정념의 원인인 주체subject와 성질quality에 대해 기술한다. 자부심을 일으키는 원인은 많고 다양하다. 하지만 "첫째, 일어나는 그 정념 그 자체를 좋게 하는 것은 항상 어떤 성질 또는 특성이다. 둘째로 그 성질은 항상 사람, 또는 어떤 의미에서 우리와 관련된 사물('주체') 속에 내재한다. 아름다움이 우리와 관련된 어떤 것에 있지 않고 그 자체로 고려되있을 때는 결코 자부심도 허영심노 산출하지 못한다. 그리고 그 주체 속에 있는 것, 즉 아름다움이 없다면, 아무리 그 성질이 주체와 강하게 결합되어 있다 해도 결코 정념에 영향을 주지 못한다."(『인성론』, 279) 흄은 자부심의 주체가 되는 원인 관념과 자부심을 일으킬 수 있는 성질인 인상들의 복합적인 관계가 이중의 연합이라는 복잡한 절차를 통해 작동하는 것으로 보았다. 자부심을 일으키는 성질은 다른 것과 구별되는 어떤 쾌락을 제공하는데, 감각 중 자부심 그 자체에 부합할 만한 것으로서, 감각이 제공하는 '유쾌한' 성질과 자부심이 갖는 '유쾌한' 성질과의 유사성에 의해 자부심의 감정으로 인도된다. 자부심을 야기하는 성질이 들어있는 주체들은 "우리 자신들의 부분이거나, 우리와 밀접히 연관된 어떤 것"(『인성론』 285)이다. 다시 말하면, 자부심의 대상인 자아의 관념과 관련된다는 것이다.

> (자부심과 수치심이라는) 정념을 야기하는 원인cause은 자연이 정념에게 귀속시킨 대상object과 연관된다. 그리고 그 원인이 별도로 산출한 감각적 성질은 (자부심과 수치심이라는) 정념이 갖는 감각적 성질과 연결된다. 이와 같이 관념들(원인의 관념과 대상의 관념)과 인상들(원인이 제공하는 감각적 성질과 정념이 갖는 감각적 성질)의 이중의 연합에서 정념이 생기게 된다. 하나의 관념이 그것의 상관되는 관념correlative으로 전환되며, 하나의 인상은 그것과 유사한 그리고 상응하는 인상으로 전환된다. 이와 같은 전환이 상호 보조하고 마음이 그것의 인상뿐만 아니라 관념 둘 다의 관계에서 이중의 자극을 받아들일 때 이러한 전이는 아주 수월하게 이루어져야만 하지 않겠는가?(『인성론』 286~287)

여기서 흄은 자아(대상)는 자연이 자부심과 수치심이라는 정념에 할당한 것이라고 하는데 이를 좀 더 구체적으로 말하자면 다음과 같다. 자연은 감정을 일으키는 각각의 기관을 우리 정신 속에 배열했기에 여타의 정념은 자극에 대해 자연스럽게 일어나지만 자부심은 다른 정념과 달리 자연이 직접적으로 이 정념을 산출하는 것이 아니라 다른 원인의 도움을 받아 산출하는데, 그 다른 원인이란 어떤 이질적foreign 대상, 즉 자아라는 관념의 도움이 필요하다. 따라서 자부심을 산출하는 기관은 심장이나 동맥처럼 원초적이고 내부적인 운동을 통해 스스로 작용하는 것이 아니다(『인성론』 287). 이에 대해 흄은 다음과 같이 말한다.

자연은 자신이 반드시 산출할 수밖에 없는 어떤 관념, 즉 자아의 관념을 이러한 정념에 할당했다. 자연의 이러한 계책은 쉽게 파악할 수 있다. 우리에게는 그와 같은 사태의 실례가 많다. 코와 입의 신경은 특정 여건에서 자기의 고유의 감각을 정신에게 전달하도록 배열되어 있다. 성욕과 배고픔은 언제나 우리에게 각 욕구에 알맞은 대상의 관념을 산출한다. 이 두 여건은 자부심에서 합일된다. 그 감관들은 그 정념을 산출하도록 배열되어 있으며, 그 정념은 산출된 다음에 자연히 어떤 관념을 산출한다. 이 모든 것은 전혀 증거가 필요 없다. 이 정념에 적합한 정신의 배열이 없다면, 우리가 그 정념을 가질 수 없다는 것은 명백하다. 그리고 이 정념은 언제나 우리의 시선을 우리 자신에게로 돌리며, 우리가 우리 고유의 성질이나 여건을 생각하도록 한다는 것은 명백하다.(『인성론』 287)

자부심이 다른 정념들이 일어나는 것과 다르게 일어나는 이유는 "그것은 자신을 불러일으킬 수 있는 어떤 원인들을 요구하며, 그리고 성격과 신체적 수양 및 재산 따위에서의 어떤 탁월함이 뒷받침되어야 하기 때문이다."(『인성론』 288) 자부심은 배고픔과 목마름과 달리 자연에서 직접적으로 발생하는 것이 아니기 때문에, 그리고 그 대상이 자아라는 점에서 언제나 동일하기 때문에 영속적이라고 할 수 있다. 그렇다면 무엇이 자부심을 최초로 불러일으키게 되는가? 흄에 따르면 "유쾌한 성질(감각)을 제공하면서, 자아에 관련된 어떤 것이 자아를 그 대상으로 갖는 자부심이라는 정념을 일으킨다."(『인성론』 288) "자부심과 수치심은 그 결과나 감각에서 직접적으로 상반되지만, 그럼에도 불구하고 자아라는 동일한 대상을 갖는다. 따라서 관념들 사이에 어떤 변화를 일으킬 필요 없이 유쾌하거나 불쾌한 인상들 사이의 관계만 변화시키면 된다. 예를 들어 내가 소유한 아름다운 집에 자부심을 느끼다가도 그것이 우연히 흉하게 되었을 때 창피함을 느끼게 되고 그 때문에 자부심에 상응하는 쾌락의 감각이 수치심과 관련된 고통의 감각으로 변하게 된다."(『인성론』289) 따라서 자아와 관련된 주체에서 비롯되는 유쾌한 (또는 불쾌한) 인상에서 자부심(또는 수치심)으로의 이전은 유사성에 의한 인상들의 연합의 한 예이다. 그리고 자부심 또는 수치심을 일으키는 원인인 주체의 관념에서 자아의 관념으로의 이전은 관념들의 연합의 한 예이다. 흄은 이러한 연합에 관해 다음과 같이 말한다.

> 자연은 어떤 인상과 관념 사이에 일종의 인력attraction을 부가했으며, 이 인력을 통해서 인상과 관념 중 하나가 나타나면 그것은 자연적으로 자신의 상관자correlative를 소개한다. 인상들 사이의 인력이나 연합과, 관념들 사이의 인력이나 연합 등이 모두 동일한 대상에 대해 동시에 발생한다면, 그 인력이나 연합은 서로 협력하며 그러한 정서와 상상력은 거침없이 아주 수월하게 전이한다.(『인성론』289)

흄이 말한 이와 같은 전이는 나의 것(원인인 주체의 관념)이면서 좋음(성질인 원인의 인상)에 대한 지각에서 소유자(대상의 관념)로서의 나 자신 안에 있는 자부심에 대한 지각으로의 전이이다. 따라서 '이중의 연합'에 의해 우리는 어떻게 '좋은 것'이면서 동시에 '나의 것'이라는 집에 대한 복합 관념이, 좋은 집에 대한 소유자인 나 자신에 관한 관념으로 '전이'될 수 있는가를 알 수 있으며, 이를 통해 우리는 '나 자신에 대한 관념'을 갖게 된다는 것을 흄은 보여주고 있다.

## 타인에 의해 만들어진 자아
##  『인성론』 제3권의 도덕적 자아

흄에 따르면, 자부심과 수치심은 "영혼 속에 어떤 욕망이 포함되지 않고 우리에게 어떤 행위도 직접적으로 일으키지 않는 순수한 정념들이다."(『인성론』, 367) 그것은 그 자신의 자극을 갖는다. 나아가, 자부심은 자기 지속적 감정이다. 자부심이 자기 지속적인 감정임을 설명하기 위해 흄은 음악의 도구와 그 감정을 비교한다. 흄에 따르면, 자부심과 같은 어떤 정념들은 반향되며 강화된다. 독주자가 연주하는 멜로디를 오케스트라의 악기들이 협주하고 강화하듯이 자부심과 같은 정념들은 다른 사람들이 그러한 정념을 계속해서 승인하고 공명할 때 지속적이며 증폭되고 확장된다. 흄은 정념과 관련하여 마음은 "음표를 따라 연주하다가 호흡이 멈추면 즉각 소리도 멈추는 관악기의 본성과 같지 않고 오히려 매번 퉁긴 후에도 그 파동이 (점차적으로 지각할 수 없는 정도로 서서히 사라지긴 하지만) 여전히 동일한 소리를 유지하는 현악기의 본성과 유사하다"(『인성론』, 440~441)고 말한다.

음악의 은유를 통해 흄이 말하고자 하는 바는 다음과 같다. 즉, 자부심을 갖는 사람은 다른 사람들 속에서 그의 가치를 발견할 때 그의 자부심을 유지할 수 있다. 그의 자부심은 그것이 다른 사람들에게 반영될 때 그들에 의해 강화된다. 따라서 흄은 다음과 같이 말한다.

일반적으로 인간의 마음은 서로를 반영하는 거울이라고 말할 수 있을 것이다. 그 이유는 인간의 마음이 서로의 정서를 반영할 뿐만 아니라 정념들, 감정 그리고 의견의 파장이 종종 유지되기도 하고 감지할 수 없는 정도로 사라지기도 하기 때문이다. 따라서 부자가 그의 소유물에서 얻는 쾌락은 그를 지켜보는 사람들의 입장에서 볼 때 그들에게 쾌락과 자부심을 유발하며, 이와 같은 감정은 다시 부의 소유자에게 지각되고 공감되었을 때 그에게 쾌락을 증가시킨다. 그리고 이것이 다시 한번 그를 지켜보는 사람들에게 반영되었을 때 그것은 보는 이의 쾌락과 존경의 새로운 토대가 된다.(『인성론』 365)

이상의 흄의 주장을 통해 볼 때 자부심을 느끼는 사람은 그의 자부심을 다른 사람이 그것을 갖기를 허용할 때만 (그들의 승인, 즉 존경이나 인정을 통해서든 그들의 불승인, 즉 질투나 시기심 등을 통해서든) 유지할 수 있다.

차분한 정념, 예컨대 자부심과 같은 정념의 발생적 특징 중 자기 지속적 특성이 다른 사람들의 반응을 통해 가능함을 보여주고 다른 사람의 반응을 승인 또는 불승인이란 감정으로 특징지은 후, 흄은 이와 같은 승인·불승인과 같은 감정이 이성으로부터 통제 능력을 전가받을 수 있는 도덕감moral sense이라고 본다. 흄에 따르면, 차분한 정념은 교정될 수 있다. 만일 감정이 교정될 수 있다면, 그것은 오직 그와 같은 감정에 영향을 받는 사람들의 승인이나 불승인이란 반응을 통해서 그리고 행위자가 관찰자의 반응에 민감할sensitive 때이다. 우리의 행위는 다른 사람들의 감정적 반응을 야기하고 그 반응은 우리에게 반영되어서 우리의 행위를 교정하게끔 한다. 이러한 이유에서 우리는 주변 사람들이 우리에게 보내는 감정적 반응에 민감하며, 이러한 상호 민감성이 도덕적 주체가 되기 위한 선제 조건이라고 볼 수 있다. 우리의 감정이 교정될 수 있다고 해서 그것이 우리 자신의 합리적 판단이나 의지만으로 교정된다는 것이 아니라 "우리의 감정적 반응과 행위를 조율"함으로써만 바뀔 수 있다.

흄에 따르면 이성은 어떤 행동에 찬성하거나 반대함으로써 직접적으로 그 행동을 하게끔 유도하거나 못하게 할 수 없으므로 행위에 영향력을 미치지 못한다. 따라서 이성은 도덕적 분별력의 원천이 될 수 없다. 도덕적 구별은 도덕감에서 비롯된다. 그리고 도덕감은 느낌에서 비롯되지 (즉 정념이지) 이성에서 비롯되는 것은 아니다. 이 말은 곧 도덕적 선과 악을 분별할 수 있는 도덕적 '사실matter of fact'은 우리 마음속에서 발견할 수 있지 바깥에서 발견할 수 있는 것이 아니라는 것이다. 결국 도덕성은 판단되기보다는 느껴진다고 말할 수 있다. 이에 대해 흄은 다음과 같은 예를 들고 있다.

> 이를테면 고의적인 살인을 예로 들어보자. 그 행동을 모든 측면에서 검토하고, 당신이 부덕이라고 일컫는 사실이나 실제 존재를 발견할 수 있는지를 살펴보자. 당신이 그 행동을 어떤 방식으로 생각하든 간에 당신은 오직 특정한 정념과 동기 그리고 의욕과 사유를 발견할 뿐이다. 이 경우에 그밖에 어떤 사실의 문제도 없다. 당신은 그 대상을 생각하는 동안 부덕을 전혀 포착하지 못한다. 당신이 자신의 가슴으로 이 행동을 되새기며 이 행동에 대해 당신에게 발생하는 불승인disapproval의 느낌을 발견할 때까지, 결코 이 부덕을 발견할 수 없다. 여기에 사실matter of fact이 있지만 이 사실은 느낌의 대상이지 이성의 대상은 아니다. 그리고 이런 사실은 당신 자신 속에 있는 것이지 바깥의 대상 속에 있는 것은 아니다.(『인성론』 468~469)

감정적 반응으로서 도덕감은 우리의 도덕적 성품에 대한 반응이라고 볼 수 있다. 어떤 행위자가 갖고 있는 성품이 관찰자에게 쾌락을 제공할 수 있는 것이면 그 성품은 사랑이라는 감정을 낳고 고통을 제공하는 성품은 증오라는 감정을 낳는다. 그러나 우리가 흄에게 '그와 같은 감정적 반응은 왜 생기는가?'라고 묻는다면 흄은 이에 '그것은 인간 정신의 자연적 원리 때문이다'라고 답할 것이다. 이렇게 본다면 우리의 도덕감은 사람들이 발현하는 성품과 기질에 대한 반응이다. 그런데 여기서 주목할 점은 흄의 관점에서 감정과 그 감정에서 동기 유발된 행위는 성품을 드러내는 것이지만 그 행위에 대한 책임은 그 사람의 성품에 달려 있지 않다. 왜냐하면 그 사람의 그러한 성품은 자발적으로 즉 선택에 의해 형성된 것이 아니기 때문이다.

흄은 『인성론』에서 우리의 도덕적 품성과 관련하여 인간은 본질적으로 수동적이라는 사실을 강력히 주장하고 있다. 이러한 주장에 대해 많은 사람들은 우리의 도덕적 성품이 고정되고 교정 불가능한 것이라고 주장하는데 이러한 해석은 잘못된 것이다. 흄은 그의 에세이 「회의주의」에서 우리 정신의 구조와 구성the fabric and constitution of our mind의 교정 가능성에 대해 말하고 있다. 즉 교육이나 도덕적 본보기, 그리고 의식적인 자기비판에 의해 그 자신의 기질이나 성격을 더 낫게 교정할 수 있다고 주장한다(『회의주의』 170). 그리고 그에 따르면 "습관이 정신을 교정하는 그리하여 정신 속에 훌륭한 성향과 경향성을 심어넣는 또 다른 강력한 수단이다."(『회의주의』 170~171) 그러나 다른 한편으로 그는 "정신이 그것의 성품을 상당량 바꿀 수 있다는 것은 불가능하다"(『인성론』 608)는 것과 "우리 정신의 구조와 본성은 우리의 신체가 그런 것처럼 우리의 선택에 의존하지 않는다"

(『회의주의』168)고 주장한다. 달리 말하면, 흄에 따르면 우리는 우리의 도덕적 품성의 본성과 성질에 대해 직접적인 영향을 미치지 못한다. 우리의 품성의 본질에 직접적으로 영향을 미칠 수 있는 것은 우리 밖에 있는 인과적 요인들로 설명할 수 있다.

그러나 분명한 것은 이 지구상에 작동하는 인과적 요인들이 아무리 복잡하다고 할지라도, 한 개인이 갖고 있는 도덕적 성질은 다른 인간들에게 계속해서 도덕감을 불러일으키기 때문에 이와 같은 계속적인 감정적 반응을 통해 우리의 성품은 어느 정도 교정 가능하다는 것이다. 따라서 그런 교정 가능한 기회가 열려 있는데도 불구하고 성품을 교정하지 않거나, 비도덕적 행위를 반복하는 데 대해서는 책임을 져야 한다고 볼 수 있다. 흄은 우리 정신의 지속적인 성질들에 대해 우리 스스로 책임을 져야 한다고 주장한 것이다. 흄은 교육과 어릴 적부터 부모에게서 그리고 사회의 일원으로서의 양육의 중요성을 강조한다(『인성론』500~501). 이렇게 본다면 결국 우리를 도덕적이게 하는 것은 교육과 칭찬과 비난이라는 타인의 공감적 반응, 그리고 처벌과 보상이라는 외적 통제이기 때문에, 흄에게 있어 도덕적 자아가 있다고 한다면 그러한 것은 합리적 자기통제rational self-control를 통해 형성된 "스스로 만든 자아self-made selves"가 아니라, "타인에 의해 만들어진 자아selves made by others"라 할 수 있을 것이다.

이상의 고찰을 통해 볼 때, 우리를 지각들이나 그것들의 희미한 모사들이 아닌, 인격체로 만드는 것은 바로 정념들이라고 할 수 있다. 흄은 우리의 감정적인 삶이 아닌, 우리의 인지적인 삶에 대해 회의주의를 표방했다고 할 수 있다. 만일 이러한 것이 사실이라면 역사적인 자아가 형이상학적 자아에 우선한다고 말할 수 있다. 즉 역사적 자아는 특정 집단 속에서 다른 사람들과 전체로서의 사회와 관련하여 만들어진 존재이다. 역사적 자아는 어떤 단순한 정의를 허용하지 않는다. 왜냐하면 역사적 자아는 어떤 하나의 실체적인 것으로 환원 불가능한 믿음, 느낌, 반성과 감정의 복합물들이기 때문이다.

## 더 읽을거리

아직 국내에는 만족할 만한 흄 저작의 번역서가 존재하지 않는다. 이 책에서 『인성론』으로 표기한 흄의 *A Treatise of Human Nature*를 이준호 박사는 『오성에 관하여』(서광사, 1994), 『정념에 관하여』(서광사, 1996), 『도덕에 관하여』(서광사, 1998) 등 세 권으로 나누어 번역 출간하였다. 현재 이 책들 외에는 번역본이 없어 대안이 없긴 하지만 여러모로 불충분한 점이 많기에, 관심 있는 독자들에게는 셀비 비기A. Selby-Bigge가 편집한 원서 *Hume, David* (Oxford University Press, 1978, 2nd edition)를 권하고 싶다.

김효명, 「자아의 문제」, 『영국 경험론』, 아카넷, 2001
　데카르트부터 영국 경험론 전통에 이르기까지 실체로서의 영혼, 영혼의 활동성 개념, 마음과 마음이 갖는 관념들의 문제, 그리고 자아와 인격의 동일성 문제에 관해 잘 소개하고 있다.

김효명·양선이, 「경험론에서의 자아의 문제」, 서양근대철학회 편, 『서양근대철학의 열 가지 쟁점』, 창비, 2004
　로크, 홉스, 버클리 등 영국 경험론자들이 서양철학의 큰 줄기를 형성해오던 실체로서의 영혼, 또는 자아의 개념을 어떻게 비판적으로 수용하는가를 잘 보여주고 있으며, 이러한 전통이 흄의 철학에 오면 어떤 변화와 발전을 겪게 되는지를 상세히 설명하고 있다.

양선이, 「경험론에 있어 정념의 문제」, 서양근대철학회 편, 『서양근대철학의 열 가지 쟁점』, 창비, 2004
　홉스와 로크의 철학에서 인간 행위와 관련하여 정념의 역할을 보인 후, 정념과 의지가 대립적인 것인가에 관한 논쟁의 해결점을 흄의 정념론과 도덕감정론을 통해 제시하고 있다.

최희봉·양선이, 「흄의 윤리학」, 서양근대철학회 편, 『서양근대윤리학』, 창비, 2010
　흄의 도덕감정론을 설명하기 위해 흄의 『인성론』 제1권의 인식론, 형이상학 그리고 제2권의 정념론, 그리고 제3권의 도덕론의 체계적 연관을 잘 보여주고 있다.

최희봉, 『흄』, 이룸출판사, 2004
흄 철학의 기본 입장을 '자연주의'의 일종으로 해석하고, 이런 관점에서 흄의 탐구 주제들(관념과 인상, 인과성, 물리적 대상, 자아, 도덕, 종교)과 이에 대한 그의 견해를 소개한 입문서이다.

양선이, 「흄에 있어서 자아의 동일성 문제」, 『철학논구』, 1994
자아 문제와 관련하여 흄 철학을 회의주의와 자연주의 관점에서 각각 해석해보고, 특히 『인성론』의 「부록」에서 자아의 문제와 관련하여 흄의 고민에 관한 가능한 해석들을 고찰한 후, 흄의 고민을 해결해줄 수 있는 필자의 해석을 제안하고 있다.

양선이, 「흄에 있어서 정념과 자아」, 『철학연구』, 2001
흄이 『인성론』 제1권에서 지각다발로서의 자아에 관해 부딪힌 문제점을 보인 후, 흄이 『인성론』 제2권 정념론에서 '우리 자신의 정념과 관심'과 관련한 자아 관념을 자부심과 수치심이라는 간접정념을 통해 찾음으로써 어떻게 자신의 어려움을 극복할 수 있었던가를 보여주고 있다.

양선이, 「도덕적 가치와 책임」, 『철학연구』, 2002
흄에게 도덕적 자아는 지속적 정념인 성품을 통해 형성되며, 도덕적 평가(도덕감)는 성품에 대한 평가라는 점을 보이고 있다. 아울러 필자는 흄이 『인성론』 2, 3권에서 우리는 천부적으로든 후천적으로든, 공감적 상호작용을 통해 형성된 성품에 대해 도덕적 책임을 져야 한다고 주장한 점을 강조하고 있다.

양선이, 「원초적 감정과 도덕 감정에 관한 흄의 자연주의: 진화심리학과 사회구성주의의 화해」, 『근대철학』, 제3권 1호, 2008
감정이 인간의 삶에 어떤 역할을 하는가를 생물학적 관점에서 접근하는 다윈주의 진화심리학과 사회 문화적 관점에서 접근하는 사회 구성주의 입장을 비교·분석함으로써 각각의 이론의 난점을 밝히고 흄의 자연주의 입장을 통해 이 둘의 화해를 시도하고 있다.

최희봉, 「감성과 취미에 관한 흄의 견해」, 『동서철학연구』 42, 2006
흄의 철학을 구성하는 인식론, 도덕론, 미론의 밑바탕에 깔려 있는 감성 및 취미의 지위와 역할을 고찰함으로써 흄 철학의 전반에 걸쳐 있는 하나의 일관된 주제는 이성이 아니라 감정이라는 것을 증명하고 있다.

B. Annette, *A Progress of Sentiments: Reflections on Hume's Treatise*, Harvard University Press, 1991.
흄의 마음과 자아에 관해, 다른 2차 문헌에서 찾아볼 수 없는 『인성론』 1, 2, 3권의 이론적·사회생물학적·도덕적 자아의 체계적 연관을 잘 다루고 있다.

P. John, *Hume's Intentions*, Duckworth, 1980
흄의 지각다발로서의 자아이론이 갖는 전통적으로 제기된 문제를 잘 다루고 있다.

## 칸트

진선미의
원천으로서의
마음

## 백종현

서울대학교 철학과를 졸업하고 동 대학원에서 석사학위를, 프라이부르크대학에서 박사학위를 받았다. 인하대학교 교수, 서울대학교 철학과 교수, 한국철학회 『哲學』 편집인, 한국칸트학회 회장, 서울대학교 철학사상연구소 소장을 역임하였고 현재 서울대학교 철학과 명예교수다. 인류 문화의 보편성과 다양성, 한국 사회의 합리화에 보탬이 되는 철학을 기도하며, 한국어로 철학하기에 힘을 쏟고 있다. 주요 논문으로는 "Universality and Relativity of Culture"(「문화의 보편성과 상대성」), "Kant's Theory of Transcendental Truth as Ontology"(「칸트에서 존재론으로서 초월적 진리 이론」), "Reality and Knowledge"(「실재와 지식」) 등이 있고, 주요 저서로는 *Phänomenologische Untersuchung zum Gegenstandsbegriff in "Kants Kritik der reinen Vernunft"*(『칸트 〈순수이성비판〉에서 대상 개념에 대한 현상학적 연구』), 『독일 철학과 20세기 한국의 철학』, 『존재와 진리-칸트 순수이성비판의 근본 문제』, 『서양 근대 철학』, 『현대 한국 사회의 철학적 문제: 윤리 개념의 형성』, 『현대 한국 사회의 철학적 문제: 사회 운영 원리』, 『철학의 개념과 주요 문제』, 『시대와의 대화: 칸트와 헤겔의 철학』 등이 있으며, 옮긴 책으로는 『칸트 비판철학의 형성 과정과 체계』, 『실천이성비판』, 『윤리형이상학 정초』, 『순수이성비판 1·2』, 『판단력비판』, 『이성의 한계 안에서의 종교』, 『윤리형이상학』, 『형이상학 서설』 등이 있다.

## '마음'의 일상적 개념

한국어 '마음'은 ① 정서/감정의 뜻을 중심으로, ② 의지/의사, ③ 생각, ④ 성향 등 매우 다기다양한 의미를 갖는다. 그러한 '마음'의 용례를 정리해보면 아래와 같지 않을까 생각한다.

① 마음이 움직이다, 마음이 흔들리다, 마음을 잡다, 마음이 가다, 마음이 끌리다

마음에 흡족하다, 마음에 차다, 마음에 들다, 마음껏 하다

마음이 기쁘다, 마음이 괴롭다, 마음이 상하다

몸보다 마음이 더 아프다, 마음으로 그리다

② 마음을 먹다, 마음대로 하다, 마음을 내다, 마음이 내키다

마음이 굳세다, 마음이 약하다

마음을 떠보다

마음을 비우다, 마음이(/에) 없다, 마음이(/에) 있다, 마음에 두다

③ 마음을 집중하다, 마음을 모으다, 마음을 풀다, 마음이 어지럽다

④ 마음이 좋다, 마음이 착하다, 마음이 어질다, 마음이 곱다, 마음이 바르다

이 밖에도 다음과 같은 사례 또한 나누어 생각해볼 수 있겠다.

⑤ 마음을 주다, 마음을 받다, 마음을 사다, 마음을 팔다, 마음을 열다, 마음을 닫다, 마음이 맞다, 마음이 통하다, 마음을 얻다, 마음을 잃다, 마음이 돌아서다, 마음에 걸리다, 마음을 **빼앗기다**

⑥ 마음이 밝다, 마음이 어둡다, 마음이 크다. 마음이 넓다,

마음이 좁다

⑦ 마음을 삭이다, 마음을 썩이다, 마음에 맺히다

⑧ 마음이 가볍다, 마음이 무겁다, 마음에 걸리다, 마음이 풀리다, 마음을 졸이다, 마음이 달다

⑨ 마음이 붙다, 마음을 붙이다, 마음이 잡히다, 마음이 가라앉다

⑩ 마음에 못을 박다, 마음에 그늘이 지다

그런가 하면 한국어의 한글 낱말 '마음'에는 한문 낱말 '心'이 상응하여 쓰이기도 하는데, '心'은 대강 세 갈래의 의미를 갖는다.

① 심장心臟:

"심장은 몸의 혈맥을 주관한다."心主身之血脈(『黃帝內經』, 「素問」, 痿論)

② 사유기관思惟器官:

"눈과 귀의 기관은 생각하지 못하여 사물에 가리워지니 사물과 사물이 교제하면 거기에 끌려갈 뿐이요. 마음의 기관은 생각할 수 있으니 생각하면 얻고 생각하지 못하면 얻지 못한다."耳目之官不思 而蔽於物 物交物則引之而已矣 心之官則思 思則得之 不思則不得也(『맹자』, 告子上, 15)

③ 형신形神의 자유로운 의지 주체:

"마음이란 형체(신체)의 군주이고 신명(정신)의 주인으로, 스스로 명령을 내리고 명령을 받지 않는다. 마음은 스스로 금지하고, 스스로 부리고, 스스로 빼앗고, 스스로 취하고, 스스로 행동하고, 스스로 중지하는 것이다."心者形之君 而神明之主也 出令而無所受令 自禁也 自使也 自奪也 自取也 自行也 自止也(『순자』 권15: 解蔽篇, 4)

한문 낱말 '心'은 이러한 기본 뜻을 가지면서도 한글 낱말 '마음'과 자주 서로 바꾸어 쓰이기도 하지만, 그 차이 또한 자못 크다. 오

늘날의 한국어 '마음'이 '정서'를 기본 뜻으로 갖고, (옛말 'ᄆᆞᅀᆞᆷ'이나 'ᄆᆞᅀᆞᆷ'과는 달리) 신체기관을 지칭하는 경우가 없는 데 반해, '心'의 의미들은 여전히 '심장'과의 관련성을 그 중심에 두고 있으니 말이다.

두 낱말 사용에서의 상이성에도 불구하고 이것들을 하나의 개념 '마음/心'으로 묶어 생각할 때 이에 가장 가까운 칸트의 개념은 '게뮈트Gemüt'이다. 그런데 이 개념이 칸트에서도 문맥과 사태 연관에 따라서는 '헤르츠Herz'나 '진Sinn'으로 대체 또는 확장되기도 한다. (굳이 구별해서 말하자면, '게뮈트 : 헤르츠=마음 : 心'이라 하겠다.)

그러나 칸트의 '마음Gemüt'과 한국어 '마음'이 서로 대응하기는 한다 해도 양자 사이에는 큰 차이점도 있는데, 그것은 한국어에서 마음은 때로는 주관을 때로는 객관(객체, 대상)을 지칭하며, 후자는 그 주체가 무엇인지가 불분명한 데(예컨대 '내가 마음을 비운다' 한다면, 이때 '나'와 '마음'의 관계가 불분명한 데) 반해, 칸트에서는 기본적으로 '나=우리=마음'의 등식이 성립하여 마음이 보편적 주체/주관을 지칭한다는 점이다. (그래서 칸트는 보편적 주관주의자라 일컬을 수 있다.)

또한 칸트 독일어 '게뮈트'는 한국어에서도 그러하듯이 상당 부분 '영혼Seele' 또는 '정신Geist'과 그 내포와 외연이 겹친다. 어원적으로 '게뮈트'는 '정서mut의 집합ge', 곧 '생각하고 느끼고 의욕하는 힘들 모두'를 지칭한다 볼 수 있으니 이는 거의 당연하다 하겠다.

칸트의 이러한 개념 사용은 당대의 능력심리학 그리고 재래의 이성적 영혼론과의 관계에서 자연스럽게 나타난 것이다.[1] 당초에 '마음'·'영혼'·'정신'에 상응하는 독일어 낱말 Gemüt · Seele · Geist는

---

[1] 우리는 비판철학 시기 이전의 『인간학 강의』 1772/73 겨울학기 강의록(칸트 학술원판 전집(AA) 제XXV권)에서도 이미 칸트의 '마음'·'영혼'·'정신'에 대한 일반적 개념과 분간을 볼 수 있다.

각기 라틴어 낱말 animus(心)·anima(靈魂)·mens(精神)의 번역어로 출발했으니, 이것은 어원상의 의미 대응성뿐만 아니라, 학문상의 역사적 맥락을 반영한 것이라 하겠다.

칸트에서도 '정신mens, Geist'은 뉴턴의 '제1운동의 법칙(관성의 법칙)'에서 분명하게 규정된 '물체(신체)corpus, Körper', 곧 '오로지 외부의 힘에 의해서만, 그러니까 기계적으로만 운동하는 것'이라는 개념에 대립적인 것, 즉 '자기 고유의 운동력을 가진 것'이다. 그리고 물체(신체)와 결합하여 통일체를 이루고 있는 정신을 '영혼anima, Seele'이라 한다. 그러니까 영혼은 물체(신체)성과 정신성을 동시에 갖고서 한편으로는 수동적passiv, leidend이고 수용적rezeptiv, empfänglich으로 작동하며 다른 한편으로는 능동적aktiv, tätig이고 자발적spontan, selbsttätig으로 활동하는데, 이러한 영혼anima을 마음animus, Gemüt이라 일컫는다. 그러므로 사실상 '영혼'과 '마음'은 교환가능한 말이다. 그런데 때로 영혼은 "물질 안에서의 생명의 원리Principium des Lebens"(『순수이성비판』A345=B403)를 지칭하고, 이럴 경우 영혼anima은 사물의 "생명성Animalität"(『순수이성비판』A345=B403)을 일컫기도 하므로, 그런 한에서 '영혼'과 '마음'은 구별하여 쓴다.² 그래서 '영혼 불멸', '영혼은 불사적이다'는 표현은 써도 '마음 불멸', '마음은 불사적이다' 등의 표현은 쓰지 않는다. 그러니

---

2  일례로 『순수이성비판』(B판)에 마음Gemüt은 45번, 영혼Seele은 59번 등장하는데(필자가 헤아려본 것으로 정확하지 않을 수도 있음), 칸트의 초월철학의 체계 내에서 주관의 능력을 얘기할 때는 주로 '마음'이 쓰이지만, 이성적 영혼론을 비판하는 변증학 장에서는 '영혼'만이 주제어가 되기 때문에, 그 사용 빈도수가 더 많은 것이다. 그러나 'anima'는 'Seele'를, 반면에 'animus'는 'Gemüt'를 일관되게 지시하는 것도 아니다. 비판철학 시기의 칸트는 사실상 'animus'라는 라틴어 표현은 사용하지 않는다. 다른 철학자에서도 'anima'와 'animus'의 그 구별 없는 사용 예를 볼 수 있다. 데카르트, 『성찰』, II, 5~6.

까 수동적(감수적)인 한편 능동적(자발적)인 활동체라는 점에서는 '영혼'과 '마음'은 한가지이나 '영혼'은 생명성이라는 내포를 더 갖는 개념이라 하겠다.[3]

마음은 성능 Fähigkeit과 능력 Vermögen과 힘力, Kraft을 갖는다. 마음은 밖의 것을 수용할 수도 있고 스스로 무엇인가를 내어 활동할 수도 있는 성능이 있으며, 이러한 성능을 족히 발휘할 수 있는 능력이 있다. 그러나 능력이 있다고 모두 발휘되는 것은 아니며, 실현을 위해서는 힘力이 있어야 한다. 이 세 가지 계기는 마음의 역량, 가능력, 실현력으로 구별해볼 수도 있겠다.

## 칸트 비판철학의 과제와 '마음' 이론의 대강

칸트에서 철학이란 "철학적 인식들 즉 개념들에 의한 이성 인식들의 체계"(『논리학』 AA IX, 23)이고, 이때 이성 인식이란 원리적 인식 cognitio ex principiis, 즉 순수한 선험적 인식을 말한다. 그리고 칸트의 비판철학은 바로 이성비판을 통하여 순수한 선험적 이성 원리들을 발견하고, 그 원리들의 사용범위를 규정하는 것을 과제로 하는데, 여기서 '이성'이란 다름 아니라 인간의 '마음' 또는 '나'의 다른 지칭

---

3 이성적 영혼론에서 보통 영혼 Seele, anima의 징표로 열거되는 것은 '비물질성 Immaterialität'·'불후성 Incorruptibilität'·'인격성 Personalität'·'정신성 Spiritualität', "생명성 Animalität", "불사성 Immoralität", "물체와의 교호성 Commercium mit Körpern" 등이다(『순수이성비판』 A345=B403).

이다. 칸트 비판철학의 이러한 주제 설정은 한편으로 경험심리학의 과학적 탐구에 개입함이 없이, 다른 한편으로 영혼 또는 정신과 물체에 관한 형이상학적 논쟁에 관여함이 없이 현상에서 마주치는 '마음'의 여러 기능을 분간하고 그 기능 원리들을 분별하는 일을 철학 고유의 과제로 삼음을 뜻한다.

칸트에서 궁극의 철학적 물음은 "인간은 무엇인가?"(『순수이성비판』 A805=B833; 『논리학』 AA IX, 25 등)이다. 그런데 그 답을 얻기 위해서는 반드시 "1) 나는 무엇을 알 수 있는가?"라는 인식론적 물음과 "2) 나는 무엇을 행해야만 하는가?"라는 도덕론적 물음, 그리고 "3) 나는 무엇을 희망해도 좋은가?"라는 종교론적 물음이 물어지고 대답되어야 한다. 이로써 철학의 주요 과제는 지식Wissen(이론)과 실행Tun(실천) 그리고 이것들을 넘어서는 희망Hoffnung의 문제가 되는데, 이 물음에 대한 대답을 칸트는 우선 『순수이성비판』(1781·1787)과 『실천이성비판』(1788)을 통해 내놓고, 뒤이어 이러한 문제의 밖에 있는 취미이론을 『판단력비판』(1790)을 통해 내놓았다. 그리고 이들 저술은 오늘날 '칸트 3대 비판서'라는 평가와 함께 칸트 철학의 중요 부분으로 여겨지고 있다.

사람들은 인간이 추구하는 최고의 '참' 가치를 '진眞(참임)·선善(참됨)·미美(참함)'로 보는데, 이것은 보통 인간 의식의 작용방식을 '지知·정情·의意'로 분별하는 것에 상응하는 것이다. 사람들은 어떤 관점에서는 '성聖(眞善)'을 더하여 인간이 추구하는 최고의 가치를 '진·선·미·성'이라고도 하는데, 당초의 칸트의 '인간'에 대한 세 물음은 이 네 가치 중 '진眞·선善·성聖(眞善)'을 겨냥하는 것이라 할 수 있다.

그런데 칸트는 그의 세 비판서를 통해, 그러니까 먼저 수행한

'이론이성비판'과 '실천이성비판'에 이어 추가로 '판단력비판' 작업을 통해 세 가지 '마음의 능력', 즉 "인식능력, 쾌·불쾌의 감정, 그리고 욕구능력"에 각기 상응하는 "선험적" 원리, 곧 '철학적' 원리를 발견하고 그의 지식학과 윤리학에 이어 '철학적 미학' 이론을 내놓았으니, 이것은 통상적인 인간 의식작용의 분별인 '지知(인식능력)·정情(쾌·불쾌의 감정)·의意(욕구능력)'에 순수한 원리가 작동하고 있음을 밝힌 것이다. 그렇게 해서 칸트가 당초에는 경험학으로 보았던 '미학'이 철학의 성격을 얻었다. 이로써 칸트는 이성의 순수한 원리에 대한 앞의 세 가지 물음 중 둘째와 셋째 물음 사이에 아마도 "나는 무엇에서 흡족함을 느낄 수밖에 없는가?"라는 물음을 추가하고 그에 답한 것이라 볼 수 있다.

인간 본성을 개관한 흄의 『인성론』(1739~1740)이 지성·정감·도덕을 주제로 3부로 구성되어 있는 사례에서 보듯, 칸트 역시 일찍부터 당대의 능력심리학이 분석한 인간 의식작용의 기지들, 즉 '지知, Erkennen/Denken(인식능력)·정情, Fühlen(쾌·불쾌의 감성)·의意, Wollen(욕구능력)'를 단초로 인간의 마음(영혼, '나')을 나누어보기는 하였지만, 칸트에서 철학이란 오직 선험적 원리에 관한 학문인만큼, 의식작용 각각의 선험적 원리를 발견해낸 연후에야 칸트 철학 체계가 완성될 수 있었다. 그로써 칸트는 유사 심리학자가 아닌 '철학자'가 되었다.

칸트의 '마음' 이론은 당시의 능력심리학의 대변자로서 '독일의 흄'이라 불리던 테텐스J. N. Tetens의 『인간 본성에 관한 철학적 시론』(2 Bde, 1777)을 참고하는 한편, 칸트가 형이상학 강의와 인간학 강의에서 교재로 사용한 바움가르텐A. G. Baumgarten의 『형이상학』(1739, ⁴1757)에서 많은 영향을 받았다. 바움가르텐은 이미 그의 『형이상학』(⁴1757), §§504~699의 「경험심리학」에서 마음anima/animus의 세 능력, 곧

**능력심리학**
정신 활동의 과정을 몇 가지의 능력으로 상정하고 분석·기술함으로써, 이것을 적시현상의 설명원리로 삼으려고 하는 심리학.

인식능력·쾌와 불쾌의 감정·욕구능력을 설명하고 있다. 그러나 칸트의 논리학이 당대의 형식논리학에 대한 비판적 고찰의 산물이듯이, 그의 마음/영혼 이론의 틀 또한 당대의 경험심리학과 이성적 영혼론에 대한 비판의 결과물로서 형성된 것이다. 칸트의 마음 이론은 철학적 작업의 결실로서, 마음을 경험심리학적으로 고찰하거나, 영혼을 형이상학/신학적으로 고찰한 것이 아니라, '진·선·미'의 가치의 근원으로서 '마음'의 선험적 능력을 해명하는 것이니 말이다.

그러한 결과를 정리하여 칸트 자신이 제시한 표는 아래와 같다.

> **형식논리학**
> 개개의 판단이나 개념의 내용과는 상관없이 추론의 형식적인 타당성만을 문제로 삼는 논리학. 아리스토텔레스 이후의 전통적 형식논리학과 기호논리학이 여기 속한다.

상위 영혼 능력들의 표(『판단력비판』 서론 IX: BLVIII=V198)

| 마음의 전체 능력 | 인식능력 | 선험적 원리 | 적용대상 |
|---|---|---|---|
| 인식능력 | 지성 | 합법칙성 | 자연 |
| 쾌·불쾌의 감정 | 판단력 | 합목적성 | 기예 |
| 욕구능력 | 이성 | 궁극적 목적 | 자유 |

영혼 능력 구분표(『판단력비판 제1서론』 XI: XX246=H60)

| 마음의 능력 | 상위 인식능력 | 선험적 원리 | 산물 |
|---|---|---|---|
| 인식능력 | 지성 | 합법칙성 | 자연 |
| 쾌·불쾌의 감정 | 판단력 | 합목적성 | 기예 |
| 욕구능력 | 이성 | 동시에 법칙인 합목적성(책무성) | 윤리 |

이 표에서 '진리'와 관계하는 인식능력에 대응하는 '지성Verstand'이란 마음의 앎의 성능, 바꿔 말해 이론적 이성을 지칭하는 것이고, '선'과 관계하는 욕구능력에 대응하는 '이성Vernunft'이란 좁은 의

미의 이성, 곧 '원칙들에 따라서 판단하고 행위하는 능력'(『인간학』 B120=VII199)으로서의 이른바 '실천이성'을 지칭한다. 그리고 '미'를 느끼는 쾌의 감정에 대응하는 판단력은 이른바 '반성적 판단력', 그 가운데서도 "합목적성"에 따라 판정하는 "취미 Geschmack", 즉 "미적인 것을 판정하는 능력"(『판단력비판』 B3=V203), 다시 말해 미감적 "판단력 Urteilskraft"(『판단력비판』 B3=V203)을 일컫는다.

이와 같이 칸트의 비판철학도 일단 마음의 성능을 마음씀의 대상과의 관계방식에 따라 인식능력, 쾌와 불쾌의 감정(취미능력), 욕구능력으로 나누어본다. 칸트는 또한 상위의 영혼의 능력, 즉 자발성(『조각글』 229: AA XV, 87) 또는 자율성(『판단력비판』 BLVI =V196)을 갖는 영혼의 능력을 그 자율성 곧 법칙수립 능력의 양태에 따라 지성·판단력·이성으로 구분하였다.[4] 자율적인 영혼 능력인 지성은 마음의 인식작용에 "법칙성"이라는 선험적 원리를, 판단력은 취미작용에 "합목적성"이라는 선험적 원리를, 이성은 욕구작용에 "책무성"이라는 선험적 원리를 법칙으로 수립한다.

## 진리의 원천으로서의 '마음'

칸트에 따르면 인식은 표상의 한 방식으로 직관이나 사고 또는

---

[4] 두 표(『판단력비판』 BLVIII=V198; 「판단력비판 제1서론」, XI: XX246=H60)에서 칸트는 세로항에 "인식능력"을 두고, 그와는 다른 뜻으로 또 가로항에도 "(상위의) 인식능력"이라는 표현을 사용하고 있는데, 혼동을 피하려면 가로항의 '상위의 인식능력'은 '상위의 영혼 능력 Seelenvermögen'이라고 말해도 좋겠다.

양자의 결합에서 생긴다. '직관Anschauung'은 직접적이고 "단일한 표상"인데, 이성으로 통칭되기도 하는 우리 마음이 직관작용을 할 때 그 능력을 "감성Sinnlichkeit"이라고 일컫고, 반면에 '공통 징표에 의한 매개적인 표상', 즉 '개념Begriff'을 통한 표상작용은 '사고Denken'인데, 이러한 사고작용을 하는 마음의 능력은 "지성Verstand"이라고 일컫는다(『순수이성비판』 A19=B33·A50=B74). 그러니까 '나는 무엇을 알 수 있는가?'라는 칸트의 철학적 물음에서 앎이란 직관과 사고, 감성과 지성의 "통일"(『순수이성비판』 A51=B75)에 의해서만 생기는 지식, 인식으로서 직관에 의해 우리에게 주어진 것이 무엇이며, 어떻게 있는가를 표상하는 의식이다.

칸트는 범주들에 따라서 지성이 잡다한 현상을 하나의 대상으로 통일 인식하는 작용을 일컬어 "사고한다denken"(『순수이성비판』 A19=B33 등) 또는 "규정한다bestimmen"(『순수이성비판』 A266=B322 등)고 하는데, 이때 이 '사고함' 혹은 '규정함'은 선험적인(곧 주관적인) 감성적 표상인 공간·시간 관계에 따라 일차적으로 정리된 자료를 다시금 선험적인(곧 주관적인) 지성 개념들인 범주들에 따라 통일하고vereinigen 결합함verbinden을 말한다. 그러므로 이러한 감성과 지성의 대상 인식작용은, '그 자신 선험적a priori이면서도 경험을 가능하게 하는 어떤 것'을 "초월적transzendental"이라고 일컫는 칸트의 용어법대로 표현하자면, "의식의 초월적 활동"이다.

우리가, 우리 마음이 어떤 방식으로든 촉발되는 한에서, 표상들을 받아들이는 우리 마음의 수용성을 감성이라고 부르고자 한다면, 이에 반해, 표상들을 스스로 산출하는 능력, 바꿔 말해 인식의 자발성은 지성이다. 우리의 자연본성상, 직관은 감성적일 수밖에 없다. 다시 말해, 직관은 오로지 우리가 대상들에 의해 촉발되는 방식만을 갖는다. 이에 반해 감성적 직관의 대상을 사고하는 능력은 지성이다. 이 성질들 중 어느 것도 다른 것에 우선할 수 없다. 감성이 없다면 우리에겐 아무런 대상도 주어지지 않을 터이고, 지성이 없다면 아무런 대상도 사고되지 않을 터이다. 내용 없는 사상들은 공허하고, 개념들 없는 직관들은 맹목적이다. 따라서 그의 개념들을 감성화하는 일(다시 말해, 그 개념들에게 직관에서 대상을 부가하는 일)과 그의 직관들을 지성화하는 일(다시 말해, 그 직관들을 개념들 아래로 보내는 일)은 똑같이 필수적이다. 또한 이 두 능력 내지 역량은 그 기능을 서로 바꿀 수가 없다. 지성은 아무것도 직관할 수 없으며, 감관들은 아무것도 사고할 수 없다. 이 양자가 통일됨으로써만, 인식은 생길 수 있다.(『순수이성비판』 A51=B75)

아직 알지 못하는 무엇인가를 일정한 대상으로 파악하는 개념 작업인 인식은, 무엇인가의 촉발을 계기로 '감성이 우리에게 제공하는 잡다한 표상들을 통일적으로 파악함'을 말한다. 그런데 이 개념적 파악은 지성의 자발성에, 즉 "서로 다른 표상들을 하나의 공통적인 표상 아래서 정돈하는" 통일 기능, 곧 사고에 기초한다(『순수이성비판』 A68=B93). 그런 한에서 개념적 파악은 사고의 또다른 이면이다.

우리에 의해서 경험적으로 직관된 것, 다시 말해 "공간 시간상에 직접 현실적으로, 즉 감각에 의해 표상되는 것"(『순수이성비판』 B147)만이 이 순수 지성 개념에서 사고되고, 하나의 대상으로서 인식될 수 있다. 사고의 형식인 범주들은 경험적으로 직관된 대상에 대한 인식만을 형성한다. 그로써 그것들은 그 인식에서 인식되는 대상 그 자체를 규정한다.

이렇게 경험적 대상들에 대해 객관적 실재성을 갖는 범주들은,

칸트가 "순수 지성의 종합적 원칙"이라고 부르는, 일정한 규칙에 따라 실제로 경험 인식에서 형식으로 작동한다. 그로써 "경험 일반을 가능하게 하는 조건들은 동시에 경험의 대상들을 가능하게 하는 조건들"(『순수이성비판』 A158=B197)이 된다. 그렇기에 칸트는 아래와 같이 말한다.

> 우리가 자연이라고 부르는 현상들에서 그 질서와 규칙성을 우리는 스스로 집어넣는다. 그러니까 만약 우리가 그 질서와 규칙성을, 바꿔 말해 우리 마음의 자연(본성)을 근원적으로 집어넣지 않았더라면, 우리는 자연 안에서 그것을 발견할 수 없을 것이다.(『순수이성비판』 A125)

요컨대 칸트에서, 선험적인 표상인 공간·시간의 질서 위에서 갖가지 감각 재료들이 수용되고 이 수용된 감각 질료들이 범주로 기능하는 순수 지성 개념들에 따라 종합 통일됨으로써 우리에게 한 존재자가 무엇으로 있게 된다. 바꿔 말하면, 우리는 무엇인 한 존재자를 인식하게 된다. 그러므로 한 인식에서 그리고 그 인식에서 인식된 존재자는 인식하는 의식의 선험적 표상에 의해 규정되는 것이다. 그러므로 칸트 초월철학에 따르면, 사고의 형식인 범주는 인식의 성립 조건일 뿐만 아니라 또한 그 인식에서 인식되는 대상의 성립 조건이기도 하다. 인식을 가능하게 하는 조건이 바로 그 인식에서 인식된 존재자의 가능 조건인 것이다.

이로써 칸트는, 진리를 "사물과 지성의 합치 adaequatio rei et intellectus"라 규정하고,[5] 인간의 참된 사물 인식은 "인식하는 자의 인식되는

---

5 토마스 아퀴나스, 『진리론』, qu. 1, art. 1.

것으로의 동(일)화assimilatio cognoscentis ad rem cognitam"로 해석해오던 전통을 벗어나, 참된 인식은 "존재자의 지성에의 일치convenientia entis ad intellectum"로 인하여 성립한다는 사상을 표명하여, 이른바 인식자–인식 대상 사이의 '코페르니쿠스적 전환'(『순수이성비판』 BXVI)을 수행한다. "창조될 사물의 신神의 지성에의 합치adaequatio rei creandae ad intellectum divinum"를 전제로 "인식되는 사물의 형식은 인식하는 자 안에 있다"[6]고 생각했던 전통 형이상학을, 순수이성비판을 통해 인간의 사물 인식에 대해서도 적용함으로써, "사물과 지성의 합치"를 "(인간) 지성과 (인간 지성에 의해 인식되는) 사물의 동일형식성conformitas"으로 해석하고, 사물을 인식하는 인간을 적어도 "부분적으로는 그 사물의 창조자"(『조각글』 254: AA XV)로 격상시켰다.

그리고 이로써 칸트는 인식을 가능하게 하는 형식 원리가 그 인식에서 인식되는 존재자, 다시 말해 인간에게 의미 있는 유일한 존재자를 존재자로서 가능하게 하는 존재 원리임을 분명히 한다. 그래서 칸트에게는 인식론은 존재론이고 존재론은 인식론이다. 존재론이란 존재자 일반이 존재자임을 밝히는 학문, 존재자로서 존재자의 가능성의 원리를 추궁하는 학문이니 말이다. 또한 칸트에게서 의미 있는 존재자란 현상뿐인 한에서, 그의 존재론은 '현상존재론'이다. 그리고 이 칸트의 현상존재론에서 존재자로서의 존재자의 '참임Wahrsein', 곧 참된 의미에서의 존재Sein는 그 존재자에 대한 인식의 '참임', 곧 진리Wahrheit이다. 결국 진리는 인간 의식, 마음의 자기활동성Selbsttätigkeit에 기초하고 있다.

---

6   토마스 아퀴나스, 『신학대전』, Pars I, qu. 16, art. 2, 2.

## 선의 원천으로서의 '마음'

인간 의식은 그에게 주어지는 것을 주어지는 바대로 납득하고 인식하는 작용을 하기도 하지만, 반대로 주어지는 것을 변형하거나 주어지지 않은 것을 있도록 기획하는 지향작용도 한다. 전자의 작용 의식을 일괄해서 '이론이성'이나 '사변이성' 또는 '지성'이라 일컫는다면, 후자의 작용 의식에서 기획자는 '실천이성', 그 지향의 욕구능력은 '의지'라고 부른다.

우리의 마음이 무엇인가를 욕구, 의욕함으로써 우리는 행위한다Tun: Handeln. 행위는 어떤 의미, 목적, 가치를 지향한다. 그러니까 "나는 무엇을 행하여야만 하는가?" 하는 칸트의 물음은, 나는 무엇을 의욕해야 하며, 어떤 가치를 지향해야만 하는가를 동시에 묻는다. 이 물음은 내가 무엇을 의욕하며 무엇을 행하고 있는가 하는 사실을 문제삼는 것이 아니라, 인간으로서 나는 어떤 목적에 따라 행위해야만 하는가 하는 당위Sollen의 문제를 묻는다. 그리고 어떤 하나의 목적은 그보다 상위의 목적을 위한 수단이 될 수 있으므로, 이 물음은 최종적으로는 우리가 행위를 통해 실현해야만 할 궁극의 목적은 무엇인가를 묻는다.

행위는 의지적인 의식작용에 의거하되 몸을 통하여 나타난다. 입을 놀려 말을 하든 손을 놀려 붙잡든지 해야 행위이다. 그러나 몸의 놀림에 반드시 의지가 수반해야 행위라고 할 수 있다. 그러므로 행위는 어떤 목적을 지향하는 의식이 수반하는 인간의 의지적 행동만을 의미한다.

그런데 "나는 무엇을 행해야만 하는가?"라는 이 철학적 물음은 그 물음 자체가 이미 답을 지정하고 있다. 인간으로서 "나는 무엇을 행해야만 하는가?" 혹은 "나는 무엇을 행해서는 안 되는가?" 하는 물음에 우리는 선善을 행해야만 하고 악惡을 행해서는 안 된다는 예정된 답을 가지고 있는 것이다. 이때 '나는 왜 선을 행해야만 하는가?' 혹은 '나는 왜 악을 행해서는 안 되는가?'는 더 물을 필요가 없다. 왜냐하면 '선'은 다름 아닌 '해야만 할 것'의 가치이고, '악'은 '행해서는 안 될 것'의 명칭이기 때문이다. 그러니 문제는,

첫째, 선이란 무엇인가.

둘째, 나는 그런 것을 어떻게 행할 수 있는가이다.

칸트에 따르면 '선의지'만이 그 자체로 또는 내재적으로 무조건적인 가치를 갖는다.

> 이 세계에서 또는 도대체기 이 세계 밖에서까지라도 아무런 제한 없이 선하다고 생각될 수 있을 것은 오로지 선의지뿐이다.(『윤리형이상학 정초』 B1=IV393)

> 선의지는 그것이 생기게 하는 것이나 성취한 것으로 말미암아, 또 어떤 세워진 목적 달성에 쓸모 있음으로 말미암아 선한 것이 아니라, 오로지 그 의욕함으로 말미암아, 다시 말해 그 자체로 선한 것이다.(『윤리형이상학 정초』 B3=IV394)

선의지만이 그 자체로 선한 것이라 함은, 결국 "의무로부터"의 행위만이 "본래적인 도덕적 가치"(『윤리형이상학 정초』 B13=IV399)를 가지며, 의무로부터의 행위란 도덕적 실천법칙을 그 행위의 표준으로, '준칙Maxime'으로, 다시 말해 "의욕의 원리"(『윤리형이상학 정초』 B13=IV400)

로 삼는 행위를 말한다. "의무란 법칙에 대한 존경으로 말미암은 행위의 필연성(필연적 행위)"(『윤리형이상학 정초』 B14=IV400)이며, 도덕의 가치는 곧 이런 "의지의 원리" 안에 있다.

"자연의 사물은 모두 법칙들에 따라 작용한다. 오로지 이성적 존재자만이 법칙의 표상에 따라, 다시 말해 원리들에 따라 행위하는 능력 또는 의지를 가지고 있다."(『윤리형이상학 정초』 B36=IV412) 그러나 인간의 의지는 "자체로 온전하게는 이성과 맞지"(『윤리형이상학 정초』 B37=IV413) 않기에 자주 "주관적인 조건들", 곧 외적인 동기들에도 종속한다. "그러한 의지를 객관적인 법칙들에 맞게 결정하는 것은 강요"(『윤리형이상학 정초』 B37=IV413), 곧 "자기 강제"(『실천이성비판』 A149=V83)이다. 그렇기에 "객관적인 원리의 표상은, 그것이 의지에 대해 강요적인 한에서, (이성의) 지시명령Gebot이라 일컬으며, 이 지시명령의 정식定式을 일컬어 명령Imperativ이라 한다."(『윤리형이상학 정초』 B37=IV413)

어떤 명령이 실천법칙이 될 수 있기 위해서는 보편성과 필연성을 가져야만 한다. 어떤 것이 보편적이려면 언제 누구에게나 타당해야 하며, 필연적이려면 무조건적으로 타당해야만 한다. 경험적이고 욕구 충족을 전제로 하는 어떠한 명령도 실천법칙이 될 수 없으며, 실천법칙은 오직 선험적이고 단정적인 "정언적 명령"(『윤리형이상학 정초』 B44=IV416)일 수밖에 없다. 그러므로 이 명령은 실천 행위로 나아가려는 이성이 자신에게 선험적으로 무조건적으로 부과하는 규범, 곧 이성의 "자율Autonomie"(『실천이성비판』 A58=V33)이다. 그리고 자율적으로 자기 자신에게 명령을 발하는 이성은 '자기 법칙수립적(입법적)'이며, 이 자율로서의 정언명령은 행위가 준수해야 할 "형식"을 지정한다.

[정언적] 명령은 행위의 질료 및 그 행위로부터 결과할 것에 관여하지 않고, 형식 및 그로부터 행위 자신이 나오는 원리에 관여한다. 행위의 본질적으로-선함은, 그 행위로부터 나오는 결과가 무엇이든, 마음씨에 있다. 이 명령은 윤리성의 명령이라고 일컬을 수 있을 것이다.(『윤리형이상학 정초』 B43=IV416)

그런데 이러한 "의지의 자율을 설명하는 열쇠"(『윤리형이상학 정초』 B97=IV446)는 다름 아닌 '자유Freiheit'의 개념이다. '자유'를 매개로 해서만 이성적 존재자의 선의지가 도덕법칙과 결합할 수 있다(『윤리형이상학 정초』 B99=IV447). 자유는 이성적 존재자의 본질적 속성이고, 도덕법칙은 이 본질적 속성에서 비롯한 것, 자율적인 것이고, 그런 한에서 자기강제성을 갖는 것이다. 그렇기에 이성적 존재자의 자유의지란 바로 도덕법칙 아래에 있는 의지를 말한다. 자신의 법칙에 종속하지 않는 의지는 한낱 '자의恣意'일 뿐으로, 그것은 실은 외적인 원인들에 의해 좌지우지되는 것이기에 진정한 의미에서는 자유롭다 할 수 없다. 그러므로 자유로운 의지로서 순수한 실천이성의 존재자인 인간은 응당 도덕법칙에 복종하여 그것을 준수할 수 있는 것이다.

우리가 이성적 존재자로서 인간은 한편으로는 "감성세계에 속해 있는 한에서 자연의 법칙들(타율) 아래에 있고" 다른 한편으로는 "예지세계에 속하는 것으로서, 자연에 독립적으로, 경험적이지 않고, 순전히 이성에 기초하고 있는 법칙들 아래에 있는 것"(『윤리형이상학 정초』 B108 이하=IV452)을 인식함으로써, "마치 자유로부터 자율로, 다시 이 자율로부터 윤리적 법칙을 추론하는 데 어떤 비밀스런 순환론이 포함돼 있는 것 같은 의혹은 제거"(『윤리형이상학 정초』 B109=IV453)

된다. 그리고 인간이 한편으로 감성세계의 타율 아래에 있으면서, 예지세계의 성원으로서 자율적이라는, 바로 이 사실 때문에 오히려 정언명령은 가능하다.

> 자유의 이념이 나를 예지세계의 성원으로 만듦으로써 정언명령들은 가능하다. 그로써, 만약 내가 오로지 예지세계의 성원이기만 하다면, 나의 모든 행위들은 의지의 자율에 항상 알맞을 터인데, 그러나 나는 동시에 감성세계의 성원으로서도 보기 때문에, 의지의 자율에 알맞아야만 하는 것이다.(『윤리형이상학 정초』, B111=IV454)

역설적이게도 인간은 자연의 질서 아래에 있는 감성적 존재자이기 때문에 오히려 예지세계의 성원으로서 자율성을 가질 수 있고, '인격성' 또한 얻을 수 있는 것이다.

## 미의 원천으로서의 '마음'

칸트에서 '미학 Ästhetik: aisthetike episteme, 美學'은 문자 그대로 '감각지각 aisthesis의 학 Wissen, Kenntnis von den sinnlich wahrgenommenen Eindrücken und den Empfindungen'이니, 설령 '미학'을 '미에 대한 이론 Lehre vom Schönen'이라고 풀이한다 하더라도, '감각의 학'으로서의 미학은 '미'가 감각의 조화로운 통일성에 기초한다는 사실을 부단히 상기시킨다. 당초부터 '미학'은 '미 kallos, pulchritudo'라는 열매에가 아니라 '감각지각'이나 '감정'이라는 뿌리에 그 어원을 두고 있고, 칸트는 그 정신을 승계하고 있다. 그러니까 칸트에게 미학은 '미의 본질에 관한 학문'이라기보다는 아름다움의 감정(미감)에 관한 학문 또는 아름다움(미)의 판정 원리에 대한 탐구, 말하자면 '미적인 것을 판정하는 능력 곧 취미의 비판 Kritik des Geschmacks'이다.

그래서 칸트의 미학은 미감적 판단의 성격을 해명하는 작업을 주 과제로 삼는다. 미감적 판단은 대상의 인식에 아무런 언표도 하지 않으면서도 감각에 기초해 대상을 판정하는 판단, 감각에서 단초를 얻되 상상력의 자유로운 유희에 의한 주관적인 판단이다.

'이 장미는 붉다'는 인식판단에서 술어 '붉다'는 '이 장미'라는 객관의 속성으로 언표되지만, 예컨대 '이 장미는 아름답다'는 취미판단에서 '아름답다'라는 술어는 주관의 감정에 귀속하는 것이고, 그러니까 "미(아름다움)란 오로지 취미에 속하는 것"(『인간학』 B187=VII 241)으로서 한낱 주관적인 것이다. 인식판단에서는 표상이 지성에 의해 객관과 관계맺어지나, 순수한 취미판단에서는 표상이 상상력에 의해 순전히 판단주관과 관계맺어진다.

주어진 표상에서 느껴지는 쾌·불쾌의 감정은 "주관의 생명감정 Lebensgefühl"으로서 우리 마음이 이 표상에서 촉발되는 방식에서, 곧 그 표상이 우리의 생명력을 강화하고 고양하는가 아니면 저지하거나 강하시키는가에 따라서 나오는 것이다. 취미판단의 이러한 규정근거는 순수하게 주관적이고, 감성적/미감적이다(『판단력비판』 B5=V204).

칸트에 따르면 우리의 의지가 정언명령 곧 도덕법칙에 대한 존경의 감정에 의해 도덕적으로 규정되듯이, 미감적 흡족도 미감적 판정의 결과로 나타난다.

무릇 대상이나 또는 그에 의해 대상이 주어지는 표상에 대한 이 한낱 주관적인 (미감적) 판정은 그 대상에 대한 쾌감에 선행하며, 인식능력들의 조화에서의 이 쾌감의 근거(기초)이다.(『판단력비판』 B29=V218)

어떤 대상에서 직관의 능력인 상상력과 법칙의 능력인 지성이 조화하면,—사실 이러한 일은 판단력이 "상상력을 지성에 순응"(『판단력비판』 B203=V319)시킴으로써 일어나는 것인데—다시 말해 상상력이 합법칙적이면 판단력에 의해 '아름답다'는 판정이 내려지고 그로써 대상에 대한 쾌감이 일어난다. 이때 우리가 아름답다고 부르는 대상의 표상과 결합해 있는 흡족은 모든 주관에 보편적으로 타당하며, 그 보편적 타당성은 '보편적 전달(공유) 가능성'에서 드러나는 것으로, 이 보편적 전달(공유) 가능성은, 한 주관에 의한 것이지만 인식이 보편타당성을 갖는 것이나 마찬가지의 이치로, 주관의 보편적 구조에 기반할 터이다. 그와 함께 취미판단이 주관적이면서도 보편적 타당성을 갖는 것은 그 판단이 어떠한 이해관심과도 결합되어 있지 않기 때문이며, 그래서 한 주관은 순전한 반성에서 한 대상을 아름답다 또는 아름답지 않다고 판정하는 데 "온전히 자유롭다"(『판단력비판』 B17=V211)고 느낀다.

순수 미감적 판단은 "이 장미는 아름답다"와 같은 단칭판단으로 표현된다. "모든 장미는 아름답다"는 판단은 순수한 미감적 판단이 아니다. 순수한 취미판단에서 표현되는 쾌·불쾌의 감정은 언제나 개별 대상과 관계하지, 결코 대상들의 부류와 관계하지 않는다. 만약 우리가 사실로 이 세계의 장미가 각각이 다 아름답다고 판정한다면, "모든 장미는 아름답다"는 판단은 정당화될 것이다. 그러나 이 판단은 순수한 취미판단이 아니라, 미감적 판단자로서 우리가 주어진 표상에서 가진 적이 있던 감정들에 관한 총괄적인 언표이다. 미적 기예 곧 예술에 대해서도 마찬가지다. 예를 들어 '김환기의 이 그림 〈달과 새〉는 아름답다'는 하나의 미감적 판단이다. 그러나 '이중섭의 모든 그림은 아름답다'는 미감적 판단이 아니다. 그것은 우리는 이중섭의 모든 그림을 각각 미감적으로 판정했고, 매번 우리의 흡족함에 근거해서 그것들이 아름답다는 것을 알았다는 사실을 언표하는, 그러니까 하나의 '지성적' 판단인 것이다. 반면에 미감적 판단은 어떠한 지성적 곧 보편적 개념에 의거해 있지 않으면서도 보편성을 표현한다.

'이 장미꽃은 아름답다'라는 미감적 판단에서 내가 이렇게 판정하는 것은, 이 장미꽃에서 나의 상상력의 유희가 나의 어떤 목적이 충족된 것인 양 나의 마음을 "활성화"(『판단력비판』, B37=V222)하고(생기 있게 만들고), 지성의 법칙성과 합치함으로써 나의 생명력을 약동하게 하여 나의 쾌의 감정을 불러일으키기 때문이다. 그러니까 이 장미꽃은 의지적인 것이 아니므로 결코 어떠한 목적을 가지고 있지 않건만, 그럼에도 마치 나의 쾌감을 불러일으키기 위해서, 곧 자유로운 상상력과 합법칙적인 지성의 화합을 위해 있는 것처럼 인지된다. 이에서 나의 반성적 판단력은 '이 장미꽃은 아름답다'고 판정을 내리고, 나는 미적 쾌감을 느끼는 것이니, 이 아름다운 장미꽃은 이를테면 나의 인식력에 대해 합목적적인 것이다. 그러므로 이 합목적성은 한낱 주관적인 것일 뿐이며, 또한 이 아름다운 장미꽃의 근저에 어떠한 특정한 실재적인 목적도 없으니, 이 합목적성은 실제로는 아무런 목적도 없는 형식적인 것, 이를테면 '형식적 합목적성'일 따름이다.

그런데 칸트가 볼 때 '합목적성'이라는 개념은 "근원적으로 판단력에서 생겨난 개념"(『판단력비판 제1서론』, XX202=H8)으로서 본래 판단력이 그 자신에게 자연을 반성하기 위해 하나의 법칙으로 지정한 "자기자율Heautonomie"(『판단력비판』 BXXXVII=V185·B316=V388, 「판단력비판 제1서론」 XX225=H32)이고 이 개념에 의거해서만 유기체와 자연의 '전 체계'를 빈틈없이 이해할 수 있는 것이며, 또한 칸트적 관점에서 예술은 "아름다운 자연의 모방으로서, (그렇다고 여겨진) 자연미로서의 효과를 내는 것"(『판단력비판』 B171=V301)이다. 그러니까 사태연관에서 보면, "미적인(아름다운) 것을 판정하는 능력"(『판단력비판』 B3=V203)인 취미는 곧 자연의 잡다를 반성하기 위한 판단력의 '자기자율'인 '합목적성' 원리를 자연의 미를 판정하는 데에, 그리고 이것을 다시 예술의 미를 판정하는 데에 이전하여 사용하는 것이라 하겠다.

## '참'가치의 원천인 마음

요컨대, 칸트에서 '마음Gemüt'은 진·선·미라는 '참'의 가치의 원천이다. 인간이 추구하고, 그리고 그 위에서만 인간다움이 규정될 수 있는 진·선·미라는 가치는 인간 지성의 자기활동적 초월성, 행위의지의 자유성, 반성적 판단력의 자기자율성에 기초하고 있는 것이니, 일체의 '참'가치의 본부는 인간의 마음인 것이다.

이 같은 칸트의 '마음' 이론은 이른바 자신이 '비판적 관념론'이라고 일컬었던 '주관주의' 철학의 정수로서, 진리는 오로지 '확실성'에 기초해야 한다는 데카르트적 사유를 따라 걸을 때 우리가 가질 수 있는 유일한 '철학적' 마음 이론이라 할 것이다.

## 더 읽을거리

이 글의 내주에는 칸트 생전에 간행한 원판과 베를린 학술원판의 페이지를 함께 표기하였다. 관심 있는 독자를 위해 칸트 원전의 한국어 번역본을 간단히 소개한다.

칸트, 『순수이성비판 Kritik der reinen Vernunft』, 백종현 역주, 아카넷, 2006
칸트, 『실천이성비판 Kritik der praktischen Vernunft』, 백종현 역주, 아카넷, 2009
칸트, 『판단력비판 Kritik der Urteilskraft』, 백종현 역주, 아카넷, 2009

칸트의 저작은 독일 베를린 학술원판 전집 기준으로 2009년 현재 총 29권 37책이다. 그 가운데에서도 칸트 철학의 근간을 알기 위해서는 이른바 3대 비판서를 일독하지 않을 수 없다. 이 세 비판서는 각기 진眞·선善·미美 가치의 근원을 해명하고 있다.

백종현, 『시대와의 대화: 칸트와 헤겔의 철학』, 아카넷, 2010

이 책은 일종의 칸트 철학 통론이다. 칸트 철학의 핵심사상을 한편으로는 서양근대철학의 맹아로부터 독일 이상주의에 이르는 맥락 속에서, 다른 한편으로는 칸트의 주요 저술 사이의 상관관계 속에서 서술하고 있다.

# 헤겔

## 의식을 넘어선 정신

## 강순전

한국외국어대학교에서 독일어(전공)와 철학(부전공)을 공부하였다. 문학 공부을 위하여 병행했던 철학, 특히 헤겔의 인정투쟁과 주인-노예 변증법의 서술에 매료되어 철학을 하기로 결심하고 서울대학교 대학원 철학과에 입학하였다. 석박사과정 5년간 주로 칸트, 헤겔, 마르크스를 공부하였다. 독일학술교류처 장학생으로 독일 보쿰대학교와 동 대학 부설 헤겔문헌연구소에서 5년간 수학하였다. 동 연구소 소장 푀겔러 교수의 지도하에 박사학위를 취득하였으며, 박사학위 논문인 "Reflexion und Widerspruch. Eine entwicklungsgeschichtliche und systematische Untersuchung des Hegelschen Begriffs des Widerspruchs"(『반성과 모순: 헤겔 모순개념에 대한 발전사적 및 체계적 연구』)는 *Hegel-Studien Beibeft*의 41권으로 출간되기도 했다. 1998년 귀국하여 서울대에서 박사후 연구원, 서울시립대에서 연구교수를 역임한 후 현재 명지대학교 철학과에 재직하고 있다. 『칸트에서 헤겔로』, 『헤겔의 정신현상학』 등의 저서와 주로 헤겔에 대한 여러 논문을 발표하였다. 명지대에서 근무하면서 대학 교양철학 교육의 중요성과 사명감을 느껴 학술진흥재단의 지원으로 독일에서 철학 교수법과 방법론을 연구하였다. 그에 관한 몇 편의 논문과 함께 교양철학 교재 『철학수업』을 연구 성과로 출간하였다. 2009년부터 지금까지 훔볼트재단의 장학생으로 헤겔의 목적론적 생명관에 대해 연구하고 있다.

## 근대철학의 완성자

어느 철학자에게나 마음은 매우 중요한 철학적 주제일 뿐 아니라 때로는 철학의 전부일 수도 있다. 왜냐하면 인간의 마음은 진리를 탐구하는 출발점일 뿐만 아니라 진리가 드러나는 장소이기 때문이다. 또한 인간의 실천적 삶을 주제로 하는 철학에서도 몸보다 마음은 더 많은 탐구거리를 제공한다. 인간을 문제 삼을 때 마음은 몸과 대비되는 개념이지만, 세계를 탐구할 때 마음은 세계라는 객관에 맞서는 주관이라는 의미를 지닌다. 서양 근대 철학자들은 세계에 대립된 마음을 탐구하는 데 특별한 관심을 기울였다. 근대철학의 아버지라고 불리는 데카르트는 생각에 존재를 의존케 함으로써 근대의 주체 중심 철학의 문을 열었다. 칸트는 우리의 의식에서 정초될 수 있는 현상존재만이 학문적 인식의 대상이 된다고 천명하면서 근대철학의 특징을 인식론 철학으로서 각인하였다. 주체로의 전환을 통한 인간중심주의와 어떤 존재도 인식비판을 떠나서는 타당성을 주장할 수 없다는 비판정신은 근대의 시대정신이 되었다.

헤겔도 이러한 시대정신 속에서 살았기 때문에 자신의 철학의 제일원리를 '정신'이라고 표현하였다. 이 점에서 확실히 헤겔은 마음을 철학의 중심에 두는 근대철학자라고 할 수 있다. 더욱이 헤겔 철학은 근대철학의 완성이라고 평가되는데 그것은 헤겔이 자신의 철학원리를 '정신'이라고 할 뿐만 아니라 '절대정신'이라고 하였기 때문이다. 절대정신이란 세계를 관통하면서 세계를 그러한 것으로 형성하는 이성적 질서를 말한다. 따라서 절대정신이란 세계를 가능케 하는 원리이며 세계의 참된 존재 자체다. 그렇다면 헤겔은 세계의 진리는 마음이라고 천명한 셈이다. 이제 마음은 객관과 대립한 인식론적 주관이 아니라 세계 속에 흩어져 있는 세계의 질서다. 이쯤 되면 헤겔이 마음을 철학의 중심에 두는 근대철학의 완성자라고 불리는 이유를 알 수 있을 것이다.

헤겔이 마음을 어떻게 파악했는지, 헤겔이 말하는 마음이 무엇인지 알기 위해서 우리는 인간의 마음뿐만 아니라 세계에 흩어져 있는 마음까지도 탐구하여야 할 것이다. 이를 위해 적어도 의식철학이라고 할 수 있는 『정신현상학』, 사유의 질서를 밝혀주는 『논리의 학』, 사회와 국가 속에 실현된 객관적인 정신에 대한 탐구인 『법철학』과 같은 그의 중심 저서들을 논해야 할 것이다. 하지만 한정된 지면으로 인해 이 글에서는 인간의 정신에 논의를 국한할 것이다. 인간의 정신에 대한 헤겔의 생각은 『정신철학』의 「주관정신」장에서 서술된다. 주관정신 장은 인간의 마음을 〈인간학〉, 〈현상학〉, 〈심리학〉이라는 제목 하에 각각 자연적 혼, 의식, 정신으로 구분하여 서술한다. 인간 마음의 본질을 의식이라고 본다면 여기서 현상학 부분, 특히 그의 주저 『정신현상학』을 논해야 할 것이다. 만약 인간의 마음을 탐구하는 데 몸과의 관계에서 그것을 탐구하는 것이 본질적이라고 생각한다면 인간학에서의 심신 문제에 대한 논의를 중점적으로 소개해야 할 것이다. 이것들 모두 헤겔 철학에서 마음의 문제를 해명하는 데 중요한 주제들이다. 하지만 나는 이 글에서 헤겔의 〈심리학〉에서 서술되는 정신에 관한 논의를 중점적으로 소개하려고 한다. 왜냐하면 다른 철학자들과 구별되는, 마음에 관한 헤겔의 고유한 견해는 '인간의 마음의 가장 고차적 형태는 의식을 넘어선 정신'이라는 것인데, 〈심리학〉의 정신론은 이러한 주장을 긍정적·적극적으로 서술하기 때문이다. 물론 『정신현상학』도 이러한 헤겔 철학의 중심적인 기획을 상세하게 논증하고 있지만 그것을 다만 비판적·부정적 방식으로 수행할 뿐이다.

헤겔의 마음 개념의 특징은 마음이 의식을 넘어선 정신이라는 것이다. 하지만 정신은 가장 고차적인 마음의 형태이고 그보다 낮은 단계에서 마음은 자연적 혼과 의식이라는 특성 또한 지니고 있다. 이 글은 마음을 구성하는 세 가지 형태 중 우선 자연적 혼과 의식의 특징을 간략하게 소개하고, 의식에 대한 비판적 고찰과 함께 전개되는 정신의 특징을 중점적으로 서술할 것이다. 하지만 이 글은 정신의 특징 중에서도 이론정신, 즉 인식에만 논의를 국한할 것이다. 물론 인간의 마음으로서 주관정신은 이론적인 활동일 뿐 아니라 실천적인 활동이기도 하다. 따라서 마음은 이 두 가지 측면에서 모두 고찰되어야 한다. 그런데 헤겔의 시대에는 인간의 마음이 진리를 인식할 수 있는가 하는 것이 중요한 철학적 물음이었다. 그래서 헤겔은 인간의 마음을 해명하는 데 실천적 정신보다는 이론적 정신, 즉 인식에 더 많은 노력을 기울이고 있다. 이 글의 목적은 의식과 대비되는 정신의 특성을 헤겔의 마음에 관한 고유한 이론으로서 소개하고자 하는 것인데, 이러한 목적은 이론적 정신의 서술만으로도 달성될 수 있기 때문에 이 글은 이론적 정신의 서술에만 국한하기로 한다.

## 인간의 마음으로서 자연적 혼과 의식

헤겔은 개인 안에 자리 잡은 정신을 '주관정신'이라고 한다. 헤겔은 주관정신의 형태를 자신의 "통일-분리-재통일"이라는 변증법적 도식에 따라서 자연적 혼, 의식, 정신의 세 단계로 구분한다. 주관정신은 세 가지 방식으로 세계와 관계하고 세계를 파악하고자 한다. 첫째, 우선 자연적 혼은 세계를 정신과의 공생관계 속에서, 정신과 통일되어 있는 것으로서 느낀다. 하지만 이러한 통일적 느낌은 아직 세계에 대한 인식이 아니다. 둘째, 따라서 주관정신은 자신을 세계와의 통일로부터 떼어내어 세계에 대립시킨다. 이러한 주관정신이 의식이다. 하지만 대립과 제한 속에서는 주관과 객관의 통일로서 있는 세계의 이성적 질서가 파악될 수 없다. 셋째, 따라서 주관정신은 세계의 이성적 질서를 파악하기 위해서 주관과 객관을 분리에서가 아니라 통일 속에서 파악하는 정신의 인식으로 나아가야 한다.

우선 이 절에서는 자연적 혼과 의식의 특징을 간략히 살펴보기로 하자. 프로이트는 인간의 마음에서 무의식의 존재를 비중 있게 다루었다. 헤겔도 인간의 마음에서 의식에 앞서는 무의식의 단계의 존재를 긍정하고 탐구하였다. 인간의 마음 가장 저변에 깔려 있는 층인 자연적 혼에 대한 탐구는 헤겔의 무의식론이라 할 수 있다.

자연적 혼으로서의 정신은 행성의 운동과 공생관계에 있으며 우주적인 삶을 산다. 마치 식물이 행성의 운동에 따라 봄이 오면 꽃을 피우고 동물이 특정한 시기에 교미 충동을 느끼는 것처럼, 인간의 정신도 혼으로서 이러한 우주적 생활을 한다. 우리는 가을이 되면 스산한 기분에 우울해짐을 느낀다. 이러한 기분은 지구가 태양의 주위를 도는 공전에 영향을 받는 것인데, 자전에 의해 일어나는 하루의 변화에 따라서도 우리는 아침에는 진지함의 통일성, 낮에는 노동의 대립, 저녁에는 반성으로의 침잠의 기분을 느낀다. 지구의 어느 대륙에 사느냐에 따라 인종의 상이성을 지배하는 무의식적 정신을 공유하기도 하고, 어느 지방에 사느냐에 따라 각각의 민족에 고유한 정신에 젖어 살기도 한다. 가령 우리는 황인종으로서 동아시아인의 공통적인 정서와 정신을 갖고 있고, 일본이나 중국과는 또 다른 한국인의 민족성을 지니고 있다. 이러한 우주적이고 지구적인 생활 이외에 한 인간 개체 안에는 천성, 기질, 성격과 같이 자신의 의식적 노력 이전에 자연적으로 주어진 혼의 측면들이 있다. 가령 사람들은 다혈질이냐 우울질이냐에 따라 무의식적으로 구별되는 느낌을 갖고 행동한다. 개체를 시간의 경과 속에서 볼 때 연령이 경과함에 따라 유아기, 소년기, 청년기, 장년기, 노년기의 인간들은 각각의 단계에 해당하는 공통된 정신의 지배를 받게 된다.

하지만 이러한 구별은 단지 인간 정신의 저변에서 가장 넓게 작용하지만 그만큼 가장 미약하게 작용하는 본능적인 측면들일 뿐이다. 인간은 이렇게 자연적으로 주어진 것에 전적으로 지배되지 않고 자연을 벗어나 자신의 주관을 행사할 수 있는 정신적 존재다. 인간은 정신적 존재이기 때문에 동식물처럼 행성의 운동에 밀착하여 본능적으로 살아가지 않고 그러한 기분을 떨치고 그것에 거슬러서 활동할 수 있다. 또한 행성 운동의 특정한 시점에 태어났다는 사실에 운명을 맡기지 않고 의식적이고 정신적인 활동을 통해 자신의 운명을 만들어간다. 노인과 같은 청년이 있을 수 있는 것처럼, 청년과 같은 노인도 있다. 자연적 혼이 인간 일반의 정신적 본성을 나타낸다고 하더라도 인간 개개인은 각자 의식적이고 정신적인 존재로서 이러한 주어진 정신의 한계를 넘어설 수 있다. 헤겔의 무의식론은 인간의 행동이 이러한 무의식에 의해 결정된다는 것이 아니라, 무의식이 인간의 마음의 한 층위를 이루고 있지만 인간의 정신은 이러한 자연적 측면으로부터 더 높은 곳으로 고양될 수 있다는 것을 말하고자 하는 것이다.[1]

자연적 혼은 자연으로부터 갓 벗어난 인간의 정신으로서 아직 자연적인 정신이다. 우리 정신에 자연적인 것이 있다면 그것은 자연에 의해 주어진 것, 즉 본능적인 것을 말한다. 본능은 우리가 의식하지 않아도 그렇게 느껴지는 것이다. 여기서 주체는 자신과 구별되는 객체를 갖지 않는다. 누군가 가을에 우울함을 느낀다면 그는 굴러가는 낙엽이나 몸을 휘감는 쌀쌀한 바람과 같은 구체적인 대상에서 우울함을 느끼는 것이 아니다. 그에게 대상으로 나타나지 않는 우주의 움직임이 그에게 그러한 기분을 자아내는 것이다. 이같이 자연적 혼의 느낌에서는 인식 주관과 그 대상 사이의 뚜렷한 구별이 존재하지 않는다. 하지만 인식은 이러한 무의식의 몽롱한 상태에서 벗어나야 한다. 그것은 몽롱한 통일에 구별을 가져오는 정신의 작용에 의해 가능한데 이러한 정신 활동이 의식이다.

의식은 객관과 구별된 주관의 활동이다. 의식의 활동은 주관과 객관의 구별을 전제한다. 혼수 상태에 빠져 있다거나 수면 상태에

---

[1] 자연적 혼에 대한 더 자세한 소개는 강순전, 「헤겔: 인간은 인정받기를 원하는 존재다」, 『인간에 대한 철학적 성찰』, 소광희 외, 문예출판사, 2005 참조.

있을 때 정신은 외부의 객체와 단절한 채 자기 자신 안에만 침잠해 있다. 우리가 이러한 상태에서 깨어난다는 것은 우리 외부의 대상을 우리와 분리하고 구별한다는 것을 말한다. 의식을 갖고 있다는 것은 그것의 상관자인 대상을 갖는다는 것을 말한다. 의식은 항상 대상에 관한 의식이고 대상에 관계하는 활동이다. 우리는 대상에 관한 의식의 활동을 인식, 그 결과를 지식이라고 한다. 의식이 대상에 관계하여 대상을 파악하는 여러 가지 방식에 따라 다양한 방식의 의식의 형태가 가능하다. 헤겔은 『정신현상학』과 주관정신의 현상학에서 감각적 확신, 지각, 오성, 자기의식, 이성 등 다양한 형태의 의식을 서술한다. 이러한 의식의 형태들은 의식의 활동이 인식인 한, 다양한 인식 모델이라고 할 수 있다. 하지만 이 인식들은 주관과 객관, 지식과 대상의 분리를 전제하는 의식의 방식으로 파악된 인식이다.[2]

헤겔에 따르면 이러한 인식은 궁극적인 진리를 파악하지 못한다. 헤겔은 근대정신의 노야가 주관과 객관의 분리에서 그 절정에 이르렀다고 진단한다. 칸트 철학이 보여주듯이 객관으로부터 주관이 독립하고 그것과 대립할 때 정신에는 뚜렷한 의식이 생겨난다. 하지만 객관으로 한계 지어진 주관은 동시에 유한한 주관으로 남을 수밖에 없다. 헤겔의 『정신현상학』은 객관과 분리된 유한한 주관인 의식을 비판하고 그것을 정신의 통일로 고양시키는 작업이다. 여기서 헤겔은 칸트 철학을 의식의 최고 형태로 간주하고 그것과 대결한다.

---

2 『정신현상학』에 대한 개괄적인 안내를 위해서 강순전, 『헤겔의 정신현상학』, 명지대출판부, 2007 참조.

칸트의 『순수이성비판』의 인식론적 전환은 시공간까지도 주관의 인식 형식으로 주관화한다. 여기서는 의식에 주어지는 현상만이 엄밀한 의미에서 존재한다고 할 수 있고 학문적 탐구의 대상이 될 수 있다. 하지만 칸트 철학은 일개 현상론으로 전락하지 않기 위하여 주관의 경험의 영역 밖에 사물 자체를 설정한다. 주관의 영역에서 일어나는 경험은 주관의 영역 밖으로부터 사물 자체에 의해 감각기관이 촉발되어 나타나는 현상이다. 칸트는 사물 자체는 경험에 주어지지 않기 때문에 우리는 사물 자체에 대해서는 전혀 알지 못한다고 한다. 사물 자체는 경험이 가능하게 되기 위한 논리적 한계 개념일 뿐이다. 하지만 우리는 현상이 사물 자체의 현상이라는 것을 어떻게 알 수 있는가? 이에 대해 칸트는 빨강의 감각이 이러한 감각을 야기하는 빨강의 성질과 닮은 것이 당연하듯이 우리 주관의 공간 표상이 객관, 즉 사물 자체와 닮았다고 말할 수 있다고 주장한다.[3] 하지만 현상이 사물 자체와 합치한다는 것을 우리는 어떻게 인식할 수 있는가? 현상과 사물 자체의 관계는 인식의 대상이 아니다. 양자의 관계가 증명될 수 없다면 결국 칸트에게 남는 것은 현상의 세계뿐이다. 사물 자체가 '존재하는지'도 우리는 인식할 수 없고, 우리에게 확실히 인식되는 것은 현상으로서의 사물뿐이다. 이로써 칸트의 의식철학에서 주관의 인식은 객관의 사물 자체와 근원적으로 분리된다.

헤겔에 따르면 본래 인식은 세계의 내용에 관한 것이다. 인식은 사물에 대한 인식이다. 하지만 칸트는 감각에 의해 제약된 인식만을 참된 인식이라고 보기 때문에, 현상의 사물만이 인식되고 우리

> **사물 자체**
> 칸트 철학의 중심 개념. 세계를 인식하는 주체들과 독립적으로 존재하며, 인식 주체들에게 나타나는 현상과는 별도로, 이 현상들의 궁극적인 원인이라고 여겨지는 실체.

---

3   I. Kant, *Prolegomena zu einer jeden künftigen Metaphysik*, §13 주 II.

**기체**
원래는 '아래 놓여 있는 것'을 뜻한다. 문법적으로 많은 술어들이 하나의 주어에 귀속될 수 있듯이, 다양한 속성이 귀속될 수 있는 존재자를 가리킨다.

가 현상의 기체라고 생각할 수 있을 본래의 사물은 '자체'라는 부가어와 함께 인식의 피안으로 밀려난다. 헤겔은 칸트의 코페르니쿠스적인 전환이 불완전하다고 생각한다. 인식은 사물 자체에까지 미쳐야 한다. 그래서 헤겔은 사물 자체까지도 주관으로 환원한다. 이와 더불어 주체성 밖에는 아무것도 남지 않는 절대적인 주체성이 형성된다. 주체성이 '절대적'으로 된다는 것은 주체성 밖의 어떤 것도 주체성과 대립되어 있지 않기 때문에 주체성이 동시에 객체성이 된다는 것이다. 이제 마음은 사물 자체와 대립되어 사물 자체에는 미치지 못하고 자신의 확신에만 머무는 협소한 의식이 아니다. 마음은 이미 세계 자체 속에 흩어져 있다. 절대적 주체성인 정신은 다름 아닌 세계의 질서다. 이성론자인 헤겔은 세계가 이성적인 질서로 짜여져 있다고 주장한다. 세계의 이성적 질서는 그 자체 주관과 객관의 근원적 통일로 존재한다. 그것은 그에 따라서 개별 경험이 가능하게 되는 경험의 필요조건으로서 개별 경험에 앞서 이미 존재하는 원리다. 이성은 이제 칸트에게서처럼 인식의 주관적 기능이 아니라 정신으로서 사태의 객관적 질서다.

의식에서 정신으로의 고양이라는 헤겔의 『정신현상학』의 과제는 '절대적 주체성'이라는 헤겔 자신의 고유한 철학적 관점을 확보하기 위한 것이다. 청년기의 헤겔은 이러한 철학적 관점을 철학이 도달해야 할 이상이자, 철학적 탐구가 목표로 하는 진리로서 추구하였다. 이러한 목표를 청년 헤겔은 존재, 생명, 통일, 절대자 등으로 표현하였다. 철학적 탐구는 참다운 존재를 파악하는 것인데, 그러한 존재는 생명이다. 생명은 부분들을 통일하고 있는 전체다. 기계론적인 합성물에서 부분들은 전체를 떠나서도 그 자체로 존립하지만, 생명체에서 부분들이 떨어져나온다면 부분은 생명을 잃고

썩어 없어지기 마련이다. 생명체의 경우 부분들은 전체를 통해서만 존재하며, 부분들에 대한 설명도 궁극적으로 전체로부터 부분을 설명하는 방식으로만 온전히 설명할 수 있다. 생명을 존재의 범형範型으로 보는 헤겔 철학은 생물학적인 철학이라고 할 수 있다.

물리학적 기계론적 설명은 부분으로부터 전체를 설명하려고 한다. 하지만 헤겔에 따르면 이런 방식으로는 전체로서의 생명에 이르지 못한다. 칸트의 『순수이성비판』은 물리학적이고 기계론적인 사고방식에 입각해 있다. 물론 칸트도 『판단력비판』에서 유기적 전체로서의 생명체에 대한 사상을 전개하지만, 『순수이성비판』에서 초석을 놓은 기계론적 사고방식이 그의 사상에서 너무 확고하게 지배적이기 때문에, 그는 유기적 전체성이 생명체의 객관적인 존재방식이 아니라 단지 우리의 주관적인 생각일 뿐이라고 후퇴한다. 칸트에게서 인식은 감각에 의해 제약되기 때문에 주관은 객관으로부터 원리적으로 분리되고, 부분들로부터 전체를 구성하는 기계론적인 것이기 때문에 절대적인 것에 도달하지 못한다. 통상적으로 우리는 '절대적'이라는 말을 칸트와 같은 방식으로 이해한다. 헤겔은 이러한 통상적인 생각을 '자연적 의식'이라고 한다. 주관과 객관이 분리되어 있다는 생각은 상식적으로 자연스런 생각으로 통용되고 있다. 이러한 의식에서 객관과 분리된 주관은 객관의 총합인 절대적인 것에 결코 도달하지 못한다. 여기서 절대자란 인간 인식의 피안에 놓여 있는 초월자다.

하지만 생물학적인 철학의 관점에서 볼 때, 절대적인 것은 부분들로부터 시작해서 그것들의 결합을 통해서는 결코 구성될 수 없다. 절대적인 것은 그런 것으로 생각되어서는 안되며, 오히려 도처에 존재하는 생명체가 구현하는 생명성에 다름 아니라고 보아야 한다. 생명체의 부분들은 전체로부터 독립하지 못하고 전체에 유기적으로 통합되어 있다. 이러한 유기적 통일성이 절대성에 다름 아니다. '절대적'이라는 말은 '상대적'이라는 말의 반대말이다. 어떤 것이 상대적이려면 그것은 자신의 상관자를 가져야 하며, 양자가 서로 동등한 권리를 갖고 대립하여야 한다. 절대적인 것das Absolute은 이렇게 자신에 대립해서 상대적인 존립을 주장하는 모든 관계항을 자신 속에 용해solution해 넣은 것이다. 그럼으로써 그것은 상대적인 것에 의한 제한으로부터 해방된 것이다.[4] 헤겔이 말하는 절대자, 절대정신, 절대적 주체성은 이같이 자신의 밖에서 자신을 제약하는 모든 대립을 자신 속에 용해해 넣는 절대적 통일성을 말한다.

이같이 분리와 대립을 본성으로 하는 정신인 의식으로부터 해방된 절대적 주체성의 지평은 주관과 객관이 통일된 세계의 이성적 질서 자체다. 주관과 객관의 상호관계도 이러한 이성적 질서 안에 놓여 있다. 하지만 우리의 마음은 그 자체 아직 절대정신은 아니며 그 안에서 객관과 구별된 개인의 주관적 정신으로서 있다. 따라서 우리의 마음에서는 객관을 어떻게 인식하느냐가 문제가 된다. 하지만 정신으로서의 우리 마음은 더 이상 객관과 분리된 의식의 방식이 아니라 그것을 통일의 방식에서 파악하여야 한다. 이 통일의 방식이란 무엇인가? 우리의 정신이 주관과 객관의 통일의 방식으로 객관을 인식한다는 것은 어떻게 가능한가? 이러한 물음에 답하기 위해 정신의 활동으로서 인식을 헤겔이 어떻게 서술하고 있는

---

[4] '절대적인 것' 혹은 '절대자'에 대한 독일어 표현 'das Absolute'와 영어 표현 'the absolute'는 모두 라틴어 'absolutus'에서 유래한다. 'absolutus'는 '~로부터 벗어나다'는 의미의 전철 'ab-'에 '(제한으로부터) 풀려난, 자유로운'이라는 의미의 'solutus'가 결합된 것이다.

지 들여다보자.

## 이론적 정신으로서의 인식

칸트가 인간 인식을 감성적 직관에 제약된 유한한 것으로 파악했다면, 헤겔은 자신의 철학을 절대적 지평 위에 세우고 그로부터 인간의 인식 역시 절대적인 진리를 파악할 수 있는 것이라고 주장한다. 칸트에게서처럼 객관과 대립하고 있고 객관의 제약에 묶여 있는 의식은 원리적으로 진리를 제한 없이 파악할 수는 없다. 하지만 정신은 의식과 같이 객관의 제약에 묶여 있는 것이 아니라 오직 자신의 존재로부터 출발하는 자발성이다. 이제 어떤 것도 주어지는 것이 아니라 모두 정신에 의해 정립된다. 그렇다면 인간의 정신은 원리적으로 어떠한 제약도 없이, 신적인 정신과 공통된 것인 진리를 파악할 수 있다. 인간 정신이 원리적으로 신적인 것과 진리 자체를 파악할 수 있다는 것은 인간 인식이 경험적 우연성으로부터 순화된다면 순수하게 사유와 존재의 통일에 도달할 수 있다는 것이다. "정신은 인간이 지니고 있는 신성이다."(『정신철학』 441절 보충) 참된 이성으로서의 정신은 그 자체로는 어떤 제한도 갖지 않는다.

통상적인 의미로 '인식'이란 발견된 것을 정신 자신의 것으로 정립하는 것이다. 이렇게 인식하는 이론적 정신을 헤겔은 '지성Intelligenz'이라고 표현한다. 이것은 최근 한국에서 일군의 칸트 학자들이 '지성'이라고 번역하는 '오성Verstand'과는 다른 개념이다. 오성이 추상작용을 통해 대상을 분리하는 능력이라고 한다면 지성은 정신의 여

> **현상**
> '사물 그 자체'와 대비되는 칸트 철학의 중심개념. 인식 주체들은 일정한 형식에 따라 세계를 인식하며, 따라서 주체들이 인식하는 사물은 이미 이런 형식에 의해 규정지어진 현상이라고 할 수 있다.

러 가지 능력을 총괄하여 총체적으로 인식하는 능력이다. 헤겔이 말하는 인식은 지성의 행위다. 인식은 지성에게 외적인 것으로 발견되는 것을 지성 자신에 대해 있는 것으로 변형시키는 작업이다. 하지만 외적인 것으로 발견되는 것은 그렇게 보일 뿐scheinen이지 사실은 외적인 것이 아니다. 따라서 인식은 외적인 것으로 발견되는 것이 지니는 가상Schein을 벗겨내는 작업이다. 외적인 것으로 보이는 것은 사실은 이성적인 것이다. 헤겔은 세계의 이성적 질서를 '개념'이라고 표현하는데, 세계가 개념적이기 때문에 세계는 인간의 마음인 주관정신의 개념에 의해 온전히 파악될 수 있다. 인식이란 사물의 껍데기를 에워싸고 있는 경험적인 것을 뚫고들어가서 이성적이고 개념적인 사물의 실체를 발견하는 것이다. 따라서 이성적이고 개념적인 사물은 주관정신에 외적인 것이 아니다. 이런 의미에서 헤겔은 객관이 밖으로부터 정신에게 부과되는 것이 아니라 정신이 객관성을 포괄하고 있다고 말한다. 정신은 외부로부터 낯선 대상을 받아들이는 것이 아니라 오직 자기 자신만을 발견하며, 더 적극적으로 말해 대상을 자신의 방식으로 정립함으로써 외적인 타자라고 하는 대상이 지닌 가상을 지양하고 절대적으로 자신을 규정하는 것이다. 정신이 대상을 자신의 규정으로 정립함으로써 주관과 객관의 대립은 지양된다. 이론적 정신은 이러한 방식으로 주관과 객관의 통일, 즉 이성을 인식한다.

헤겔이 칸트의 코페르니쿠스적 전환이 멈춰선 '현상'이라는 지점에서 사물 자체에까지 나아갈 수 있었던 것은 사물의 진리가 이성적 개념이라는 통찰에 기초하고 있었기 때문이다. 이성은 이성을 파악한다. 하지만 헤겔 철학이 단순히 칸트 철학의 인식 영역을 확장하는 데에 그치는 것은 아니다. 헤겔은 더 나아가 칸트와는 다른 방식의 인식을 제시한다. 칸트에게 인식은 감성과 오성이라는 원리적으로 서로 다른 부분적 능력들의 외적인 결합으로 설명된다. 하지만 헤겔에게 인식은 감각, 주의, 직관, 상기, 상상력, 기억, 오성, 판단, 이성의 능력을 통해 수행되지만 이 인식의 계기들은 서로 고립되어 있는 것이 아니라 지성이라는 총체적 인식의 계기로서 종합적으로 작용한다. 인식의 모든 계기는 인간의 의식의 임의적인 산물이 아니라 그것들의 근저에 놓여 있는 정신의 필연적인 현상 방식이다.

| 직관

인식의 최초 단계는 감각이다. 흔히 감각은 외적인 자극에 대한 수용으로 간주된다. 하지만 이러한 견해에는 주관과 객관이 분리되어 있다는 가정이 숨어 있다. 헤겔은 이러한 가정에 반대하여 감각을 주관과 객관의 통일의 관점에서 해명한다. 헤겔에게 감각은 정신의 최초의 인식방식이다. 정신은 객관에서 출발하고 객관에 제약되어 있는 것이 아니라 자신으로부터 출발하고 자신의 규정과 관계할 뿐이다. 따라서 정신의 한 가지 방식인 감각도 밖으로부터 정신에 부가되는 것이 아니다. 정신은 의식처럼 주관적인 것과 객관적인 것의 분리 속에 있는 것이 아니라, 주관과 객관의 통일, 개념과 실재성의 통일에 대한 앎이다. 이러한 앎은 정신이 대상을 자신에게 독립적인 사태로 내버려두는 것이 아니라 정신에 의해 정립된 것으로 실증하고 설명하는 것이다. 의식은 인식의 내용을 외적으로 주어진 대상으로서 간주하지만, 감각으로서의 정신은 "자기 자신이 그렇게 규정되어 있음을 발견"한다(『정신철학』 446절). 정신은 아직 감각의 형태로 있기 때문에 소재를 발견한다. 발견한다는 것

은 정신 자신의 내부로부터 산출하는 것이 아니라 외부로부터 주어지는 것을 수용하는 것처럼 보인다. 하지만 헤겔은 대상이 정신에 외적인 것처럼 보이는 것은 가상이라고 한다. 감각으로서의 정신이 발견하는 것은 자기 자신이 그렇게 규정되어 있는 것, 자기 자신의 내용에 다름 아니다. 따라서 감각은 외적으로 주어진 것을 수용하는 것이 아니다. 감각을 통해 발견되는 내용 중 어떤 것도 감각하는 정신으로부터 말미암지 않는 외적인 것, 타자는 없다. 그러한 것은 감각에 인식될 수 없기 때문이다.

정신은 논리적으로는 '개념'이라고 표현된다. 헤겔의 개념은 대상성을 규정하는 정신적 원리라는 점에서 칸트의 범주, 순수오성 개념과도 같은 것이다. 헤겔은 개념이 없이는 감각도 주어질 수 없다고 주장한다. 감각은 개념을 통해서만 우리에게 인식된다는 것이다. 칸트에게서도 오성이 시간의 근거인 내감內感을 촉발하고 내감의 형식인 시간이 공간에서 주어진 것을 가능케 한다는 점에서, 시공간에 주어지는 감각적 직관을 가능케 하는 것은 순수오성 개념이라고 할 수 있다. 이 점에서 칸트 역시 감각은 개념을 통해서만 가능하다고 주장한다고 할 수 있다. 하지만 칸트에게서 감각은 사물 자체로부터 촉발되는 외적으로 주어진 것이기도 하기 때문에 감각과 개념은 외적으로만 결합한다. 따라서 칸트에게서는 감각이 개념을 통해서만 주어진다고 하더라도 외적인 감각, 개념적이지 않은 감각이 어떻게 개념과 일치할 수 있는가의 문제가 남는다. 헤겔은 칸트와 같은 감각과 개념의 외적인 결합에 만족하지 않는다. 헤겔에게서 감각은 외적으로 주어지는 것이 아니라 정신의 내용이다.

물론 감각은 인식의 소재素材다. 하지만 인식은 그것을 외부로부터 받아들이는 것이 아니라 감각의 내용이 인식하는 지성에 직접

---

**내감**
외부 대상을 지각하는 능력인 외감과 대비되는 능력. 외감을 통해 외부 대상에 대한 지식을 얻듯, 자신의 마음에 대한 내성 introspection을 통해 그것에 대한 지식을 얻을 수 있다는 생각의 표현.

적으로 존재하는 것이다. 지성이 밖으로부터 받아들이는 것처럼 보이는 것은 사실은 이성적 내용에 다름 아니다. 느낌의 소재는 이미 정신 속에 내재해 있고, 그것은 정신이 그렇게 규정되어 있음일 뿐이다. 따라서 "감각 속에는 이미 이성 전체─정신의 소재 전체가 현존해 있다."(『정신철학』 447절 보충) 반면 칸트에게서 감각이나 직관은 오성에 외적인 것이기 때문에 어떤 오성적·이성적 요소도 포함하지 않는 것이다. 칸트에게 감성적 직관은 무성격한 것이고 이성적인 것이 아니다. 하지만 헤겔에게 감각은 정신이 드러나는 하나의 방식이다. 따라서 감각은 정신에 의존한다. 도야된 정신은 도야된 감각을 갖는다. 우리는 이러한 점을 특별한 지성을 가진 사람이 특별한 감각을 갖는다는 사실에서 확인할 수 있다. 소재로서의 감각은 모든 사람에게 동일하게 주어지는 것이 아니다. 사람들은 정신의 도야 정도에 따라서 다른 감각을 갖는다. 따라서 정신 속으로 들어오는 감각은 어떤 매개 없이 주어지는 것이 아니라 이미 정신에 의해 "교정된 소재"다(『정신철학』 447절).

감각은 외부의 사물 자체에 의해서 촉발되는 것이 아니라 인식하는 지성에 그때그때 현재現在하는 것이다. 지성이 어떤 것을 대상화하면 그것은 우선 감각으로 정신에 현재한다. 하지만 대상화되는 내용 이외의 대상 자체, 즉 '사물 자체'는 정신에 주어지지 않기 때문에 우리는 그에 대해서 알지 못할 뿐 아니라 그것이 있다고 가정할 수도 없다. 대상은 그저 우리가 인식할 때 최초로 우리 정신에 감각적인 소재로서 존재하는 것일 뿐이다. 이러한 감각은 아직 거기에 어떤 더 이상의 정신적 구별도 가해지지 않은 직접적인 소재다. 정신의 가장 직접적인 형태인 감각의 소재는 몽롱한 통일일 뿐이기 때문에, 인식은 그것에 대한 더 나아간 구별로 진행해야 한다.

이러한 진행의 다음 단계로서의 정신의 작용이 주의注意, Aufmerksamkeit다. 주의란 감각적 소재에로 향하는 지성의 지향작용을 말한다. 주의하는 지성의 인식은 소재에 몰두한다. 하지만 이렇게 몰두하는 가운데 지성은 동시에 소재를 지성 자신의 것으로 정립한다. 이같이 주의는 "대상을 향한 지향"이면서 동시에 "자기 안으로의 반성"이라는 이중적인 작업이다(『정신철학』 448절 보충). 이러한 이중적 작업을 통해 지성은 주관과 객관의 통일 속에 있게 된다. 주의하는 가운데 감각적 소재에 대한 주관의 인식작용이 수행되고, 감각의 몽롱한 통일은 주관과 객관의 구별로 발전한다. 하지만 주관이 감각에 주의를 기울일 때 주관은 자신으로부터 객관을 분리한다고 할 수 있지만, 이것은 이론적인 구별일 뿐 주관은 주의하는 가운데 항상 자기의 통일 속에 사로잡혀 있다. 따라서 주의에서는 주관과 객관의 통일이 주도적인 것이고 아직 그 구별은 불명확한 것이다. 따라서 인식은 주관과 객관의 명확한 구별로 나아가야 한다. 그것을 수행하는 보다 고차적인 지성의 인식작용이 직관直觀이다.

직관은 감각을 주관으로부터 밀어내어 주관에 대립한 객관으로 변형시킨다. 물론 여기서 주관과 객관은 모두 인식하는 지성 안에서의 구별이다. 직관은 감각적 소재를 객관화하는 작업이다. 직관의 활동을 통해 감각은 시공간적인 형식을 지니게 된다. 하지만 여기서 시공간의 형식은 칸트에게서처럼 주관적인 형식이 아니라 이성적 질서로서 객관에 귀속되는 것이다. 헤겔에 따르면 시공간은 사물에 포함된 사물의 형식이다. "사물은 참으로 그 자체가 공간적이고 시간적이다."(『정신철학』 448절 보충)

직관은 시공간적으로 정립된 감각을 파악하는 작용이다. 하지만 헤겔이 말하는 직관의 작용은 칸트에게서처럼 감각을 개별성

속에서만 파악하는 의식의 작용이 아니다. 직관은 정신의 한 방식이기 때문에 직관의 대상은 감성적이기만 한 것이 아니라 동시에 이성적인 것이다. 그것은 서로 흩어지는 개별적인 것이 아니라 규정들을 통합하는 충만함이다. 정신을 결여한 의식은 여기서 단지 감성적인 것, 대상의 외면에만 머문다. 하지만 정신으로 충만한 직관은 대상의 실체적이고 본질적인 총체성을 파악한다. 헤겔이 말하는 직관은 단순히 감성적인 것이 아니라 셸링 F. Schelling이 말하는 것처럼 지적이며 이성적인 직관이다. 이러한 전체와 실체를 파악하는 직관이 사유의 기초가 되어야 한다. 왜냐하면 이러한 전체에 대한 올바른 직관이 기초가 될 때에만 우리는 참된 것에서 벗어나지 않고 특수한 것을 고찰할 수 있기 때문이다. 이러한 참된 직관이 결여된다면 오성은 유기적 생명체조차도 원인과 결과의 기계적 관계들로 갈기갈기 찢어놓고 자신이 만든 풍부한 구별을 정신적 연관 속에서 통일시키지 못한다. 역사를 서술할 때도 재능이 없는 역사가는 사건의 개별성에 머물러 실체를 파악하지 못하는 반면, 정신적으로 도야된 역사가는 사건의 실체를 직관한다.

하지만 직관은 아직 대상을 전개되지 않은 실체로서 파악할 뿐이기 때문에 직관에서 인식이 완성될 수는 없다. 참된 인식은 "실체의 내재적 발전"을 규명해야 한다. 직접적 직관을 가지고 이미 사태를 온전히 이해했다고 생각하는 것은 잘못이며, 인식은 개념적으로 파악하는 이성의 순수 사유에까지 나아가야 한다.

| 표상

직관은 감각의 소재를 시공간으로 객관화하는 작업이다. 감각

에 의해 직접적으로 존재하는 소재에 주의하고 이렇게 파악된 소재를 주관에 맞세워 객관적 시간과 공간에 정립하는 직관의 활동을 통해 소재적 대상이 형성된다. 물론 여기서 직관을 객관적이라고 말하더라도 그것은 직관이 주관 밖에 있다는 것이 아니라 주관의 인식 활동의 구별에서 단지 상대적으로 객관적이라는 것이다. 표상작용은 이러한 직관을 마음에 현재現在하게 하는 반성작용이다. 표상Vorstellung이란 말의 의미는 상을 마음으로 가져와 그 앞에 세운다vor-stellen는 뜻이다.

그 첫째 단계로서 상기想起, Erinnerung는 직관의 내용을 자기 자신으로 내면화er-innern해 자신의 시공간에 옮겨놓는 것이다. 이렇게 내면화한 직관의 내용을 심상心象, Bild이라고 한다. 우리는 수많은 직관을 갖고 그것을 우리 자신 속에 내면화한다. 그렇기 때문에 우리의 마음 안에는 헤아릴 수 없는 수많은 심상이 우리에게 의식되지 않은 채 저장되어 있다. 직관이 특정한 시간과 공간에 현재하는 소재를 파악하는 것이기 때문에 소재의 직접적 현재에 묶여 있는 반면에, 심상은 우리의 시간과 공간 속에서 옮겨진 감각 내용으로서 지속적이고 보편적인 것이다. 상기를 통해서 감각의 내용은 특수성에서 벗어나 지속성을 지닌다. 직관이 심상이 되면서 직관의 명료성과 신선함이 감소하는 대신에 항상성이 획득된다. 상기는 일차적으로 직관을 심상으로 만드는 내면화 작업이지만, 본래적인 의미의 상기는 보존된 심상을 불러오는 것이다. 가령 어떤 사람의 심상이 나의 마음 속에 희미해진 상태로 저장되어 있는데, 그 사람이 나의 눈앞에 현재하는 직관으로 주어지자마자 나는 그를 수많은 사람 중에서 그 사람으로 알아볼 수 있다. 이같이 심상은 그것의 직관이 현재할 때 일깨워진다.

표상의 둘째 단계는 상상력이다. 상상력은 다시 세 가지로 나뉜다. 첫 번째 상상력은 심상을 재현하는 재현적 상상력이다. 재현적 상상력이 심상을 재현한다는 점에서 상기와 같지만 직접적인 직관의 도움 없이 자의적으로 심상을 현존하게 한다는 점에서 상기와는 다르다. 두 번째 상상력은 심상을 서로 관련시키는 연합적 상상력이다. 헤겔이 말하는 연합적 상상력은 흄의 관념연합과도 같은 것이다. 하지만 헤겔은 연합적 상상력에 의한 관념연합을 객관적이고 법칙적인 연합이 아니라 상상에 따라 심상이 자유롭게 결합되는, 사상思想이 결여된 표상작용의 유희로 간주한다. 세 번째 가장 고차적인 상상력은 상징화하고 기호화하는 상상력이다. 상징화하는 상상력은 보편적인 생각을 특수한 심상에서 표현하는 것이다. 가령 제우스의 강함을 표현하기 위해 독수리를 심상화하는 것을 말한다. 개별성을 통해 보편적 표상을 표현하는 비유Allegorie, 감성적 소재를 통해 이념적 내용을 표현하는 시적 상상력 등 보편적 이념을 감성적 현존재인 심상의 형식으로 서술하는 예술 일반의 형식은 상징화하는 상상력의 활동이다. 상징화하는 상상력보다 더 고차적인 상상력은 기호화하는 상상력이다. 상징의 경우 심상의 내용은 그것이 표현하려는 표상의 내용과 많든 적든 연관이 있다. 하지만 기호의 경우 직관의 내용은 그것이 기호화하는 표상의 내용과 전혀 관련이 없다. 상징은 심상에 의해 매개된 표현이며 주관적이다. 반면에 기호는 알파벳에서 보듯이 심상과는 관계없는 추상적인 직관에 의한 객관적 표현이다. 가령 '사ㄱㅗㅏ'라는 기호는 'ㅅ'과 'ㅏ' 등의 기호가 주는 직관과는 전혀 관계없는 사과라는 사물의 의미를 표현한다. 이같이 기호의 경우 보편적 사상과 감성적 소재가 자의적으로 결합되기 때문에 우리는 기호의 의미를 배워야 한다.

표상의 셋째 단계는 기억이다. 흔히 우리는 기억을 상기와 동일한 의미로 이해하지만, 헤겔은 기억을 오직 기호와 관련된 것으로 제한한다. 말하자면 기억은 기호를 상기하여 자기의 것으로 하는 것이다. 기억은 언어기호에서 그것과 결합된 객관적 표상을 상기하는 것이다. 하지만 이 언어기호를 기억할 때 우리는 어떤 직관이나 심상도 필요로 하지 않는다. 가령 '가상假象'이라는 추상적인 단어에서뿐만 아니라 '사자獅子'라는 단어도 우리는 그 동물의 직관이나 심상이 없어도 단어의 의미를 이해할 수 있다. 언어기호는 심상이 결여된 단순한 표상이다. 언어기호를 기억하고 이해한다는 것은 직관이나 심상과는 관련 없는 추상적인 기호로서 그것을 보존하고 상기한다는 것이다. 우리가 사유를 한다는 것은 이러한 언어를 가지고 하는 것이다. 우리는 사유를 할 때 심상을 떠올리지 않고 언어를 가지고 사태事態, state of affairs를 사유하는 것이다.

우리는 우리의 사상을 언어 속에 그것의 의미로서 부여한다. 언어 없이 우리는 사유할 수 없다. 우리의 내면적인 생각은 언어의 형태로 외면화될 때에만 명확하게 된다. 언어가 없다면 우리의 생각은 몽롱한 상태에 머무르며 분명하게 사고할 수 없다. 하지만 진리의 담지자로서의 언어의 기능을 부정하는 신비주의적 사상은 사상이 언어에 묶여 있는 것을 사상의 불행으로 간주한다. 이러한 생각은 말로 표현할 수 없는 것이 가장 탁월하다는 생각이다. 어쩌면 주관과 객관을 분리하는 우리의 일상적 생각에서는, 객관은 진리의 담지자로서 우리의 사상과 언어가 모두 표현할 수 없는 깊이를 갖고 있는, 그보다 더 고차적인 무엇일 것이라고 생각할 수 있다. 이러한 생각에 따르면 언어는 객관의 진리를 표현하는 주관의 도구일 뿐이며, 그것도 서투른 도구일 뿐이다. 따라서 일상적인 생각은 그러한 신비주의 사상을 거부감 없이 받아들일 수 있다. 하지만 헤겔은 이러한 사상을 허영심에 가득 찬 생각이라고 비판한다. 헤겔에 따르면 언어는 사상에다 현존재를 부여한다. 말하자면 언어를 통해서만 사상은 존재하게 된다. 신비주의자들에 의해 가장 탁월하다고 간주되는, 언어로 표현할 수 없는 것은 실제로는 불투명하고 부풀려진 것이며 언어로 표현될 때 비로소 명료성을 얻게 되는 것이다.

하지만 사람들은 우리가 사태를 파악하지 않고 언어를 가지고 말장난만 일삼을 수 있다는 점을 지적한다. 이러한 일은 물론 가능하다. 하지만 헤겔은 이러한 일이 일어나는 것은 언어의 잘못이 아니라 불완전하고 내실 없는 사유의 책임이라고 한다. 참된 사상은 사태를 드러낸다. 언어가 참된 사유에 의해 사용될 때 언어 역시 사태다. 따라서 지성은 언어를 통해 사태를 파악하고 사태의 본성을 드러낸다. 이로써 헤겔은 "언어는 존재의 집"이라는 하이데거의 생각에 먼저 도달하고 있다. 존재라는 사태의 진리는 언어를 통해서만 형상화되고 사유될 수 있다.

헤겔의 이러한 주장을 소위 언어적 관념론으로 이해해서는 안 된다. 언어는 확실히 우리의 마음인 주관정신이 대상을 인식하는 매체다. 헤겔은 사태를 위해 언어보다 더 객관적인 '개념'이라는 표현을 사용한다. 헤겔의 개념은 주관의 심리적 산물이 아니라 사물의 이성적인 질서를 가리키는 객관적인 개념이다. 언어가 존재를 드러낼 수 있는 것은 그것이 개념의 객관적 질서를 반영하는 한에서다. 객관적 개념은 사태 자체를 형성한다. 우리는 이 개념을 넘어설 수 없다. 우리의 감각과 직관, 사유작용도 이 개념을 통해서만 가능하다. 따라서 개념은 그 안에서 그것을 통해서만 우리의 인식이 일어날 수 있는 틀로서 사태 자체이다. 헤겔은 우리의 마음을 넘어서는 개념의 객관적 질서가 있다고 주장한다. 언어는 이 개념에 상응하지 않게 헛되이 사용될 수도 있다. 하지만 이 개념을 표현할 때에만 언어는 참되게 사용되는 것이고, 우리는 이러한 언어를 통해서 사태를 사유한다. 이럴 때만 언어는 그 자체 사태가 된다. 언어가 존재의 집이라면 그것은 개념에 상응할 때에만 그러하다.

## 사유

사유는 가장 고차적인 정신의 활동이다. 정신이 수행하는 주관과 객관의 통일에 대한 앎은 더 이상 주관에 맞서 있는 타자로서의 객관을 탐구하는 것이 아니다. 정신은 객관성을 자신 안에 포함하고 있는 주관성이다. 정신의 가장 고차적 형태로서의 사유는 그 자신 주관적이면서 객관적이기도 한 것이다. 이러한 사유는 객관을 외부로부터 수용하지 않기 때문에 자기 자신만을 파악하며 대상을 남김없이 인식한다. 이 사유가 파악하는 대상은 주관과 객관의 통일인 이성이다. 이때 이성은 객관적인 이성, 세계의 개념적인 질서를 말한다. 세계의 개념적 질서는 이성이기 때문에 경험적 개별성과 우연성으로부터 순화된 사유 속에 온전히 드러난다. 사유하는 것은 이성적 활동이며 사유되는 것은 이성적 질서다. 따라서 사유에 의해 사유된 것은 바로 존재하는 것이다. 이러한 의미에서 헤겔은 "사유는 존재다"(『정신철학』 465절 보충)라고 말한다.

이같이 사유로서의 지성은 사유된 것이 존재한다는 것을 알며, 자신을 사태의 본성으로 안다. 그런데 자신이 사유하는 것이 곧 존재의 질서라는 것은 본래 신적인 사유의 특징이다. 주관정신은 직관이나 표상이 아니라 사유라는 방식을 통해 신적인 사유라고 할 수 있는 절대정신을 받아들인다. 헤겔에게서 절대정신이란 신학적 의미의 신이 아니라 세계 속에 내재하는 신적 질서, 영원한 진리를 말한다. 절대정신의 원리를 탐구하는 주관정신이 역사적으로 실현되어 완성될 때, 주관정신의 사유는 절대정신의 사유와 동일하게 된다. 주관정신과 절대정신의 정신적 동일성은 주관정신이 사유를 통해서 원리적으로 존재의 진리를 남김없이 파악할 수 있다는 것을 말한다. 이런 의미에서 절대정신은 주관정신에 현재한다. 하지만 주관정신이 유한한 한에서 절대정신은 주관정신에 대해 초월적이다. 그렇기 때문에 절대정신은 주관정신에 온전한 형태로 나타나지 않고 주관정신은 이성적 내용을 감각적 개별성 속에서 접하게 된다. 따라서 주관정신의 사유는 언어적으로 분절화되어야 하고 기호에 의존해야 한다. 또한 그것의 사상적 발전은 시간 속에서 수행되어야 한다. 인간의 사유는 이러한 유한성에 묶여 있지만 이것이 인식에서 본질적인 것은 아니다. 우리가 감각적 존재에서 벗어나 풍부한 사유 규정으로부터 사태를 파악할 때 우리는 사태의 진리에 도달하게 된다.

사유를 통해 이성적 질서를 파악하는 지성의 활동은 다음의 세 단계로 전개된다. 첫번째 단계인 오성은 "개별적인 것을 그것의 보편성, 즉 범주로부터" 설명한다(『정신철학』 467절). 오성적 사유에서는 보편적인 범주가 본질적인 것이고 개별자들은 범주에 포섭되는 예들에 불과한 것이다. 여기서 우리는 개별자와 보편자가 서로 분리되고 있음을 발견한다. 오성은 "우연적인 것을 본질적인 것에서 분리"시키는 추상작용이기도 한 것이다(『정신철학』 467절 보충).

두 번째 단계인 판단은 "개별적인 것을 보편적인 것이라고" 설명한다(『정신철학』 467절). 여기서는 개별적인 것은 더 이상 예와 같은 비본질적인 것이 아니라 주어로서 주어진다. 개별적인 것이 판단의 주어로서 판단에 속하는 한 그것은 판단의 본질적인 계기다. 왜냐하면 판단이란 개별자의 보편자에 대한 관계를 산출하는 작업이기 때문이다. 판단은 개별적인 것에서 출발하여 그것이 보편자에 대해 갖는 관계를 인식한다. 하지만 보편자 역시 오성에서처럼 개별적인 것에 추상적으로 맞서 있는 것이 아니라 개별적인 내용과 연관을 맺고, 개별자의 내용을 규정하는 보편적 내용으로서 나타나게 된다. 따라서 판단에서는 동일한 내용이 개별성과 보편성의 계기로 분할되는 것이다.

세 번째 단계인 추리는 "자신으로부터 내용을 규정한다."(『정신철학』 467절) 가령 '행성들은 태양 주위를 돈다'는 것은 보편적인 법칙이다. 각각의 특정한 행성은 특수자이며, 어떤 행성은 가까이 어떤 것은 멀리 떨어져서 회선한다. 이 각각의 특수한 경우들은 법칙이라는 보편자의 현시다. 여기서 보편자는 특수자를 포괄하는 구체적 보편자로 된다. 추론에서 보편자는 더 이상 추상적인 보편 개념으로서 개별자의 내용에 맞서 있지 않다. 그것은 개별자의 구체적 내용의 특수성을 자기 자신 안에 지니고 있다. 내용은 이제 사유라는 보편자의 현시로 나타난다. 이로써 지성은 내용이 주어진 것이라는 가상을 극복하고 내용을 자신의 것으로 안다.

우리는 이 세 번째 단계에서 비로소 진정한 이성적 사유의 단계에 이른다. 하지만 사유는 오성의 추상작용과 판단작용이라는 계기도 필요로 한다. 다만 오성이나 판단과 같은 추상적이고 형식적인 사유에 머문다면 사유는 보편과 특수, 주관과 객관의 온전한 통일에 도달하지 못한다. 오성은 분리시키는 추상작용이기 때문에 오성에서 대상은 "형식과 내용, 보편적인 것과 특수한 것으로 나눠진다."(『정신철학』 467절 보충) 이러한 오성에 대한 규정과 함께 헤겔은 칸트의 인식을 비판적으로 겨냥하고 있다. 오성은 칸트의 사물 자체 혹은 그것에 의해 촉발된 직관과 같은 공허한 내용과 밖으로부터 이것에 가해지는 규정성인 범주를 분할한다. 따라서 내용 혹은 직관은 자신의 형식 혹은 범주와는 무관하다.

오성에서와 마찬가지로 판단에서도 아직 대상 혹은 내용은 주어진 것이고, 따라서 인식은 타자에 의존하고 제약되어 있다. 하지만 타자에 의존하고 제약되어 있는 인식은 자유로운 정신의 활동이 아니다. 자유를 본질로 하는 정신은 내용을 산출하는 형식이다. 자유로운 정신의 활동으로서 사유는 객관을 자신의 내용으로 아는 주관과 객관의 통일에 대한 앎이다. 이에 대해 객관은 사유의 형식에 의해서만 인식되고 그러그러하게 형성되는 사상으로서의 사태이다. 따라서 사유의 형식과 객관의 내용은 서로 외적인 것이 아니라 내적으로 매개되어 있는 것이다. 그렇기 때문에 사유는 보편자이지만 자신을 특수화하여 특수를 자신 안에 포함하는 구체적 보편자이며, 특수자로서의 내용은 보편자인 사유에 의해 각인되어 보편자 안에서만 존재한다.

사유는 이러한 주관과 객관, 내용과 형식, 보편과 특수의 동일성에 대한 앎이다. 거기서 보편적 형식은 내용에 외면적인 것이 아니라 "자기 자신으로부터 내용을 산출하는 참된 형식"이다(『정신철학』 467절 보충). 거꾸로 사유에서 내용과 형식은 하나의 사물 안에 들어 있기 때문에 사물의 내용에 대한 분석은 그것의 사상적 질서이기도 하다. 따라서 "내용은 자신의 형식을 자기 자신으로부터 산출한다."(『정신철학』 467절 보충) 이같이 사유는 보편과 특수, 형식과 내용을 통합하고 있으며 자신의 규정 이외에 다른 어떤 내용도 가지고 있지 않다. 그렇기 때문에 "사유는 대상 속에서 오직 자기만을 찾고 발견한다."(『정신철학』 467절 보충)

사유는 주관과 객관의 통일에 대한 앎이다. 때문에 사유는 보편과 개별, 주관과 객관, 형식과 내용의 통일인 절대적 주체성에 상응하는 것이며 그 진리를 드러낼 수 있다. 물론 인간의 마음은 경험적 우연성에 내맡겨져 있는 유한한 것이기 때문에, 오류를 범할 수도 있고 시행착오를 거쳐 힘겹게 진리에 도달할 수도 있다. 하지만 헤겔은 이 경험적 제약을 칸트처럼 인간 인식에 구성적인 요소라고 보지 않고 인간 인식을 조건 짓는 본질적인 한계라고 간주하지 않는다. 헤겔에 따르면 감각적 경험은 이성적 질서를 감싸고 있는 껍데기에 불과하며 이것을 뚫고들어가 이성적 내용을 파악할 때 인식은 절대적인 진리를 파악할 수 있다. 이것이 "사유는 존재다"라는 명제의 의미다.

주지하다시피 칸트의 합리론 비판의 핵심은 합리론자들이 사유와 존재의 동일성을 주장하고 있는데, 순수사유는 감각적 직관을 결여하고 있기 때문에 존재와 동일한 것이 아니라는 것이다. 이러한 주장은 비판의 여지없이 자명하게 타당한 것같이 보이지만, 그것은 감각 경험을 밖으로부터 의식에 주어지는 것으로 간주한다는 전제 위에 서 있다. 감각적 직관이 밖으로부터 주어지는 것이라면 감각적 직관이 결여된 순수하게 주관적인 사유의 유희가 가능하고 그것은 마땅히 비실재적인 것이라고 해야 한다. 그래서 이러한 전제 하에서 사유와 존재는 동일할 수 없다. 하지만 헤겔은 이러한 전제를 거부한다. 헤겔에 따르면 감각적 직관이 밖으로부터 주어진다는 것은 가상이다. 우리의 인식의 내용을 구성하는 요소

중 어떤 것도 밖으로부터 주어지지 않는다. 밖으로부터 무엇이 주어진다는 것은 증명되지 않은 '소여所與, the given의 신화'다. 이미 살펴보았듯이 헤겔에게는 감각적 직관의 내용조차도 사유가 산출한 것이다. 그렇다면 이러한 사유는 존재를 가능케 하는 것이라는 의미에서 존재와 동일한 것이다.

정신의 가장 고차적인 형식인 사유에서 우리는 타자에 의존하지 않고 자기 자신에만 관계하는 자유라는 정신의 본질이 가장 잘 실현되고 있음을 본다. 정신이 파악하는 것은 자기 자신일 뿐이다. 정신적인 것 이외의 어떤 타자도 우리의 인식에는 주어질 수 없다. 따라서 정신은 어떤 타자에도 제약되지 않고 자기 자신만을 사유하는 자유로운 활동이다.

## 개인의 마음과 세계의 원리로서 자유로운 정신

이론적 정신이 지성을 통해 세계를 인식하는 것이라면 실천적 정신은 의지를 통해 보편적 자유를 의욕하는 것이다. 이론적 정신이 마음의 주관적 제한에서 벗어나야 했던 것처럼, 실천적 정신도 직접적이고 개별적인 감정과 충동으로부터 보편을 의지하는 자유로 고양되어야 한다. 헤겔은 인식과 의지의 관계에 있어서도 서로가 서로 속에 삼투되어 있음을 강조한다. 사유하는 작용 속에는 이미 의지가 작동하고 있고, 의지도 사유 없이는 작동하지 않는다. 맹목적인 의지는 없다. 모든 의지작용에는 사유가 수반되기 때문에 그것이 이성적이고 참된 의지인지 아닌지를 구별할 수 있다. 참된 의지는 보편적인 이성을 포함하고 있고 보편적인 자유의 이념을 의지하고 목적으로 삼음으로써 객관정신에 참여한다. 객관정신이란 법제도, 도덕, 그리고 가족, 시민사회, 국가에 있어서의 인륜성 속에 실현된 공동체적 정신이다. 이론적 인식이 그 두 가지 계기 중 하나인 주관으로부터 객관으로 나아가는 것이 아니라 두 계기의 통일에 기초하듯이, 실천적 인식도 마찬가지로 개인의 관점으로부터 사회를 파악하는 것이 아니라 공동체의 규범이 인식의 준거점이 된다. 따라서 개인의 주관적 정신은 객관정신으로 나아가야 하며 진리에 대한 학문적 고찰인 절대정신에 이르러서야 인간의 마음도 온전히 해명될 수 있다. 절대정신은 인륜성의 실체적 본질과 통일을 이루면서 자신을 자유로운 존재로 인식하고 행동하는 개체 속에 놓여 있다. 결국 개인의 마음은 개인 안에 원리를 두고 있는 것이 아니라 세계 전체와의 연관 속에서 그 내용과 원리를 찾아야 하는 것이다. 헤겔 철학의 정신은 전체로부터 부분을 보는 것이다.

정신이란 지성으로서나 의지로서나 주어진 제약을 벗어나서 오히려 이 제약들을 자신으로부터 산출하는 자유로운 활동이다. 정신은 자신으로부터 말미암는 활동이다. 이것이 바로 자유의 정의다. 정신의 본질은 자유이며, 정신적 존재로서의 인간은 본질적으로 자유로운 존재다. "자유의 이념은 인간이 가지고 있는 것이 아니라, 인간 자신이 이 이념이다."(『정신철학』 482절) 그렇기 때문에 인간의 자유가 훼손되었을 때 인간 자신의 현존재가 훼손되었다고 할 수 있다. 자유를 잃고 노예가 되는 것은 더 이상 인간으로서 존재하는 것이 아니다. 하지만 인간은 타인에 의해서만 부자유스럽게 되는 것이 아니라 자신의 자연에 의해서도 그러하다. 자신의 마음의 자연적인 본능에 사로잡혀 있을 때, 인간은 보편적인 것을 의지하지 못하고 자유로운 정신으로 고양될 수 없다. 의식의 제한에서 오는 욕망을 벗어나 자신의 생명의 충동과 열정을 사유하는 보편적 의지로 고양시킬 때 인간은 진정으로 자유로운 정신이 된다.

    이러한 정신의 자유는 의지의 작용에서만이 아니라 지성의 활동에서도 본질적인 특성으로 나타난다. 지성은 대상을 타자로서 발견하는 것이 아니라 자신으로부터 대상의 규정을 정립하는 자유로운 사유다. 부분에서 시작하여 다른 부분을 결합하려는 의식은 타자의 제약을 넘어설 수 없다. 전체로서의 보편이 자신으로부터 특수를 산출하여 개별 속에 통합하는 방식으로만 사유는 제한 없이 자유로울 수 있다. 정신이 마음의 내용이자 세계의 질서라는 것은 우리의 마음이 참되기 위해서는 이러한 방식으로 개인적 제한에서 벗어나 세계의 제한되지 않은 자유로운 본질을 비춰내야 한다는 것이다. 세계의 본질을 비춘다는 것은 단순히 세계를 반영한다는 의미를 넘어선다. 그것은 개인의 자유로운 창조적 사유와 세계의 제한 없는 본질이 날실과 씨실이 되어 인식의 양탄자를 짜내는 작업이다.

## 더 읽을거리

헤겔, 『정신철학』, 박병기 외 옮김, 울산대학교출판부, 2000

헤겔은 그의 철학체계를 『철학전서Enzyklopädie der philosophischen Wissenschaften im Grundrisse』에서 『논리학』, 『자연철학』, 『정신철학』의 3부로 분류하여 요약, 서술하고 있다. 『정신철학』은 그중 제3부에 해당한다. 『정신철학』은 「주관정신」, 「객관정신」, 「절대정신」으로 구분되는데, 그중 「주관정신」이 개인의 정신에 해당한다. 「주관정신」은 다시 〈인간학〉, 〈현상학〉, 〈심리학〉으로 구성되며 각각 자연적 혼, 의식, 정신을 주제로 다룬다. 인간의 마음에 관한 탐구를 위해 본고는 심리학을 중점적으로 다루었다. 여기서 심리학은 철학적 심리학으로서 인식과 의지의 능력인 정신을 대상으로 한다.

강순전, 「헤겔: 인간은 인정받기를 원하는 존재다」, 『인간에 대한 철학적 성찰』, 소광희 외, 문예출판사, 2005

헤겔의 『정신철학』의 주관정신 중 인간학에 해당하는 내용을 소개하고 있다. 인간학은 자연적 혼에 관한 것으로서 인간 정신에서 무의식의 영역 또는 자연적 본능을 다룬다. 헤겔에 따르면 인간 정신은 자연적 혼, 의식, 정신의 세 단계로 구분되는데 이 글은 그 첫 단계에 해당하는 자연적 혼에 관한 헤겔의 논의를 소개한 것이다. 인간의 마음에 관한 헤겔의 논의를 전체적으로 조망하기 위해서 읽을 필요가 있다.

강순전, 『헤겔의 정신현상학』, 명지대학교출판부, 2007

헤겔의 『정신현상학』은 감각적 확신, 지각, 오성, 자기의식, 이성 등 의식의 다양한 형태를 다룬다. 헤겔은 이러한 의식 형태의 발전을 자신의 논리학의 약도에 따라 구성한다. 이 책은 『정신현상학』의 내용을 의식의 형태와 그에 상응하는 논리적 규정 사이의 상관관계를 규명하면서 헤겔이 말하는 다양한 의식의 특성을 소개하고 있다. 또한 『정신현상학』의 이념을 서술하고 있는 서론Einleitung의 번역과 주석을 포함하고 있다.

장 이뽈리뜨, 『헤겔의 정신현상학』, 이종철 옮김, 문예출판사, 1989
　『정신현상학』에 관한 주석의 고전이다. 『정신현상학』의 내용을 원전의
　서술의 전개에 따라 두 권에 걸쳐 상세히 해설하고 있는 주석서다.
　『정신현상학』은 워낙 난해한 책이어서 원전의 번역도 쉽지 않을 뿐만 아니라
　번역된 원전을 직접 읽는 것도 일반 독자에게는 매우 힘든 작업이다.
　이뽈리뜨의 책은 내용도 충실하고 서술도 비교적 수월하기 때문에
　『정신현상학』의 내용을 본격적으로 공부하기에 가장 좋은 안내서 중의
　하나라고 할 수 있다.

M. Inwood, *A Commentary on Hegel's Philosophy of Mind*,
　Oxford University Press, 2010
　헤겔『철학전서』의 제3부『정신철학』의 번역과 함께 상세한 주석을 포함하고
　있다.

## 마르크스

## 천상에서 지상으로 내려온 마음

정호근

서울대학교 철학과와 대학원을 졸업하고 독일 프라이부르크대학에서 철학, 사회학, 정치학을 공부했다. 지금은 서울대학교 철학과에서 사회·정치·역사 철학 그리고 사회이론 등과 관련된 다양한 주제와 사조를 강의하고 있다. 인간의 사회·문화적 삶의 방식을 물질론적·발생이론적 접근을 통해 체계적으로 해명하는 데 관심이 있다.

"대상적 진리가 인간의 사유에 적절한가 아닌가의 하는 문제는 이론의 문제가 아니라 실천적 문제이다. 인간은 실천에서 진리를, 즉 현실성과 힘, 자신의 사유의 차안성을 증명해야 한다. 실천으로부터 유리된 사유의 현실성이나 비현실성에 관한 논쟁은 순전히 스콜라 철학적인 문제이다." _ 마르크스

마르크스는 1818년 독일 트리어에서 태어났다. 마르크스는 대학에서 법학을 공부하고 이어 철학을 연구했으나, 이내 시민사회의 해부학은 정치경제학에서 찾아야 한다는 확신에서 1940년대 중반 이후로 경제학 연구에 몰두했다. 그의 이러한 학문 이력은 오늘날 우리가 만개한 형태로 목격하는 세계 자체의 태동과, 그에 따라 세계를 이해하는 학문의 무게중심 이동을 보여준다. 마르크스는 역사와 경제를 포함한 사회에 대한 과학적 탐구를 추구하였지만, 고전학, 철학, 문학 등 인류의 시적 유산의 자양분을 두루 섭취한 보편적인 인문적 교양인이기도 했다.

마르크스는 이른바 '물질론적 전환'을 통해 근대적 의식을 첨예화하여 인류의 오랜 정신사를 지배한 '사고논리'를 전복하고, 인간과 세계에 대한 전래의 이해를 혁신하였다. 현대의 여러 철학사조도 그러하지만 현대인의 의식도 이 혁신의 영향으로부터 자유롭지 않다. 청년기 이후에는 마르크스의 본격적인 철학적 저술은 나오지 못한다. 이에 대해서는 1883년 런던에서 영면할 때까지 마르크스가 가난 속에서 초인적으로 경제학 연구에 전념했음에도 그의 '역작Opus magnum'인 『자본』마저 완간할 수 없었음을 상기할 필요가 있다. 그만큼 그의 과업은 거대한 것이었다. 마르크스의 철학은 철학의 논고로만 있는 것이 아니라 그의 저작에서 작동하고 있는 것이

며, 이것을 정식화하는 것은 후대 철학자들의 과제가 되었다.

철학의 현실적 영향이라는 면에서 마르크스에 비견할 철학자는 과거에도 없었고 아마 앞으로도 없을 것이다. 많은 사람들이 그를 자신의 사상이나 이론의 기반으로 언급하였지만, 정작 그가 이들을 어떻게 받아들였을지는 또 다른 문제이다. 정치나 이념과 무관하게 그는 일찍이 고전의 반열에 올라섰다.

## 철학의 현실성

철학은 현실에서 출발해서 하늘로 올라갔다가 다시 현실로 내려온다. 역사에 등장한 모든 위대한 철학은 이러했다. 철학의 현실성은 자칫하면 망각될 수 있기 때문에 철학은 항상 경각심을 가지고 있어야 한다. 지난 세기 초반 후설은 삶의 의미 상실을 위기로 진단하고, 이에 대한 책임을 객관주의적 물리주의의 이상을 좇는 유럽의 학문에서 찾고, 더 나아가서 이 위기의 근원을 '철학의 위기'로 소급하여 탐구한 바 있다. 삶의 세계를 망각한 철학이 학문의 위기를 초래하고 이로부터 인류의 삶의 위기가 초래된다는 것이다. 철학이 현실에서 완전히 실현된 순간은 아마 철학이 종말을 고하는 시점일 것이다. 아도르노의 말처럼 한때 시효가 지난 것처럼 보인 철학이 아직도 목숨을 부지하고 있는 것이 마르크스가 요구했던 철학의 실현이 지체된 때문이라면,[1] 이는 아직도 위기가 지속

---

1 아도르노, 『부정변증법』, 홍승용 옮김, 한길사, 1999, p.55.

되고 있다는 것과도 다르지 않다.

　마르크스의 철학은 무엇보다도 비판이다. 철학에 대한 마르크스의 관계 혹은 마르크스에게서 철학은 이중적이다. 만약 철학이 이처럼 위기의 원인 제공자이거나 여기에 기생하는 것인 한 그는 철학을 부정하고 지양하려는 반反철학자이나, 철학이 위기를 진단하고 그것을 극복하는 활동 자체라면 그는 진정한 의미의 철학자이다. 이것이 현존 사회주의의 몰락 이후에도 그의 이름이 사상思想의 무대에서 사라지지 않는 이유일 것이다. 마르크스가 평생을 바쳐 밝히고자 했던, 그토록 알고자 했던 것은 무엇이었는가? 우리는 이 글에서 마르크스의 철학의 전모를 돌아보고자 하는 것은 아니고, 그의 인간의 이해 그리고 이와 관련해 그가 밝힌 '역사의 비밀'의 일단만을 알아보고자 한다. 그러나 이것만으로도 그의 철학은 충분히 혁신적이다.[2]

---

[2] "여러 성서에 예고된 저 최후심판이 그리스도 예수를 통해 이루어지리라는 것은 아무도 부정하거나 의심하지 않는다. 사람들이 온 세상에 성서의 진실됨을 증명해 보였는데도 성서를 믿지 않는 사람들을 빼놓고는. 도저히 믿겨지지 않는 무슨 완고함이 있길래, 도대체 무슨 맹목이 있기에 믿지 않는지는 나도 모르겠다"(아우구스티누스, 『신국론』, 제19~22권, 성염 옮김, 분도출판사, 2004, p.2417)는 아우구스티누스의 고백에 가까운 말을 떠올려본다면, 그가 이해 못한 그 "완고함"과 "맹목"의 근거를 알기 위해 아우구스티누스야말로 마르크스를 읽을 수 있었다면 좋았을 것이다. 아우구스티누스는 저러한 '인간의 논지humana argumenta'들을 반박하고자 하는데, 마르크스의 철학이야말로 그러한 '인간의 논지'의 전형이라고 보아도 큰 잘못은 아닐 것이다.

## 현실적 인간

마르크스가 보는 인간은 구체적·현실적 인간이다. 구체적 인간이란 피와 살을 가진, 대지에 두 발을 굳건히 딛고 선 인간이며, 현실적 인간이란 일상적 삶의 세계에 편입되어 물질적 생활을 영위하는 인간이다. 마르크스의 인간에 대한 관심은 이러한 구체적·현실적 인간의 삶이 특정한 사회적 여건 아래에서 어떻게 구조화되는가 하는 데 있다. 그는 자본주의적으로 조직화된 사회에서는 인간의 삶이 '본연의 모습'에서 소외된다고 생각했다. 소외는 특히 초기 마르크스의 핵심적인 비판적 개념이다. 소외가 어떤 본연의 상태로부터 멀어지고 벗어난 것, 따라서 본성의 왜곡을 의미한다고 할 때, '인간의 소외'는 불가피하게 인간의 '본질'을 전제하는 듯 생각될 수도 있으나 여기서는 우선 '본질'이라는 말로써 영원불변한 '인간의 본질'과 같은 어떤 것을 상정하는 것은 아니라는 점만 기억해두자.

마르크스의 인간 이해의 출발점은 포이어바흐의 인간학적 물질론이다. 포이어바흐는 사태를 전도하는 관념론적인 헤겔 철학의 정수를 "헤겔에서는 사고가 존재이다. 사고가 주어이고 존재는 술어"[3]라고 단적으로 표현하고, 이러한 존재와 사유의 전도된 관계를 뒤집는다. "존재가 주어이고 사유는 술어이다. 사유는 존재로부터 생겨나나 존재는 사유로부터 생겨나지 않는다. 존재는 자신으로부

---

3  L. Feuerbach, *Anthropologischer Materialismus*, ed. A. Schmidt, Ullstein, 1967, p.94.

터 자신에 의해서 존재하며―존재는 오직 존재에 의해서 주어지고 자신 안에 근거를 갖는다."[4] 이렇듯 존재의 우위성과 우선성을 인정하면, 마르크스에서 인간은 다음과 같은 몇 가지 측면으로 규정될 수 있다.

첫째, 인간은 자연적 존재이다. "인간은 자연존재로서 그리고 살아 있는 자연존재로서 한편으로는 자연적 힘, 생명력을 갖추고 있는 활동적 자연존재이다. 이 힘들은 인간 안에 소질과 능력, 충동으로 존재한다"(『경제학-철학 수고』198). 자연적 존재인 한 인간은 이 자연적 욕구의 충족을 위해 자연과 물질교환 관계에 머물러야 한다. 자연과의 신진대사가 유지되는 한, 인간은 삶을 유지하는 것이다.

둘째, 인간은 대상적 존재이다. 인간은 자연적 존재로서 충동을 가지고 있는데, 이 "충동의 대상들은 그의 밖에, 그에게서 독립된 대상들로 존재한다."(『경제학-철학 수고』198 이하) 그렇기 때문에 인간은 욕구의 충족을 위해 자기 밖의 대상을 추구하지 않을 수 없으며, 이 활동은 불가피하게 고통스러운 과정이다. 대상적 존재는 자기 밖에 있는 대상을 가질 뿐만 아니라 그 자신도 자기 밖의 존재의 대상이 된다. 따라서 대상적이지 않은 존재란 '비존재'와 다름없는 것으로 그것은 아마 괴물이 아니라면 신과 같은 존재일 것이다. 대상적 존재는 자기 밖의 대상에 의존적이므로 고통을 겪지만 자신의 대상을 열정적으로 추구하는 적극적인 활동적 존재이기도 하다.

셋째, 인간은 사회적 존재이다. 앞서 언급한 조건들에 의해 인간은 노동을 통해 대상세계와 지속적으로 교섭하지 않을 수 없다.

---

4  L. Feuerbach, *Anthropologischer Materialismus*, ed. A. Schmidt, Ullstein, 1967, p.95.

그런데 인간의 노동은 다른 공존하는 사람들과의 협력을 필요로 한다. 개별적인 인간의 능력은 압도적인 자연환경 속에서 그의 생존을 보장하기에 미약하기 때문에, 다른 사람들과의 협력을 통해 자연에 대한 지배력을 확대하게 된다.

넷째, 인간은 의식적 존재이다. 인간은 의식을 가지는데, 이것은 의심의 여지없이 인간종의 가장 탁월한 능력이다. 그리고 언어는 타인에 대한 의식이다. 이렇듯 마르크스에서 인간은 개별적이고 자존적인 존재가 아니라 타자와 연관되어 있는 관계적 존재로서 파악되고 있다. 인간은 외적 자연과 교섭하는 자연연관, 다른 공동인간들과의 협업적 관계를 구축하는 사회연관 그리고 자기 자신과 내적으로 관계하는 주체연관으로 구성되는 존재인 것이다.

## 비본질적 인간관

근대의 세계는 인간에 수렴한다. 세계의 근거를 인간에서 구하는 태도를 인간주의라고 한다면, 마르크스의 철학은 인간주의적이다. 자연적 세계, 규범적 세계, 내면적 세계의 근거는 인간이 된다. 마르크스는 인간을 어떻게 이해하는가? 마르크스는 인간의 '본질'이라는 표현을 사용하나 여기서 본질의 의미는 조심스럽게 이해해야 한다. '본질적인 것'이란 일반적으로 어떤 것을 바로 그것이게끔 하는 것을 말한다. 예컨대, 여기 있는 이 사물, 이 책상을 '책상'이게 하는 것이 책상의 본질이다. 변화하는 세계에 개별적으로 존재하는 감각의 대상들과 달리 본질은 고정적인 것, 불변적인 것, 영원한 것이다. 지금 여기 눈앞에 있는 감각의 대상인 책상과 책상의 본질은 이 점에서 구별된다. 개별적인 책상은 본질의 한 사례이다. 전통적으로 진리는 보편적 타당성을 가지는 것으로 생각되었고, 철학은 본질에 대한 파악으로 이해되었다. 하지만 현대에는 이러한 본질론적 사고는 차이, 서로 다른 것들을 동일화하는 사고, 즉 '동일성 논리'로서 광범위하게 비판되는데, 그 근거는 동일성 논리는 이질적인 것을 같은 것으로 간주하여, 타자를 지배하고 배제하는 이 논리가 정치적으로 구현된 체제가 전체주의로 간주되기 때문이다.

마르크스가 말하는 인간의 본질이란 이러한 고정적·불변적인 것으로서의 본질이 아니다. 이것을 본질과 실존 개념의 구별을 통해서 좀 더 해명해보자. 예를 들어, 사르트르가 '실존existence'과 '본질essence'을 구별하고, '인간의 본성nature humaine'을 언급하면서 인간 존재에서는 '실존이 본질에 앞선다'고 할 때나, 하이데거가 '현존재의 본질은 실존에 있다'고 할 때, 이러한 말본질론을 표방하는 철학이 여전히 사용하는 인간의 '본질'이란 무엇을 의미하는가? 사물의 경우에는 목수의 머릿속에 예컨대 책상의 형상이 있고 그것에 따라 책상을 제작한다는 데서 본질이 실존에 앞선다고 할 수 있을 것이나, 인간의 경우에는 완성된 인간의 형상과 같은 본질이란 없을 뿐 아니라 그러한 형상이 있다 하더라도 그러한 것이 현실적인 인간 존재에서 가장 중요한 것도 아니다. 진정 나에게 관건이 되는 것, 또는 여실如實한 것은 내가 '인간'이라는 종에 속한다는 것이 아니라, 지금 여기 단적으로 있는 '나'라는 적나라한 사실이다. 하이데거가 '현존재의 본질은 실존에 있다'고 할 때, 마치 '실존'이 본질로 사유됨으로 인해 현존재의 본질이 전통 형이상학에서와 같은 인간의 본질규정, 예를 들면 '이성적 동물zoon logon echon, animal rationale'과 같은 것이 되거나 또는 형이상학적 본질규정에 새로이 '실존'이 추가된 것이 아니다. 하이데거가 실존을 탈존Ek-sistenz으로 사유하고, 사르트르가 '자신을 기획하여 열린 미래를 향해 던지는' 인간존재의 실존을 가능한 자유로서 기술하는 것은 본질론적 사유로부터의 이탈이다.

사르트르가 실존과 본질을 구별하고 인간을 본질로서 사유하는 것을 부정했을 때, 그는 비록 이 사고의 전환에 내포된 '사고논리'의 문제 자체를 개념적으로 포착하지는 못했을지라도 의식은 하고 있었다. 사르트르 식으로 보면 설령 사물 존재에 대해서는 본질이 실존에 선행할 수 있을지라도, 인간과 관련해서는 구체적 인간에 선행하는 '인간'이라는 보편적 개념이란 없다. '인간'이란 그가 비로소 만들어가는 것이고, 이것은 인간이 자유롭다는 말과 같은 것이다. "인간은 자유롭도록 선고받았다"라는—선고받는 자는 자유로울 수 없기 때문에—역설적으로 들리는 말에서 그러한 선고를 한 자는 신일 수 없다. 실존에 선행하는 인간의 본질에 대한 주장은 신이 존재하지 않는다면 성립할 수 없음을 무신론자인 사르트르는 간파하고 있다.

본질에 대한 사고에는 특정한 사고의 논리가 내재해 있다. 실천의 맥락과 분리된 사고를 인정하지 않는 물질론적인 관점에서는 이러한 사고에 작동하고 있는 '제작의 모델'이 쉽게 간파된다. 사물의 제작에서는 사물의 본질, 즉 형상이 제작자의 머릿속에 미리 존재하고 제작자가 그것에 따라 소재를 가공함으로써 개별 사물을 만들어낸다.[5] 본질과 실존을 구별하고 인간의 본질을 부정한 것은 인

---

5  아리스토텔레스의 말처럼 "기술에 의해 생겨나는 것들의 경우 그 형상은 영혼

간에 대한 사유에서는—제작자를 전제하지 않는 한—제작의 모델에 따라 사고할 수 없음을 간파하고 이 사고 모델에서 벗어나려고 한 것이다. 제작의 모델을 버리면 인간의 본질 개념은 무의미한 것이 되고, 만약 본질 개념을 언어의 관성에 따라 계속 사용한다면 그것은 이미 변형된 의미에서인 것이다.

본질을 이렇게 이해한다면, 마르크스가 말하는 인간의 '본질'은 형이상학적인 것이 아니라 차라리 아렌트적인 의미의 '인간의 조건'에 가까운 것이라고 할 수 있다. 아렌트도 '본성' 개념의 부적절함을 알아차리고 있는데, 본질이 그것 없이는 그것으로서 있을 수 없는 어떤 것이라면 인간의 본질은 없으며, 만약 있다면 그것은 신의 관점에서일 것이기 때문이다. 그렇기 때문에 철학사에서 플라톤 이래로 인간의 본질을 말하는 철학들이 신학적으로 됨을 아렌트는 지적하고 있다.[6] 아렌트가 인간의 활동적 삶을 '노동labor', '제작work', '행위action'로 규정할 때, 이 개념들 각각은 '인간'과 동일시될 수 없으며 또 그것들을 합친다고 하여도 사정은 미찬가지이다. 이런 의미에서 그것은 인간의 '본질'이 아니고 인간의 '조건'이다. 본질 개념에 대한 이러한 유보 하에 마르크스의 "인간의 본질은 사회적 관계의 앙상블" 또는 "인간의 본질은 개인 각자 속에 내재하는 추상

---

안에 있다."(『형이상학』 1032a) 그리고 "형상은 (…) 생겨나지 않고 그것의 생성은 없으며, 본질도 생겨나지 않는다."(『형이상학』 1033b) 인용은 『아리스토텔레스의 형이상학』, 조대호 역주, 문예출판사, 2004.

6  인간학의 효시라고도 할 아우구스티누스는 '인간이 나에게 문제가 되었다'고 하면서 "Who am I?"와 "What am I?"를 구별하는데, 여기서 "나는 누구인가?"가 나에 대한 질문이라면 "나는 무엇인가?"는 신의 입지에서 답할 수 있는 것이라는 아렌트의 지적을 참조하라. H. Arendt, *The Human Condition*, The University of Chicago Press, 1958, p.10, 각주 2.

이 아니다. 실제로 그것은 사회관계들의 총합이다"(『선집』1, 186)라는 말을 이해해야 한다. 이렇듯 형이상학적인 인간 본질과 결별하고 인간의 본질을 관계 개념으로 변용한 것이 마르크스적인 인간이해의 혁신성이며, 철학의 기본입장은 매우 다를지라도 이 점에서 마르크스는 사르트르나 하이데거와 같이 인간의 현실적 존재를 사유한 철학의 선구자이다.

## 현실적 인간의 역사

이러한 인간 이해가 마르크스의 역사 파악의 실마리가 된다. 역사의 이해는 어디에서 시작해야 하는가? 시작하기 위해서는 어떤 것을 전제해야 하지 않는가? 그러나 아무것도 전제하지 않는 '절대적 시작'에서 시작할 때만 그 학문의 엄밀성이 확보되지 않는가? 이렇게 묻는다면, 마르크스의 역사 재구성은 무전제적이지 않으며, 재구성의 '출발점'도 논리적인 의미에서 확실하거나 자명한 것이 아니다. 역사 파악의 출발점은 다만 자의적이거나 독단적이지 않는, 지극히 단순하고 부인할 수 없는 사실이면 충분하다. 그것은 이를테면 회의와 같은 사고실험을 거친 명증성이 아니라, 누구나 수긍할 수밖에 없는 '현실적' 전제로서 단적인 인간학적 사실이다. 역사가 있기 위해서는 일차적으로 인간, 즉 개체적 인간들이 있어야 한다. 그러나 이것은 데카르트의 코기토와 같은 것이 아니다. 데카르트의 코기토야말로 물질론적으로 보면 완전한 사태의 전도이다. 내가 생각하기 위해서는 먼저 생각할 수 있는 나의 '존재'가 있어야

**코기토**
"나는 생각한다, 고로 존재한다"는 데카르트 철학 제1원리의 약칭. 데카르트는 도저히 의심할 수 없는 이 진리로부터 다른 진리들의 기준을 세운다.

하기 때문이다. 아마도 이와 같은 전도는 세계에서 유리되어, 마치 사회적 진공 상태에서 독백적으로 사고하는 철학자만이 상상하거나 공상할 수 있는 사태일 것이다. 그렇기 때문에 마르크스는 다음과 같이 확언한다.

> 모든 인간 역사의 제1전제는 당연히, 살아 있는 인간 개인들의 생존이다. 그러므로 최초로 확인되어야 할 사실은 이 개인들의 신체적 조직과 이 신체적 조직에 의해서 주어진, 그 밖의 자연과의 관계이다. 물론 우리는 여기서 인간들 자신의 신체적 성질을 상술할 수도 없고, 인간들이 당면하고 있는 자연적 조건들, 즉 지질학적, 산악 수리학적, 풍토적 상황들이나 여타의 상황을 상술할 수도 없다. 모든 역사 서술은 이 자연적 기초들 및 역사 진행 속에서의 인간들의 행동에 의한 이 자연적 기초들의 변모로부터 출발할 수밖에 없다.(『선집』 1, 197)

인간이 신체를 가진 자연적 존재라는 언명은 너무나 당연해서 전혀 새로울 것이 없는 말 같지만 사실은 그렇지 않다. 이 전제로부터 사고를 전개한 철학이 흔치 않거니와 이것을 철저하게 사유한 철학은 더더욱 드물기 때문이다. 이 명제를 수긍하고 이로부터 뒤따라나오는 귀결들을 일관되게 좇게 되면 그 파급효과는 전래된 '사고논리'는 물론 세계에 대한 전래된 이해의 변혁을 요구하는 데까지 미치게 된다. 이 과정을 체계적으로 밟아가는 시도가 물질론 materialism적 철학이다. 인간은 유기체적인 개체로서 환경계와 경계를 두고 구별되며, 이 경계가 와해되지 않고 유지되는 한에서 자기를 보존한다. 자연적 존재로서 인간은 자연과 물질교환 관계를 유지해야 하는데(신진대사), 이것이 구현되는 방식은 인간의 유기체적인 신체조직에 달려 있다. 인간이 교섭하는 자연은 노동을 통해 인간의 유기체적 조직에 맞게 가공되어야 한다. 이러한 기본적 인간조건으로부터 출발해서 인간 삶의 복잡하고 다양한 조직화 방식까지 발생적으로 재구성하고자 하는 것이 물질론적 철학인 것이다.

마르크스는 포이어바흐의 영향을 받아 구체적 인간에서 출발해서 철학을 변혁하고자 한다. 이를 통해 자신의 정신적 창조물에 의해 거꾸로 지배되고 있는 인간을 그 소외로부터 해방하고자 한다. 그러나 마르크스에 따르면 포이어바흐는 헤겔을 뒤집음으로써 물질론적 전환은 수행했으나 헤겔에서 전도된 형태로나마 존재했던 실천의 계기를 놓치고 만다. 포이어바흐가 발견한 감성은 추상적인 것은 아니나 활동적·역사적인 계기는 포함하고 있지 않기 때문이다. 마르크스는 〈포이어바흐에 관한 6번째 테제〉에서 포이어바흐는 추상적 사유에 만족하지 않고 직관을 추구하나 "그는 감성을 실천적·인간적·감성적 활동으로서 파악하지 못하고 있다"고 비판한다(『선집』1, 186). 마르크스는 이로써 헤겔식의 관념론과 포이어바흐식의 물질론을 지양한다. 이것은 헤겔이 독일어 단어 'Aufheben'이 가진 '폐지'와 '보존'이라는 이중적 의미를 고유하게 활용한 의미에서의 지양이다.

> (포이어바흐의 물질론을 포함하여) 지금까지의 모든 물질론의 주요한 결함은 대상, 현실, 감성이 오직 객체의 혹은 관조의 형식 아래에서만 파악되고 있다는 것; 그리고 감성적 인간 활동으로서, 실천으로서 파악되지 않고, 주체적으로 파악되지 않는다는 것이다. 따라서 능동적 측면은 물질론에 대립해서 관념론에 의하여—물론 관념론은 현실적 감성적 행위 자체를 알지 못한다—추상적으로 발전된다. 포이어바흐는 감성적인 객체들—

사유 객체들과 현실적으로 구별되는 객체들—을 추구한다: 그러나 그는 인간의 활동 자체를 대상적 활동으로서 파악하고 있지 않다.(『선집』 1, 185)

이러한 실천적 물질론의 관점에서 볼 때 포이어바흐는 "포이어바흐가 물질론자인 한 그에게는 역사가 나타나지 않으며, 그가 역사를 고찰하는 한 그는 물질론자가 아니다"(『선집』 1, 207)라는 마르크스의 첨예한 표현처럼 지극히 비극적인 상으로 나타나게 된다.

마르크스는 위에서 본 역사의 제1전제에 입각하여 역사를 경험적 방식으로 재구성하고자 한다. 물질론은 제일철학이 아니며 (논리적) 무전제의 이론이기를 요구하지도 않는다. 물질론이 전제하는 것은 데카르트에서와 같은 의심할 바 없는 인식론적 명증의 결과가 아니며, 칸트의 선험철학에서와 같은 논리적 요청도 아니며, 후설에서와 같이 '환원'과 같은 방법적 조작의 대응물도 아니다. 이것은 지극히 '현실적인' 인간학적인 진재로서 마르크스의 표현처럼 상상 속에서나 부인할 수 있는 것이다. 이것 없이는 '인간'이라는 존재 자체가 있을 수 없는 그러한 전제에 해당되기 때문이다.

> 우리의 출발점이 되는 전제들은 결코 자의적인 전제들이 아니고, 독단들도 결코 아니며, 오직 상상 속에서만 도외시될 수 있을 현실적 전제들이다. 그것은 현실적 개인들, 그들의 행동 및 그들의 물질적 생활 조건들—기존의 생활 조건들뿐만 아니라 그들 자신의 행동에 의해서 산출된 생활 조건들까지—이다. 이러한 전제들은 따라서 완전히 경험적인 방식으로만 확인될 수 있다.(『선집』 1, 196)

다시 말하면, 이 전제를 받아들이지 않으면 철학적인 질문을 던지는 그러한 행위 자체가 있을 수 없는 것이다. 알려진 철학적 논증 유형과 굳이 비교하자면 일종의 '수행적 모순'이라고 할 수 있을 것이다. 이 모순은 명제의 수준에 위치하는 것이 아니라 실천의 맥락에서 성립하는 것이다. 역사는 인간의 역사이고, 그것이 어떤 것이든 역사가 있기 위해서는 인간적 개체들이 생존해야 한다. 이것을 부정하면 실천적 차원의 수행적 모순—자기의식의 일관성의 문제가 아니라 자기존재의 파괴, 그런 의미에서 실천적 모순—에 빠지고 말 것이다. 마르크스가 추구하는 경험적 고찰은 "기만과 사변"을 회피하려는 것이다.(『선집』1, 201) 이렇게 보면, "기만과 사변"을 벗어나기 위해 데카르트가 시도했던 사고실험과 이로부터 당도한 '명증'이야말로 '상상'의 산물에 불과한 것이 되고 만다.

이론사적인 면에서 마르크스가 가져온 가장 중요한 변혁 중의 하나는 정신이 미리부터 완결된 것으로 존재하는 것이 아니라 발생 과정을 거쳐 형성되어야 하고, 그것의 형성 과정이 앞서 언급한 것처럼 자연적 조건으로부터 출발해서 경험적으로 재구성될 수 있어야 한다는 요구이다. 철학사적으로 이 생성의 계기를 인식한 것은 헤겔의 공적이다. 그리고 이 생성의 계기야말로 마르크스가 헤겔의 '정신현상학'의 위대성으로 기리고 있는 것이기도 하다. 마르크스는 헤겔이 운동과 산출의 원리로서의 '부정성의 변증법'을 발견하고 인간의 자기 산출을 하나의 과정으로 파악한 것을 "헤겔의 '현상학'의 위대함과 최종 성과"라고 평가하고 있다. 그러나 마르크스적 시각으로 보면, 헤겔의 변증법은 발생의 이론이긴 하나 발생이 사변적인 방법으로 구축되고 있고, 칸트의 선험철학은 사변적이지는 않으나 발생의 차원이 결여되어 있다. 마르크스의 발생적 물질론은 이 만족스럽지 못한 대립구도를 지양한다.

## 마음의 비실체성

마르크스에서 의식은 "결코 의식된 존재das bewusste Sein 외의 다른 어떤 것일 수 없고, 인간의 존재는 인간의 현실적 삶의 과정이다."[7] 마음을 이루는 의식이 '의식되어 있음' 외의 다른 것이 아니라 함은 마음의 실체성을 부정하는 것이다. 마음의 물질론은 마음이 물질로 환원된다거나 마음의 작용이 물질의 작용이라는 데 있는 것이 아니라 마음의 자족성과 독립성, 마음 자체의 역사를 부정하는 것이다. 의식이 실체적인 것이 아니라 의식된 존재이고, 인간의 존재가 현실적 삶의 과정이라면, 마음은 물질적 삶과 매개되어 있는 것이다. 이 관계를 이른바 토대/상부구조 정리를 통해 좀 더 생각해 보자.

마르크스에 따르면 의식은 사회적으로 제약되어 있는 것이다. 일반적으로 토대/상부구조 정리로 알려진 이론은 그 간결한 정식화와 달리—아니 바로 그 간결성 때문에—논란의 여지가 많다.

> 의식이 삶을 규정하는 것이 아니라 삶이 의식을 규정한다. 사변이 끝나는 곳, 바로 현실적 삶에서, 따라서 현실적인, 실증적 학문, 실천적 활동, 인간의 실천적 발달 과정의 서술이 시작된다.(『선집』 1, 26 이하)

---

[7] K. Marx & F. Engels, *Die deutsche Ideologie*, *Marx Engels Werke 3*, Dietz Verlag, 1958, p.31.

「정치경제학 비판을 위하여」 서문에서는 앞서 "인간의 현실적 삶"이라고 표현된 것이 좀 더 분명하게 표현되어 있다. 헤겔 법철학에 대한 연구를 회고하면서, 마르크스는 자신의 학문 이력과 관련된 결정적인 전환의 계기를 다음과 같이 기술하고 있다.

> 법 관계들과 국가 형태들은 그것들 자체로부터 파악될 수 있는 것도, 또 이른바 인간 정신의 보편적 발전으로부터 파악될 수 있는 것도 아니며, 오히려 헤겔이 18세기의 영국인들과 프랑스인들의 선례를 따라 '시민 사회'라는 이름 아래 그 총체를 총괄하고 있는 물질적 생활 관계들에 뿌리 박고 있다는, 그러나 시민 사회의 해부학은 정치경제학에서 찾아져야 한다는 결론에 이르게 되었다.(「선집」 2, 477)

이어서 마르크스는 상부구조와 하부구조의 관계를 마르크스의 또 하나의 중요한 개념쌍인 생산력과 생산관계의 개념과 관련하여 선명하게 정식화한다.

> 인간들은 자신들의 생활을 사회적으로 생산하는 가운데, 자신들의 의지로부터 독립되어 있는 일정한 필연적 관계들, 즉 자신들의 물질적 생산력들의 일정한 발전 단계에 조응하는 생산 관계들에 들어선다. 이러한 생산 관계들의 총체가 사회의 경제적 구조, 즉 그 위에 법률적 및 정치적 상부 구조가 서며 일정한 사회적 의식 형태들이 그에 조응하는 그러한 실재적 토대를 이룬다. 물질적 생활의 생산 방식이 사회적·정치적·정신적 생활 과정 일반을 조건짓는다. 인간들의 의식이 그들의 존재를 규정하는 것이 아니라 거꾸로 그들의 사회적 존재가 그들의 의식을 규정한다.(「선집」 2, 478)

이 유명한 구절에서 우리의 주제와 관련해서 관심이 가는 것은 마지막 문장이다. 이 문장이야말로 의식과 존재, 개인과 사회 간의 관련성에 대한 기존 철학의 파악방식을 전복하는 것이다. 그러나 이 표현의 간명성과 급진성에 비하면 이 문장이 의미하는 바는 너무 일반적·총괄적이어서 '정리'로서는 불충분해 보인다. 이 명제는 일차적으로 사회구조와 의미의 관계에 대한 메타이론적인 진술로서는 큰 이의가 없이 받아들일 수 있을 것이나 다양한 종류와 형태를 가진 의식 일반에 대한 진술로서는 논의의 여지를 남긴다.[8] 그리고 사회적 존재가 의식을 규정한다고 할 때 여기서 이 "규정"이라는 말을 얼마나 엄격하게 파악하느냐에 따라 여러 해석이 가능할 수 있다. 상하위 체계 간에 인과적 의존관계를 설정하는 강한 해석은 궁극적으로는 환원론에 근접하게 될 것이며, 유연한 해석에서는 하위체게가 상위체계를 구조적으로 제한한다는 의미를 갖게 된다.[9]

아래에서 언급하게 될 다양한 층위를 포함하는 **상부구조**에 비하면 하부구조는 비교적 명확하다. 하부구조는 사회의 물실적 기초를 이루는 생산관계를 의미하며, 궁극적으로는 한 사회의 경제적 구조와 동일시된다. 반면 상부구조는 다양한 층위의 의미형성체를 포괄한다. 상부구조는 정치적 및 법률적 관계나 사회적 의식

---

[8] 예를 들면 만하임K. Mannheim의 지식사회학은 '의식의 존재구속성'을 말하는데, 여기에는 계급뿐만 아니라 집단귀속에서부터 세대까지 다양한 인자가 거론될 수 있다.

[9] 알튀세르의 이른바 구조주의적 마르크스주의 해석에서는 경제체계의 규정은 '최종심급에서' 그러한 것으로 제한된다. 그러나 라클라우와 무페와 같은 이른바 포스트마르크스주의적 입장에서는 이것도 결정론적인 점에서는 차이가 없는 것으로 비판된다. 어네스토 라클라우·샹탈 무페, 『사회변혁과 헤게모니』, 김성기 외 옮김, 터, 1990, 특히 p 122 이하 참조.

형태(종교, 예술, 도덕, 철학 등)와 같은 이데올로기적·제도적 산물 등을 가리키지만 그밖에 상이하고 다양한 영역을 포함한다.

① 문화적·사회적으로 객관화된 형태들
  - 법, 정치, 종교, 도덕, 철학, 예술과 같은 객관화된 사회적 의식의 형태들
  - 이데올로기 또는 실재에 직접적으로 상응하지 않는, 실재를 초월하는 의식인 상상적 의식[10]
② 법적 그리고 정치적 제도들
③ 특정한 사회적 기관들. 예컨대 국가, 정당, 교회, 교육기관 등

마음을 이루는 '객관적' 의식에는 현실과 직접적으로 관련된 의식으로부터 현실을 넘어선 의식, 그리고 현실을 왜곡하는 허위의식까지 여러 형태가 있을 수 있다. 상부구조와 하부구조의 정리는 각 사회의 상부구조로서의 모든 제도나 이데올로기가 그 물질적 토대로서의 생산관계에 의존함을 주장한다. 예를 들어 자본주의 사회의 국가기구, 정치체계, 사상, 문화는 모두 자본주의적 생산관계의 이익과 관심에 의해서 규정되고 제약될 수밖에 없다. 이 부분은 마르크스의 인식이론으로 더 정확히는 사회적 인식론이라고 할 수 있는 것이다. 여기서 마르크스의 사회적 인식론의 특징을 잘 보여주는, 교환에 대한 일종의 현상학적 기술이라고 할만한 흥미로운

---

10 상부구조는 이데올로기와 일치하지 않는다. 이데올로기는 현실을 체계적으로 굴절할 뿐만 아니라 현실의 지배질서를 정당화하는 특정한 기능을 하는 의식 형태이다.

예를 보자.[11] 자본주의 사회의 부는 상품의 집적이고 상품은 자본주의 사회의 원소이다. 상품들은 그것이 가진 물질적 성질에 의해 사람들의 욕구를 충족시키므로 상품들은 다른 사람들의 욕구를 충족시키기 위해 교환된다. 따라서 질적으로 동일한 물건들은 교환될 필요가 없고 질적으로 다른 물건들이 교환된다. 교환에서는 가치가 같은 것끼리 교환되는데, 문제는 질적으로 다른 것들은 그 가치를 서로 비교할 수가 없다는 것이다. 교환관계를 일반화하면 x 단위의 A 상품이 y 단위의 B 상품과 교환되므로, 여기에는 가치에 해당하는 동일한 어떤 것이 있어야 한다. 그렇다면 이 공통적인 것의 실체는 무엇일까? 마르크스에 따르면, 아리스토텔레스의 통찰은 여기까지 미치기는 했지만 이 실체를 파악하는 데 이르지는 못했다. 이 실체는 동등한 인간노동이다. 마르크스에 따르면 상품의 가치표현에서 동등관계를 발견한 것이야말로 아리스토텔레스의 천재성이라고 할 수 있으나, 그는 이 동등한 것이 인간노동이라는 것은 보지 못했다는 것이다. 여기서 사회적 인식론과 관련해 중요한 점은 이 한계가 아리스토텔레스 개인의 한계가 아니라 그가 살았던 사회의 역사적 한계라는 데 있다. 노예노동에 기반을 둔 고대사회에서는 동등한 인간의 노동이 가치의 근원임은 알려질 수 없다. 노예의 노동은 자연의 산물과 다름없게 나타나기 때문이다. 이 가치의 근원을 발견할 수 있기 위해서는 사회 여건의 '성숙'이 필요하다. 즉, 이러한 관계를 발견할 수 있는 조건은 교환의 일반화로서, 상품노동이 보편화되어 상품 형태가 노동생산물의 일반적 형태가 되어야 하고, 상품소유자 곧 노동자로서의 인간관계가 지배

---

11 마르크스, 『자본론』, 제1권(상), 김수행 옮김, 비봉출판사, 1989, p.75 이하.

적인 사회관계가 되어야 한다는 것이다.

여기서 한 가지 비판적 질문을 던져보자. 상부구조와 하부구조의 정리가 인식에 관한 일반이론이 될 수 있을까? 상부구조와 하부구조 논의의 유효성을 평가하기 위해서는 사회적 의식의 특정한 내용 또는 특정한 사고 형식이 사회 내에 주도적인 지식 형태로 되는 현상과 '사고논리' 자체를 구별할 필요가 있다. 예컨대 수학적 혹은 수량화하는 사고가 학문의 주도적 형태가 되는 현상이나 자연과학적 사고가 사회적으로 인정받는 지식 형태가 되는 현상 등에 대해서는 이 정리가 설명력을 가질 수 있을 것이나, 특정한 사고논리 자체의 타당성에 대해서는 동일한 효력을 주장하기 어려워 보인다. 예컨대 피아제가 보여준 사고의 발달논리에서 운동감각, 조작이전적preoperative 사고, 구체적 조작적 사고, 추상적 조작적 사고로의 발달에 내재한 사고의 발달논리 자체는 고유한 것으로 사회적인 제약은 여기에 작용하지 않는다. 예컨대 추상적 조작은 학습을 한다 하더라도 구체적 조작에 앞서 습득될 수 없는 것이다. 광범한 문화 비교적 연구들이 보여주었듯이 사고의 발달논리 자체는 사회 의존적이지 않으며, 인식에서 사회적 영향은 특정한 사고논리가 실현되지 않거나 시간적으로 지체되는 현상에 국한된다.

## 전도된 마음

마르크스의 종교비판은 철학적으로 우연한 것이 아니지만, 그에게 종교비판은 당시 독일에서 이미 종결된 것으로 간주되었다.

여기서는 잘 알려진 마르크스의 종교비판을 재론하지는 않고 다만 포이어바흐의 신학비판을 마르크스가 정치적·사회적 비판으로 전환하는 지점만을 기억하고자 한다. 포이어바흐가 개인의 한계를 인간종의 한계로, 완전성은 신에게로 투사한다면, 마르크스는 고통의 현실적 진원지인 사회적인 것으로 소급한다. 신에 의거하는 답변은 이론적인 면에서는 사고의 금지이고 실천적인 면에서는 고통의 진원지로 육박하여 문제를 해결하는 데 장애가 되는 것이다. 흥미롭게도 이 점에서 마르크스의 입장은 니체를 연상시킨다.

> '신', '영혼불멸', '구원', '피안'은 내가 어린아이였을 때조차도 주목하지도 시간을 투자하지도 않았던 개념들이다. (…) 무신론은 내게서는 즉각적으로 자명한 사실이다. 나는 너무 호기심이 많고, 의문이 많으며, 오만하여 조야한 대답에 만족하지 않는다. 신이란 하나의 조야한 대답이며, 우리 사유가들의 구미에는 맞지 않는다―심지어 그것은 본질적으로는 우리에게 조야한 금지를 하는 것일 뿐이다.[12]

종교적 소외 그리고 이상화된 관념론 철학의 문제는 실제 문제의 진원지인 현실을 이상화하거나 문제가 되는 현실로부터 도피하게 한다. 이 점은 마르크스 혹은 마르크스주의의 이데올로기 비판의 기본적인 특징이다. 종교의 소외뿐만이 아니라 철학의 소외도 이 점에서는 마찬가지다. 독일 관념론은 문제들을 내면화함으로써 정신적 발전의 혁명적인 방향을 다른 데로 돌리고, 시민계급의 실

---

12 니체, 「이 사람을 보라」, 『니체전집』, 제15권, 백승영 옮김, 책세상, 2002, p.349 이하.

제적인 문제 해결이 아니라 관념적인 해결을 조장했다.[13] 이러한 '내면화라는 마약'의 작용으로 독일 지식인층은 현실적인 감각을 상실하고 형이상학적인 환상에 빠지게 된다. 근대 계몽주의의 현실주의가 독일에서는 관념론과 정신주의의 양상으로 변용되어 나타나서 경험적 현실을 경멸하고 무시간적이고 무한하며 영원하고 절대적인 것을 지향하는 형이상학적 세계관으로 발전하게 되었다는 것이다. 칸트의 계몽주의는 사실 형이상학에 제동을 건 것인데, 독일 관념론은 칸트 철학에서 출발하였지만 칸트 인식론의 주관주의가 결과적으로 객관적 현실을 철저히 포기하는 데 이르게 하고, 마침내 계몽주의의 현실주의와 완전히 대립되는 위치에 도달하게 된다. 우리의 맥락에서 중요한 것은 이러한 철학적 표현이 순전히 이론의 문제가 아니라 하우저가 지적하듯이 18세기 후반의 특정한 사회적 계층, 즉 정치로부터 소외되어 현실적 영향력을 상실한 부르주아 지식인들이 생산한 사고양식 또는 언어형식이라는 점이다.

본질과 현상이 일치한다면, 즉 나타나는 모습과 참모습이 똑같다면 학문 혹은 이데올로기 비판은 불필요할 것이다. 그런데 이데올로기는 가능한 모든 의식의 착오를 망라하는 것이 아니라 제한된 종류의 왜곡된 의식을 의미한다. 이데올로기적 의식과 비이데올로기적 의식의 관계는 거짓과 참의 관계와 다르다. 이데올로기는 단순한 공상이나 환상이 아니라 체계적 조건으로 인해 지속적으로 생산, 재생산되는 '의견'으로서, 말하자면 "체계적으로 왜곡된 의사소통"(하버마스)이라고 할 수 있는 것이다.

---

13 이하 논의는 아르놀트 하우저, 『문학과 예술의 사회사 3』, 염무웅·반성완 옮김, 창비, 1999, p.150 이하 참조.

이데올로기 비판과 관련된 중요한 다른 측면은 역사성의 문제와 관련된다. 역사성이란 존재하는 것의 역사적 규정성 및 제약성을 의미하는 것으로 역사성에 대한 의식은 존재하는 것이 영원하고 불변적인 것이 아니라 변화 가능하다는 인식이나 믿음과 관련되어 있다. 그렇기 때문에 내재적 비판에 근거를 둔 이데올로기 비판에서는 현존하는 질서의 한계와 그 안에 내재하나 닫혀 있는 가능성을 드러내는 것이 중요한 과제가 되어왔다. 현존하는 것, 또는 기존하는 것은 비록 완강한 지배질서 안에서는 더더욱 고정된 것, 불변적인 것으로 보일지라도 필연적인 법칙적 자연이 아니라 역사적인 것이다. 현존하는 것이 인간 실천의 산물인 한 그것은 다시 실천에 의해서 변화 가능한 것이다. 따라서 역사성의 인식은 '현재'가 반드시 이 모습 그대로 있어야만 하는 것이 아님을 알려준다. 현재의 과거에 대해서는 역사를 인정하면서도 현재의 미래에 대해서는 역사를 부정하는 것은 일관성이 없는 것이다. 이데올로기 비판은 이데올로기가 일시적이고 가변적인 현상을 필연적인 것으로 기술함으로써 사회적 모순을 보이지 않게 은폐하여 결과적으로 지배관계로 점철된 현실을 옹호하거나 정당화하는 기능을 수행함을 폭로한다. 이데올로기는 그것을 주장하는 자의 의식이나 의도와 관계없이 결과적으로 현상의 존속에 기여하는 것이다.

끝으로, 이데올로기는 이익의 문제와 관련된다. 이데올로기는 특수한 이익을 보편적 이익, 공동의 이익으로 확대 전파하는 역할을 하거나 그러한 효과를 발휘한다. 특수한 것이 합리적·보편적 타당성의 옷을 입고 과잉효력을 주장하는 것이다. 특정한 계급은 자신의 특수이익을 모든 사회구성원의 공동이익으로 제시하는데, 이것은 그 자신의 이익을 유지, 확대, 관철하는 데 효과적이다. 프랑스 혁명은 이념적으로는 자유, 평등, 우애의 구호 하에 프롤레타리아를 동원하나 이를 통해 정작 해방된 자들은 부르주아(시민)였던 것이다.

이데올로기 비판은 마르크스 이론의 비판적 성격을 보여준다. 마르크스 이론을 관통하는 철학적 면모는 비판이다. 여기서 주목할 것은 마르크스의 비판은 초월적 준거에 입각하는 것이 아니라는 점이다. 비판은 관념과 실재 사이의 균열을 평가하고, 역사적인 맥락 속에서 양자의 관계를 비판하고, 현실을 초월하기 위하여 개념적인 원리들을 주장하는 현실과 대면한다. 이런 비판은 예컨대 부르주아적 질서의 관념과 실재 사이에, 또는 부르주아의 언어와 행위 사이에 존재하는 모순을 드러낸다. 사실상 부르주아적 사회질서는 위대한 보편적 이상, 즉 정의, 평등, 자유를 정치·도덕철학의 중심에 위치시키고 있으나, 이름과 그 실체가 부합하지 않는 것이다. 경제학과 같은 개별과학과 달리 마르크스의 사회비판이론은 경제학의 비판이고, 그 내용은 경제학의 개념체계를 고유한 방식으로 뒤집는 것이다. 호르크하이머의 지적처럼 마르크스의 사회비판에서는 경제를 지배하는 개념들이 반대의 것으로 즉, "정의로운 교환은 사회적 부정의의 심화로, 자유경제는 독점의 지배로, 생산적 노동은 생산을 저해하는 상태의 공고화로, 사회적 삶의 보존은 만민의 빈곤이라는 개념으로" 전화된다.[14]

---

14　M. Horkheimer, "Nachtrag", *Kritische Theorie*, vol. II, S. Fischer Verlag, 1968, p.195.

## 마음에 대한 마르크스의 기여

　이제 우리의 마음과 세계의 관계를 이중의 역사성이라는 개념으로 조금 더 해명해보자. 이중의 역사성이란 인식 주체의 역사성과 인식 객체의 역사성을 의미한다.[15] 역사성이란 앞서 언급했듯이 어떤 것의 존재 성격이 역사적인 것에 의해 제약되어 있음을 의미한다. 인식 주체는 완성된 인간으로서 언제나 동일한 초역사적 존재가 아니라, 오랜 세월에 걸친 개체 및 계통 발생의 결과이고, 인식의 대상도 대상 자체로서 항상 거기 그렇게 있었고 또 있는 것이 아니라 역사적 대상이다. 근원적 경험을 인식의 근거로 보고 인식의 확실성을 확보할 수 있다고 생각하여 거기로 소급하려는 철학은 흔히 지각의 근원성을 강조한다. 그러나 지각하는 주체의 지각 작용과 인식능력은 거의 450만 년에 달하는 인류 진화의 소산으로, 지각적 경험에는 인간의 감각기관의 진화뿐만 아니라 기술 발달에 의해—예컨대 망원경, 현미경 등을 통해—확장된 감각능력까지 함께 관련되어 작용하고 있다. 한 시대의 개체는 탄생의 순간부터 일차적인 관계자, 보호자와의 상호작용으로부터 시작되는 오랜 사회화 과정을 통해 말하고 행위하는 능력을 구비한 개인으로 성장하고 발달하여, 그 사회에서 요구되는 문화적 자산을 수용하고, 타당한 규범을 승인하고, 자신의 내면세계와 관계하는 주체로서의

---

15　이러한 문제의식은 호르크하이머, 「전통이론과 비판이론」, 『철학의 사회적 기능』, 조창섭 옮김, 전예원, 1983, p.21 이하에서도 볼 수 있다.

인격을 갖춘 사회성원이 된다. 따라서 이중의 역사성이란 대상의 사회적 성격과 인식 주체의 사회적 성격을 의미하는 것이다.

> 감각을 통해 우리가 접하게 되는 사실은 이중으로 사회적인 특성을 이미 지니고 있는 셈이다. 즉 지각되는 대상이 지니는 사회적 성격으로 인해서, 그리고 지각하는 기관의 역사적 성격을 통해서 그러하다. 이들은 모두 자연적으로 이루어질 뿐만 아니라 또한 인간의 활동을 통해서도 이루어지게 된다.[16]

인식의 대상도 인식의 주체와 마찬가지로 역사성을 띠고 있다. 사회적인 대상들이 그러하다는 것은 비교적 쉽게 이해할 수 있겠으나, 특히 과학의 대상이 되는 자연이 그러하다는 것은 언뜻 이해하기 어려울지 모른다. 그러나 예컨대 저 밖에 서 있는 나무도 특정한 시기에 사람들이 특정한 목적을 가지고 특정한 장소에 특정한 형태로 심은 것이다. 저 나무에 대한 총체적 인식이 그 나무의 의미를 구성하는 모든 층위를 파악하는 것이라면 '저 나무의 저기 있음'은 그것의 역사성과 무관하지 않으며, 그 의미층의 이해가 그 대상의 인식 자체를 구성한다.

우리의 판단에 따르면 마르크스의 물질론은 초기 근대에 이르기까지 인류의 오랜 정신사를 지배해온 '사고논리'의 혁신을 가져옴으로써 인간의 자기에 대한 이해 및 세계에 대한 이해에 큰 변화를 유도했다. 그의 이론적 혁신의 특징을 몇 가지 표제어로 집약해보

---

16 호르크하이머, 「전통이론과 비판이론」, 『철학의 사회적 기능』, 조창섭 옮김, 전예원, 1983, p.22.

자. 마르크스의 이론은 물질론적 발생론이다. 물질론은 정신에 대한 자연우위의 도식 혹은 객체우위론으로서 관념론과 대립되며, 발생론은 고정불변적인 것을 추구하는 존재론이나 본체론, 논리주의나 선험주의에 대립된다. 마르크스의 이론은 경험적 환원론은 아니나 경험에 입각하는 이론이다. 마르크스의 이론은 사고논리의 변혁을 수행했는데, 그것은 오랜 인류의 역사를 동반한 동일성논리, 행위논리, 주체논리, 기원의 논리 등과 결별하고 차이의 논리, 구조의 논리, 과정의 논리를 통한 사고를 수행한 데 있다.

마음에 대한 물질론적 관점에서는 이 마음의 진화 계열을 재구성하는 것이 관건이 된다. 이를 통해 마음의 완결성, 초월성 또는 신적 마음이라는 환상은 와해된다. 마음과 관련된 이러한 환상을 깰 때 우리는 '진정한 인간'의 마음을 곧이곧대로 보게 된다. 그것은 완전하지도 않고, 고결하기만 한 것도 아니고, 때로는 동물적이고 잔인하기도 하고, 상처주고 또 상처받고, 지극히 취약하고 연약한 것이다. 이렇듯 자연에 근거하고 있고 그로부터 성장했고, 끝끼지 지반을 완전히 떠나지 못하는 마음의 '자연성'은 정신우위의 도식에서 쉽게 잊혀져왔다. 문명의 역사는 이러한 마음의 발생에 대한 망각의 역사이다. 정신의 고귀함에 대한 이러한 편집증은 전통적인 철학을 광범위하게 지배하고 있으며 이상적 관념론의 아집이기도 하다. 그러나 이것은 인간의 내적 자연을 망각한 것이자 부정하고픈 내적 자연에 대한 지배 의지의 발로이다. 유사한 사태를 외적 자연에 대한 관계에서도 기술할 수 있을 것이다. 실체적 마음을 위한 자연의 지배, 이것이 호르크하이머와 아도르노가 말한 "계몽의 변증법"의 폐쇄회로가 작동하는 근거이고, 자연 지배를 통해 해방을 지향했던 서구 문명의 자기 배반의 논리이다.

특히 관념론에 의해서 이성과 진보가 역사의 원리로 고양되었음에도 불구하고 인류의 역사에서 마음의 퇴행은 수시로 목격되었고, 이것은 현재도 예외가 아니다. 왜 그러한가? 그 이유를 이해하는 것은 물질론적으로는 어렵지 않다. 그것은 무엇보다도 방금 이야기한 마음이 근거하고 있는 인간의 자연성 때문이다. 인류의 계통발생은 진행되어왔으며, 인류의 정신이 특정한 측면에서 '발달'한 것은 부인하지 못하거니와 어떤 점에서는 가능한 최고점에 현재 달한 것처럼 보이는 반면, 개체 발생은 각 개체의 탄생마다 문화적 제로 상태, 즉 '자연 상태'에서 새로이 시작된다. 매번 태어나는 개체는 '순수 자연'인 것이다. 여기서부터 각 개체는 계통발생적으로 도달한 현재의 마음의 수준에 도달하도록 사회화된다. 말하자면 매 세대는 계통발생적으로 도달된 그 수준에서부터 탄생과 동시에 출발하는 것이 아니라 매번 문화적 제로에서 재출발해야 한다. 그렇기 때문에 인류와 역사의 '발전'은 자동적인 과정이 아니며 탈선이 없는 것도 아니다. 동일한 것의 반복과 끝나지 않는 퇴행의 위험. 이런 점에서 역사에서 지나간 것은 완전히 지나가버린 것은 아닌 것이다. 마음의 자연적 기원에 대한 물질론적 이해야말로 이러한 역사에서 반복되는 이해불가능성을 이해할 수 있게 해준다.

**계통발생**
어떤 생물의 무리가 원시 상태에서 현재까지 발전해온 과정을 말한다. 과학계에서는 보편적으로 받아들여지고 있다. 생물의 어떤 한 종이 한 조상에서 나왔다는 이론은 계통발생의 기초가 되고 있다. 생물 상호 간의 유연관계를 밝히는 데 중요하다.

## '인간적인 너무나 인간적인'

지금까지 철학은 어떤 의미로 이해된 것이든 '고귀한 인간'을 인간의 전형으로 삼고 추구해왔다. 소크라테스에서 플라톤을 거쳐 지금에 이르기까지 '인간'이란 표제어 아래 사유된 것은 그것이 인간의 본성, 본질 혹은 존재 등 무엇으로 불리든지 간에 언제나 일상에서 스치고 만나는, 아파하고 괴로워하는 사람들과는 다른 그 무엇이었다. 근대 이후 인간은 이성과 연대하여 신의 지위를 탈취했다. 주체든 선험적 주체든 또는 그 밖의 어떤 것으로 상정되었든 인간은 이성적 존재, 신의 능력을 나누어 가진 존재이고, 이성은 인간에게 허여된 신의 능력이었다.

이러한 인간의 신격화에 마르크스의 자연주의적 인간주의는 대립된다. 마르크스는 현실적인 인간의 원칙에 입각한다. 현실적 인간은 인간의 조건에 매여 있고 그가 자의적으로 선택한 것이 아닌 사회적 환경에 처해 있다. 인간은 자유롭도록 저주받은 자이고, '인간은 그가 선택한 바의 것'이라는 사르트르적인 일종의 주의주의主意主義는 때로는 아무리 가슴 벅차게 들리고 때로는 생명의 에너지를 느끼게 할지라도 가장 중요한 인간조건을 잊은 것이다. 개인의 탄생부터가 자의에 의한 선택이 아니며, 그의 삶의 환경도 그가 선택한 것이 아니다. 인간의 조건 자체도 그의 선택이 아니며, 그가 태어난 구체적인 사회적 환경도 그의 선택이 아니다. "인간들은 자신들의 생활을 사회적으로 생산하는 가운데, 자신들의 의지로부터 독립되어 있는 일정한 필연적 관계들, 즉 자신들의 물질적 생산력들의 일정한 발전 단계에 조응하는 생산 관계들에 들어선다."(『선집』2, 477) 이 조건들의 총체가 인간의 타자이고, 이런 점에서—굳이 그런 표현을 사용하고 싶다면—초월적인 것이다. 그러나 정확히 말하자면 이는 가상적 초월이다. 왜냐하면 인간의 자연적 조건을 제외한 조건들은 그 비밀이 벗겨지면 인간적인 것, 즉 인간에 의한 것이고, 따라서 인간에 의해 변화 가능한 것이기 때문이다.

의식에 대한 공문구들이 중단되고, 현실적인 앎이 그 자리를 대신하지 않을 수 없다. 자립적인 철학은 현실의 서술과 더불어 그 존재 매개를 상실한다. 기껏해야 인간들의 역사적 발전에 대한 고찰로부터 추상될 수 있는 가장 일반적인 결론들의 총괄이 그것을 대신할 수 있을 뿐이다.(『선집』 1, 203)

철학은 논리와 논증만의 문제가 아니다. 이 점에서 마르크스의 철학적 동기는 그와 그토록 다른 철학자 니체를 연상시킨다. 니체가 이상적인 지식이 아무리 많아도 그것은 한푼의 가치도 없다고 단언함으로써 이상주의의 은폐된 비밀을 간파하고, "너희가 이상적인 것들을 보는 곳에서, 나는—인간적인, 아아, 인간적인 것만을 본다"고 말한다면[17] 이것은 마르크스 철학의 가르침이기도 하다. 물론 거기에 이르는 길과 이로부터 나아갈 길은 양자에서 전혀 다르다는 것은 잊어서는 안 된다.

---

17  니체, 「이 사람을 보라」, 『니체전집』, 제15권, 백승영 옮김, 책세상, 2002, p.404 이하 참조.

## 더 읽을거리

마르크스의 저술에는 한국어 번역본이 여럿 있으나, 『칼 맑스/프리드리히 엥겔스 저작 선집』 제1~6권(최인호 외 옮김, 박종철출판사, 1991 이후)을 비교적 손쉽게 참조할 수 있다. 이 글에서는 이를 『선집』으로 약칭하고 내주에 번역본 페이지를 명기하였다. 또한 김수행 교수가 옮긴 『자본론』 제1권(상)(비봉출판사, 1989), 강유원 박사가 옮긴 『경제학-철학 수고』 (이론과실천, 2006), *Die deutsche Ideologie, Marx Engels Werke*, Vol.3 (Dietz Verlag, 1958) 등을 이 글의 참고문헌으로 사용하였다. 이밖에 마르크스 철학을 비교적 쉽게 읽을 수 있는 해설서 몇 권을 소개한다.

알렉스 캘리니코스, 『칼 맑스의 혁명적 사상』, 정성진·정진상 옮김, 책갈피, 2007
마르크스 사상의 전반에 걸친 해설로서 마르크스 사상의 현재성을 강조하고 있다.

에리히 프롬, 『에리히 프롬, 마르크스를 말하다』, 최재봉 옮김, 에코의서재, 2007
마르크스의 인간관에 관한 책으로 마르크스의 인간주의를 강하게 부각하고 있다. 후반부에 마르크스의 인간적 면모에 관한 약간의 자료가 수록되어 있다.

데이비드 맥렐런, 『칼 마르크스의 사상』, 신오현 옮김, 민음사, 1982
마르크스 사상의 기본적 내용을 연대순과 주제별로 정리·해설한 책이다. 마르크스 원전에서 인용문과 발췌문이 많아 마르크스를 처음 접하는 독자들에게 도움이 될 수 있다.

피터 오스본, 『HOW TO READ 마르크스』, 고병권·조원광 옮김, 웅진지식하우스, 2007
마르크스의 주요 저작을 중심으로 마르크스 사상의 주제들을 비교적 평이하게 철학적으로 해설하고 있다.

나탄 로텐스트라이히, 『청년 맑스의 철학』, 정승현 옮김, 한울, 1983
초기 마르크스의 철학에 대한 해설로서 특히 「포이어바흐에 관한 테제」에 압축된 마르크스 철학의 핵심을 자세히 논의하는 부분이 있다.

# 찾아보기

가능태 44
가언적 필연성 43
관념론 xii, xvii, xxi, xxii, xxiii, 277, 283, 360, 419, 425
기계론 xix, 195, 239, 249, 251, 303, 374
기체, 지지체 202, 221, 256, 372
기회원인설 226
대립의 원리 10
대大 알베르투스 132
데모크리토스 153
데카르트, 르네 xv, xix, 191, 206~208, 221, 249, 251, 277, 365
동일성 265, 305, 309
들뢰즈, 질 209~211
로고스 51, 160
마음 91, 339~343
말브랑슈, 니콜라스 155, 226
모나드 155, 219, 222~223
모순율 93
물체적 실체 235, 237
반물질주의 277, 282
버클리, 조지 232, 304
범유기체론 238
범주 xiii, xiv, 348, 350, 379, 390
변양 211
본유주의 253~254
부대현상론 146
비환원 물질주의 47

사르트르, 장 폴 167, 405, 406, 426
사유 155, 186, 197, 201, 233, 277, 387
생득 관념 140
성향적 속성 45
소마 soma 5
소외 402
속성 197, 203, 307
속성 이원론 xxv
속성주의 46
송과선 155, 193
스코투스, 둔스 139
스콜라 118, 157, 193, 222, 249, 257, 399
스콜라스티코스, 소크라테스 63
스피노자, 바루흐 220~222, 230, 235
신플라톤주의 63, 249
실체 49, 156, 191, 219, 221~224, 235, 256~257, 279, 307
실체이원론 219, 252, 257, 262, 265
실체적 형상 251, 307
실현태 44
심신 문제 xii, xv, xxvi, xix, 37, 47, 366
심신이원론 154~155
심플리키오스 64
아도르노, 테오도르 400, 425
아렌트, 한나 407
아리스토텔레스 xviii, 37, 97, 132, 136, 143, 156, 303, 417
아베로에스 132~134, 136

아우구스티누스 86
언어적 관념론 386
엘레우시우스 신비의식 65
연속합성의 미로 233~234
연장, 연장성 xix, 74, 155, 194, 197, 251
영혼 xviii, 3, 4, 7, 15, 19, 23, 31, 38, 58, 70, 117, 119, 142, 155, 156, 221, 310
영혼 삼분설 6, 23, 36
예정조화 226, 229, 242
욕구 부분 8, 11, 20, 126
우유accident 123, 128, 138, 221, 240
유물론(물질주의) xii, xvii, xxi, xxii, xxiii, 37, 46
유비 40, 68, 264
유심론 233, 249
의지 94, 135, 172
이데올로기 416, 419~421
이원론 xix, xxi, 95, 155, 157, 191, 277~278, 295, 303
인격 261
『일리아스』 33
정념 163, 174, 229, 316
정신 195, 330, 341, 367, 425
존재론 xix, xxv, 157, 196, 351
존재자 294
죄악의 저자 289
지성 93, 110, 133

질료 xxi, xviii, 39, 43, 47, 49~52, 77, 117, 121, 124~125, 136~137, 139, 142, 240, 251, 350, 355
촘스키, 노엄 xxxi~xxxii
카툴루스 92
칸트, 임마누엘 228, 365, 371~373
케임브리지 플라톤주의자 270
코나투스 199~201
코페르니쿠스적 전환 220, 351, 372, 377
타뷸라 라사 269
통각 219, 222
『파이돈』 6, 17, 83
평행론 155, 196, 209, 211
포이어바흐, 루드비히 402, 410~411, 418
표싱 57, 166, 258, 350, 383~384
프로클로스 64
프쉬케psyche 4, 5, 8, 32, 69
플라톤주의자 126
피타고라스 학파 34
합리론, 이성론 219, 373, 391
형상 xvii, 38, 43, 76, 85, 122, 127, 139, 195, 235, 239, 405
형이상학 35, 64, 65, 158, 159, 161, 162, 306
호메로스 4, 8, 33, 69
홉스, 토마스 303
히파티아 64

## 마음과 철학 서양편 상
플라톤에서 마르크스까지

초판 1쇄 발행   2012년 6월 8일
초판 5쇄 발행   2021년 9월 10일

기획      서울대학교 철학사상연구소
글쓴이    강상진 강성훈 강순전 강진호 김상환 박승찬 백종현 송유레
          양선이 윤선구 이재영 이석재 이태수 정호근 진태원
펴낸곳    서울대학교출판문화원

주소 08826 서울 관악구 관악로 1
도서주문 02-889-4424, 02-880-7995
홈페이지 www.snupress.com
페이스북 @snupress1947
인스타그램 @snupress
이메일 snubook@snu.ac.kr
출판등록 제15-3호

© 서울대학교 철학사상연구소, 2012

이 책은 저작권법에 의해서 보호를 받는 저작물이므로
무단 전재와 복제를 금합니다.

ISBN 978-89-521-1331-3  04100
      978-89-521-1335-1  (세트)